KB236264

굿모닝
오디오
하이엔드 편

# 굿모닝 오디오 하이엔드 편

초판 1쇄 발행  2014년  4월 21일
초판 2쇄 발행  2018년 12월 15일

지은이 | 최윤욱
펴낸이 | 정상우
편집 | 이민정
관리 | 남영애 한지윤
기획 | 김영훈

펴낸곳 | 오픈하우스
출판등록 | 2007년 11월 29일 (제13-237호)
주소 | 서울시 마포구 동교로 13길 34 (04003)
전화 | 02)333-3705    팩스 | 02)333-3745
홈페이지 | www.openhousebooks.com
페이스북 | www.facebook.com/openhouse.kr

ISBN 978-89-93824-91-9 (13670)



이 도서의 국립중앙도서관 출판도서목록(CIP)은 서지정보유통지원시스템 홈페이지(http://seoji.nl.go.kr)와 국가
자료공동목록시스템(http://www.nl.go.kr/kolisner)에서 이용하실 수 있습니다. (CIP제어번호: CIP2014011638)

# 굿모닝 오디오
## 하이엔드 편

최윤욱 지음

오픈하우스

대략 1년쯤 오디오를 하면서 놀다가 책을 낼 생각이었다. 오디오 만지고 소리 듣는 것에 재미를 붙이다가 자연스레 음반에 관심이 쏠렸다. 음반이 주는 재미도 만만치 않았다. 그러다 보니 5년 만에 책이 나왔다. 이 책은 《굿모닝 오디오》 발간 때 이미 출판사 측과 약속했던 것이라 마음 한구석에 늘 부담으로 남아 있었다. 예정보다 늦어지기는 했지만 그동안 겪은 경험과 생각, 특히 음반에 관한 경험은 이 책이 조금 더 내실 있는 내용으로 채워지는 데 많은 도움이 되었다.

처음에 하이엔드 입문서를 구상할 때 《굿모닝 오디오》의 연장으로, 《굿모닝 오디오》와 거의 동일한 형식으로 쓰려고 했다. 이것이 너무 진부하지 않나 하는 생각이 들어 에세이 형식으로 써볼까 하는 생각도 했다. 그러나 에세이는 쓸 능력도 안 되고 쓰고 싶지도 않았다. 쉽고 재미있게 읽을 수 있지만 뭔가 남는 것이 없을 것이라는 생각도 들었다. 그렇다고 A 앰프와 B 스피커를 매칭하면 무조건 최고라는, 개인의 취향을 무시하는 다소 순진한 정보로 내용을 채울 생각은 더더욱 없었다. 오디오 에세이와 구체적인 오디오 제품 정보라는 양 끝 중간 어딘가를 지향하는 내용으로 쓰고 싶었다.

원고를 쓰는 동안 주로 오디오와 음반으로 시간을 보냈다. 그러는 동안 많은 오디오 마니아를 만났다. 한 곳에서 오디오로 같이 음악을 들었는데, 서로의 평가가 너무도 다른 경우도 있었다. 갑은 '너무 좋게 들었다'고 하고, 을은 앞에서는 인사치레로 '좋다'고 했지만, 나중에 개인적인 자리에서는 '너무 형편없는 소리였다'고 말했다. 도대체 무엇이 이렇게 상반된 평가를 하게 만드는지 궁금했다. 단순히 개인의 취향이라고 치부하기에는 너무 큰 차이였다. 만약 두 사람이 각각 하이엔드 추종자와 빈티지 추종자였다면 이렇게 심각하게 받아들이지 않았을 것이다. 두 사람 모두 '하이엔드파(派)'이거나, '빈티지파'인 경우에도 이렇게 극적으로 상반된 평가는 흔하게 일어난다. 심지어 게시판을 통해 각자 자기의 주장을 굽히지 않아 싸움으로 번지기도 한다.

음악을 즐기는 마니아들끼리 왜 서로 소통하지 못하고 불화를 겪는 것일까? 이들이 서로를 이해하고 소통하게 할 수 있는 방법은 없을까? 개인의 취향도 일정한 방향성을 갖고 있다면, 이 역시 대략적으로 구분이 가능하지 않을까? 성악을 좋아하는 사람, 기악을 좋아하는 사람, 바흐만 듣는 사람과 말러만 듣는 사람 등, 개개인은 서로 전혀 다른 취향을 갖는 것 같지만 서로 다시 연관되어 하나의 일정한 스펙트럼으로 표현될 수 있지 않을까? 무지개가 하나의 연속된 띠지만 그 안에 '빨주노초파남

보’의 색이 존재하는 것처럼 말이다. ‘음악적 취향’이라는 커다란 띠 안에는 다양한 취향이 상호 연결되어 존재할 수 있다. 그런데 개인의 음악적 취향을 분류하려면 기준이 필요했다. 어떤 것이 기준이 될 수 있을까를 고민하다가 오디오의 역사를 살피면서 힌트를 얻을 수 있었다. 오디오의 역사를 정리하다 보니, 지금까지는 단편적인 사건으로만 알고 있던 것들이 자연스럽게 하나의 흐름으로 보이기 시작했다. 오디오의 역사적 흐름에서 원하는 기준을 찾았고, 그것은 자연스럽게 연주와 음반으로도 연결되었다.

이 책은 제목 그대로 하이엔드 오디오에서 출발한다. 많은 사람이 하이엔드 오디오를 소장하고 있고, 그보다 더 많은 사람이 아무렇지도 않게 ‘하이엔드’라는 말을 사용한다. 만년필, 볼펜부터 핸드백, 구두에 이르기까지 거의 모든 물품에 명품이라는 의미로 ‘하이엔드’라는 수식어를 붙이는 세상이 되었다. 그런데 정작 하이엔드 오디오가 무엇이냐고 물으면 선뜻 대답하기 어렵다. 도대체 하이엔드 오디오라는 게 무엇을 지향하는 것일까? 썰렁한 음색에 조금만 잘못 세팅하면 빽빽대는 소리를 내는 기기가 하이엔드라는 이름으로 엄청난 가격표를 달고 나오는 이유는 무엇일까? 그 비싼 기기를 돈을 주고 사서 즐기는 사람이 있다는 것은 무슨 의미일까? 이런 의문은 취향을 구분하는 기준을 찾으면서 자연스럽게 풀렸고, 이를 통해 비로소 책의 얼개가 갖춰졌다.

원고를 쓰기 시작하면서 개인적으로 정한 원칙이 하나 있었다. 인터넷 검색만 하면 바로 알 수 있는 오디오 이야기와 정보는 이 책에 담지 않겠다는 것. 그런 내용은 굳이 책으로 낼 필요가 없기 때문이다. 나도 인터넷을 하고 블로그를 운영하지만 직접 체험하면서 겪은 정보나 정말 하고 싶은 이야기는 거의 드러내지 않는다. 알토란처럼 중요한 정보나 경험은 책을 통해 전하고 싶었다. 이 책에 담긴 내용의 큰 그림은 인터넷이나 다른 곳에서 찾을 수 없다. 음향학 서적과 녹음 관련 서적, 그리고 현장에서 만난 사람들을 통해 얻은 지식과 정보가 구체적인 참고자료가 되었다. 음악 소스도 파일이 대세가 되어 가는 지금도 LP를 사고 CD를 사는 마니아들이 있다. 이 책도 인터넷에서는 쉽게 찾아 볼 수 없는 내용들로 채워서 LP나 CD처럼 오래 두고 볼만한 책이 되었으면 했다. 물론 이런 생각이 얼마나 충실하게 책에 반영되었는지는 독자 여러분이 판단할 문제지만 말이다.

기기에 대한 정보를 얻고자 하는 독자 중에는 이 책이 최신 제품보다 중고나 출시된 지 조금 지난 제품을 주로 언급하는 것에 불만을 느낄 것이다. 물론 그 불만은 충분히 이해할 수 있다. 그런데 조금 더 생각해 보자. 10년 전에 호평을 받으며 이름을 날리던 신제품 중에 지금 살아남아서 꾸준히 좋은 평가를 받는 제품이 얼마나 되는지 말이다. 당시엔 끝내준다고 하는 제품 중에 시간이 지나도 인정받고 중고가격도 꾸준히 유지되는 경우는 드물다. 시간이 지나면 자연스럽게 신품이라는 거품이 빠지면서 시장의 냉정한 평가가 나온다. 실제로 출시된 지 얼마 지나지 않은 제품은 중고가격도 높다. 그러나 그 성능이나 소리에 대한 평가는 다분히 유동적이고 믿을 수 없는 게 사실이다. 그래서 이 책은 많은 마니아가 써보고 나름의 평가가 끝난 믿을 만한 제품을 주로 언급했다. 이 책을 읽은 독자들이 헛다리를 짚어서 고생하는 것을 조금이라도 줄여보자는 의도에서다. 당장 그 비싼 신제품을 조바심 내서 살 필요는 없다. 어차피 나이 들어서까지 오디오를 할 것이고, 한두 해 지나서 산다 한들 무슨 문제가 되겠는가? 한 발짝 물러서서 오디오를 바라보면 경제적으로도 부담이 덜 되고 시행착오로 인한 고생도 줄일 수 있다.

오디오를 한다고 할 때 개인마다 기준이 있다. 간단히 CD나 LP를 틀어서 음악을 듣는 정도에서 만족하는 사람도 있고, 앰프나 스피커를 만드는 정도까지 돼야 직성이 풀리는 사람도 있다. 개인적으로는 케이블 정도는 만들 줄 알고, 진공관 파워앰프 정도는 회로도와 결선도를 보고 제작해 소리를 낼 수 있어야 한다고 생각한다. 간단한 스피커 네트워크 정도는 만들 줄 알아야 하고, 연주회도 한 달에 한두 번 정도는 꾸준히 즐겨야 한다고 생각한다. 음반도 전문적인 수준은 아니어도 좋아하는 장르 위주로 고를 줄 아는 기본적인 안목을 갖춰야 한다고 생각한다. 물론 이것은 지극히 개인적인 기준이다. 그러다 보니 나는 무엇 하나 깊게 잘 아는 게 턴테이블 빼고는 거의 없다. 그래도 이런 오지랖 넓은 오디오 라이프가 이 책을 쓰는 데 많은 도움이 되었다. 앰프나 스피커는 물론 콘덴서나 저항, 트랜스 같은 부품부터 선재나 단자에 이르기까지, 이처럼 다양한 경험이 오디오 전체를 아울러서 역사적으로 살피는 데 많은 도움을 주었다. 이 책은 오디오에 관해 전체적으로 다루고 있어도 1장과 2장을 빼면 별로 어렵지 않다. 누구나 설명을 읽고 부록 CD를 들으면 쉽게 이해할 수 있도록 구성했다.

책이 나오기까지 많은 분들의 도움이 있었다. 좋은 글로 영감을 주시는 오만호 님, 음반 관련 자문을 맡아 준 김정민 님, 오디오에 대한 자문과 초고를 살펴 준 문한주 님, 두 번이나 초고를 꼼꼼히 살펴 준 김치호 님, 스튜디오 '오디오가이'를 운영하는 최정훈 님, 스튜디오 '제이콥스웰 마스터링'을 운영하는 남상욱 님, 음원과 관련해 협조해 준 '리버맨 뮤직'의 이재수 님, 사진 자료를 도와 준 월간『오디오』성기명 님과 이재홍 님, 다양한 기기 경험을 공유해 준 김삼열 님, '엘피하임'의 이석준 님, '퍼시픽 사운드'의 권동민 님, '몬도 시스템'의 이정준 님, '프라임 오디오'의 민경찬 님,『하이파이넷』필자 최원태 님, 박우진 님, 조춘원 님, 그리고 성연진 님, 이형기 님의 도움으로 책이 완성될 수 있었다. 마지막으로 늦은 퇴근을 묵묵히 참고 견뎌 준 아내와 아이들에게 고마움을 표하

  굿모닝 오디오 하이엔드 편

고 싶다.

나는 이 책을 오디오를 중심으로 뇌과학과 음악학, 음향학, 음향심리학 등을 버무린 맛있는 비빔밥으로 만들고자 했다. 독자가 각 재료 자체보다 비빔밥이라는 하나의 통일된 음식으로 이 책을 받아들이길 원했다. 맛있게 되었는지는 모르겠다. 맛이 별로라면 이는 전적으로 필자의 책임이다. 자, 이제 비벼진 비빔밥의 첫 숟가락을 입에 넣어 보자!

# 차례

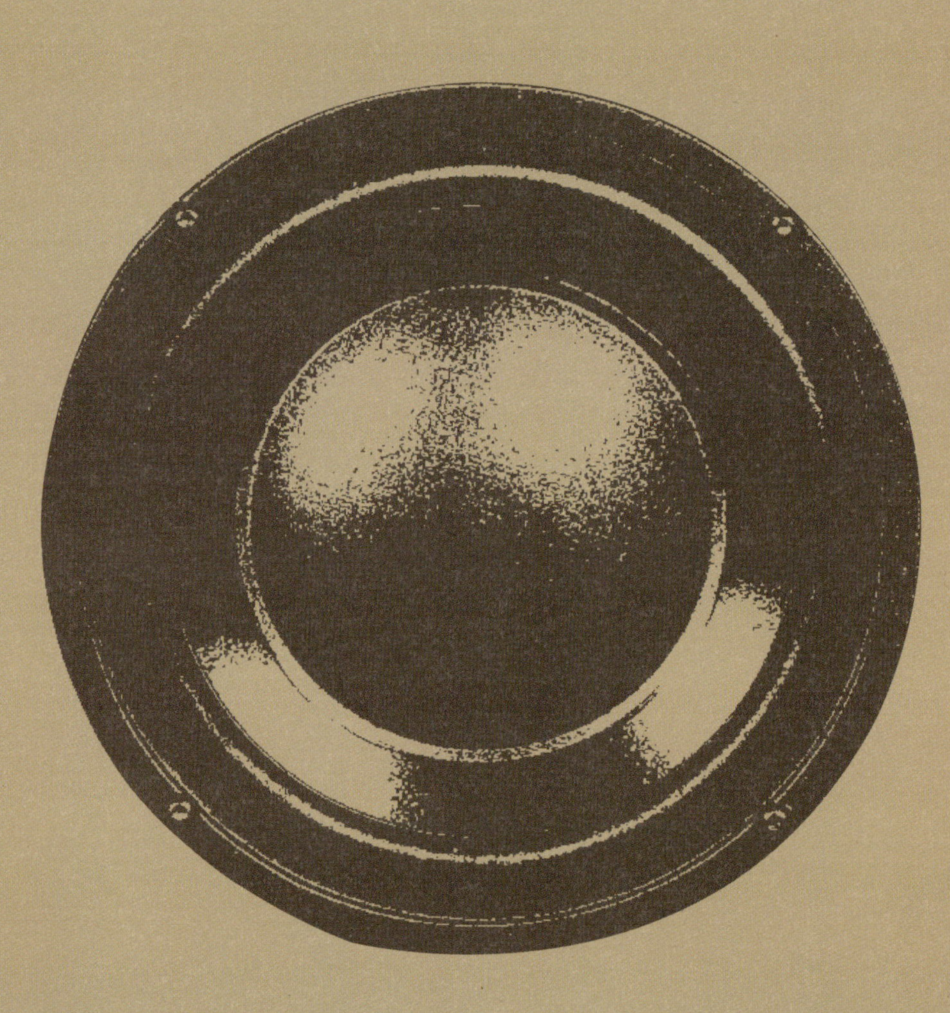

# Chapter 1

# 스피커가 사라지다

하이엔드 시스템은 가상의 3차원 무대를 만든다.
좋은 세팅은 소리의 정확한 위치까지 재현한다.
스피커에서 나오는 소리의 크기와 위상 차이를 꼼꼼하게 고려했을 때,
이러한 입체감은 더 큰 만족감으로 나타난다.

# 스피커가
# 사라지다

나섬　오랜만이야, 사부! 얼마 전에 청음회에 갔는데 스피커가 사라
　　　지더라고!

최선생　세팅이 잘 되면 스피커가 만들어 내는 무대에서 스피커가 사
　　　라지지.

나섬　　스피커가 사라지긴 하는데 조금 이상하더라고.

최선생　혹시 악기들이 스피커 뒷벽에 좌우로 죽 늘어서지 않던가?

나섬　　그래 맞아! 신기하게 뒷벽에 바짝 붙어 있었어!

최선생　앞뒤 깊이가 없는 2차원 평면 무대인 셈이네.

나섬　　스피커가 사라지면 되는 거 아니었어?

최선생　스피커가 사라지는 건 안 중요해!

나섬　　그럼 뭐가 중요한데?

최선생　스피커가 사라지면서 3차원 입체 무대를 형성해야지.

나섬　　2차원 평면이 아닌 3차원 무대?

최선생　무대가 좌우로 펼쳐지고 앞뒤로도 층층이 깊이가 표현돼야 해.

나섬　　2차원 무대가 만들어지는 이유는 뭔데?

최선생　스피커 세팅이 잘못된 경우가 많지.

나섬　　스피커 세팅만 제대로 하면 그런 문제가 다 해결되는 거야?

최선생　흔한 건 아니지만 앰프나 스피커 소스기기 자체에 문제가 있
　　　　는 경우도 있어.

나섬　　그럴 땐 스피커 세팅을 아무리 잘해도 문제가 해결되지 않는
　　　　단 말이지?

최선생　기기를 바꿔야 문제가 해결되는 경우도 있지.

나섬　　프리를 오디오 리서치Audio Research 같이 앞으로 나오는 걸 쓰면
　　　　될 것 같은데?

최선생　그렇지! 그동안 내공이 많이 늘었네?


　오디오에 관심을 가지고 소리를 듣다 보면 스피커가 사라지는 신기
한 체험을 하게 된다. 그런데 스피커가 사라진다고 음장sound stage이 제대
로 형성되었다고 할 수는 없다. 우선 스피커 두 대가 2m 간격으로 배치

　굿모닝 오디오 하이엔드 편

되었다고 가정하자. 이때 무대의 좌우 펼쳐짐은 두 스피커를 연결한 선인 2m를 넘어 스피커 연결선의 바깥쪽으로도 펼쳐져야 한다. 좌우 길이가 최소한 2.4m 정도는 되어야 한다. 경우에 따라 다르긴 하지만 무대의 상하 높이는 최소한 1.5m 정도 이상의 높이를 형성해야 정상이라고 할 수 있다. 3차원 무대의 마지막인 앞뒤 깊이감은 스피커 연결선에서 뒤로 1.5m 이상 깊게 재현되어야 한다. 정리하자면 가상 무대는 크기가 가로 2.4m에 높이 1.5m, 깊이 1.5m 정도의 직육면체에 가까운 타원체가 되어야 한다.

이상의 3차원 무대 크기에 이어, 이제 3차원 무대의 위치에 대해 알아보자. 앞서 필자는 3차원 무대의 기준선이 양 스피커 연결선이고, 3차원 무대가 스피커 연결선부터 그 뒤쪽으로 펼쳐져야 한다고 설명했다. 간혹 어떤 오디오 시스템은 스피커 연결선 앞쪽으로 무대가 형성되어 독주 악기가 앞으로 돌출되어 나오는 경우도 있다. 대개 이런 음장을 만드는 오디오 시스템의 소리는 진한 음색과 강한 호소력을 띤다. 이러한 특징 때문에 가요나 올드 팝, 재즈, 블루스, 록 음악은 매력적으로 들릴 수 있다. 그런데 가상의 3차원 무대가 스피커 앞으로 튀어나오는 것은 잘못된 것이 아닐까? 가요나 올드 팝 애호가 중에는 스피커 연결선에서 가수나 독주 악기의 위치(음상)가 앞으로 돌출하는 것을 선호하는 사람이 많다. 앞으로 돌출하는 음상을 좋아한다면 이런 무대를 즐기는 것도 괜찮다. 그러나 앞으로 무대가 튀어나오는 소리는 상대적으로 음상이 크다. 편성이 많아지면 악기들의 음상이 서로 겹쳐지면서 무대 전체가 혼란스러워지기 쉽다. 또한 진한 음색 탓에 음악을 오래 듣다 보면 싫증이 나거나 부담을 느낄 수도 있다. 이것은 마치 다디단 초콜릿 케이크가 쉽게 물리는 이유와 같다.

2009년 제임스 캐머런 감독의 영화 「아바타」가 히트한 이후 3D

TV[3-Dimensional Television]가 세간의 화제가 되고 있다. 3D 입체화면 기술은 이미 개발되어 있던 것이지만, 최근에 화면을 컴퓨터 그래픽으로 처리하는 영상기술이 발달하면서 다시 각광받고 있다. 처음에 3D TV는 물체가 TV화면 앞으로 갑자기 튀어나오게 하는 것을 자주 보여주면서 신기한 체험을 강조하는 추세였다. 그러나 이런 돌출 영상은 처음엔 신기하지만 자주 보다 보면 불편하고 거북한 느낌을 주기 쉽다. 그래서 최근의 흐름은 이러한 돌출보다는 TV화면 뒤쪽으로 얼마나 깊게 들어가는지를 중요하게 생각하는 쪽으로 바뀌고 있다. 이처럼 독주 악기가 스피커 연결선에서 적당히 앞으로 도드라지는 수준은 좋지만 악기 전체가 스피커 연결선에서 앞으로 쏟아져 나오는 3차원 무대는 바람직하다고만 할 수 없다. 특히 클래식의 대편성 음악을 재생하는 경우는 더욱 그렇다.

클래식 음악을 기준으로 말하자면, 3차원 입체 음장은 스피커 연결선으로부터 뒤로 깊숙이 들어가도록 만드는 것이 바람직하다. 교향곡의 경우, 악기가 100여 대에 이르는 경우가 많다. 3차원 무대가 스피커 연결선에서 뒤쪽으로 펼쳐지는 시스템은 상대적으로 음상의 크기가 작아 교향곡에 동원된 수많은 악기를 겹치지 않게 표현하기에 유리하다. 또한 클래식이라는 장르가 가요나 올드 팝, 블루스에 비해 감성적인 호소력을 크게 요구하지 않는 편이다. 클래식은 서로 어울리는 두 가지 이상의 음이 동시에 울리면서 어우러지는 화음과 반복되는 멜로디 속에서 변화하고 발전하는 구조를 만들어 내는 음악이다. 클래식 음악은 흡사 기하학적인 완벽함을 자랑하는 중세의 성당을 연상케 한다. 하나님을 찬양하는 성가대의 합창에서 무엇보다 중요한 것은 몇 명의 특출한 목소리가 아니라, 각자 자신의 역할과 본분을 지키면서 전체가 마치 하나인 것처럼 조화롭게 어우러지는 것이다. 이런 클래식 음악, 특히 대편성 음악을 잘 표현하려면 스피커 연결선으로부터 뒤로 깊숙이 들어가는 입체적인 음장



굿모닝 오디오 하이엔드 편

에 악기의 위치인 음상이 그 안에서 정확하고 일목요연하게 정돈되는 무
대를 만들어야 한다.

나섬    내 오디오에선 가수의 위치가 어렴풋이 중앙 어딘가에 있는
        것 같거든?
최선생  그럼 일단 된 거지.
나섬    하이엔드 오디오에선 가수의 위치가 눈에 선하게 보이는 것
        같아.
최선생  잘 세팅된 하이엔드 오디오에서는 가수의 음상이 정확하지.
나섬    사방으로 펼쳐진 입체 무대에서 악기를 하나하나 표현해 주더
        라고.
최선생  원래 세팅이 잘 되면 3차원 입체 홀로그램처럼 무대를 재현해.

나섬    마치 3D로 제작된 연주실황을 보는 것 같았어.

최선생    상당히 잘 세팅된 하이엔드 소리를 들었나 보네.

나섬    적막한 무대 중앙에 바이올린 하나가 공중에 붕 떠있더라고.

최선생    바이올린 크기는 얼마만 했어?

나섬    실제 거리를 감안하면 조금 작긴 했지.

최선생    오케스트라를 아파트 거실 안에 전부 집어넣어야 하니 작아져
        야지.

나섬    스피커가 만드는 작은 무대 안에 악기들이 촘촘히 있더라고.

최선생    오케스트라 연주홀을 미니어처로 만들어서 보여주는 셈이지.

나섬    솔직히 신기하고 충격적이었어. 나도 그런 소리를 빨리 듣고
        싶어.

최선생    성질 급하긴……. 차근차근 설명해 줄 테니 잘 들어봐.

   굿모닝 오디오 하이엔드 편

# 가상의 무대는
# 어떻게
# 만들어지는가?

잘 세팅된 하이엔드 시스템은 가상의 3차원 무대에서 악기나 가수의 위치를 정확하게 재현한다. 이것이 어떻게 가능한지 이제 차근차근 알아보자. 3차원 입체 음향을 이해하려면 우선 우리가 귀를 통해 어떻게 소리의 위치를 파악하는지를 알아야 한다. 소리는 발생하면 사방팔방으로 퍼진다. 2차원이 아니라 3차원으로 퍼지는 소리를 듣고 그 소리가 나는 위치를 파악할 수 있는 것은 우리의 귀가 한 개가 아니고 두 개이기 때문이다. 이것은 우리의 눈이 두 개이기 때문에 어떤 물체까지의 거리를 가늠할 수 있는 원리와 비슷하다.

사방으로 퍼지는 소리의 위치를 알아내는 방법에 대한 의문은 오래전부터 있었다. 특히 시각장애인은 소리만으로 상대방의 위치를 파악하는 것은 물론 대화를 나누는 방의 크기까지 놀라울 정도로 정확히 알아맞힌다. 청각이 발달한 시각장애인이 아니더라도 양쪽 귀로 소리를 들을 수 있는 사람이라면 누구나 특정한 소리가 나는 위치를 어렵지 않게 알아낼 수 있다. 이러한 능력이 가능한 이유에 대한 연구가 거듭된 결과, 현재 대부분의 메커니즘이 밝혀졌다.

이제 소리가 나는 위치를 어떻게 찾아내는지 구체적으로 알아보자. 그림 1-1에서 보듯이, 스피커에서 나온 소리가 사람의 양쪽 귀에 도달하는 경로와 시간은 다르다. 좌측 귀가 우측 귀보다 짧은 거리에 있어 좌측 귀에 소리가 먼저 도착한다. 이를 단서로 우리는 소리가 나는 스피커가 왼쪽에 있다는 것을 눈으로 확인하지 않고도 알 수 있다. 반대로 오른쪽 스피커에서만 소리가 나는 경우 역시 동일한 원리로 스피커가 오른쪽에서 소리가 난다는 것을 알 수 있다. (CD 트랙1) 그렇다면 그림 1-2처럼 좌우 스피커에서 동일한 소리가 동시에 나면 어떻게 될까? 그러면 스피커가 존재하지 않는 양 스피커 중앙에서 소리가 나는 것처럼 들린다. (CD 트랙2) 그림 1-2와 같이 양쪽 스피커에서 같은 신호를 보내면 우측 귀와 좌측 귀 모두 양쪽에 있는 스피커 소리를 동시에 듣게 된다. 이럴 경우 양쪽 귀의 상호작용으로 마치 정중앙에서 소리가 나는 것처럼 들린다. 이것이 두 대의 스피커가 만들어 내는 스테레오 효과의 시작이다.

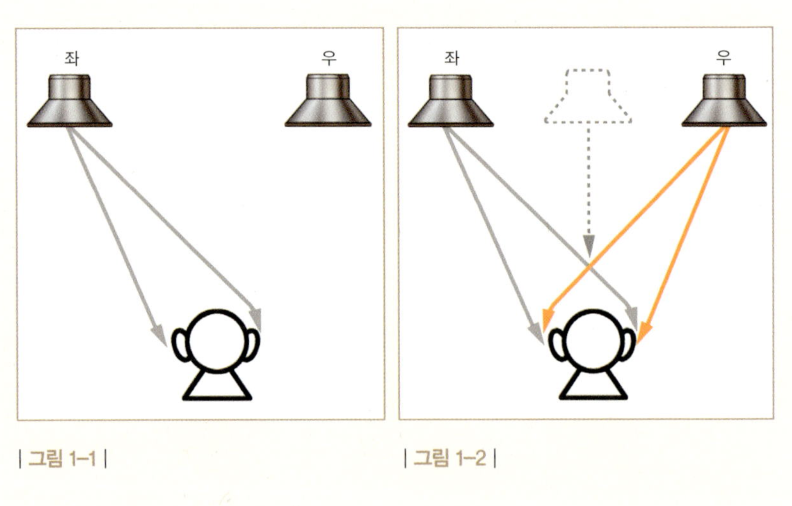


| 그림 1-1 |                    | 그림 1-2 |



굿모닝 오디오 하이엔드 편

실제로 양쪽에 있는 스피커에서 소리가 나도 두 스피커 중앙의 가상 지점에서 소리가 난다고 느끼는 이유는 무엇일까? 이 질문에 대한 답을 풀려면 스피커가 아닌 실제 자연에서 소리가 나는 경우를 생각해야 한다. 자연 상태에서 사람의 양쪽 귀에 소리가 같은 크기로 동시에 들리는 경우는 눈 앞 정중앙 방향에서 소리가 나는 경우밖에 없다. 물론 머리 뒤 정중앙에서 소리가 나도 그렇다. 사람은 귓바퀴를 통한 음파의 회절을 인식하기 때문에 소리가 전방에서 나는지 후방에서 나는지 판단할 수 있다.[1] 여기서는 편의를 위해 전방에서 나는 경우로 한정하자. 두 대의 스피커로 인위적으로 동일한 소리를 양쪽 귀에 도달하게 만들면 우리 뇌는 당연히 정중앙에서 소리가 나는 것처럼 느끼게 된다. 여기서 재미를 더하기 위해 우측 스피커의 소리를 두 배(3dB) 높여 보자. 그러면 어떻게 될까? 그림 1-3처럼 소리가 정중앙에서 약간 우측으로 치우친 곳에서 들리는 것처럼 느껴진다. (CD 트랙3) 우측 스피커 소리를 더 올리면, 가상의 이미지는 우측 스피커 쪽으로 더 이동하게 된다. 계속 음량을 올려 원래 소리보다 열 배(20dB)까지 커지면, 그림 1-4처럼 소리가 마치 우측 스



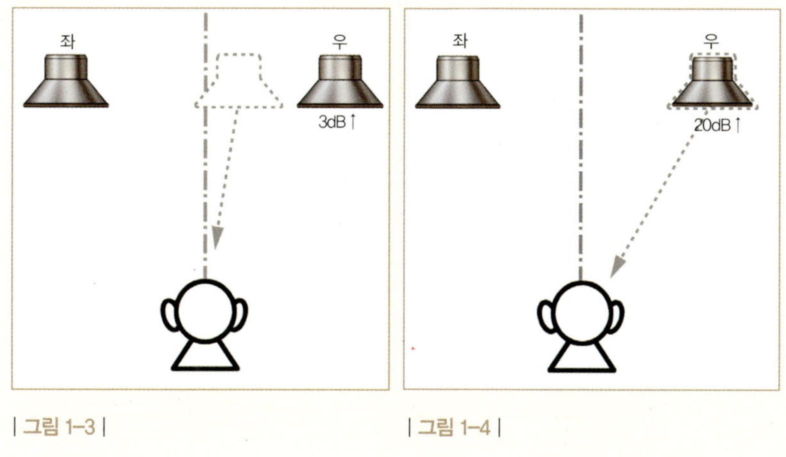



| 그림 1-3 |    | 그림 1-4 |

피커에서 들리는 것처럼 느껴진다. (CD 트랙4)

　인간이 소리가 나는 위치를 판단할 때, 양쪽 귀에 들어오는 소리의 크기가 중요한 단서가 된다는 것은 이미 널리 알려진 사실이다. 그리고 호기심 많은 사람들이 우리가 앞서 했던 실험을 다양한 주파수를 사용해 반복했다. 그 과정에서 재미난 사실이 드러났다. 고음을 사용해 실험을 하면 앞에서 살펴본 것처럼 가상의 이미지가 소리 크기에 따라 좌우로 잘 움직였다. 그러나 저음을 사용해 실험을 하면, 좌우 스피커의 소리 크기가 변해도 가상의 이미지가 별로 움직이지 않았다. 그래서 소리의 크기로 소리가 나는 위치를 파악할 때, 저음은 단서가 될 수 없다고 생각하기에 이르렀다. 이런 가설을 증명하기 위해 한 실험자는 눈을 가린 채 저음을 내는 악기를 들고 피실험자의 주위를 돌면서 소리를 들려주었다. 눈을 가린 사람이 저음 악기의 위치를 잘 파악하지 못하면, 저음으로는 소리가 나는 위치를 파악하기 힘들다는 얘기가 맞는 것이 된다. 그러나 예상과 달리 눈을 가린 사람은 저음 악기의 위치를 어렵지 않게 알아챘다. 이를 통해 저음 소리의 위치를 알아낼 때, 소리의 크기가 아닌 다른 요인이 영향을 미친다는 사실이 분명해졌다.

　그렇다면 소리의 크기 외에 어떤 단서로 소리가 나는 위치를 파악할 수 있을까? 이와 관련된 다양한 가설 중에 시간차(위상) 이론이 가장 설득력 있다는 것이 많은 실험을 통해 밝혀졌다. 다시 두 대의 스피커 실험으로 돌아가서 그림 1-2와 같은 상태를 가정해보자. 양쪽 스피커에서 저음 신호를 동일하게 내보내면 양 스피커 한가운데서 소리가 나는 것처럼 느껴진다. 이 상태에서 소리의 크기는 그대로 두고, 오른쪽 스피커의 소리를 왼쪽 스피커보다 약간 늦게 내보내면 어떻게 될까? 그러면 그림 1-5와 같이, 가상의 이미지는 소리가 먼저 나온 왼쪽 스피커 쪽으로 이동하게 된다. (CD 트랙5) 이때 주의할 것은 가상의 이미지가 스피커 뒤쪽으



굿모닝 오디오 하이엔드 편

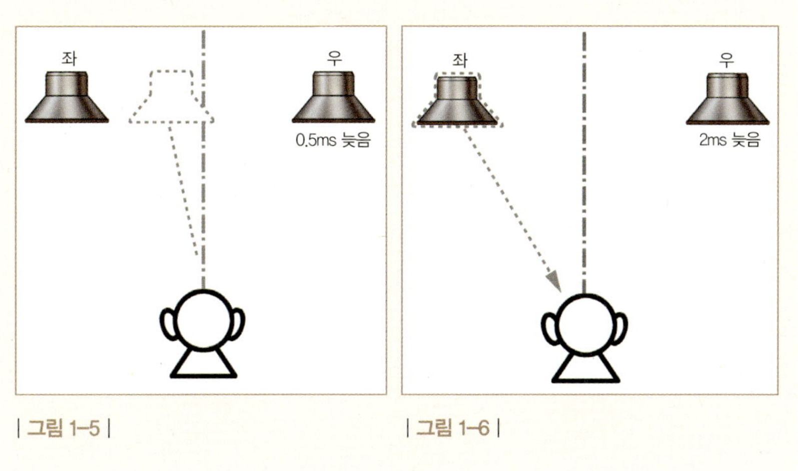



로 물러나지는 않는다는 점이다. 오른쪽 스피커의 소리를 더 지체시키면 가상의 이미지는 왼쪽 스피커 쪽으로 더 이동한다. 지체 시간을 계속 늘리다 2ms[2]에 이르면 양쪽 스피커에서 동일한 크기의 소리가 나도 우리는 그림 1-6처럼 소리가 완전히 왼쪽 스피커에서 나는 것처럼 느낀다. (CD 트랙6) 만약 2ms 이상 지체가 되면 오른쪽 스피커에서 나는 소리는 왼쪽 스피커에서 나는 소리와 다른 소리로 인식되어 메아리처럼 들린다. (CD 트랙7)

양쪽 귀에 도달하는 저음의 시간차를 통해 소리가 나는 위치를 감지하는 원리에 대해 조금 더 알아보자. 먼저 시간차, 즉 위상차가 무엇을 의미하는지 알아야 한다. 그림 1-7의 사인파를 보면 곡선이 산과 골을 주기적으로 반복한다. 그림의 A와 C 지점은 위상이 같아서 위상차가 없다. A와 B 지점은 위상이 정반대로 180° 의 위상차가 난다. 한 지점에서 소리가 발생해 양쪽 귀에 도달할 때 위상차가 생기는 것은 소리가 발생한 지점에서 양쪽 귀 사이의 거리가 서로 다르기 때문이다. 거리 차이를 통해 위상차가 생기는 것을 쉽게 이해하려면 한 파장의 길이를 알아야 한다.

2  ms는 millisecond의 단위로 1ms는 1/1000초다.

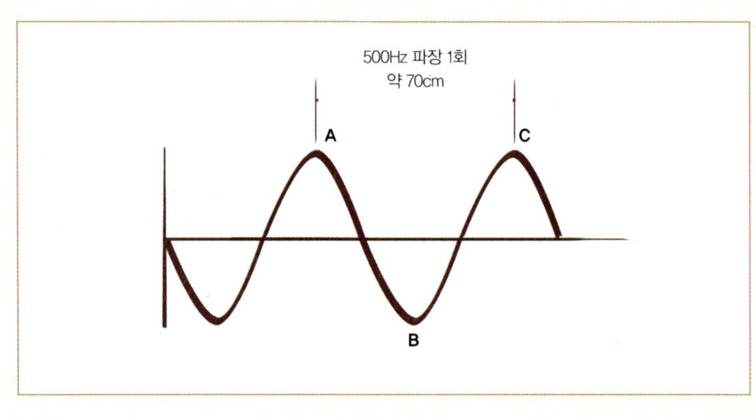



| 그림 1-7 |

500Hz의 저음이라고 가정하고 한 파장의 길이를 계산해 보자. 소리는 1초에 342m를 진행하고, 500Hz는 1초에 500번 출렁거린다. 500Hz의 파장 1회의 길이는 342m를 500으로 나눈 값이 된다. 그 값은 약 0.684m로 약 70cm가 된다. 그림 1-8처럼 왼쪽에서 소리가 난다고 가정하면, 우측 귀까지의 거리는 좌측 귀까지의 거리보다 10cm 정도 짧다. 만약 좌측 귀에 그림 1-9의 사인파 A점이 도착한다면, 우측 귀에는 그보다 10cm(점선만큼)를 더 달려서 B점이 도착하게 된다. 이것을 사인파로 표현하면 그림 1-9에서 보듯이 점선으로 그려진 부분만큼의 위상차가 생긴다. 즉, 소리가 10cm를 이동하는 데 필요한 시간만큼의 시간차가 생긴다. 양쪽 귀에서 들어온 소리의 시간차를 뇌가 감지하고 계산해서 소리가 나는 방향을 알아내는 것이다.

인간이 소리가 나는 위치를 알아내는 원리는 양쪽 귀에 들어오는 소리의 크기와 시간차를 감지하는 데 있다. 소리의 크기차는 'Interaural Time Difference(ITD)', 위상차는 'Interaural Intensity Difference(IID)'라고 한다. 고음은 주로 양쪽 귀에 들어오는 소리의 크

  굿모닝 오디오 하이엔드 편

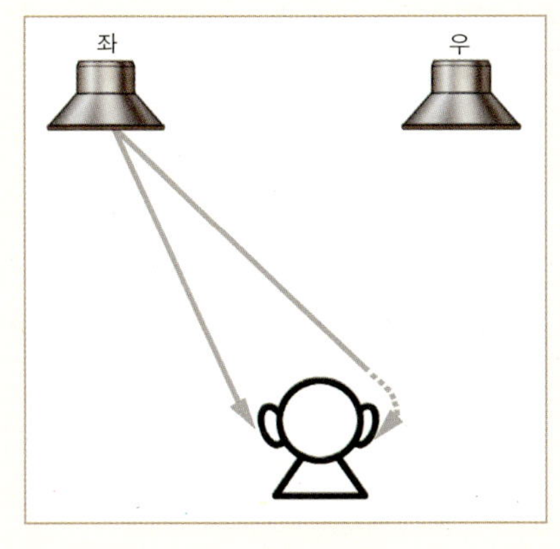
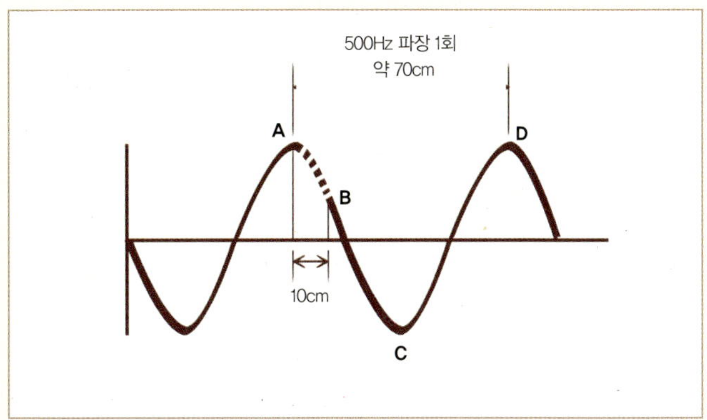


| 그림 1-8 |    | 그림 1-9 |

기 차이를 통해 소리가 나는 위치를 찾아내고, 저음은 양쪽 귀에 들어오는 시간 차이를 통해 소리가 나는 위치를 알아낸다. 물론 양쪽 귀에 들어온 소리의 크기 차이와 시간 차이는 최종적으로 연수를 통해 대뇌로 올라가야 소리의 위치로 인지된다. 저음과 고음이 만나는 중음은 양쪽 귀에 들리는 소리의 크기 차이와 시간 차이가 동시에 작동해 소리가 나는 위치를 가리킨다. 그림 1-10 그래프의 보라색 부분은 소리의 크기 차이로 위치를 알아내는 주파수 영역을, 청색 부분은 위상차를 통해 위치를 알아내는 주파수 대역을 표시한 것이다. 1,000Hz를 중심으로 중첩되어 있으면서 각기 저음과 고음으로 갈수록 그 능력이 높아지는 것을 알 수 있다. 이처럼 전 주파수 대역으로 보면 소리의 크기 차이는 고음에서, 위상 차이는 저음에서 소리의 위치를 파악하는 상호 보완적 기제로 작동한다. 이처럼 두 가지 기제가 상호 보완적으로 작동한다는 이론이 바로 '듀플렉스 이론Duplex theory'이다.

나섬　　복잡한 줄 알았는데, 알고 보니 그렇게 어려운 건 아니네.

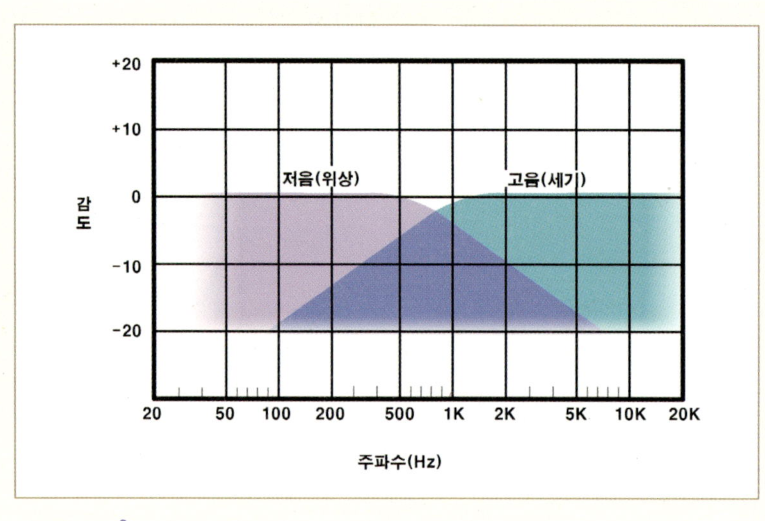


| 그림 1-10 |[3]

3 《The New Stereo Sound Book》 (2006), Streicher & Everest, Audio Engineering Associates.

최선생 　조금만 더 생각해 보면 어렵지 않게 이해가 될 거야.

나섬 　그런데 왜 복잡하게 크기차와 위상차 두 가지 방식을 사용하는 거지?

최선생 　하나의 방식만 사용하면 쉬울 텐데 말이야. 그렇지?

나섬 　내가 하고 싶은 말이 바로 그거야. 단순한 게 좋잖아!

최선생 　그렇게 두 가지 상호 보완적인 방법을 사용하게 된 이유가 있어.

나섬 　이유가 있다고? 우연히 그렇게 된 게 아니고?

최선생 　당연하지. 고음과 저음의 기본적인 특성 때문에 그렇게 된 거야.

나섬 　고음과 저음의 특성? 뭘 말하는 거야?

최선생 　《굿모닝 오디오》에서도 잠깐 나왔던 얘기야.

나섬 　그럼 내가 아는 내용이란 거네?

최선생 　그래, 잘 생각해봐!

나섬 　꼭 바로 안 알려주고 뜸을 들인단 말이야.

최선생　고음은 레이저 빔처럼 직진하고, 저음은 옆으로 퍼진다는 얘
　　　　길 한 적이 있지?

나섬　　응, 그래서 고음을 내는 트위터는 주로 볼록하게 만든다고 했어.

최선생　같은 이유로 저음을 내는 우퍼는 안으로 오목하게 콘으로 만
　　　　들지.

나섬　　그래, 그건 나도 알지.


《굿모닝 오디오》에서 다루었던 내용을 잠깐 다시 이야기해 보자. 고
음은 직진하고 저음은 옆으로 퍼지면서 움직인다. 그림 1-11처럼 장애물
을 만났을 때 고음은 장애물에 부딪혀 흡수되거나 반사되고, 저음은 장
애물을 돌아서 지나간다. 고음과 저음이 이렇게 다른 특성을 갖는 이유
는 소리가 파동이기 때문이다. 모든 파동은 높은 주파수에서는 직진하려
는 성향을 보이고, 장애물을 만나면 거기에 쉽게 흡수되거나 반사된다.
반면 낮은 주파수에서는 넓게 퍼지면서 장애물을 만나도 흡수되지 않고
돌아가려는 성향(회절)을 보인다. 그림 1-12와 같이 왼쪽 스피커에서 고

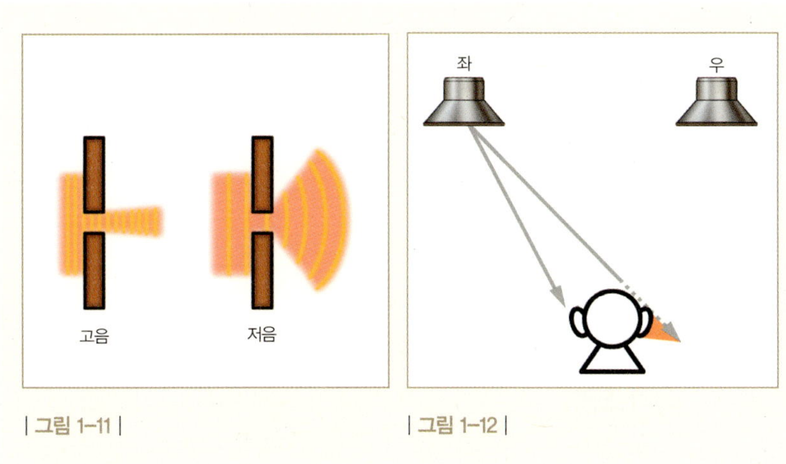


| 그림 1-11 |　　　　　　　　　　| 그림 1-12 |

음이 난다고 가정해보자. 소리는 좌측 귀에 바로 도달한다. 그러나 우측 귀에 도달하려면 코와 우측 뺨을 거쳐서 돌아가야 한다. 그런데 고음은 직진성이 강해서 돌아가지 못하고 그림 1-12와 같이 우측 귀 부분 점선 안쪽의 주황색 부분처럼 소리 그림자를 만든다. 결국 우측 귀에는 그림자 효과로 소리가 현저히 작아진 상태로 들린다. 고음은 직진하면서 머리나 얼굴에 부딪혀 흡수되기 쉽기 때문에 소리가 나는 위치에 따라 양쪽 귀에 들리는 소리 크기가 다르다.

이번엔 저음의 경우를 생각해 보자. 좌측 스피커에서 나온 소리는 바로 좌측 귀로 들어간다. 우측 귀에 소리가 도달하려면 중앙의 코를 지나 우측 뺨을 돌아서 들어가야 한다. 앞서 설명했듯이 저음은 옆으로 퍼지는 성질이 강해 코와 우측 뺨을 별 어려움 없이 돌아갈 수 있다. 그래서 저음의 경우 양쪽 귀에 도달하는 소리의 크기가 서로 비슷하다. 물론 돌아가느라 시간이 더 걸려서 시간차가 생기긴 한다. 그래서 양쪽 귀에 들어오는 소리의 크기 차이로 소리의 위치를 파악할 때, 저음은 단서로 사용하기 어렵다. 대략 머리의 반지름이 10cm라고 할 때 파장의 길이가 20cm 정도인 1,500Hz 이상의 고음 주파수는 사람 얼굴의 코와 뺨을 따라 곡선으로 돌아서 우측 귀에 도달하기 힘들어진다.[4]

양쪽 귀에 들어오는 소리의 위상차를 이용해 소리가 나는 위치를 판별하는 방식은 저음에서는 효과적이지만 고음에서는 전혀 그렇지 못하다. 고음으로 갈수록 파장이 짧아지기 때문이다. 그림 1-8처럼 한쪽 스피커로부터 좌우측 귀까지의 거리 차이가 10cm라고 하면 3,000Hz의 한 파장 길이와 비슷해진다.[5] 주파수가 3,000Hz에서 더 올라가면 파장은 더 짧아져서 그림 1-13에서 보듯이 10cm 안에서 다수의 동일한 위상을 나타내는 지점이 생기게 된다. 따라서 양쪽 귀에 들어온 소리의 위상차는 무의미해진다. 이런 이유로 1,500Hz 이상의 고음에서는 양쪽 귀에 도달한 소

4 《음악의 지각과 인지 I》 (2005) 한국음악지각인지학회 저. 음악세계, 90쪽

5 소리의 초속 342m를 3,000으로 나누면 0.114로 한 파장의 길이는 약 10cm다.



굿모닝 오디오 하이엔드 편

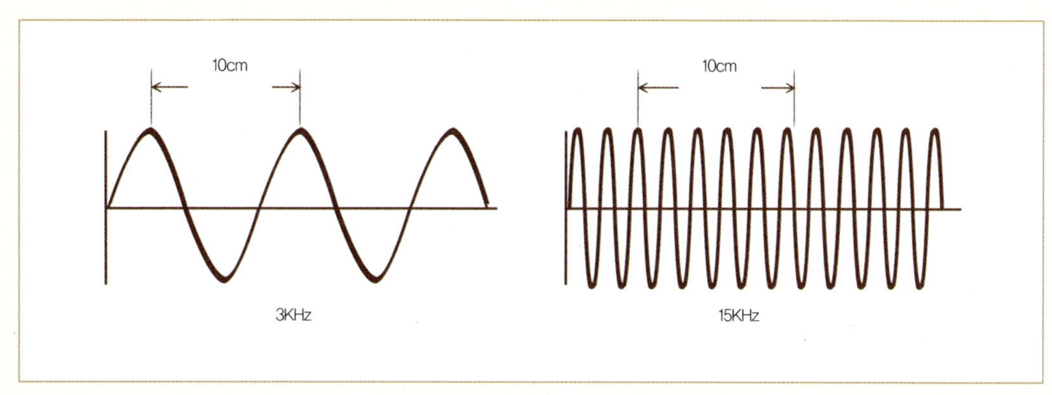




리의 위상차로 소리가 나는 위치를 파악할 수 없다. 결과적으로 파장이 긴 저음에서는 양쪽 귀에 도달하는 소리의 시간차를 이용하는 것이 좋다. 파장이 짧은 고음에서는 소리가 직진하는 성질에 따라 생긴 소리 그림자 때문에 소리의 크기가 현저히 줄어드는 현상에 따른 소리의 크기 차이를 이용하는 것이 가장 효과적인 방법이다.

인간은 소리가 나는 위치를 파악하는 능력을 저음부터 고음까지 두루 갖추고 있어야 한다. 작은 동물이 내는 고음은 물론 큰 동물이 내는 저음까지, 어떤 소리가 어디서 나는지 알아야 생존이 가능하기 때문이다. 어류에서 시작되어 오랜 기간 진화한 청각 시스템은 사람과 같은 영장류에 이르러 생존에 최적화되었다. 소리의 위상차가 위력을 발휘하는 저음과 소리의 크기 차이가 두드러지는 고음의 특성에 맞게 상호 보완적인 위치 추적 시스템을 갖추는 것이 생존에 보다 유리했을 것이다.

# 단번에 이해하는
# 입체음향의 원리

나섬     얘기를 듣고 보니 우리 귀의 위치 추적 시스템이 아주 합리적이네.

최선생     크기차와 위상차를 절묘하게 이용하는 걸 보면 오묘하다는 생각이 들어.

나섬     머리로는 이해가 되는데 직감적으로 피부에 와 닿지는 않아.

최선생     더 쉽게 설명해 달라는 얘기지?

나섬     그렇지, 그런 이론 말고 소리를 딱 들으면 바로 느낄 수 있게 해줘.

최선생     좋아, 소리를 딱 듣는 순간 느낌으로 알게 해 주지.

나섬     정말 그런 방법이 있어?

최선생     양쪽 스피커의 위상이 서로 맞는지 체크하는 방법 알지?

나섬     한쪽 스피커의 +와 −를 바꿔 연결한 게 역위상 아냐?

최선생     맞아, 오디오 테스트 CD 보면 위상 테스트하는 트랙이 있지? 그 트랙을 틀어 보면 지금까지 설명한 것을 바로 느낄 수 있어.

나섬     정말 바로 느낄 수 있어?

최선생   한번 그 트랙을 들어 보고 생각해 보면 바로 이해가 될 거야.


좌우 스피커의 위상을 테스트하는 트랙을 들어보면 우리 귀가 어떻게 음의 위치를 추적하는지 바로 알 수 있다. 우선 '인 페이스In Phase'라고 하는 소리는 오디오가 정상적으로 연결되어 있을 때 양 스피커 중간에 사람이 서서 말하는 것처럼 들린다. 인 페이스가 끝난 후 나오는 '아웃 오브 페이스Out Of Phase'라는 소리는 양 스피커 중간에서 소리가 나는 것 같기는 한데 뭔가 어색한 느낌이 든다. 고음은 분명히 양 스피커 중간에서 소리가 나는 것 같은데, 저음은 양 스피커 중간이 아닌 양 스피커 바깥쪽 어딘가에서 나는 것 같다.

여기에 바로 우리 귀의 소리 위치 추적 시스템에 대한 비밀이 담겨 있다. 아웃 오브 페이스는 한쪽 스피커에는 정상적인 +와 − 신호를 보내고 반대쪽 스피커에는 +와 − 신호를 바꿔 내보낸다. 다시 말해 양쪽 스피커에서 나는 소리가 모양과 크기는 서로 같지만 위상만 정반대인 것이다. 사람 목소리 중에 1,500Hz 이상의 고음은 위상이 정반대여도 소리의 크기로 위치가 파악되기 때문에 양 스피커 한가운데서 소리가 나는 것으로 인식된다. 반면 1,500Hz 이하의 저음은 소리 크기는 양쪽 스피커에서 동일하게 나지만 위상이 정반대라서 양쪽 귀에 180°의 위상차가 생긴 상태로 들어온다. 결국 양쪽 귀에 들어온 저음신호는 위상 차이 때문에 양 스피커 한가운데에서 음상을 맺지 않고 스피커 바깥쪽 어딘가에서 나오는 듯한 느낌이 든다. (CD 트랙8)

한편 우리의 두 귀가 고음에서는 소리의 크기 차이로 위치를 인식하고, 저음에서는 위상차를 이용하여 위치를 인식하는 것을 쉽게 확인할 수 있는 방법이 한 가지 더 있다. 요즘 하이엔드 앰프에서는 보기 힘들지만, 빈티지 인티앰프나 프리앰프를 보면 트레블(Treble: 고음)과 베이스 (Bass: 저음)를 조절하는 노브가 있다. 보통은 양 채널을 동시에 조절하게 되어 있는데, 빈티지 앰프에서는 좌우를 분리해 트레블과 베이스를 조절할 수 있는 제품도 있다. 바이올린 소나타를 튼 상태에서 우측 채널의 트레블을 올려 보자. 그러면 바이올린의 위치가 스피커 중앙에서 우측 스피커 쪽으로 이동한다. 이번엔 반대로 좌측 채널의 트레블을 올려 보자. 그러면 바이올린의 위치가 좌측 스피커 쪽으로 이동하는 것을 확실히 느낄 수 있다. 좌우 밸런스를 조정하는 노브를 돌려도 음상이 좌우로 움직이는 원리 역시 같은 이유다. 이번엔 콘트라베이스 연주 음반을 틀어놓고 좌측의 베이스 노브를 올려보자. 베이스 노브를 움직여도 콘트라베이스 위치는 그다지 변하지 않는다. 우측 베이스 노브를 움직여도 결과는 마찬가지다. 저음은 한쪽 스피커에서 음량이 커져 양 스피커에서 나는 소리의 크기가 달라져도 악기의 위치가 거의 변하지 않는다. 왜냐하면 저음에서는 두 스피커 소리의 크기 차이를 이용하지 않고 시간차, 즉 위상차를 이용해 소리의 위치를 감지하기 때문이다.

# 무대의 깊이는
# 어떻게 만들어지나?

**나섬**　사운드 스테이지가 어떻게 만들어지는지 이제 알 것 같아.

**최선생**　이게 다가 아니야.

**나섬**　그럼 또 뭐가 있단 말이야?

**최선생**　가상 무대에서 좌우로 펼쳐지는 것만 설명했잖아.

**나섬**　좌우로 펼쳐지면 무대가 완성된 거 아니야? 아, 맞다! 3차원 입체공간이 만들어져야 한다고 했지?

**최선생**　앞뒤 깊이가 있어야 진정한 3차원 입체무대가 되는 거지.

**나섬**　여기까지 간신히 이해했는데, 앞뒤 깊이는 더 어려운 거 아니야?

**최선생**　앞뒤 깊이가 재현되는 원리는 그렇게 어렵지 않아.

**나섬**　깊이가 표현되는 원리를 알면 드디어 완벽한 3차원 입체 무대가 되는 거네?

**최선생**　그렇지, 이제 설명할 테니까 잘 들어봐!

소리가 얼마나 떨어진 곳에서 나는지 파악하는 방법은 의외로 단순해 보인다. 소리는 공간 속에서 3차원으로 퍼져 나간다. 그래서 거리가 두 배가 되면 소리의 크기는 1/4이 된다. 사람의 목소리도 먼 거리에 있으면 작게 들리고, 가까운 거리에 있으면 크게 들린다. 눈을 감고 있거나 상대가 보이지 않아도 어느 정도 거리에서 말하는지 쉽게 알 수 있다. 일상에서도 목소리의 크기만으로 누가 얼마나 떨어진 거리에서 말하는지, 두 눈으로 직접 보지 않고도 쉽게 알 수 있다. 일상생활에서 상대방이 얼마나 먼 거리에 있는지 쉽게 알 수 있는 이유는 평소에 사람의 목소리를 자주 접해 기준이 되는 음량을 익히 알고 있기 때문이다. 기준이 되는 음량보다 작으면 보다 먼 거리에서 말하는 것이고, 그보다 더 크면 더 가까운 거리라고 알아채는 것이다.

이처럼 사람의 목소리는 우리가 평소에 자주 접해서 소리의 크기를 가늠하고 있기 때문에 그 크기만으로도 거리 판단이 가능하다. 그러나 사람의 목소리를 스피커를 통해 들으면 문제가 달라진다. 오디오 시스템은 음량의 크기를 마음대로 조절할 수 있다. 볼륨을 올리면 소리가 커지고, 볼륨을 낮추면 소리가 작아진다. 소리의 크기만으로 거리를 판단할 경우, 볼륨을 낮추면 목소리의 위치가 멀어지고 볼륨을 높이면 가깝게 들려야 할 것이다. 그러나 실제로 스피커를 통해 볼륨을 올리거나 내리면 소리 크기는 변하지만, 목소리를 낸 주인공의 위치는 그다지 멀어지거나 가까워지지 않는다. 이것은 소리의 크기가 소리를 내는 위치를 파악하는 데 결정적인 단서가 아니라는 것을 암시한다. 또한 스피커를 통해 나오는 음악 소리의 대부분은 우리가 자주, 그리고 직접 접해보지 못한 악기들로 이루어져 있다. 우리는 오케스트라를 구성하는 대부분의 악기를 직접 들어본 적이 별로 없어서 거리 판단의 기준이 되는 평소 음량을 모른다. 그럼에도 우리는 스피커를 통해 나오는 생전 처음 듣는 악기 소리를 들으면서 악기가 어디쯤에 있는지 어렵지 않게 알아낸다. 참으로 신기한 일이다.

기준이 되는 소리와 비교해 소리 크기가 작아질수록 멀리 있는 것으로 판단하는 방법이 유효하긴 하다. 그러나 이 방법으로 설명되지 않는 경우가 많다. 결국 소리 크기를 비교하는 방법 외에 자신과 악기 사이의 거리를 판단하는 다른 유효한 방법이 존재한다는 이야기다. 그림 1-14를 살펴보면, A에서는 악기와 소리를 듣는 사람이 서로 가까운 거리에 있어 악기에서 귀로 들어오는 직접음의 강도가 크다. 마루나 벽면, 천장에 반사되어 나온 소리도 귀에 전달된다. 반면 B에서는 A의 경우보다 악기와 사람 사이의 거리가 멀어 악기에서 귀로 직접 전달되는 소리의 크기가 작아진다. 그럼에도 마루, 벽, 천장에 반사되어 귀에 전달되는 반사음은 A와 별 차이가 없다. 방 안 어느 곳에서나 반사음은 크기에 별 차이가 없다. 왜냐하면 악기가 연주되는 동안 방 안의 반사음은 사방으로 퍼져 방 안을 가득 채우기 때문이다. 결국 반사음은 악기와 듣는 사람 사이의 거리에 관계없이 일정하고, 그 거리에 따라 변하는 것은 악기에서 직접 귀로 들어오는 직접음이다. (CD 트랙9)

반사음의 강도는 방 안 전체에서 고르게 분포하는 반면, 악기에서 귀로 직접 전달되는 직접음은 거리가 멀어짐에 따라 줄어든다. 결국 악기에서 전해오는 직접음과 반사음의 비율은 악기와 듣는 사람 사이의 거리에 따라 변한다. 거리가 가까워질수록 반사음 대비 직접음의 비율이 커지고, 거리가 멀어질수록 반사음 대비 직접음의 비율이 작아지는 셈이다.[6] 일상생활에서 우리는 직접음과 반사음이 섞인 소리를 듣고 산다. 설사 밀폐된 실내가 아니라 완전히 개방된 야외라 하더라도 지면을 통해 반사되는 반사음을 직접음과 동시에 듣게 된다. 이런 수많은 경험을 통한 학습으로 우리는 거리에 따른 직접음과 반사음의 비율을 이미 알고

6  《음악의 지각과 인지 1》 (2005). 한국음악지각인지학회 저. 음악세계, 108쪽

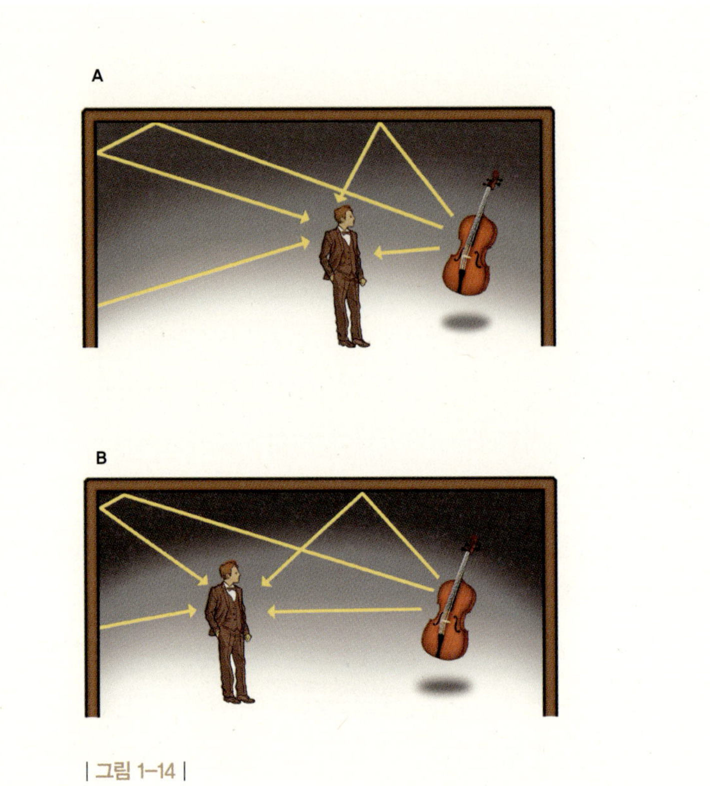



| 그림 1-14 |

있다. 이러한 비율을 근거로 자연스럽게 악기와의 거리를 가늠한다. 녹음된 소리를 스피커를 통해 들을 때도 우리는 어렵지 않게 스피커에서 재생되는 소리를 듣고 마이크에서 가깝게 있는 악기와 멀리 있는 악기를 쉽게 알 수 있다. 특히 오디오의 볼륨을 올리거나 내리면 소리 전체의 크기가 변하지만, 직접음과 반사음의 비율은 소리 크기의 변화에 관계없이 일정하게 유지된다. 스피커에서 나오는 소리의 크기와 상관없이 직접음과 반사음의 비율이 일정해 볼륨 위치에 별 관계없이 우리는 악기의 위치가 일정한 곳에 있는 것으로 느낀다.

이와 마찬가지로 눈으로 보지 않고 소리만으로 거리를 파악하는 또 하나의 단서가 있다. 앞서 알아본 것처럼 고음은 직진하는 성향이 강한 대신 장애물을 만나면 쉽게 흡수되는 성질이 있고, 저음은 장애물을 만나면 쉽게 돌아가고 흡수가 잘 되지 않는다. 이러한 고음과 저음의 특성 때문에 소리는 멀리 전파될수록 고음이 저음에 비해 더 많이 줄어든다. 쉽게 말해 악기 소리를 가까이서 들으면 고음과 저음이 모두 크게 들리는데, 먼 거리에서 들으면 저음에 비해 고음이 상대적으로 작고 둔한 소리로 들린다. 실제로 가까운 곳에서 친 번개는 날카롭게 들리고, 먼 곳에서 친 번개는 먹먹하게 들린다. 이러한 이유로 새벽에 방 안에 누워 천둥소리를 들으면, 얼마나 먼 곳에서 천둥이 쳤는지 알 수 있다. 이러한 소리의 특성 때문에 먼 거리에 있는 악기는 가까이에 있는 악기에 비해 상대적으로 고음이 작게 들린다. 우리가 스피커를 통해 소리를 들을 때, 먼 거리에서 녹음된 악기는 볼륨을 올려 소리를 키워도 음상의 위치가 가까워지지 않고 멀게 느껴진다. 고음이 저음에 비해 작은 비율은 소리가 커져도 그대로 유지되기 때문이다.

우리의 귀는 거리에 따라 일정하게 변하는 직접음과 거리가 달라져도 변하지 않는 반사음 사이의 비율, 그리고 거리가 멀어짐에 따라 저음에 비해 고음이 더 작아지는 소리의 특성을 이용해 눈을 감고도 자신과 악기 사이의 거리를 가늠한다. 녹음된 소리를 스피커를 통해 들을 때 볼륨을 올리거나 내려도 녹음된 악기의 위치가 앞뒤로 왔다 갔다 하지 않고 한 곳에 있는 것처럼 느낀다. 물론 소리의 절대 크기가 많이 커지면 음상이 약간 앞으로 나오고, 아주 작아지면 약간 뒤로 들어가는 경향이 살짝 나타나긴 한다. 그러나 소리의 절대적인 크기에 따라 악기의 위치가 미세하게나마 앞뒤로 움직이는 것은 악기 전체, 즉 무대 전체가 앞뒤로 조금씩 움직이기 때문이다. 결코 무대 안에서 어떤 악기가 앞에 있는 악기를 추월하거나 하지는 않는다. 소리가 커진다고 해서 뒤에 있던 악기가 그 앞에 있는 악기를 제치고 더 앞으로 나오지는 않는다. 인간의 귀는 생각보다 예민해서 직접음과 반사음의 비율을 통한 자신과 악기 사이의 거리를 파악하고 반사음의 패턴까지 인지해 소리가 녹음된 공간이 개방된 곳인지 밀폐된 곳인지, 공간의 크기가 어떤지도 어렵지 않게 감지한다.

# 재현이냐 창조냐,
# 그것이 문제로다

**나섬**  눈을 감고도 소리가 어디서 나는지 아는 원리가 신기해!

**최선생**  두 귀도 중요하지만 사실상 그건 뇌의 역할이라고 봐야지.

**나섬**  소리의 특성을 기막히게 이용하는 것 같아.

**최선생**  그렇다고 청각기관이 처음 생길 때부터 소리의 위치를 파악할 수 있었던 건 아니야.

**나섬**  그러면 어떻게 소리의 특성에 딱 들어맞는 위치 추적 시스템을 갖추게 된 거야?

**최선생**  물고기의 청각기관에서부터 수억 년 동안 진화한 결과지.

**나섬**  우연히 들어맞은 게 아니라 아주 오랜 기간 적응한 결과라는 얘기네?

**최선생**  그렇지.

**나섬**  현장음을 그대로 녹음해서 들려주면 3차원 입체음향이 되는 거네?

**최선생**  그게 그렇게 간단하면 얼마나 좋겠어!

나섬　　그대로 녹음해서 들려주면 되는 거 아니야?

최선생　대역이 좁은 사람 목소리도 제대로 녹음하기가 쉽지 않아.

나섬　　싸구려 녹음기로 녹음해서 들어도 무슨 말인지는 알아듣잖아?

최선생　목소리에 담겨있는 감정이나 뉘앙스까지 놓치지 않아야 하니
　　　　까 어렵지.

나섬　　고성능 마이크가 있으면 어렵지 않을 것 같은데?

최선생　마이크가 좋으면 유리하지만 마이크만으로 해결되는 문제가
　　　　아니야.

나섬　　마이크 말고 뭐가 중요한데?

최선생　같은 풍경이라도 카메라나 렌즈에 따라서 다른 사진이 나오지?

나섬　　그렇지, 기종도 그렇지만 누가 어떤 기술과 감성으로 찍었는
　　　　지가 다르니까.

최선생　녹음도 장비가 기본이지만 그보다 프로듀서의 능력이 더 큰
　　　　비중을 차지해.


　음악을 녹음해서 매체에 저장하고 이를 다시 오디오를 통해 재생하
는 데 있어서 기본적으로 상이한 두 가지의 입장이 있다. 첫째는 잘 튜닝
된 공간에서 나는 현장음을 최대한 있는 그대로 자연스럽게 녹음하자는
것이다. 이는 오디오로 재생할 때 현장의 생생함과 자연스러움이 최대한
재현되어야 한다는 입장이다. 이런 맥락에서는 녹음할 때 기본 마이크
를 3~4대로 제한하고 보조 마이크는 필요에 따라 추가하는 것을 원칙으
로 삼는다. 현장에 있는 악기의 소리와 공간의 울림에 따라 자연스럽게
만들어지는 홀톤을 최대한 담아내겠다는 취지의 녹음 방식이다. 결국 오
디오로 재생할 때 현장의 느낌을 최대한 살려 현장음을 과장하거나 빼지
않고 충실하게 '재현'해야 한다는 입장이다.


　　굿모닝 오디오 하이엔드 편

또 다른 입장은 잘 튜닝된 공간이 아니면 현장음이 만족스럽지 못할 때가 많고, 현장음이 만족스러워도 완벽하게 녹음하는 것이 쉽지 않다는 현실론에 바탕을 두고 있다. 이 의견에 따르면, 어차피 현장음을 완벽하게 녹음하지 못할 바엔 차라리 새롭게 창조하는 것이 낫다. 오디오를 통해 재생하는 음악은 어차피 현장음과 다른 차원인 만큼 굳이 현장음에 얽매일 필요가 없다. 특히 현장음에 문제가 있는 경우 다양한 장치를 이용해 문제를 줄일 수 있다. 심지어 연주자들의 개별적인 연주들을 결합해 연주 스케줄을 쉽게 조정할 수도 있다. 다수의 마이크를 이용해 녹음하고, 이렇게 녹음된 많은 채널의 음들을 믹싱과 마스터링 과정을 통해 새롭게 만들 수 있다. 인위적인 조작을 해서라도 오디오로 재생할 때 실제보다 소리를 더 또렷하고 악기 이미지를 더 선명하게 만들겠다는 것이다. 이는 오디오를 통한 재생은 현장음과는 별개로 새롭게 '창조'하는 것이라는 입장이다.

그럼 여기서 믹싱 콘솔mixing console이나 이펙터effecter를 통해 이루어지는 작업에 대해 간단히 알아보자. 이 작업에서 중요한 것은 여러 채널에 녹음된 신호들의 강도를 조절해 특정 악기의 소리가 너무 크거나 작지 않도록 볼륨을 조절하여 악기 간의 균형을 맞추는 것이다. 이후에 20Hz~20kHz의 가청 주파수에서 특정 주파수 대역을 올리거나 내려 음색을 변화시키거나, 리버브reverb 기능을 이용해 일종의 에코 같은 느낌이 들게 할 수도 있다. 또한 특정 채널의 소리를 지연시키거나 팬 포트pan-pot를 이용해 특정 악기의 위치를 좌우 어디쯤에 새롭게 집어넣을 수도 있다. 녹음을 하다 보면 특정 악기의 소리가 순간적으로 너무 커져 다른 악기의 소리가 묻혀버리기도 하는데, 이런 문제를 해결하기 위해 컴프레서compressor라는 장비를 사용한다. 컴프레서는 소리가 일정 크기 이상으로 커지면 적절한 비율로 줄이는 기능을 한다.

정리하자면, 오디오를 통한 재생이 현장음의 **재현**이어야 한다는 주장은 다소 힘들고 어렵더라도 좋은 현장음을 만들어 녹음하고 인위적인 조작은 되도록 피하자는 입장이다. 반면에 오디오 재생이 새로운 **창조**라고 생각하는 주장은 다수의 마이크를 통해 현장음을 녹음하고 이를 적극적으로 조작해 원하는 소리를 만들어 내자는 것이다. 물론 양쪽 모두 녹음 후에 믹싱이나 마스터링 과정은 공통적으로 거치게 된다. 다만 **재현**을 주장하는 쪽은 최소한의 조정으로 현장의 생생함을 그대로 담자는 것이고, **창조**를 주장하는 쪽은 현장음을 적극적으로 손질해서 새로운 음향을 만들자는 것이다. 녹음 초창기부터 1970년대까지는 **재현**에 중점을 둔 녹음이 대세를 이루었다. 사실상 소리를 적극적으로 바꾸고 변형하는 기술이 별로 없어서 음향 조건이 좋은 홀에서 좋은 소리를 만들고 이를 그대로 담아내는 데 역점을 둘 수밖에 없었다. 이러한 입장은 주로 초기 클래식 녹음에서 주류를 이루었다. 그래서 엔지니어들은 가능하면 킹스웨이 홀Kingsway Hall이나 시카고 심포니 홀Chicago Symphony Hall, 로열 콘세르트허바우 오케스트라 홀Royal Concertgebouw Orchestra Hall 같이 음향이 좋은 공간에서 녹음하고 싶어 했다.[7]

그러던 것이 1970년대 믹싱 콘솔과 이펙터가 발달하고 1980년대 디지털 녹음이 보편화하면서 컴퓨터를 이용한 작업이 가능해졌다. 소리의 조절이 쉬워지면서 현장의 소리를 좋게 만들기 위한 힘든 노력 대신 다수의 멀티 마이크를 악기 앞에 설치해 녹음한 후 믹싱 작업을 통해 소리를 만드는 흐름이 나타났다.[8] 그러나 연주홀에서 악기 앞에 다수의 마이크를 설치하고 녹음하는 과정에 한 가지 문제가 생겼다. 각각의 악기 앞에 설치된 마이크의 소리를 합치면 반사음이 중첩되어 소리가 먹먹하게 변했던 것이다. 이는 연주홀 안에서 각 악기 위치가 서로 달라 악기 앞에 있는 마이크에 녹음된 반사음의 특성이 서로 다르게 나타났기 때문이

　　굿모닝 오디오 하이엔드 편

---

**7** 《데카 클래식 사운드의 모든 것》(1999). 로버트 문 · 마이클 레이 저, 박성수 역, 청현, 81쪽

**8** 이것은 보통 채널이 10개가 넘는 경우를 말한다. 이 책에서는 '다채널 녹음'으로 표기한다.

다. 다시 말해, 홀의 구석에 위치한 마이크에 녹음된 반사음과 홀의 중앙에 위치한 마이크의 반사음은 확연히 다를 수밖에 없는데, 이 둘이 중첩되면서 반사음이 이상해질 수밖에 없었다. 이러한 이유로 다채널 녹음은 반사음이 많은 연주홀이 아닌 반사음이 거의 없는 녹음 스튜디오에서 이루어지기 시작했다.[9]

다채널 녹음은 실제 연주보다 과장된 사운드를 필요로 하는 팝이나 경음악 녹음에서 먼저 시도되었다.[10] 스튜디오에서 마이크를 통해 인위적으로 소리를 만들어 오디오로 감상하면 실제 연주 때보다 과장된 사운드와 무대가 만들어지도록 했다. 악기 파트마다 각각의 마이크가 설치되면서 연주 시 틀린 부분이 있으면 오케스트라 전체가 아닌 특정 악기 파트의 문제된 부분만 따로 연주했다. 그만큼 사후 보정이 쉽고 간단하게 가능해졌다. 이런 상황에서 녹음부터 믹싱, 마스터링까지의 일련의 작업에 효율성이 강조되면서 멀티 마이크를 사용해 소리를 창조하자는 추세는 더욱 힘을 얻었다. 다수의 마이크를 사용하는 다채널 녹음이 주류를 이루어 현재까지 이어져 오고 있는 셈이다. 도이치그라모폰 Deutsche Grammophon(DG)을 필두로 EMI, 필립스 Phillips 등 메이저 음반사들은 선명한 사운드와 작업 효율을 중요시해 다채널 녹음을 통한 **창조** 쪽을 선호한다. 이제 다채널 녹음은 현실적인 표준 녹음이라고 할 수 있다. 그러나 2000년대 이후 다시 복고 바람이 불면서 현장음을 좋게 만들기 위해 노력하고 되도록 적은 수의 마이크를 사용해 녹음하는 **재현**의 바람이 다시 일고 있다. 인위적인 보정 작업을 최소화해 현장의 생생함을 그대로 재현하는 것이 중요하다는 주장이 다시 힘을 얻고 있는 것이다. 이렇게 자연스런 음향을 중요시하는 레이블로는 프로프리우스 Proprius, 체스키 Chesky, BIS, 라움클랑 Raum klang, MA 레코딩스 MA Recordings, 채널 클래식스 Channel Classics, SEON, 오디오가이 Audioguy 등이 있다. 최근 음반시장에서 LP

가 부활했듯이 녹음에도 복고 바람이 불고 있는 셈이다.

최선생　음반 녹음의 세계도 알고 보면 복잡하고 다양해.

나섬　재현이냐 창조냐, 그것이 문제인 셈이네.

최선생　음악이 중심이냐 오디오가 중심이냐, 그 문제이기도 하지.

나섬　재현은 음악적 감동에, 창조는 오디오적 쾌감에 중점을 두는 거겠네?

최선생　그렇지, 이젠 하나를 알려주면 둘을 아네?

나섬　사부는 날 너무 과소평가해!

최선생　재현이냐 창조냐는 소리만의 문제가 아냐. 사진도 비슷해.

나섬　예전엔 필름 카메라로 찍었잖아?

최선생　원하는 장면이 될 때까지 기다리느라 고생하면서 찍었지.

나섬　그 얘긴 나도 들었어. 필름이 비싸서 아껴가면서 찍었다고.

최선생　요즘엔 디지털 카메라로 막 찍어대지.

나섬　그럼 예전엔 스나이퍼가 신중하게 한 발씩 쏘는 것처럼 찍은 거네.

최선생　필름은 현상 인화 과정에서 손댈 수 있는 게 별로 없어.

나섬　디지털은 포토샵으로 얼마든지 바꿀 수 있지.

최선생　재미있는 것은 필름 카메라 쓰다가 디카로 바꾼 마니아들의 얘기야.

나섬　디카는 필름이 필요 없으니 더 편하잖아?

최선생　디카는 많이 찍어도 정작 인화해 보면 건질 사진이 별로 없대.

나섬　요즘은 사진작가들도 디카를 많이 쓰던데?

최선생　편해서 그렇지. 편리함이란 떨쳐버리기 힘든 유혹이지.

## 원 포인트 녹음

'원 포인트 녹음'이란 단 한 대의 마이크를 이용해 녹음하는 것을 말한다. 현장음을 그대로 재현하자는 주장의 취지를 그대로 살린 녹음 방식이다. 단 한 대의 마이크라고는 하지만 실상은 하나의 막대 안에 두 대의 독립된 마이크가 내장되어 있다. 이를 통해 스테레오 녹음이 가능하다. 원 포인트 녹음은 녹음 이후 보정이나 수정 작업을 거의 할 수 없기 때문에 울림이 좋은 홀이나 스튜디오를 찾아가 녹음해야 한다. 또한 악기의 음량을 따로 조절할 수 없기 때문에 원 포인트 마이크와의 거리와 방향으로 좌우 밸런스와 악기 위치를 찾아야 한다. 따라서 세팅이 꽤 번거롭고 힘들다. 원 포인트 마이크를 중심으로 각각의 악기까지의 거리를 조절해 음량을 맞추고, 악기의 방향을 움직여 악기 위치가 적당한 곳에 오도록 하나씩 들어 보면서 세팅을 해야 한다. 아래 사진은 실제 한국에서 이루어진 최초의 원 포인트 녹음 장면이다. 사진에는 안 보이지만 뒷면에 드럼까지 네 가지 악기가 중앙에 한 대의 마이크를 두고 연주를 한다. 마이크에는 악기의 직접음은 물론 홀의 반사음까지 자연스럽게 녹음된다. 원 포인트 녹음은 스튜디오에서 수정할 수 있는 영역이 거의 없는 녹음이라 현장의 녹음을 거의 그대로 음반에 담는다고 보면 된다. 현장에서의 작업이 아주 까다롭고 힘들뿐 아니라 시간이 엄청나게 요구되는 작업이라 현실적으로 원 포인트 녹음이 보편화되기는 쉽지 않다. 부록 CD의 트랙 13번에 실린 녹음을 통해, 원 포인트 녹음의 특징을 소리로 느껴볼 수 있다.

원 포인트 녹음용 마이크(AKG C-24)

실제 원 포인트 녹음 모습

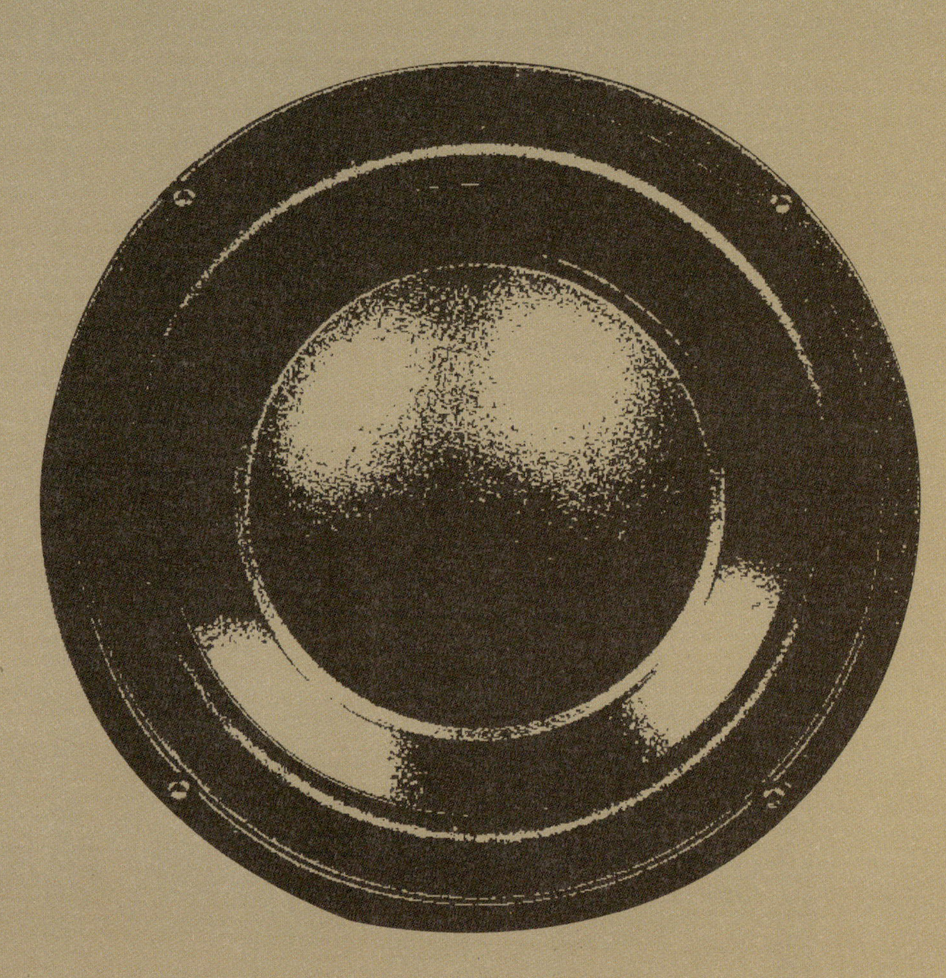

# Chapter 2

# 홀로그래피 무대의 탄생

우선 스피커, 앰프, CD 플레이어 등 기본 기기들을 잘 배치해야 한다.
그리고 공간 구조와 추가 기기 활용을 고민해야 한다.
주파수와 전원처럼 세밀한 부분도 간과하면 안 된다.
그래야 내가 원하는 멋진 홀로그래피 무대를 만들 수 있다.

# 홀로그래피 무대를 위한 스피커 세팅

최선생 음반 녹음이 어떻게 이루어지는지 좀 알 것 같지?

나섬 음반에 무대 공간에 대한 정보까지 있다는 거 아냐?

최선생 공간 정보가 따로 있는 게 아니라, 음악 소리 자체에 녹아 있지.

나섬 그럼 오디오로 재생만 하면 3차원 공간이 펼쳐지는 거네?

최선생 말은 쉬워도 3차원 무대 정보가 워낙 섬세해서 손상되기가 쉬워.

나섬 어지간한 오디오로 들어도 무대가 만들어지던데…….

최선생 무대야 만들어지지, 얼마나 실감나게 만들어지느냐가 문제지.

나섬 실감나는 3차원 무대를 만들려면 어떻게 해야 하는 거야?

최선생 소스부터 앰프, 스피커까지 충실하게 만들어진 제품이면 가능해.

나섬 오디오만 좋으면 돼?

최선생 오디오도 중요하지만 세팅과 공간이 더 중요해. 특히 스피커 세팅!

나섬　오디오 수준보다 세팅이 더 중요하다는 거야?

최선생　고가의 오디오 시스템으로도 3차원 무대가 안 될 수 있어.

나섬　하긴 식재료가 좋아도 음식이 별로인 경우가 많지.

최선생　반대로 입문기기가 3차원 무대를 훌륭하게 만들기도 하지.

나섬　부족한 식재료로 아주 좋은 요리를 만들어 내듯이?

최선생　그렇지, 음식에 손맛이 중요하듯이 오디오도 세팅이 중요해.


스피커 세팅의 기본은 이미 《굿모닝 오디오》에서 밝혔다. 여기서는 구체적으로 스피커를 어떻게 세팅할 것인지에 대해 알아보도록 하자. 집을 새로 건축하는 경우를 제외하면, 현실적으로 공간은 주어지는 것이지 우리 마음대로 만들 수 있는 것이 아니다. 저음 공진을 효과적으로 분산시키는 이상적인 룸의 가로, 세로, 높이의 비율은 이미 밝혀져 있다.[11] 주어진 공간에서 효과적으로 스피커를 세팅하는 핵심은 공간을 홀수로 나누는 것이다. 직사각형 공간의 경우 가로와 세로를 3, 5, 7로 등분한다. 보통 가로를 5등분했으면 세로도 5등분하거나, 조금 더 세밀하게 세팅하고 싶으면 가로와 세로를 모두 7등분하는 것도 좋다. 물론 짧은 쪽을 5등분하고 긴 쪽을 7등분하는 방법도 좋다. 그림으로 표현하면 그림 2-1과 같다.

가로와 세로가 같은 정사각형의 경우도 가로와 세로를 홀수로 나눈다. 다만 가로를 5등분했으면 세로는 5가 아닌 3이나 7등분해야 한다는 점이 다르다. 가로와 세로를 같은 숫자로 등분하면 정사각형이 되어 스피커에서 옆벽과 뒷벽까지의 거리가 같은 지점이 나오기 때문이다. 이렇게 나누어진 선의 교차점 중 한 곳에 스피커를 배치한다. 많은 지점이 나오기 때문에 어떤 지점에서 소리가 마음에 드는지 시간을 두고 들으면서 선택해야 한다. 보통 양 스피커가 서로 멀어지면 무대가 좌우로 펼쳐지고, 반대로 가까워지면 무대가 좁아진다. 넓은 무대를 원한다고 스피커



11　《하이엔드 오디오 컴플릿 가이드》 (1998). 로버트 할리 저, 박우진 역, 정인, 124쪽

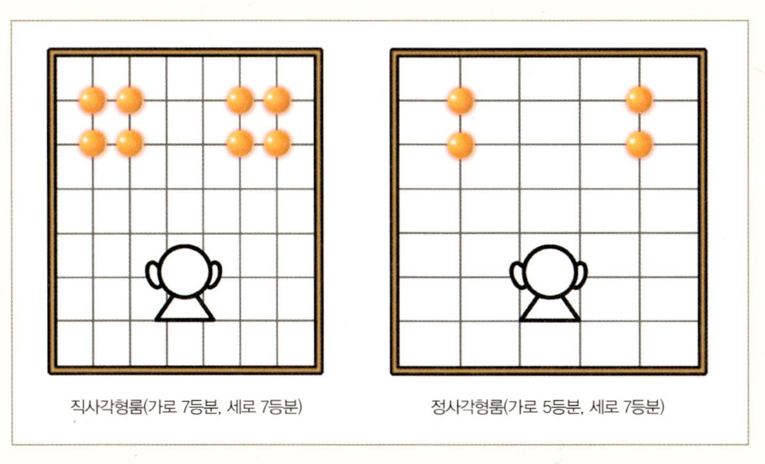



| 그림 2-1 |

의 거리를 너무 멀게 하면 무대 중앙이 허전해질 수 있으니 주의해야 한다. 스피커의 위치는 많은 음악을 들어 보고 결정해야 한다. 특히 관현악처럼 저음부터 고음까지 고르게 나오고 악기수가 많은 대편성 곡이 빠져서는 안 된다. 이때 무대의 크기나 악기의 위치도 주의 깊게 들어야 하지만, 무엇보다 중요하게 들어야 할 것은 저음에서 특정 대역이 울려서 생기는 부밍booming[12]의 유무 여부를 살펴보는 것이다.

가장 좋다고 생각되는 지점을 찾았으면 이때부터 세부 세팅에 들어간다. 우선 스피커의 앞면이 정면을 보게 할 것인지, 아니면 안쪽으로 각도를 주어 기울일 것인지 정해야 한다. 전자의 경우 무대가 좌우로 넓게 펼쳐지고, 깊이는 상대적으로 얕아지기 쉽다. 그리고 후자의 경우처럼 스피커를 감상자를 향해 안쪽으로 돌리는 것을 토우인toe-in을 준다고 하는데, 이렇게 토우인을 주면 스피커가 정면을 바라볼 때보다 무대의 좌우 크기는 약간 줄어들고 깊이는 더 깊어지게 된다. 물론 토우인을 조금씩 더 줄 때마다 깊이는 더 깊어지는 경향이 있다. 그렇다고 토우인을 너

12 스피커에서 나오는 저음 주파수 중에 특정 대역이 시청 공간에서 공명을 일으키면서 울리는 현상을 말한다.

무 많이 주면 시청자 앞에서 양 스피커의 중심선이 교차해 다소 어색한 무대가 형성될 수 있으므로 주의해야 한다. 이것은 그림 2-2를 보면 쉽게 이해할 수 있다. 어느 정도 토우인을 주는 것이 좋은지는 실제로 음악을 들어가면서 가장 마음에 드는 각도를 찾으면 된다. 보통 음향학 책에서는 두 스피커와 감상자가 정삼각형을 이루는 세팅을 권한다.

좋은 3차원 무대를 형성하기 위한 스피커 세팅에서 빼놓을 수 없는 중요한 것이 있다. 스피커 주위에 유리문, 에어컨, 장식장 등이 근접하지 않도록 하는 것이다. 우선 스피커에서 발생한 강한 저음은 문이나 장식장의 유리와 에어컨 표면처럼 넓은 판을 울리게 할 수 있다. 그리고 양 스피커 사이에 앰프나 소스기기를 배치하는 것은 여러 면에서 좋지 않다. 우선 스피커 주위가 비어 있어야 자연스럽게 악기 위치가 3차원 공간에 자리를 잡는다. 만약 장애물이 있으면 소리가 간섭을 받는다. 이런 장애물은 시각적으로도 자연스런 무대 형성을 방해한다. 무엇보다 오디오 시

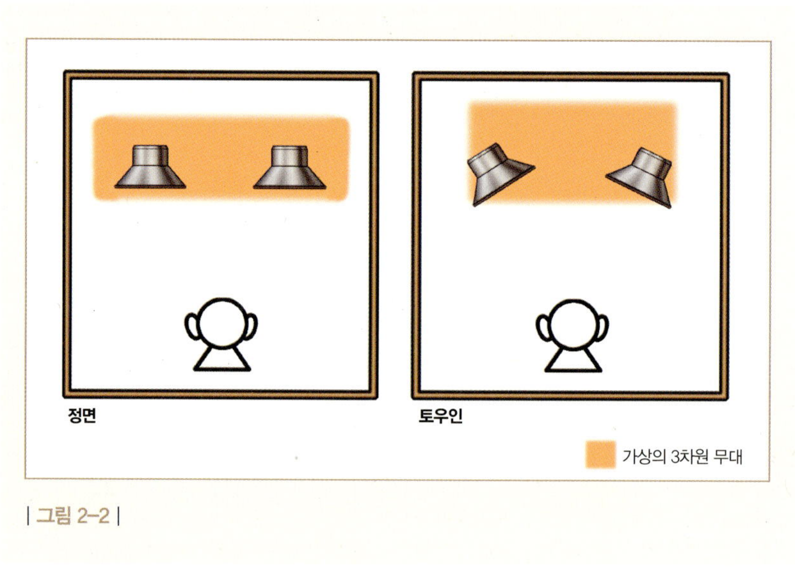


| 그림 2-2 |


굿모닝 오디오 하이엔드 편

스템에서 가장 많은 진동을 발생시키는 것이 스피커다. 스피커 근처에 앰프나 CD 플레이어나 턴테이블이 있으면 직접적으로 스피커에서 발생한 진동의 영향을 받을 수밖에 없다. 앰프나 CD 플레이어가 두 스피커 사이에 있다 하더라도 단단한 바닥에 설치되어 있으면 그나마 낫다. 오디오 랙에 2단, 3단으로 높게 설치되어 있으면 진동에 더 취약한 상태가 된다. 오디오 랙이 부실하면 진동에 취약한데, 특히 유리 재질로 된 제품은 소리의 반사가 심해 좋지 않다. 가장 좋은 방법은 스피커 사이에 오디오 기기를 두지 않는 것이고, 어쩔 수 없다면 오디오 랙을 사용하지 않고 바닥에 낮게 설치하는 것이 좋다. 기기가 많아서 어쩔 수 없이 오디오 랙을 사용할 수밖에 없다면 스피커가 설치되지 않은 옆쪽 벽면에 배치하는 것이 좋다. 이 경우 진동에 강한 튼튼한 제품의 오디오 랙이 좋은데, 여러 브랜드 가운데 '하이파이 스테이'와 '코디아 디자인'이 많이 추천되고 있다.

# 홀로그래피 무대를 위한
# 기기 세팅

스피커 세팅이 어느 정도 마무리되면 앰프와 CD 플레이어를 세팅한다. 그냥 적당히 단단한 곳에 놓아두면 되는 것을 세팅씩이나 해야 하느냐고 생각할 수도 있다. 맞는 얘기다. 단단한 바닥이 제일 좋은 세팅 장소다. 그런데 문제는 단단하다고 생각하는 바닥도 문제가 있는 경우가 적지 않다는 것이다. 스피커에서 발생한 진동이 바닥을 타고 올 수도 있고, 냉장고나 세탁기 등에서 발생한 진동이 바닥을 타고 올 수도 있다. 앰프나 소스기기 세팅에서 가장 중요한 요인은 진동이다. 바닥의 진동이 앰프나 소스기기에 도달하지 않으려면 적절하게 진동을 차단하는 것이 중요하다. 보통 바닥으로 올라오는 진동을 막기 위해 무거운 돌판을 바닥에 놓고 그 위에 앰프, 소스기기를 올려놓는 경우가 많다. 이 방법은 진동을 차단하는 나름의 효과가 있다. 그러나 모든 경우에 다 좋은 것은 아니어서 시간을 두고 천천히 득실을 따져보는 것이 좋다. 특히 스피커 밑에 돌판을 받치는 것은 문제를 일으키는 경우가 많다. 이 방법은 스피커가 바닥을 덜 울려서 아래층의 항의를 줄일 수는 있지만 불필요한 진동을 추가적으로 만들기 때문에 사용하지 않는 것이 낫다.

앰프나 CD 플레이어, 턴테이블을 랙이나 바닥에 그냥 배치하기도 하지만 진동 방지를 위해 인슐레이터insulator나 앵커베이스anchor base, 콘cone 같은 것을 사용하기도 한다. 보통 진동을 차단하거나 억제하면 무조건 좋은 것으로 여겨지지만, 이것은 잘못 알려진 것이다. 무거운 돌판을 기기 위에 얹어서 진동을 억제하거나, 공기 부양 튜브나 자석의 척력(밀어내는 힘)을 이용해 공중에 기기를 띄우면 음이 좋아진다고 생각하기 쉽다. 그러나 무거운 돌판을 얹어 기기를 누르면 진동이 억제되면서 소리도 답답해질 수 있다. 자석이나 공기 튜브를 이용해 공중에 띄우면 진동이 차단되어 배경은 깨끗해지지만 저음의 양감이 줄어드는 문제가 생긴다. 결국 진동을 억제하거나 차단하는 것보다 적절히 진동을 제어하는 것이 음질 향상에 더 효과적이다. 완전히 격리시켜서 차단하기보다 적절히 진동 에너지가 빠져나갈 수 있도록 하는 것이 중요하다. 기기 밑에 받치는 대표적인 도구로 원뿔형으로 만들어진 콘이나 앵커베이스를 들 수 있다. 그림 2-3은 완전히 격리되었을 경우와 콘 등으로 받쳤을 때 진동 에너지가 어떻게 처리되는지를 보여준다. 왼편은 에어튜브에 의해 완전 격리되는 경우로 진동 에너지가 바닥으로 흘러가지 못하고 기기에 계속 남아 있는 것을 보여준다. 반면 오른쪽은 콘으로 받쳐진 경우로 진동 에너지가 콘을 타고 흘러 아래로 나가는 것을 보여준다.

진동을 적절히 제어하면 소리의 순도가 높아지면서 무대의 배경이 깨끗해진다. 오디오 기기에 미치는 물리적 진동이 적절히 제어되면 소리의 순도도 높아진다. 그런데 재미있는 사실은 진동이라는 물리적 에너지가 험이나 노이즈 같은 전기적인 에너지와 밀접한 관계가 있다는 점이다. 그래서 물리적인 진동을 적절히 조절하면 전기적인 험이나 노이즈가 줄거나 없어진다. 진동은 물리적 에너지지만 실제로 전기 신호에 직접적

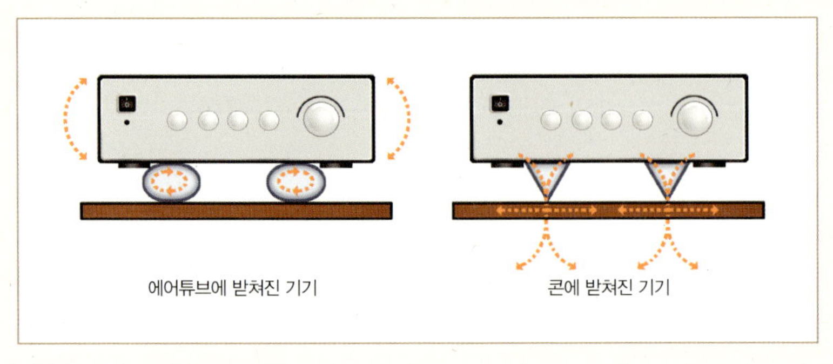



| 그림 2-3 |

으로 영향을 미친다. 쉽게 말해 진동이 곧 전기적 노이즈라고 생각해도 무방하다. 이런 진동의 특성 탓에 오디오를 연결하는 인터커넥트나 스피커 케이블을 진동 방지 기구로 받쳤을 때 소리가 차분해지는 쪽으로 변한다. 정지해 있는 전선에 전기가 흐르면 전선은 미세하게 진동한다. 전선을 통과하는 전기 에너지가 클수록 진동은 더 강해진다. 믿지 못하겠다면 신기한 예시 하나를 소개하겠다. 결혼식장에 가면 기념사진을 찍는다. 요즘은 디지털 카메라로 찍지만, 예전에는 대형 필름 카메라로 찍었다. 보통 플래시가 터지면서 사진이 찍힌다. 유심히 관찰하면 대형 플래시에 전기를 공급하는 전선이 플래시가 터질 때 움찔하면서 움직이는 것을 볼 수 있다. 순간적인 전기 흐름에 따라 굵은 전선이 움직일 만큼 강한 진동이 발생하는 것이다.

나섬 　 진동이 그렇게 중요해? 왜 중요한 거야?

최선생 　 오디오가 뭐야?

나섬 　 음반을 읽어서 증폭하고, 스피커가 움직여서 소리가 나는 거지.

최선생 　 그 모든 과정에 진동이 관여해. 소리가 곧 진동이야.



굿모닝 오디오 하이엔드 편

나섬  CD 플레이어나 턴테이블은 진동에 당연히 영향을 받겠지.

최선생  앰프도 그렇고 신호가 전달되는 케이블도 영향을 받아.

나섬  전기가 통하는 앰프나 케이블은 전자파나 전원 노이즈에 영향을 받지 않나?

최선생  전자파나 전원 노이즈에도 영향을 받지만 진동의 영향도 크지.

나섬  그럼 외부 진동만 차단해 주면 되겠네?

최선생  외부 진동의 영향을 받기도 하지만 스스로 진동하기도 해.

나섬  기기가 스스로 진동한다고? 아! 트랜스가 떤다는 얘긴 들어 봤어.

최선생  콘덴서, 저항처럼 전기가 지나가는 모든 부품은 다 떤다고 보면 돼.

나섬  떨면 무슨 문제가 생기는데?

최선생  악기의 뉘앙스나 음상 정보 같은 섬세한 신호는 진동에 쉽게 왜곡되지.

나섬  받치는 콘이나 받침대 같은 것 말고 다른 장치는 없는 거야?

최선생  전자 현미경을 받치는 무진동 받침대를 만드는 회사에서 만든 게 있지.

나섬  기존 무진동 받침대와는 뭐가 다른 거야?

최선생  아큐리온 헬시오닉스 Accurion Halcyonics에서 만든 사일런서 Silencer 라는 모델인데, 능동적(액티브)으로 진동을 제거해.

나섬  전기가 들어간다는 거야? 대단한데!

최선생  성능도 아주 탁월하지만 가격도 B&W 802D보다 비싸지.

# 홀로그래피 무대를 위한 공간 튜닝

기기 세팅이 어느 정도 마무리되면 다음 단계는 시청 공간에 대한 튜닝을 할 차례다. 룸 튜닝재로는 어퓨저abffusor, 디프랙탈diffractal/디퓨저 diffuser, 스카이라인skyline, 베이스트랩bass trap, 로사losa 등이 있다. 차례로 설명하면 어퓨저와 디프랙탈은 그림 2-4에서 보듯이 깊이가 다른 격벽을 가지고 있는 구조를 취한다. 이런 구조를 하고 있는 이유는 소리가 벽면과 같이 평평한 면에서 거울에 비치는 것처럼 정반사가 이루어지는 것을 막기 위해서다. 어퓨저와 디프랙탈은 기본 구조가 비슷해서 소리를 난반사시키는 기능은 같다. 하지만 어퓨저는 표면에 흡음재 처리가 되어 있어 흡음 기능이 강화된 것이다. 어퓨저와 유사하게 난반사와 흡음을 동시에 하도록 설계된 튜브트랩tube trap도 있다. 디프랙탈의 기본적인 설치 방법은 스피커와 감상자 사이의 옆벽에 설치해 옆벽에 의한 1차 반사를 적절히 제어하는 것이다. 단순한 형태의 디프랙탈에 비해 옴니퓨

어퓨저　　　　　　디프랙탈

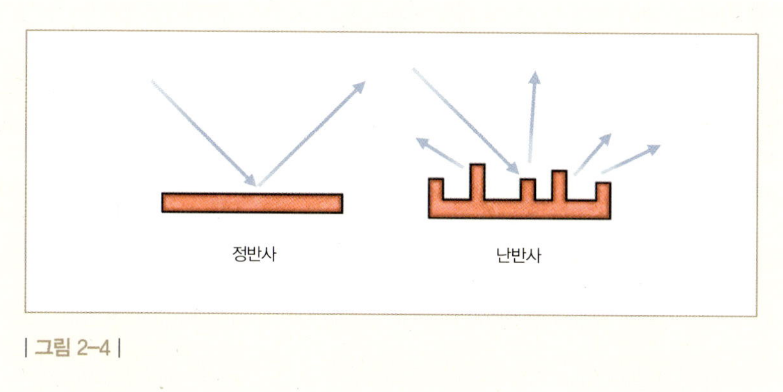



| 그림 2-4 |

저omniffusor는 3차원으로 조밀하게 제작되어 조금 더 효과가 낫다. 흡음 기능이 추가된 어퓨저는 스피커 뒤쪽 중앙에 설치해서 소리가 발생하는 스피커 쪽에 흡음과 난반사 기능을 하게 한다. 높이가 다른 기둥이 불규칙하게 모여 있는 것 같은 형상의 스카이라인은 주로 천장에 설치해 천장에 의한 1차 반사를 조절하는 기능이 있다. 베이스트랩은 부밍처럼 저음이 과해서 울리는 현상이 있을 때 저음만을 흡수하기 위해 사용한다. 로사는 저음과 고음을 모두 흡수하는 장치로 원통형의 기둥모양이다. 로사는 대개 스피커 쪽 구석이나 시청자 쪽 구석에 사용하는 것이 좋은데 초저음까지 흡수하지는 못한다.

음향 튜닝 장비의 대략적인 사용방법을 정리하면 그림 2-5와 같다. 이 그림은 기본적인 세팅의 예를 보여주는 것으로 꼭 이렇게 해야 한다는 것은 아니다. 실제 감상 공간의 크기가 제각각이고 스피커의 음향 특성이 모두 다르기 때문에 어퓨저나 디퓨저의 개수를 늘리거나 줄이고 다양하게 배치해 보면서 적당한 조합을 찾아야 한다. 이런 튜닝재 외에 대음량으로 음악을 즐기는 사람들이 관심을 가지고 지켜봐야 할 제품은 야마하Yamaha 조음패널이다. 그림 2-6에서 보듯이 이것은 얇은 판 속에 다

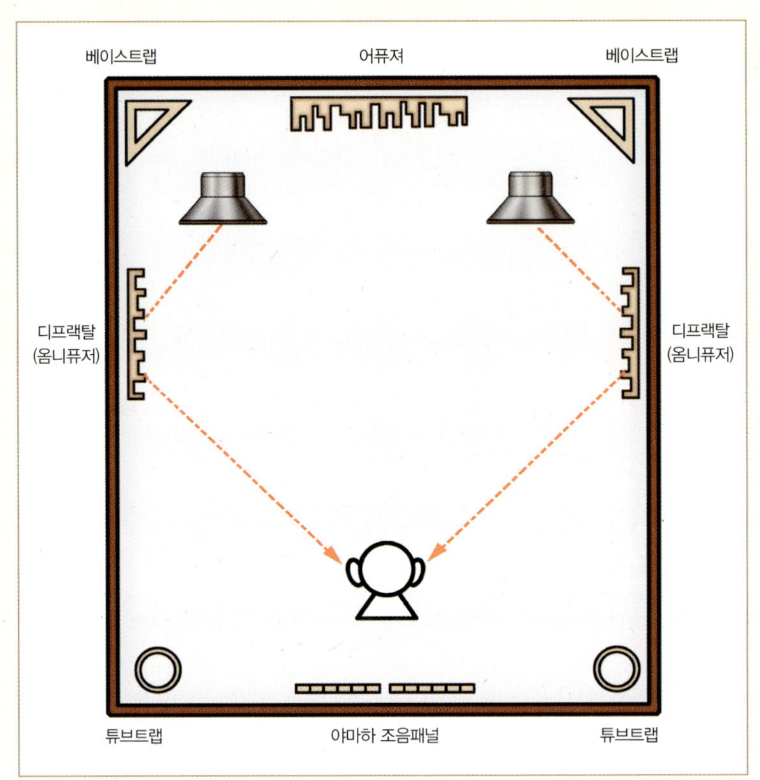


| 그림 2-5 |

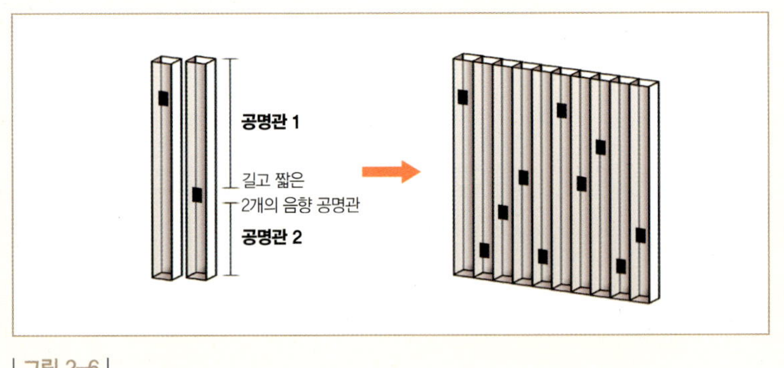


| 그림 2-6 |



굿모닝 오디오 하이엔드 편

양한 주파수를 담당하는 헬름홀츠<sup>Helmholtz</sup> 공명기를 만들어 넣은 것이다. 기존의 음향 튜닝재들은 암면, 스펀지, 천 등 재료 자체가 갖는 흡음 특성을 이용하거나 불규칙한 표면으로 난반사를 일으켰다. 그러나 야마하 조음패널은 선진적인 방식인 헬름홀츠 방식을 이용하면서도 이 방식의 가장 큰 문제였던 부피와 크기 문제를 획기적으로 개선했다. 소음량일 때도 효과가 있지만, 작은 방에서 큰 음량으로 음악을 들을 경우 고음이 산만해지고 저음이 웅웅거리면서 우는 경우에 효과가 좋다. 야마하 조음패널은 베이스트랩보다 효과가 약해 거실처럼 넓은 공간에서는 여러 개를 사용해야 충분한 효과를 볼 수 있다. 스피커 뒷벽보다는 옆벽이나 감상자 뒤에 설치하는 것이 좋다. 모든 튜닝재는 좋아지는 면이 있으면 나빠지는 면이 있기 마련이다. 그러나 야마하 조음패널은 효과가 강력하지는 않지만 나빠지는 부분이 적은 게 특징이다. 따라서 여러 개를 사용해야 하는 경우에 문제가 생기기 쉬운 다른 튜닝재에 비해 상대적으로 많은 수를 사용해도 부작용이 적은 편이다.

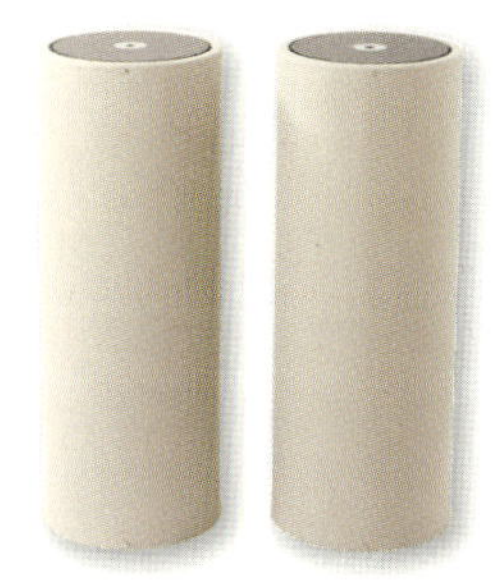

ASC 튜브트랩 음향판

RPG 코리아 옴니퓨저

RPG 코리아 스카이라인

나섬 　《굿모닝 오디오》에서 어퓨저와 디프랙탈로는 큰 변화 없다고 했잖아?

최선생 　맞아, 그랬었지. 그런 것은 꼭 기억한다니까.

나섬 　어퓨저와 디프랙탈에 대한 평가가 달라진 이유가 뭐야?

최선생 　그동안 다양한 룸 튜닝재를 경험했는데, 그게 잘 사용하면 소리가 좋아지더라고.

나섬 　사부도 새로 배우고 깨치고 그러는 거야?

최선생 　당연하지, 새로 배우고 깨닫는 데엔 끝이 없어.

나섬 　배치의 기본은 알겠는데, 현실적인 공간에서 어떻게 사용하는지 알려줘.

13  추천 사이트로 soundtree.
kr, siworks.co.kr이 있다.

14  추천 사이트로 in-shop.
co.kr과 digphotoin.com이 있다.
전문적인 음향 튜닝 시공업체로
는 soundtree.kr이 있다.

**최선생**  기본을 중심으로 소리를 들어가면서 찾아가는 게 중요해.

**나섬**  시행착오를 줄이려면 어떻게 해?

**최선생**  기본은 역시 시간을 두고 천천히 들으면서 판단하는 거야!

**나섬**  오디오용 흡음재는 많이 비싸더라고.

**최선생**  음향 컨설팅으로 시행착오는 줄어드는데 비용이 들지.[13]

**나섬**  음향 측정장비로 측정해서 설치하면 좋은 소리가 나겠네?

**최선생**  측정 수치는 참고야. 최종적인 것은 음악으로 판단해야 해.

**나섬**  저렴한 방법은 없어?

**최선생**  아이폰에 주파수 대역을 측정하는 앱이 있어.

**나섬**  그걸로 할 수 있단 얘기야?

**최선생**  흡음재 파는 가게[14]나 방산시장에서 재료 사다가 하면 되지.

**나섬**  결국 비용을 더 들이면 시행착오가 줄어든다는 거네?

**최선생**  그렇지! 최종적인 세팅은 본인이 음악을 들으면서 해야 해.

**나섬**  돈 적게 들이려면 공부하면서 고생 좀 해야겠네.


한국의 주거 상황을 감안하면 오디오를 설치하는 공간은 대략 두 가지로 나뉜다. 첫 번째는 주택이나 아파트의 방에서 오디오를 하는 경우다. 방은 독립된 공간으로 음악 소리에 몰입할 수 있지만, 공간이 좁아서 좋은 소리를 만들기 쉽지 않다. 방의 경우 대략 세팅은 그림 2-7과 같은 경우가 많다. 이것은 한쪽 벽에 약간의 간격을 두고 스피커를 배치하고 맞은편 벽에 앉아서 듣는 형태다. 이 경우 한국의 일반적인 방은 크지 않아 저음이 부밍을 일으키기 쉽다. 부밍을 줄이려면 스피커와 뒷벽 사이에 1m 정도 거리를 두는 것이 좋다. 특히 감상자 머리 뒤쪽의 벽과도 공간을 만들면 소리가 좋아진다. 그런데 일반적인 방은 크다고 해봐야 16.5 $m^2$(5평) 정도로 대략 가로 4m에 세로 4m 정도다. 스피커 뒤로 1m 간격

  굿모닝 오디오 하이엔드 편

을 두고 감상 위치에서 머리 뒤로 1m 간격을 두고 나면 그림 2-8처럼 1m 남짓한 거리에 스피커를 두고 듣는 꼴이 되고 만다. 결국 방 안에서 오디오를 운용하는 경우엔 어쩔 수 없이 스피커를 벽에 가깝게 둘 수밖에 없고, 감상자의 뒤통수도 뒷벽에 거의 닿는 상태의 세팅을 하게 된다.

이런 세팅에서 가장 문제가 되는 것은 저음의 과잉이다. 베이스트랩이나 로사를 사용해 저음을 줄일 수 있지만 저음이 빈약해지면서 소리가 전체적으로 가볍고 허전해질 수 있다. 또한 스피커에서 나온 소리가 감상자의 머리 바로 뒤에 있는 뒷벽을 그대로 때리는데, 뒷벽에서 반사된 소리는 다시 스피커를 향해 나가 스피커에서 새로 나온 소리와 서로 중첩되면서 간섭을 일으킨다. 특히 머리 바로 뒤에 벽이 있으면 중고음에서 물결치듯이 소리가 커졌다 작아졌다 하는 현상이 생긴다. 이것을 '콤브필터comb filter 현상'이라고 한다. 자동차 주행 중에 FM 방송을 듣다 보면 음이 연속적으로 들리지 않고 반복적으로 메아리가 울리듯이 들렸다 안 들렸다 하는 경우가 있는데 이 증상과 비슷하다. 이를 해결하려면 감상자 머리 뒷벽에 디프랙탈이나 어퓨저, 혹은 야마하 조음패널을 사용하는 것이 좋다. 감상자 뒤로 공간이 별로 없다면, 요철이 있는 스펀지 등을 이용해 흡음을 해주는 것도 좋다.

두 번째는 거실에서 오디오를 운용하는 경우다. 방에 비해 거실은 넓어서 상대적으로 저음을 제어하기 쉬운 편이다. 그러나 온 가족이 공동으로 사용하는 공간이라 음악에 집중하기 어렵다. 보통 거실에서의 오디오 세팅은 그림 2-9와 같이 하는 경우가 대부분이다. 이런 세팅의 가장 큰 문제가 스피커의 옆벽이 한쪽은 베란다 유리문으로 막혀 있고 반대쪽은 주방으로 열린 공간이라는 점이다. 스피커에서 나온 소리는 양쪽 옆벽에 반사돼 우리 귀에 들어오는데, 한쪽은 유리를 통해 반사되고 다른 한쪽은 반사음이 거의 없는 상태가 된다. 이럴 경우 사운드 스테이지가 제대로 만들어지지 않는 것은 물론, 좌우의 소리 크기가 달라져 균형이 틀어지게 된다. 열린 옆벽에 인위적인 격벽을 만들어 반사음의 차이를 줄일 수도 있지만 이것이 근본적인 해결책이 될 수는 없다. 방만큼 심하진 않지만 감상자의 머리가 뒷벽에 가까워 중고음이 물결치듯 커졌다 작아졌다 하는 현상이 생길 수 있다. 다행히 3인용 천 소파라면 조금 낫지만, 그렇지 않은 경우엔 감상자 뒷벽에 흡음재나 디프랙탈을 설치하는 것이 좋다.

거실 배치에서 가장 이상적인 방법은 그림 2-10처럼 베란다 쪽을 스피커 뒷벽이 되게 하는 것이다. 이 배치는 베란다로의 통행에 지장을 주고 전망도 가리는 세팅이라 '안주인'의 허락을 받기가 쉽지 않다. 그러나 스피커 뒷벽이 유리문이라는 문제를 제외하고는 가장 이상적인 배치라고 할 수 있다. 스피커 좌우의 옆벽이 비슷하고, 감상자 뒤의 공간도 주방이 있어서 좋다. 베란다 유리문은 커튼이나 블라인드, 롤 스크린 등으로 처리하면 전문 룸 튜닝재만큼은 아니어도 상당한 음향 효과를 볼 수 있다. 스피커를 제외한 앰프와 CD 플레이어, 턴테이블을 옆벽에 배치하면

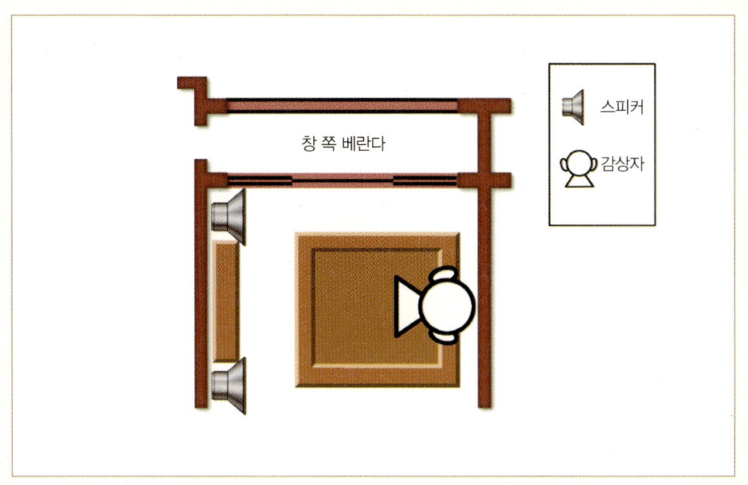


| 그림 2-9 |

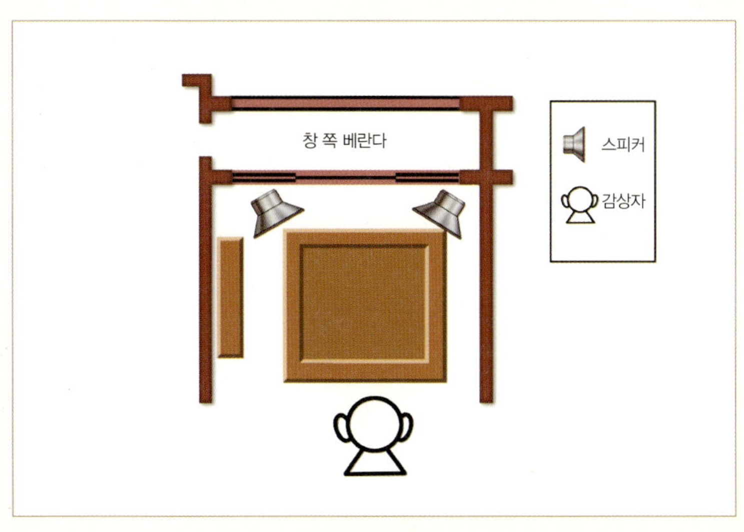


| 그림 2-10 |

스피커 주위에 장애물이 없어져 자연스러운 3차원 사운드 스테이지 형성에 적합한 환경이 된다. 이런 배치는 상대적으로 어퓨저나 디프랙탈, 튜브트랩 같은 룸 튜닝재의 필요성도 줄인다.

나섬　　사부의 집은 거실에서 베란다를 보는 배치를 하고 있던데.

최선생　방보다는 거실이 유리하지. 단, 환경이 산만할 순 있지.

나섬　　나도 거실로 나오려고 말 꺼냈다가 혼나기만 했어.

최선생　수진 씨가 음악을 좋아해도 거실을 내주기는 힘들 거야.

나섬　　거실로 나오면 소리가 확 좋아질 텐데.

최선생　아이도 크면 거실에서 놀려고 할 거야.

나섬　　그러니까 와이프가 거실을 포기 안 하더라고. 난 언제 거실로 나오나…….

최선생　나도 애들 어렸을 땐 조그만 북쉘프 스피커로 문간방에서 음악 들었어.

나섬　　세월이 지나면 나도 가능성이 있단 얘기네?

최선생　수진 씨한테 잘해줘! 너무 오디오에만 몰입하지 말고.

나섬　　방에선 저음이 넘쳐서 소리 잡기가 쉽지 않아. 얼마 전에 로사도 샀어.

최선생　로사는 중고음도 흡수하는데?

나섬　　맞아, 소리가 가벼워지면서 재미가 없어졌어.

최선생　그래서 다른 튜닝재를 또 샀지?

나섬　　하여튼 귀신이야! 디프랙탈이 좋을 거 같아서 샀지.

최선생　공간감은 더 생기지만 소리가 떠다닐 텐데?

나섬　　그래서 중심을 잡아준다는 음향렌즈를 사려고.

최선생　그거 사면 해결될 것 같아? 아마 안 될 거야.

나섬    그럼 어떻게 하라는 거야?

최선생   스피커를 B&W 805D로 바꿔!

나섬    힘들게 B&W 803D까지 왔는데 다시 내려가라고?

최선생   지금의 방에선 805D가 딱이야!

# 방이냐 거실이냐,
# 그것이 문제로다

작은 방에서 오디오를 운용하다 보면 여러 가지 문제가 생기기 쉽다. 가장 큰 불만을 해결하기 위해 튜닝재나 액세서리를 투입하면 그 문제는 어느 정도 해결된다. 그러나 가장 큰 불만 때문에 가려졌던 또 다른 문제가 튀어나온다. 이걸 해결하려고 다시 튜닝재를 투입하다 보면 작은 방 안이 튜닝재로 가득하게 되고, 문제는 문제대로 남거나 새로운 문제가 생기는 악순환에 빠지게 된다. 이런 악순환은 출발이 잘못되었기 때문에 나타난다. 방 크기에 알맞은 스피커를 선택했어야 한다. 3차원 무대를 제대로 만들려면 불필요한 저음을 없애야 한다. 저음이 많아지면 넘치는 저음에 악기 이미지들이 묻히기 때문이다.

재생 공간이 정해지면 그 공간의 넓이에 해당하는 공진 주파수가 필연적으로 존재하게 된다. 공간이 넓으면 공진 주파수는 상대적으로 낮은 주파수에 포진하게 되고, 공간이 좁아질수록 공진 주파수는 올라간다. 일단 저음이 특정 주파수에서 공진을 하기 시작하면 이를 완벽하게 잡는 것은 현실적으로 불가능에 가깝다. 이 경우 이퀄라이저를 이용해 공진

     굿모닝 오디오 하이엔드 편

주파수를 인위적으로 낮추는 방법을 쓸 수 있다. 신호라인에 관여해 주파수 대역에 손대는 것이라 음질이 다소 나빠질 수 있지만 다수의 공진 주파수를 동시에 제어할 수 있다는 장점이 있다. 다만 음질이 나빠지는 것을 최대한 줄이기 위해 스튜디오급의 고급 제품을 사용하는 것이 좋다. 물론 이런 이퀄라이저는 가격이 만만치 않은 것이 현실이다.

방이 3평 정도로 크지 않다면 상대적으로 높은 저역에서 공진 주파수가 형성된다. 별도로 이퀄라이저를 사용하지 않는다면 6.5인치나 8인치 우퍼 한 개를 사용한 스피커를 선택하는 것이 좋다. 나섬의 경우 방이 3평 정도 되는데 7인치 우퍼가 더블인 B&W 803D스피커는 저음의 양이 많은 편이다. 많은 저음은 부밍과 같은 울림을 만들어 내기 쉽고, 이 울림에 악기들의 이미지가 묻혀 버리게 된다. 그림 2-11은 작은 방에서 저음이 어떻게 재생되는지를 보여준다. 저음을 줄이기 위해 로사나 베이스트랩 같은 것을 사용할 때, 개수가 충분치 않으면 만족할 만한 효과를 보기 힘들다. 특히 이런 튜닝재가 다수 투입되면 중고음까지 영향을 줘서 고음

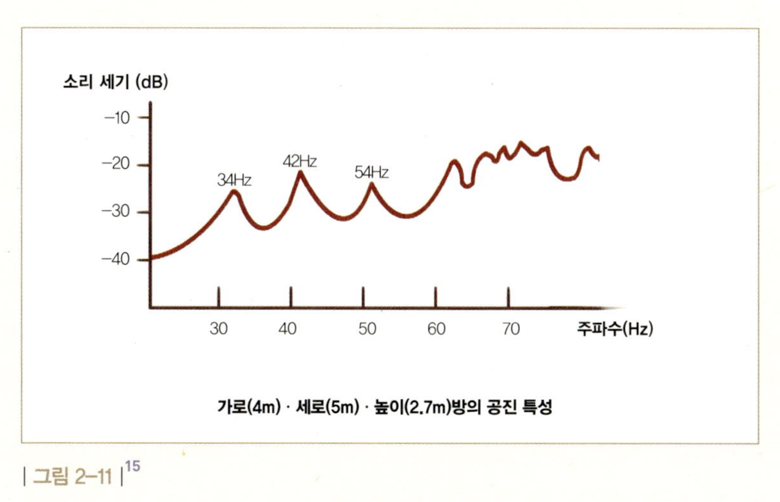


| 그림 2-11 |[15]

15 공진 주파수 계산식은 다음을 참고하자. 《사운드 시스템의 모든 것》 (1993). 백운춘 저, 우신, 67쪽

이 답답하고 전보다 볼륨을 올려야 하는 상황이 되기 쉽다.

공간이 좁다면 일단 북쉘프 스피커를 쓰거나 톨보이 스피커 중에서도 우퍼가 크지 않은 것을 선택하는 것이 좋다. 좁은 공간에서 저음이 많은 대형 스피커를 쓰기보다는 크기가 작은 고성능 스피커를 쓰는 것이 훨씬 좋은 소리를 만들 수 있다. 한마디로 공간에 알맞은 스피커를 골라야 한다. 저음에 대한 욕심으로 공간의 크기보다 저음을 많이 내는 스피커를 선택하면 문제를 피할 수 없다. 저음은 고음에 비해 음향에너지가 강해 쉽게 흡수되지 않는 성질이 있다. 좁은 공간은 넓은 공간에 비해서 에너지를 흡수할 수 있는 표면적이 상대적으로 좁다. 따라서 방을 만들 때부터 전문적인 시공을 하지 않는 이상 좁은 공간에서 저음 에너지를 효과적으로 흡수할 수 있는 방법은 현실적으로 거의 없다. 저음 문제를 해결하려다 보면 새로운 문제가 생기는 악순환에 빠지게 된다.

시청 공간에서 음향 튜닝재를 최소한으로 사용해야 한다는 입장으로 튜닝재를 개발한 회사가 있다. 에잇스 너브 Eighth Nerve 라는 회사로, 저음이나 고음의 대역을 적극적으로 손대기보다 음향에너지가 집중되는 구석과 모서리에 최소한의 튜닝재를 사용해 자연스러운 음향을 추구한다. 기존의 튜닝재가 반사음이 없어야 하는 녹음 스튜디오 상황을 전제로 만들어진 제품인 반면, 에잇스 너브의 제품은 실제 음향을 즐기는 개인의 시청 공간을 전제로 제작되었다. 스피커가 위치하는 뒷벽과 옆벽이 만나는 곳에서 모서리에는 렉탱귤러 Rectangulur 를, 천장과 만나는 구석에는 트라이앵글 Ⅲ Triangle Ⅲ 를 사용하는 것이 좋다. 벽에 설치하는 더 월 The Wall 은 음향에너지가 집중되는 스피커 뒷벽과 옆벽 순으로 설치하는 게 좋다. 그러면 전체적으로 산만함이 줄면서 음향이 매끄럽고 자연스러워진다. 유의할 점은 에잇스 너브의 제품은 기본적으로 시스템을 통해 소리의 기본이 잡힌 상태에서 남겨진 약간의 문제를 해결하기 위해 사용하는 제품

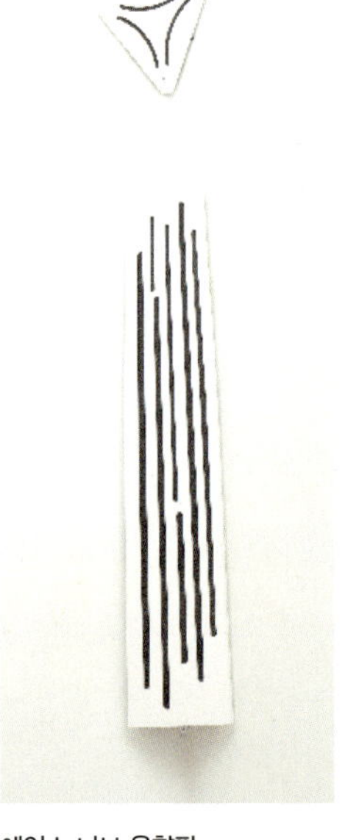

에잇스 너브 음향판



굿모닝 오디오 하이엔드 편

이라는 것이다. 저음이 심하게 산만한 경우에는 적은 수로도 효과가 좋은 ASC 튜브트랩을 사용하거나 야마하 조음패널을 충분히 사용해 처리하는 것이 좋다.

# 평탄한
주파수 대역을
확보하라!

**나섬**    좁은 공간은 정말 답이 없는 거야?

**최선생**    답이 있지! 작은 스피커 쓰면 돼!

**나섬**    두꺼운 천이나 흡음재로 저음을 흡수하면 안 될까?

**최선생**    저음은 우리 생각처럼 쉽게 흡수되지 않아.

**나섬**    두꺼운 스펀지 같은 건 될 것 같은데?

**최선생**    중고음을 주로 흡수하지, 저음에는 별로야.

**나섬**    그럼 어떤 것들이 저음을 흡수할 수 있는 거야?

**최선생**    유리 재질의 글라스 울이나 인조광물로 만든 암면이 있지.[16]

**나섬**    그거 암 유발시킨다는 거 아냐?

**최선생**    문제가 된 것은 석면이지. 이건 상대적으로 안전해.

**나섬**    그래도 방에 그런 것을 시공하긴 어렵지. 전셋집인데.

**최선생**    803D를 그대로 쓸 수 있는 방법이 있긴 해.

**나섬**    와이프 설득해서 오디오를 들고 거실로 나오라고?

**최선생**    한번 시도해봐. 아이 생기면 작은 북쉘프 스피커는 사고 위험

16 암면은 비결정질 인공광물이고, 석면은 천연의 결정 광물이다. 암면은 석면에 비해 입자가 100배 정도 크고 굵어서 석면처럼 공기 중에 떠다니다가 호흡기를 통해 폐에 들어가서 박히는 경우가 적다. 따라서 석면에 비해 상대적으로 안전한 재료로 꼽힌다.

　　도 있어.

**나섬**　아! 그렇네! 거실로 나가면 소리 좋아진다고 하면 되겠네.

**최선생**　말로만 하지 말고 핸드백을 사준다든지, 집안일을 해준다든지 해.

**나섬**　비상금 일부를 갖다 바친다든지?

**최선생**　거실로 나오면 소리 확 달라져. 업그레이드 비용이라고 생각해!

　　나섬은 아내에게 작은 명품 가방을 사주고 집안일을 도와주는 성의를 보인 끝에 오디오를 거실로 가지고 나올 수 있었다. 작은 방에선 저음 때문에 볼륨을 제대로 올리지도 못했고, 음악도 바이올린 독주나 보컬 위주의 소편성 작품을 주로 들었다. 그런데 거실로 나오면서 볼륨이 자연스럽게 올라갔고, 방에선 거의 듣지 못하던 대편성 작품이나 협주곡도 자주 듣게 되었다. 무엇보다 작은 방에서 느끼던 것과는 비교가 안 될 정도로 큰 사운드 스테이지를 경험할 수 있었다. 거실이 베란다를 통해 개방된 공간이라 음악에 몰입하기는 조금 어려웠지만 소리는 확실히 좋아졌다. 공간이 넓어짐에 따라 저음의 부밍 가능성이 줄어들어 주파수 대역도 평탄해졌다. 특히 네모반듯한 방에 비해 거실은 조금 더 복잡한 구조이고, 음향에너지가 흡수되는 면적이 방에 비해 넓기 때문에 음향적으로 좋은 조건이다.[17]

　　오디오 마니아 대부분이 주파수 대역이 평탄해야 한다는 생각에 사로잡혀 있다. 특히 한국의 주거공간이 좁다 보니 저음 주파수에서 파동이 중첩되면서 산과 골이 생기기 쉽다. 그래서 산과 골을 줄이고자 룸튜닝재를 투입하기도 하고 케이블을 바꾸거나 스피커 위치를 바꾸기도 한다. 실제로 케이블마다 주파수 대역 분포가 달라서 케이블로 주파

17　정사각형보다는 직사각형의 방이 음향적으로 조금 더 유리하다. 직사각형보다는 복잡한 다면체 구조가 소리는 더 좋다.

휴대용 RTA. Phonic PAA3

수 대역을 조정할 수도 있다. 또한 이퀄라이저를 사용해 문제가 된 부분의 주파수를 낮추거나 높여서 평탄하게 조정하기도 한다. 이런 조정에는 RTA<sup>Real Time Analyzer</sup> 같은 장비가 필요하다. 만약 RTA 장비가 없다면 스마트폰(어플 : FrequenSee)으로 주파수 대역별 음압 측정이 가능하다. 다만 내장 마이크의 성능이 떨어지니 추가로 소형 마이크를 사용하는 것이 좋다. 에듀티지<sup>Edutige</sup> EIM-003이 측정용으로 무난하다.

여기서 잠깐 RTA에 대해서 알아보자. 20Hz~20kHz의 전 주파수 대역의 신호가 포함된 핑크 노이즈<sup>pink noise</sup>를 오디오 시스템에 넣어 재생한다. 여기서 핑크 노이즈란 그림 2-12 우측에서 보듯이 저음에서 고음으로 갈수록 한 옥타브당 3dB씩 낮은 레벨로 들어가 있는 노이즈를 말한다. 한 옥타브당 3dB 내려가게 한 이유는 저음에서 10kHz까지 음이 높아질수록 귀의 감도가 좋아지기 때문이다. RTA란 스피커를 통해 이 핑크 노이즈를 나오게 한 다음 마이크를 통해 각 주파수 대역별로 확인한 음압(소리 크기)을 측정해 그래프로 보여주는 장치다. RTA에 표시된 그래프를 보면 각 대역별로 소리의 크기를 일목요연하게 볼 수 있다.

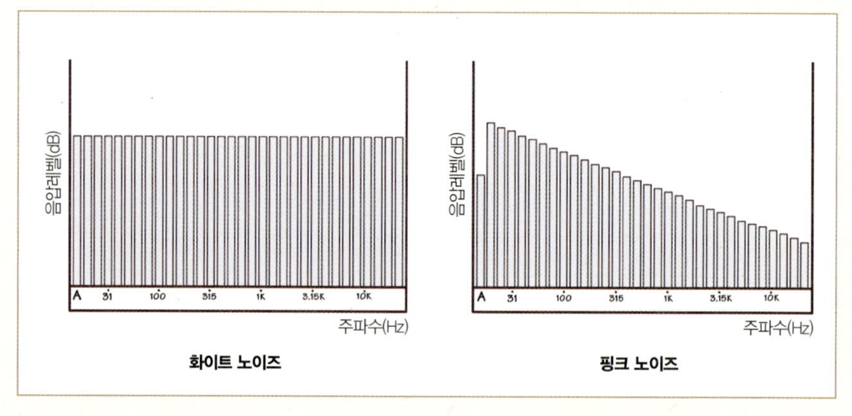


| 그림 2-12 |



굿모닝 오디오 하이엔드 편

보통 저음부터 고음까지 그림 2-12 좌측 그림처럼 막대그래프 끝이 수평으로 일직선을 이루어야 평탄한 주파수 특성을 보이는 것으로 생각하기 쉽다. 그러나 이는 잘못된 것이다. 테스트에 사용되는 핑크 노이즈는 한 옥타브 당 3dB씩 감쇄된다. 핑크 노이즈가 수록된 CD를 넣고 신호를 출력하면 가로로 수평을 이루는 신호가 입력되는 것이 아니라 그림 2-12 우측 핑크 노이즈 그림처럼 우측(고음)으로 갈수록 완만하게 내려가는 신호가 입력된다. 출력도 핑크 노이즈 그래프와 비슷하게 저음인 좌측이 높고 고음인 우측이 완만하게 내려가는 그림 2-12의 우측 그래프와 비슷한 모습을 보여야 한다.

그러면 그림 2-12의 우측 그림 같은 주파수 특성을 보이는 소리는 어떻게 들릴지 상상해 보자. 우리의 예상과 달리 저음이나 고음에 비해 중음이 강조된 소리가 들린다. 그 이유는 같은 레벨의 소리라도 중음을 더 크게 듣는 우리 귀의 특성 때문이다. 따라서 소리를 조금 더 정확하게 조정하고 싶다면 우측으로 완만한 직선이 아니라 그림 2-13처럼 중간 주파수대가 아래로 약간 처진 듯한 형태가 되는 것이 가장 이상적이다. 이렇게 중음 부분이 아래로 약간 처져야 하는 이유는 그림 2-14의 등감곡선을 보면 쉽게 이해가 된다. 그래프에 나타난 하나의 선은 청감상 같은 크기로 느껴지는 소리의 크기를 주파수 대역별로 표시한 것이다. 저음에서는 상대적으로 소리가 크고 중음으로 갈수록 소리가 작아져야 같은 크기의 소리라고 인간이 느끼는 것이다. 이런 경향은 10kHz까지 지속된다. 이상은 RTA의 플랫 모드로 설명한 것

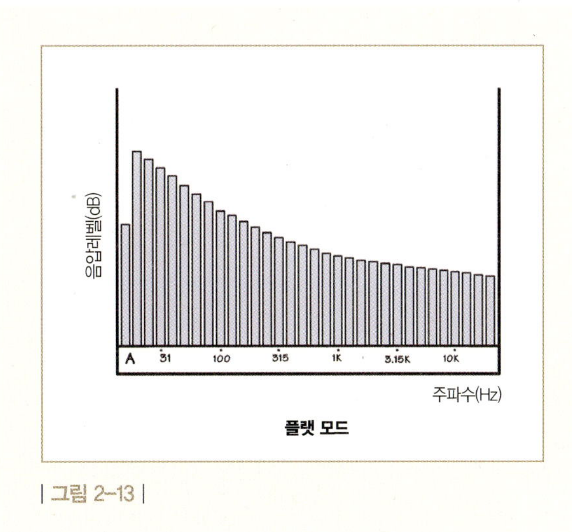



| 그림 2-13 |

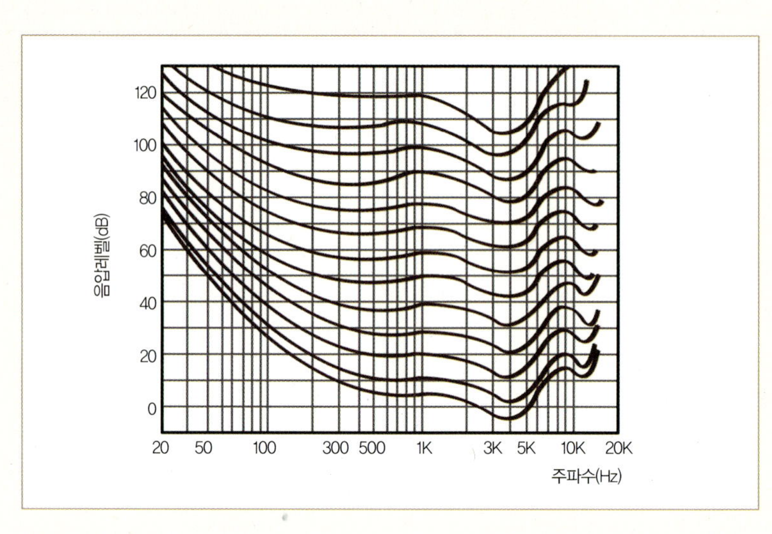



| 그림 2-14 |

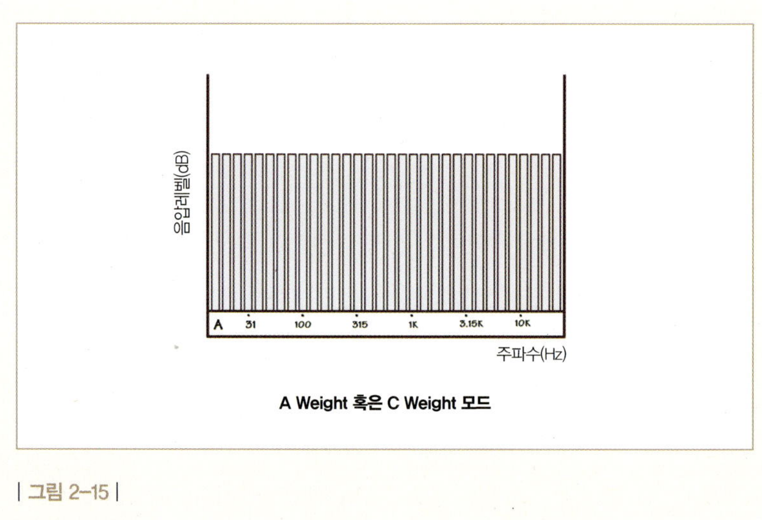



| 그림 2-15 |

이고, 간단하게 사람이 중음을 더 민감하게 듣는 특징을 미리 반영해 쉽게 확인하는 방법도 있다. 모드 선택에서 'A Weight(작은 음량)'나 'C

 굿모닝 오디오 하이엔드 편

Weight(큰 음량)'를 설정하고 측정해 그림 2-15처럼 평탄하게 나오면 이상적인 주파수 대역을 보이는 것이다. 단, 실제측정에서 이렇게 평탄한 주파수 특성은 나올 수 없다. 예시일 뿐이다.

나섬     이퀄라이저를 써서 모든 대역을 평탄하게 만들면 튜닝 끝이네!

최선생     이퀄라이저로 저음 부밍도 잡고 중고음의 피크도 평탄하게 할 수 있지.

나섬     좋은 이퀄라이저로 조정해서 주파수 대역을 평탄하게 하면 되잖아?

최선생     재생 주파수 대역은 평탄해져도 방의 공진 특성은 그대로 남아 있지.

나섬     주파수 대역이 평탄해지면 되는 거 아냐?

최선생     주파수 축에서 대역이 평탄해진다고 끝난 게 아냐.

나섬     그럼 또 뭐가 있는데?

최선생     대역 축도 중요하지만, 시간 축에서도 볼 줄 알아야지. 입체적으로.

나섬     주파수 축은 대역이 고르게 나오는지를 보는 거잖아?

최선생     시간 축은 소리가 공간 안에서 어떻게 사라지는지를 보는 거야.

나섬     잔향이 얼마나 지속되는가를 말하는 거야?

최선생     잔향시간은 대표적으로 시간 축에서 보는 거지.

나섬     그럼 시간 축 상의 소리 변화는 어떻게 결정되는 거야?

최선생     공간의 크기가 제일 중요하고, 벽면의 재료도 중요하지.

나섬     그렇다면 룸 튜닝재를 사용해도 잔향시간이 변하겠네?

최선생     방에 룸 튜닝재 한두 개 넣어서는 잔향시간이 크게 변하진 않아.

나섬     그래도 가능할 것 같은데?

최선생  문제 있는 부분만 콕 찍어서 튜닝할 수 있는 룸 튜닝재도 드
물고.

나섬  룸 튜닝재가 복합적으로 작용한다는 얘기야?

최선생  그렇지, 족집게처럼 작동하는 룸 튜닝재는 특별 주문해야 돼.


주파수 대역이 이상적인 형태를 보이는 시스템의 소리를 들어 보면 특별히 흠잡을 데 없이 괜찮다. 저음이 약간 아쉽고, 고음은 약간 나대는 느낌이다. 주파수 대역이 이상적이라고 해서 좋은 소리가 되는 것은 아니다. 주파수 대역이 완전하다고 해서 꼭 음악적 감동을 주는 소리가 나오는 것은 더더욱 아니다. 오히려 약간 굴곡이 있는 주파수 대역을 보이는 시스템에서 매력적인 소리가 나는 경우가 많다.[18] 왜 그런 것일까? 이상적인 주파수 대역의 소리를 들으면 우리 뇌는 그것을 무난한 소리라고 느끼기는 하지만, 이상적인 주파수 대역 자체가 우리가 소리를 통해 얻는 감동의 직접적인 요인은 아니다. 이상적인 주파수 대역이 좋은 소리가 되기 위한 필요조건 중의 하나지 충분조건은 아니기 때문이다. 이것은 마치 이상적인 이목구비 비율로 만든 가상의 얼굴이 흠잡을 곳은 없지만 매력을 느낄 수 없는 이유와 같다고 할 수 있다.


나섬  오디오를 할 때 음향엔지니어들이 쓰는 RTA까지 써야 해?

최선생  귀로 소리가 변하는 걸 느끼고, 그래프를 보면서 참고하면 되지.

나섬  이상적인 커브로 튜닝을 하면 좋은 소리가 나겠네?

최선생  일단 문제 있는 소리는 아니지.

나섬  시간 축에서도 봐야 한다고 했잖아?

최선생  방 크기에 어울리는 잔향시간이 있어.

나섬  잔향시간이 너무 길거나 짧으면 소리가 안 좋아진다는 얘기야?

최선생   그렇지. 가정의 욕실은 어떤 경우일 것 같아?

나섬   공간에 비해 잔향이 너무 긴 경우일 것 같은데?

최선생   맞았어, 울림이 많고 너무 긴 편이지.

나섬   욕실에 오디오를 설치하면 소리가 볼만하겠는데?

최선생   잔향시간이 너무 짧아도 문제야. 어떤 경우가 있을까?

나섬   글쎄, 잘 모르겠어.

최선생   피아노나 색소폰 연습을 위해 방음 처리한 방 본 적 있어?

나섬   아! 그런 경우가 공간에 비해 잔향이 짧은 경우네.

최선생   그 안에선 말소리도 이상하게 들리지.

나섬   잔향시간은 어떻게 측정해?

최선생   PAA3도 잔향 측정 기능이 있어.

나섬   있으면 아주 요긴하게 쓰겠는데? 있으면 좀 빌려줘.


우리가 소리를 자연스럽다고 느끼거나 그렇지 않다고 느낄 때, 소리가 시간에 따라 소멸해가는 잔향시간이 중요한 관건이 된다. 일반적으로 잔향시간은 1kHz 주파수를 기준으로 한 것으로 처음 소리의 크기가 1/106로 줄어들 때까지 걸리는 시간을 의미한다. 조금 더 자세히 살펴보면 주파수 대역별로, 특히 저음이 어떻게 소멸되는지를 살펴보는 것이 좋다. 보통 125, 250, 500, 1k, 2k, 4k, 8kHz의 잔향시간을 측정해 주파수 대역별로 공간의 입체적 특성을 파악한다. 연주회장 같은 대형 공간은 설계부터 잔향 특성을 면밀히 계획해 시공한다. 그럼에도 만족할 만한 음향이 나오지 않아 애를 태우는 경우가 많다. 비슷한 크기의 홀에서 같은 악단이 같은 곡을 연주해도 어떤 홀에서는 좋은 소리가 나오는데 어떤 홀에서는 실망스런 소리가 나는 경우가 비일비재하다.

우리가 오디오를 설치하는 공간은 상대적으로 작은 공간이다. 공간

 시청 공간의 크기에 따른 적정 잔향시간은 중형 아파트의 거실과 주방이 합쳐진 공간 기준으로 0.4~0.8초 정도가 적정하다. 다음 책을 참고하라. 《Handbook For Sound Engineers》(2008), Glen Ballou, FocalPress, 95쪽

20 저음은 공간의 특성에 의해 주로 지배되고 고음은 오디오기기의 특성에 의해서 결정된다. 공간이 가지는 룸 어쿠스틱에 신경 쓰라는 뜻으로 디퓨저, 어퓨저, 분산재, 조음패널 같은 룸 튜닝 장비를 얘기하는 것이지 차폐재나 공명종 같은 액세서리를 사용하라는 뜻은 아니다.

이 작을수록 잔향시간이 짧아야 한다.[19] 결국 작은 공간은 잔향시간이 짧아야 하기에 설계 시부터 미리 이 점을 고려해 시공하지 않으면 적절한 잔향시간을 만들기 어렵다. 이런 이유로 오디오 마니아들은 끊임없이 기기를 바꿔도 소리에서 만족을 얻지 못한다. 평탄한 주파수 대역은 기본적으로 공간의 영향을 받기는 하지만 기기에 따라 결정되는 측면이 크다. 그러나 소리가 시간에 따라 사라져가는 잔향은 전적으로 공간에 따라 결정된다. 오디오를 통해 만족스러운 소리를 얻고자 한다면 공간이 곧 잔향이므로 기기 교체보다 공간 튜닝에 더 신경을 써야 한다.[20]

잔향시간에 따라 소리가 자연스럽고 매력적으로 느껴지기도 하고 불쾌하게 느껴지기도 하는 것을 자동차에 비교해서 설명하면 이해하기 쉽다. 자동차가 노면의 작은 장애물을 지난다고 생각해보자. 스포츠카 같이 딱딱한 서스펜션을 가진 차는 노면의 충격을 그대로 빠르게 운전자에게 전달할 것이다. 반면에 일반 승용차는 노면의 충격을 시간을 두고 부드럽게 운전자에게 전달한다. 보통 자동차를 선택할 때, 엔진의 출력이나 가속력, 연비, 주행 안정성, 가격 등 여러 요소를 보고 결정하게 된다. 그러나 대부분의 사람들은 이런 요소들보다 실제 운전할 때 느끼는 승차감, 즉 노면의 요철이 운전자에게 전달되는 시간을 가장 중요시한다. 그리고 이러한 승차감은 다른 요인과 달리 개인의 취향 차이에 따라 호불호가 갈린다. 독일 차의 딱딱한 승차감을 좋아하는 사람도 있고, 미국 차의 부드러운 승차감을 좋아하는 사람도 있다.

소리도 잔향 시간에 따른 차이에서 취향의 차이가 난다. 보통 빈티지 시스템을 선호하는 사람은 다소 느리고 긴 잔향시간을 좋아하고 하이엔드 시스템을 사용하는 사람은 빠르고 짧은 잔향시간을 선호한다. 이처럼 사람에 따라 표준보다 약간 긴 잔향시간을 좋아하기도 하고 약간 짧은 잔향시간을 좋아하기도 한다. 물론 AV 룸처럼 흡음재를 과도하게 사용해

잔향시간이 아주 짧아진 공간은 영화 재생에는 문제가 없지만 음악 재생
에는 부적합하다. 이와 반대로 정상보다 너무 긴 잔향시간을 가진 목욕
탕 같은 공간에서도 음악 감상을 제대로 할 수 없다. 자동차도 객관적 수
치로 드러나는 출력이나 최고속도, 연비보다 승차감에서 좋고 싫음이 결
정되듯이, 소리도 대역 밸런스보다 시간 축에서의 변화에 따라 좋아하는
소리와 싫어하는 소리가 결정된다고 할 수 있다.

나섬     참! 사부가 효과 좋다고 해서 얼마 전에 공명종 하나 샀어.

최선생   소리가 많이 변하지?

나섬     소리가 확 변하더라고. 근데 공명종이 주파수 대역을 평탄하
       게 한다던데?

최선생   상식적으로 그게 말이 된다고 생각해?

나섬     설명서에 주파수 대역 그래프가 평탄해지는 걸로 나오던데?

최선생   공간 특성 파악해서 DSP[21]로 조정해도 주파수 대역은 평탄하
       게 만들기 어려워!

나섬     그럼 뭐야? 이거 사기 치는 거란 얘기야?

최선생   미리 연출해서 측정했거나, 아주 우연히 그런 그래프가 나왔
       겠지.

나섬     그럼 왜 추천했던 거야?

최선생   소리는 변하니까. 그런데 최근에 공명종에 문제가 있을 수 있
       다는 걸 알았지.

나섬     무슨 문제인데?

최선생   시간 축에서 문제를 일으키는 경우도 있더라고.

나섬     시간 축에서 문제라니?

최선생   스피커에서 나온 소리 중 특정 주파수에 공진하는 게 공명종

21 'Digital Signal Processing'
의 약자로 디지털 신호 상태에서
주파수 대역을 마음대로 조절할
수 있는 장치를 일컫는다.

이잖아.

나섬　그 정도는 나도 알아!

최선생　문제는 그게 스피커에서 나온 소리와 시간차를 두고 공명한다
는 점이야.

나섬　아! 스피커에서 소리가 나온 후에 작동한다는 거지?

최선생　설명할 테니 잘 들어봐.

어쿠스틱 시스템 레조네이터

공명종resonator은 룸 튜닝 액세서리 중 하나지만 다른 제품들과 다른 점이 있다. 대부분의 튜닝재가 소리나 전자파를 흡수하는 기능을 갖고 있는 반면, 공명종은 소리에 반응해서 스스로 우는(공명) 특성을 가지고 있다. 공명 주파수는 공명종의 재질과 크기 구조에 따라 결정된다. 공명 주파수가 달라지면 당연히 변하는 소리의 느낌도 달라진다. 공명종을 설치하면 음색이 달라지는 것처럼 느껴지는 이유는 주파수 대역을 이상적인 커브로 만들기 때문이 아니다. 물론 시스템이나 공간 특성상 특정 주파수가 비는(골) 상태에서 우연히 공명종의 공진 주파수가 그 주파수와 일치해서 비는 곳을 메워 주는 경우를 생각해 볼 수는 있지만 이는 전혀 현실적이지 않다. 설사 비는 주파수가 공명종이 공명하는 주파수와 일치하더라도 공명종이 공명하려면 최소한의 음압이 필요하다. 그런데 주파수가 비는 곳은 음압이 낮아서 공명종을 공명하게 할 만큼의 음압이 나오기 어렵다. 따라서 비는 주파수와 공명종의 공진 주파수가 일치한다면 공명종에 따른 소리의 변화가 없거나 미미한 변화밖에 나타나지 않는다.

공명종을 통해 음에 대한 느낌이 바뀌는 것은 주파수가 비는 곳을 메워주기 때문이 아니다. 공명종이 스피커에서 나온 소리 중 특정한 주파수(공진 주파수)에 공명하고 피크(산)를 이루면서 소리에 대한 느낌이

달라지기 때문이다. 공명종으로 주파수의 특정 대역이 피크를 이룬다고 해서 문제가 될 것은 없다. 이상적인 주파수 대역을 보인다고 해서 좋은 소리가 아니듯이, 살짝 피크를 이루는 부분이 있다고 해서 나쁜 소리가 되는 것은 아니기 때문이다. 매력적인 소리라고 느끼는 시스템의 주파수 대역은 약간의 굴곡을 보이는 경우가 허다하다.

공명종의 문제는 주파수 대역이 아니라 시간 축에서 나타난다. 스피커에서 나온 소리는 공간을 울리고 그림 2-16처럼 자연스럽게 소멸되는 과정을 겪는다. 이 소멸 과정에서 공명종은 스피커에서 소리가 나온 직후 자신이 공진 주파수에 해당하는 소리에 공명한다. 그러면 그림 2-17처럼 자연스럽게 소리가 소멸되는 과정에 개입되어 돌출되는 또 다른 피크를 만들며 소멸한다. 스피커에서 나온 소리와 약간의 시간차를 두고 공명이 되면서 시간 축에서 돌출 반응을 하는 것이다. 공명종은 원래의 소리에 약간의 시간차를 두고 공명하는 특성이 있기 때문에 공명종을 사용하면 잔향이 길어진 듯한 느낌을 주기도 한다. 실제로 이렇게 시간 축에

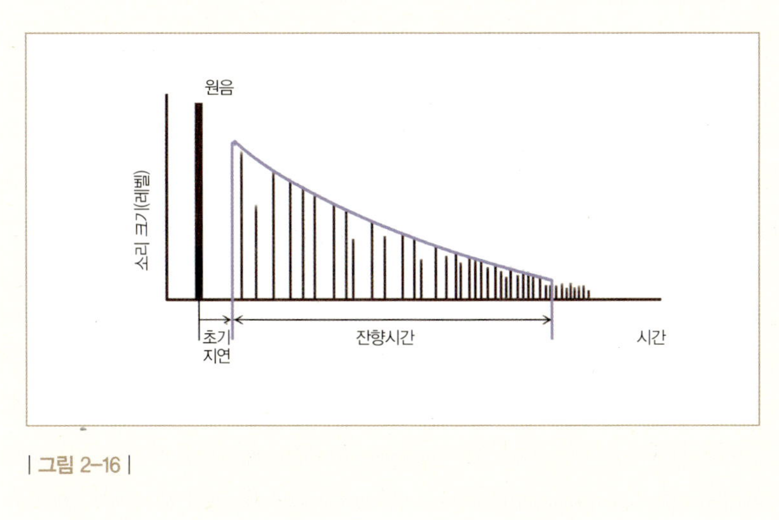


| 그림 2-16 |

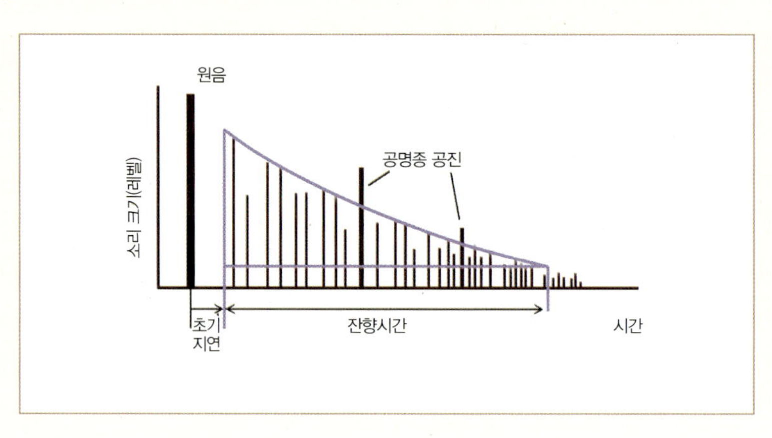



| 그림 2-17 |

서 시차를 두고 돌출되어 공명해도 귀로 부자연스러움이 느껴지는 경우도 있고 그렇지 않은 경우도 있다.

바이올린이나 첼로 같은 현악기는 음이 끊이지 않고 연속되는 선율 악기이기 때문에 시간 축에서 돌출이 있어도 그것이 이어지는 음에 묻힌다. 현악기나 관악기는 손가락의 움직임에 따라 음정이 흔들릴 수 있다. 이런 음정의 흔들림이 연주에 적극적으로 이용되기도 한다. 특히 바이올린의 경우 유명한 독주자들은 어깨를 미묘하게 움직여 음의 미세한 떨림 같은 변화를 꾀하기도 한다.[22] 그러나 피아노는 건반을 누르면 음정의 흔들림 없이 일정한 음이 나온다. 이를 음악적으로 표현하면, 찰현악기는 음정이 살아 움직이는 악기, 피아노는 음정이 일정해 죽어 있는 악기라고 한다.[23] 바이올린과 피아노가 단음을 연주했을 때 주파수가 어떻게 나타나는지를 살펴보면, 현악기는 복잡한 파형을 그리는 반면 피아노는 단순한 주파수 특성을 보인다. 이런 이유로 필자는 《굿모닝 오디오》에서 스피커의 이상 유무를 판단할 때 피아노곡으로 테스트하라고 한 것이다.

[22] 음을 상하로 떨어 아름답게 들리게 하는 연주법으로 '비브라토(Vibrato)'라고 한다.

[23] 서양의 클래식 음악은 음정이 흔들리지 않는 악기를 기준으로 하고 있다. 이에 반해 동양권 음악은 음정이 흔들리는 악기가 주를 이룬다. 이에 대해서는 이 책 5장에서 자세히 다룬다.

스피커 유닛이 앞뒤로 움직이면서 무언가에 닿는 경우, 바이올린 소리로는 감지하지 못해도 단순한 주파수 특성을 보이는 피아노 소리로는 바로 이상하다는 것을 알아챌 수 있기 때문이다.

바이올린 소리에서는 공명종이 시간 축에서 돌출 반응을 보여도 귀에 이상하게 들리지 않는다. 오히려 바이올린의 음색이 더 화려하거나 윤기 있게 들릴 수 있다. 피아노에서 음이 연타로 이어질 때는 시간 축에서 돌출되는 공명이 이어지는 음에 묻혀(마스킹이 되어) 부자연스러움을 느끼지 못할 수 있지만, 이어지는 음이 없이 여운만 길게 이어지는 부분에서 이런 공명은 피아노 음을 왜곡해 부자연스런 느낌을 갖게 할 수 있다. 공명종이 소리의 색깔이나 느낌에 변화를 주는 것은 분명하다. 그러나 피아노 음악을 좋아하는 마니아라면 충분한 시간을 두고 소리를 감상해서 신중하게 선택하는 것이 좋다.

공명종처럼 공명하는 원리로 만들어진 액세서리로 피니테 엘레멘테 Finite Elemente의 레조네이터Resonator가 있다. 이것은 공명종처럼 소리를 극적으로 바꾸지 않고 자연스럽게 소리의 잔향을 살린다. 이유는 그 구조를 보면 쉽게 이해할 수 있다. 레조네이터는 몸체를 통해서 들어온 진동과 소리가 몸체 안의 금속 날개로 모여 공진한다. 금속 날개가 공진을 해도 몸체 안에 갇혀 있기 때문에 공진이 적극적으로 몸체 밖으로 나가지는 못한다. 결국 찻잔 속의 태풍처럼 몸체 안에서 제한적으로 공진한다. 이런 구조 탓에 공명종처럼 소리를 극적으로 바꾸지 않는 대신 문제를 일으킬 소지도 훨씬 적다. 특히 피아노 같은 악기를 좋아하거나 투명하고 맑은 소리를 원하는 마니아라면 공명종보다 피니테 엘레멘테의 레조네이터가 더 좋다.

피니테 엘레멘테 레조네이터

나섬　공명종 말고도 액세서리가 많던데?

최선생   아주 많지. 그런데 액세서리는 안 쓸수록 좋아.

나섬   소리를 좀 더 좋게 하려고 액세서리를 쓰는 거 아냐?

최선생   액세서리로 소리가 확 좋아졌다면 그 시스템 구성에 문제가 있는 거지.

나섬   액세서리 역할은 뭐야?

최선생   기본 골격을 갖춘 상태서 사소하게 부족한 단점을 커버하는 거지.

나섬   제한적으로 사용하라는 얘기야?

최선생   그렇지, 대역 밸런스와 사운드 스테이지 같은 기본이 갖춰진 상태에서.

나섬   약간 아쉬운 부분을 해결하기 위해서만 액세서리를 써라?

최선생   여자의 화장과 같은 이치야. 타고난 피부미인은 화장이 필요 없지.

나섬   그런 여자는 드물잖아? 대부분은 한두 군데 단점이 있지.

최선생   얼굴에 기미가 있으면 기미 있는 곳만 컨실러로 살짝 건드리는 것처럼 말이야.

나섬   얼굴 전체에 색조화장을 하면 자연스러운 느낌이 없어지긴 하지.

최선생   자연스러움을 더하려고 거기다 뭘 또 더 바르게 되잖아.

나섬   결국 피부는 숨을 못 쉬고 얼굴은 이상하게 변하지.

최선생   그래서 화장은 약하게 할수록 자연스럽고 좋은 거야.

나섬   액세서리도 안 쓰는 게 제일 좋단 말이지?

최선생   기본적으로 소리에 불만이 없으면 액세서리는 안 쓰는 게 원칙이야.

나섬   전체적인 소리에 문제가 없고, 사소한 문제가 있을 때만 쓰라는 거네?

**최선생**  전체적인 문제는 기기나 공간이 바뀌어야 해결되지. 액세서리로는 안 돼.

**나섬**  액세서리를 많이 쓰면 특정 장르는 좋은데 다른 장르에선 소리가 이상해져.

**최선생**  잊지 마! 액세서리는 최소로 쓰는 게 좋다는 거!

**나섬**  나무에만 집중하지 말고 숲 전체를 보는 균형 감각이 필요하단 얘기네?


실제 주거공간에 오디오를 배치해서 음악을 듣는 경우 가장 문제가 되는 것은 유리다. 유리는 소리를 흡수하지 않고 그대로 반사하는 성질을 가지고 있는 것은 물론 특정 주파수에서 공진을 하거나 전반사를 해 소리를 나빠지게 하기도 한다. 특히 거실의 전면 유리나 방의 창문이 문제를 일으키는 경우가 많다. 간혹 스피커 근처에 있는 에어컨이나 유리가 달린 장식장도 문제를 일으킨다. 에어컨의 외피를 이루는 얇은 플라스틱이나 장식장의 유리문이 스피커에서 나온 저음에 공진을 하는 경우가 그렇다. 커다란 흡음재로 둘러싸면 문제가 없어지지만 일반 가정에서 그것은 불가능한 방법이다. 이때 사용할 만한 액세서리가 어쿠스틱 리바이브Acoustic Revive의 QR-8이다. 일명 '콩알탄'이라고 불리는 것인데, 유리나 얇은 판의 울림으로 소리가 산만해지고 소란스러워지는 것을 줄이는 효과가 있다. 에어컨이나 장식장의 유리문 전면 중앙에 한 개 정도 사용하면 유리로 인한 공진 문제가 완화된다. 그렇다고 소리가 변한다는 이유로 막 투입하면 안 된다. 개수가 많아지면 소리가 전체적으

어쿠스틱 리바이브 QR-8

로 너무 다듬어지고, 각각의 위치에 따른 변수의 조합이 너무 많아지기 때문이다.

　기본적으로 QR-8은 초고역을 줄이면서 중저역을 보강하는 특성을 가지고 있다. 그래서 사용 개수가 많아지면 밸런스가 깨지면서 특정 장르는 아주 좋아지지만, 다른 장르는 소리가 이상해지는 경우가 태반이다. 유리나 공진하는 판 외에 파워코드의 앰프 쪽 단자에도 사용할 만하다. 그러나 파워코드 전체에 도배하는 것은 바람직하지 않다. 앰프나 CD 플레이어, 턴테이블 등에 직접 부착하는 것도 신중하게 결정해야 한다. 단점이 살짝 줄어드는 선에서 멈춰야 한다. 조금 더 확실히 단점을 없애고자 하는 욕심에서 자꾸 더 투입하면 시스템 전체 소리가 틀어져 버리

기 쉽다. 요리에 비유를 하자면, 기본 재료의 신선함과 비율, 그리고 적절한 조리법이 가해질 때 좋은 요리가 된다. 좋은 요리는 재료 자체가 가지는 식감과 풍미를 자연스럽게 우러나게 하는 것이다. 이러한 기본이 틀어져 어긋난 음식을 향신료나 조미료를 사용해 좋게 하려 들면 결국 음식은 이상한 맛이 되어 버린다.

유리를 사용한 오디오 랙도 많은데 유리는 진동 특성이 좋지 않아 가급적 피하는 것이 좋다. 어쩔 수 없다면 기기의 고무발과 유리 사이에 코르크나 부직포 같은 완충재를 사용해 단점을 줄이는 것이 좋다. 저음의 양이 많고 풀어지는 경우 일반적으로 앵커베이스나 콘 같이 뾰족한 원뿔로 된 액세서리로 기기를 받치는 경우가 많다. 보통 블랙 다이아몬드 레이싱 콘, 부빙가 콘, 흑단 콘, 알루미늄 콘 등을 사용한다. 이런 콘으로 기기를 삼점지지하면 대부분 저음이 줄면서 콘 재질의 음색이 소리에 스며든다. 그런데 이때 음색의 변화가 생각보다 크게 나타나는 경우가 많다. 이런 경우 삼점지지하지 않고 음색이 마음에 드는 콘 하나만 기기 밑에 받치는 방법이 좋다. 한 점은 받쳐진 콘, 나머지 두 점은 기기에 원래 있는 고무발이 된다. 저음이 적게 줄어들지만 음색 변화의 폭은 적어진다. 결국 본래의 소리를 가장 적게 손대면서 시스템의 단점만 살짝 없앨 수 있다.


나섬　　액세서리를 최소로 사용해야 하는 근본적인 이유가 뭐야?

최선생　액세서리는 장단점을 모두 지니고 있어.

나섬　　그야 그렇겠지.

최선생　좋은 액세서리는 장점이 많기보다 단점이 적어야 해.

나섬　　그럼 좋은 액세서리를 쓰면 되잖아?

최선생　대부분 그런 액세서리는 가격이 비싸니까 문제지.

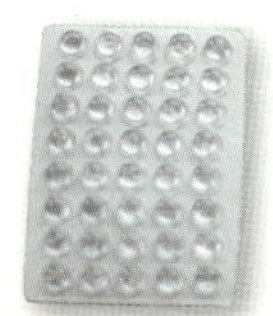

다양한 받침 재료

나섬　그럼 경제적인 방법을 알려 줘.

최선생　문방구나 천원 숍에 가면 다양한 소재가 있지?

나섬　다양한 물건들이 많지.

최선생　의자 다리에 붙이는 재료를 사.

나섬　그걸 사서 어쩌라고?

최선생　일단 콘의 넓은 면에 붙여서 하나만 기기에 받쳐 봐.

나섬　아! 그래서 본래 소리를 적게 손대면서 단점을 커버하는 재질을 찾으란 얘기네?

최선생　남는 재료는 집 안에 있는 의자에 붙여. 수진 씨도 좋아할 거야.

나섬　도랑 치고 가재 잡는 격이네.

최선생　그러면 아래층하고도 좋게 지낼 수 있지.


굿모닝 오디오 하이엔드 편

# 오디오의 밥,
# 전원에 대하여

**나섬** 오디오 오래 한 사람들이 전원이 중요하단 얘기를 하던데?

**최선생** 진동이나 공간 못지않게 전원도 중요하지.

**나섬** 파워코드나 전원 극성으로 소리가 바뀌는 건 알겠는데…….

**최선생** 하루 세 끼씩 밥 먹지? 전원은 오디오의 밥이야.

**나섬** 전기가 들어가야 작동을 하니 밥이 맞긴 하네.

**최선생** 밥을 먹어야 우리가 활동을 하지? 오디오도 전기를 먹여 줘야 해.

**나섬** 그러면 전기도 극성만 맞춰 연결해 주면 되는 거 아냐?

**최선생** 밥이라고 다 같은 게 아냐. 선밥이나 식은 밥은 소화가 잘 안 되잖아.

**나섬** 전압을 잘 맞춰줘야 한다는 거네?

**최선생** 전압도 중요하지만, 전원에 포함된 노이즈가 소리를 왜곡하지.

**나섬** 그럼 노이즈만 잡으면 되는 거야?

**최선생** 노이즈를 막는 장치가 다른 문제를 만들기도 해.

**나섬** 무슨 문제를 만드는데?

최선생  전원장치가 저항이 되면서 원활한 전기공급을 방해하지.

나섬   전원장치 쓰고 저음이 풀어지고 소리에 힘이 없어진다고 하더
      라고.

최선생  그래서 전원장치를 쓰지 말아야 한다고 주장하는 마니아도
      많지.

나섬   그럼 전원장치를 쓰라는 거야 말라는 거야?

최선생  너 성질 급한 건 알아 줘야 해. 경우에 따라 다르니 잘 들어봐.


음질 튜닝의 마지막 단계는 사람으로 치면 밥에 해당하는 오디오의
전원에 대해 살펴보는 것이다. 전원에서 가장 문제가 되는 것이 고주파
노이즈다. 디지털 전원을 사용하는 컴퓨터는 고주파 노이즈를, 모터를

사용하는 냉장고나 에어컨은 교류 파형을 변형시키는 문제를 일으킨다. 오디오용 전원장치는 대략 노이즈 필터, 차폐 트랜스, 주파수 발생기 정도로 나누어 볼 수 있다. 노이즈 필터는 가장 저렴한 전원장치로 콘덴서와 코일을 이용해 전원을 타고 들어오는 고주파 노이즈를 줄이는 기능을 한다. 저렴하고 단순하지만 고주파 노이즈를 차단하는 효과도 좋은 편이다. 그럼에도 노이즈 필터를 대부분의 마니아들이 꺼리는 이유는 노이즈 필터가 전원의 저항을 높이는 역할을 하기 때문이다. 전기가 노이즈 필터를 거칠 때 필터 안의 코일과 저항 콘덴서를 거쳐 공급된다. 전기가 이런 소자를 거쳐야 하기에 원활하게 흐르지 못하게 된다. 그래서 노이즈는 줄어들지만 소리에 생기가 없어지고, 다이내믹스가 떨어지며, 저음이 느슨해진다. 노이즈 필터의 사용은 고음에서 고주파 노이즈를 해결하기 위한 가장 저렴한 방법이지만 가장 권장되지 않는 방법이기도 하다.

노이즈 필터는 콘덴서와 코일, 저항을 이용하여 노이즈를 차단한다. 콘덴서가 낮은 주파수를 잘라내고, 코일이 높은 주파수를 잘라내는 특성을 이용하여 높은 주파수의 노이즈를 걸러내는 회로를 바탕으로 만든 것이 노이즈 필터다. 조금 더 간단하게 노이즈를 걸러주는 노이즈 필터도 있다. 아래 사진과 같이 페라이트 코어에 전원선을 두세 번 감아주는 것이다. 간단해 보이지만 생각보다는 노이즈 차단 효과가 있다. 이것은 노트북이나 전자기기의 전원선에서도 흔히 볼 수 있다. 페라이트 코어를 사용해 전원선을 감는 노이즈 필터도 그렇게 감은 횟수가 많아지면 노이즈 차단 효과는 좋아지지만 전기 흐름을 방해하는 작용을 한다. 그래서 노이즈 필터는 컴퓨터나 디지털 오디오 정도에만 제한적으로 사용하는 것이 좋다.

정리하자면, 기존의 노이즈 필터는 오디오 기기로 전기가 지나가는 길목에 직접 설치되어 전기의 흐름을 방해한다. 이에

페라이트 코어를 통과한 전원선

반해 새로운 노이즈 필터는 지나가는 길목을 막고 노이즈를 차단하는 게 아니다. 전기가 오디오 기기로 흘러가는 길목을 막지 않고 옆에 자리를 잡고 있을 뿐이다. 즉, 비어 있는 콘센트 구멍에 그냥 꽂아만 두면 된다는 뜻이다. 전기가 기기로 흘러가는 데 아무런 방해도 주지 않는다. 다만 옆에 병렬로 연결된 상태로 있으면서 전기 선로를 따라 돌아다니는 노이즈를 흡수한다. 이런 제품은 전기가 노이즈 필터를 통과하는 제품보다 노이즈 차단 능력은 떨어지지만 전기 공급을 전혀 방해하지 않는다는 장점이 있다.

빈 콘센트에 병렬로 꽂아두는 제품으로는 SNS 플러그와 QA 플러그가 있다. 쉽게 말해 0.1uF[24] 이하의 필름 콘덴서를 플러그의 핫과 콜드에 연결하고(접지는 비운다) 그냥 빈 콘센트에 꽂아 두기만 해도 어느 정도 효과가 있다. 이렇게 병렬로 꽂아만 두어도 고주파 노이즈가 흡수되면서 배경이 깨끗해지고 고음이 순해지며 음의 중심이 낮아져 소리가 안정되는 효과가 있다. 빈 콘센트에 꽂아두는 전원 액세서리인 QV2 라인 하모나이저Line Harmonizer도 이런 노이즈 필터로 오해하기 쉽다. 그러나 이 제품은 전원 라인의 노이즈를 흡수하는 것이 아니라 수십 MHz의 전자기장을 방출하는 액세서리다. 노이즈를 노이즈로 제압하겠다는 역발상의 제품으로 이이제이以夷制夷를 연상시키는 독특한 제품이다.

차폐 트랜스는 노이즈 필터보다 가격이 비싸지만 여러모로 장점이 많다. 고주파 노이즈를 차단하는 기능이 있지만 저항이나 콘덴서 같은 소자를 사용하지 않기 때문에 용량만 충분하다면 전기가 지나가는 것을 별로 방해하지 않는다. 전원 전압을 올리거나 내릴 수도 있어서 오디오에 필요한 적정전압을 공급해 줄 수도 있다. 그림 2-18을 보면서 노이즈 필터의 작동원리를 이해할 수 있다.

트랜스를 이해하기 위해 가장 간단한 구조의 단권 트랜스에 대해 알

24  0.1uF보다 용량이 커지면 좀 더 넓은 대역의 노이즈를 흡수하지만 누설전류가 발생할 수 있다. 이 누설전류가 연결된 오디오 기기로 흘러서 섀시를 만지면 전기가 통하는 느낌이 생길 수 있다.

0.1uF 필름 콘덴서를 장착한 플러그



굿모닝 오디오 하이엔드 편

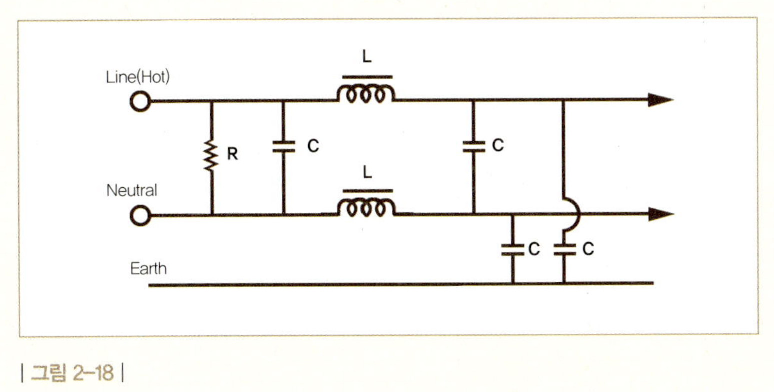



| 그림 2-18 |

아보자. 그림 2-19처럼 코일 한 개로 이루어진 트랜스를 단권 트랜스라 부른다. 코일의 전체 권선(감은 수)의 양 끝에 220V 전원을 넣고, 코일의 중앙에서 선을 연결해 뽑으면 110V가 출력으로 나오는 구조다. 그림에서 보듯이 −선 하나는 그대로 연결되어 있고 +선도 여러 번 감긴 후 직접 연결되어 출력으로 나간다. 크기나 무게에 비해 상대적으로 용량이 커서 효율적이고 가격이 싸다. 그러나 노이즈 차단 효과는 거의 없다. 용량을 초과해 사용하면 그림 2-19의 단권 트랜스 출력 주파수 그림처럼 입력 전원의 사인파가 위아래가 약간 잘리며 사다리꼴 모양으로 찌그러진 채로 출력되면서 노이즈가 더 심해지기도 한다. 전압을 가변해서 자유롭게 맞출 수 있는 장점 때문에 애용하는 슬라이닥스도 단권 트랜스의 일종이다. 노이즈를 줄이기보다는 증가시킬 수도 있으니 사용에 신중을 기하는 것이 좋다.

복권 트랜스는 그림 2-19의 우측에서 보듯이 입력의 코일과 출력의 코일이 서로 직접 연결되어 있지 않다. 입력 코일과 출력 코일은 철심(코어)이라는 매개체로 간접적으로 연결되어 있다. 우리는 과거 초등학교 과학실험에서 못에 코일을 감아 전기를 넣으면 못이 자석이 되는 것을

단권 트랜스
Hot
입력
출력
Neutral
입력
출력
복권 트랜스
Hot
입력
출력
Neutral
입력
출력
차폐 트랜스
입력
출력
입력
출력

| 그림 2-19 |

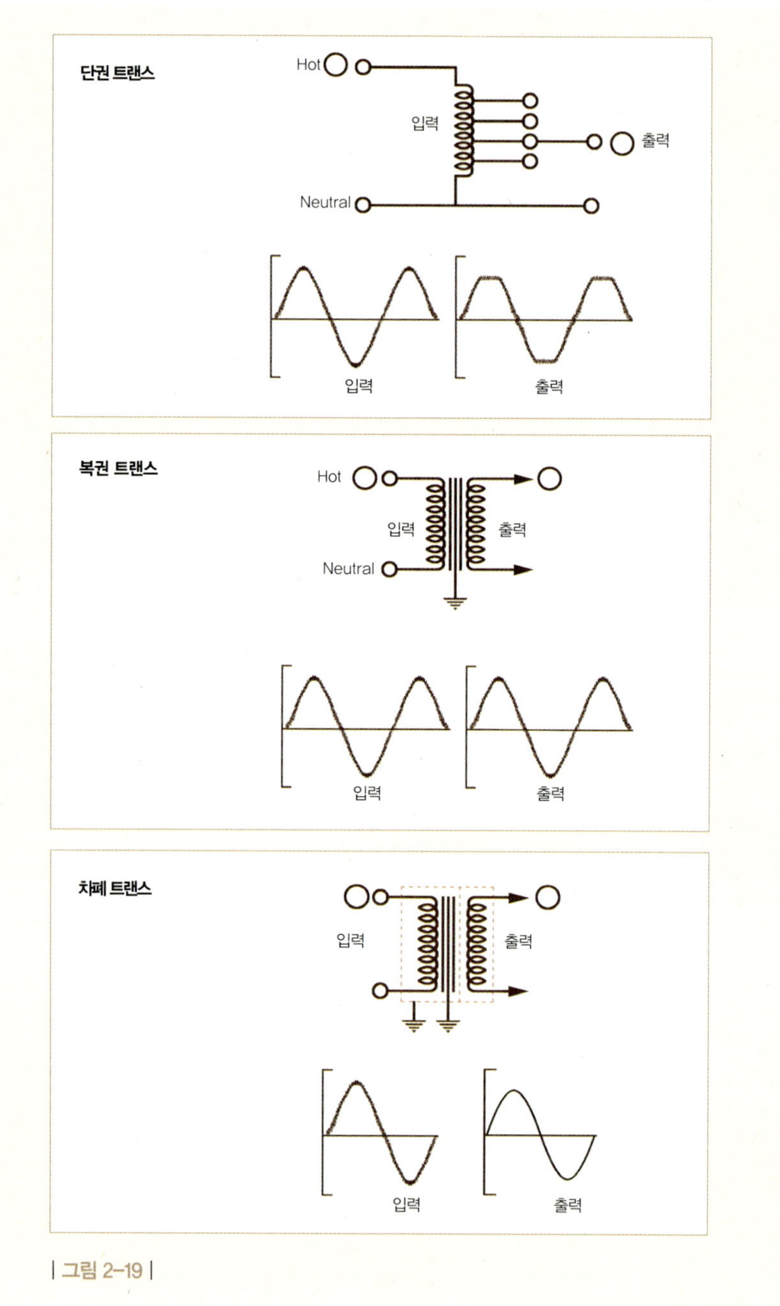

배웠다. 입력(1차) 코일에 전기가 들어가면 코일이 감싸고 있는 철심이 자석이 된다. 전기에너지가 자기(자석)에너지로 바뀌는 셈이다. 입력 코일에 교류 전기를 넣으면 철심의 양 끝은 번갈아 N극과 S극이 된다. 철심이 N극과 S극으로 번갈아 자석이 되면서 생긴 자기에너지는 철심에 감긴 출력(2차) 코일에 전기를 유도시킨다. 자력이 전기가 되는 원리는 간단하다. 코일을 감은 못에 전기를 넣으면 못이 자석이 되듯이, 반대로 코일에 자석을 가까이 대고 움직이면 전기가 발생한다.[25] 이런 식으로 복권 트랜스는 1차 코일의 전기가 철심을 통해 자기에너지가 된 뒤 2차 코일에 전기로 다시 변환되는 과정을 거친다.[26] 따라서 1차 코일과 2차 코일 사이에 노이즈가 건너가지 못하도록 차폐하는 동판을 삽입하면 노이즈가 2차 코일로 넘어가는 것을 막을 수 있다. 차폐 트랜스 그림을 보면 복권 트랜스와 다른 점이 중간에 점선으로 그어져 있는데, 바로 그것이 차폐 동판을 코일 사이에 사용했다는 것을 나타낸다.

재미난 사실은 1차 코일과 2차 코일의 간격을 멀리하고 차폐재를 충분히 쓸수록 노이즈는 더 많이 차단된다는 점이다. 그런데 이렇게 되면 1차에서 2차로 전달되는 에너지의 효율이 떨어지는 부작용이 생긴다. 결국 노이즈를 효과적으로 차단할수록 전기는 원활하게 흐르지 못한다. 다수의 미제 차폐 트랜스는 노이즈 차폐 능력은 다소 떨어지는 대신에 전기 흐름은 원활한 편이다. 반면에 다수의 일제 차폐 트랜스는 노이즈 차단 능력은 좋은 편이지만 효율이 낮아서 음의 활력이 떨어지는 단점이 있다. 이러한 모순을 극복하는 방법은 충분히 큰 용량의 차폐 트랜스를 사용하거나 질 좋은 차폐 트랜스를 사용하는 것이다. 질 좋은 차폐 트랜스의 최우선 조건은 트랜스가 떨지 않아야 한다는 것이다. 트랜스가 떨면 진동이 발생하는 것은 물론 그러한 트랜스를 통과하는 전기도 진동의 영향을 받기 때문이다. 따라서 3kW 이상의 대용량을 선택하는 것이 좋

25 《굿모닝 오디오》에서 이미 전기로 도는 모터를 전기를 넣지 않고 모터 축을 돌리면 전기가 발생해 장난감 차의 헤드라이트가 켜지는 것을 설명했다.

26 트랜스는 원래 '트랜스포머(transformer)'의 약자로 '변환하다'는 의미가 있다. 트랜스는 변환기인 셈이다.

다. 고가이지만 안티폰Antiphon의 제품이 쓸 만하고 보급형 중에서는 코시 드 제품이 괜찮다.

나섬　사람들이 차폐 트랜스를 쓰면 소리가 나빠진다던데?

최선생　음의 생기가 좀 줄어들 수 있지.

나섬　그 얘기가 아니고, 고음이 너무 심심하고 답답해져서 싫대.

최선생　특정 회사 제품이 그렇다는 거야?

나섬　아니, 110V 기기가 있어 이것저것 다 써 봤는데 대부분 그랬대.

최선생　그래서 지금은 어떤 걸 쓴대?

나섬　단권 트랜스를 쓰면 고음이 잘 나와서 그걸 쓴다네?

최선생　그 사람은 노이즈가 있는 걸 오히려 더 좋다고 느끼는 거야.

나섬　이런 경우는 어떻게 해석해야 하는 거야?

최선생　보통은 조미료가 안 들어간 음식을 좋아하잖아, 속이 편하니까.

나섬　그야 당연한 거 아냐?

최선생　조미료에 길들여지면 조미료가 없으면 심심하다고 하지?

나섬　그러면 그 사람은 노이즈에 길들여진 셈이네?

최선생　노이즈가 약간 있더라도 활기가 있는 소리를 더 좋아하는 거지.

나섬　그럼 복권 트랜스가 나쁘다는 거야?

최선생　노이즈가 거슬리지 않으면 차폐 트랜스를 안 써도 된단 얘기지.

나섬　전압 때문에 꼭 써야 해도 차폐 트랜스를 고집할 필요는 없다 는 것이군!

# 주파수 변환기에서
# 전원 초크 트랜스까지

전원장치에서 가장 깨끗한 전원을 공급하는 장치로 주파수 변환기가 있다. 이것은 상용 220V/60Hz 교류 전원을 정류해 직류로 만든 다음 다시 교류로 만들어 오디오에 공급한다. 그림 2-20에서 보듯이 교류에서 직류가 되는 과정을 거치기 때문에 노이즈가 건너갈 여지를 원천적으로 봉쇄할 수 있다. 이론적으로 노이즈가 없는 가장 이상적인 사인파를 만들어 낼 수 있기 때문에 '꿈의 전원(클린 전원)'이라고 불릴 만하다. 그러나 실제로 주파수 변환기 자체에서 노이즈를 발생시키기도 하기 때문에 아날로그 방식의 주파수 변환기도 완벽한 꿈의 전원이라고 할 수는 없는 것이 현실이다. 주파수 변환기는 직류에서 교류를 새로 만들어 내는 방식이라 주파수를 60Hz가 아닌 다른 주파수로 출력을 낼 수도 있다. 유럽제 턴테이블의 경우 대부분 50Hz 전용 제품이라 아주 유용한 전원장치로 활용될 수 있다. 그럼에도 효율이 아주 낮고 전원저항을 올리는 역할을 하기에 음의 생생함과 다이내믹스에 손실을 초래한다는 주장이 끊임없이 제기되고 있다.

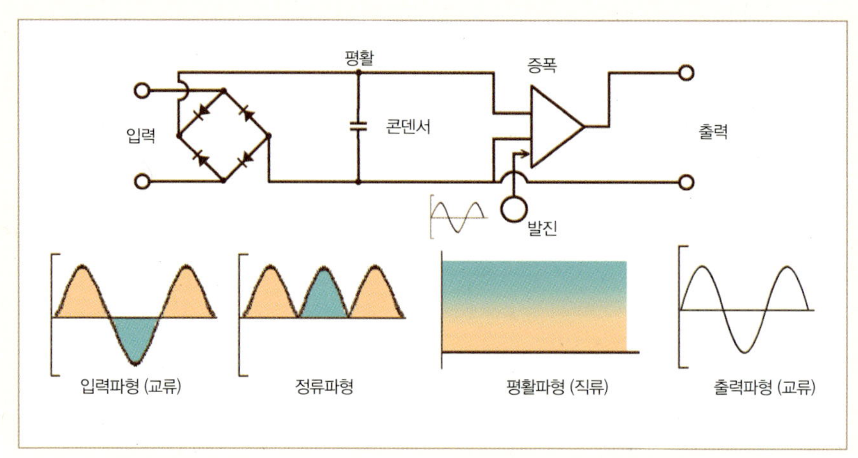



| 그림 2-20 |



일부 마니아들이 주파수 변환기의 이런 장점을 간파하고 시중에 나와 있는 주파수 변환기(CVCF[27])를 사서 오디오에 사용하기도 한다. 그런데 실제로 사용해 보면 배경이 깨끗해지지 않고 오히려 잡음이 늘어 더 나빠졌다고 하는 경우가 대부분이다. 시중에 나와 있는 거의 모든 주파수 변환기는 디지털 방식으로 만들어져 엄청난 노이즈가 발생한다. 이것은 주로 산업용 모터 제어용으로 쓰인다. 디지털 방식이란《굿모닝 오디오》에서 설명한 PWM Pulse Width Modulation 방식으로, 막대의 폭으로 사인파를 만들어 노이즈가 많이 발생한다. 이런 제품은 오디오용으로 득보다 실이 더 많다. 반대로 아날로그 방식의 주파수 변환기는 노이즈 발생이 거의 없어 오디오용으로 사용하기에 적합하다. 노이즈가 적어 양질의 전원을 공급하지만 전력 소모가 크고 효율이 낮아 충분히 큰 용량으로 만들기 어렵다는 단점도 있다. 디지털 방식에 비해 상대적으로 가격이 비싼 편이다. 그래서 소스기기나 프리앰프같이 전기 소모가 적은 제품에 사용하는 것이 효과적이다. 대표적인 주파수 변환기로는 PS 오디오[PS]

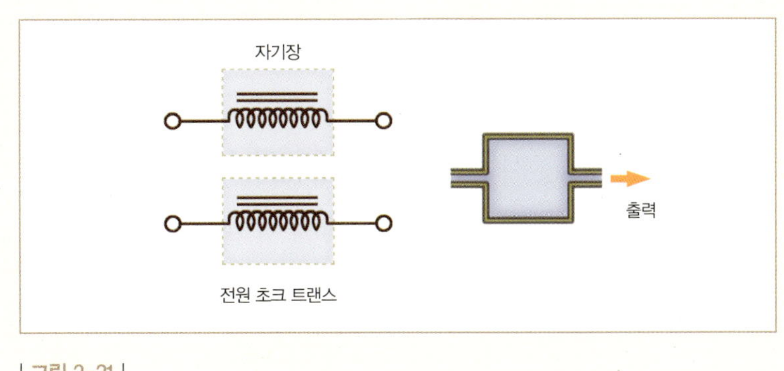



| 그림 2-21 |

Audio의 파워 플랜트Power Plant가 꼽힌다. 구형은 순수한 아날로그 앰프 증폭 방식으로 출력을 만드는 반면, 신형 PPPPower Plant Premier는 디지털 증폭 방식을 채택해 효율도 좋아지고 출력도 커졌다. 단, 신형이 효율은 좋아졌지만 음질은 구형만 못하다는 평이 많다.

차폐 트랜스와는 조금 다르지만 트랜스를 이용해 노이즈를 차단하는 방법이 하나 더 있다. 전원 초크 트랜스를 이용해 노이즈를 차단하는 방법이다. 그림 2-21을 보면서 어떻게 노이즈를 차단하는지 알아보자. 그림을 보면 두 대의 초크 트랜스의 한쪽 끝에 전기가 들어간다. 전기는 코일을 거쳐 그대로 통과하기 때문에 흐름이 원활하다. 이미 밝혔듯이 코일은 낮은 주파수는 잘 통과시키지만 높은 주파수는 잘 통과시키지 않는 특성이 있다. 이런 코일의 특성 때문에 낮은 주파수인 60Hz의 교류 주파수는 잘 지나지만 높은 주파수인 노이즈는 자연스럽게 차단된다. 이런 전원 초크 트랜스의 원리를 이용한 제품이 리처드 그레이Richard Gray의 전원장치 RGPC다. 전원 초크 트랜스를 사용하면 노이즈가 줄어들기도 하지만 소리에 힘이 생기고 저음이 더 깊게 내려간다.

리처드 그레이 RGPC

나섬    리처드 그레이를 사용하면 저음이 깊게 내려간다고 했잖아?

최선생    리처드 그레이도 그렇지만 파워앰프를 업그레이드해도 저음이 깊어지지.

나섬    케이블을 바꿔서 저음이 더 깊어지는 경험을 한 적도 있어.

최선생    전원 케이블 때문에 저음이 더 깊어지기도 하지.

나섬    저음이 더 낮고 깊어지게 들리는 이유가 궁금해.

최선생    어떻게 궁금한데?

나섬    예를 들어서 50Hz 음원이 있다고 하면, 이 주파수는 재생되면서 바뀌진 않잖아.

최선생    CD 같은 디지털 기기에선 절대 50Hz가 48Hz가 되게 할 수는 없지.

나섬    그런데 파워나 전원선이 바뀌면 저음이 더 내려가기도 하거든.

최선생    그런 의문을 갖는 걸 보니 이제 하산해도 되겠어.

나섬    분명 같은 주파수일 텐데, 왜 더 낮게 들리는 거야?

최선생    음높이는 주파수에 따라 결정된다고 알고 있지?

나섬    그런 거 아냐?

최선생    주파수가 제일 중요하지만 소리의 크기에도 영향을 받아.

나섬    그럼 같은 50Hz라도 좀 더 크게 나오면 더 낮게 느껴진다는 거야?

최선생    이제 척척 알아듣네. 반대로 고음은 음량이 커지면 더 높게 들리지.[28]

나섬    아! 이제 정확히 알았다. 저음에 에너지가 많이 필요하니까?

최선생    전기 공급이 원활해지면 저음이 더 많이 나오게 되지. 주파수는 같지만.[29]

나섬    그럼 우리 뇌는 저음이 더 아래로 내려간 것처럼 느끼는 거고?

[28] 《입체음향》 (1997), 강성훈 · 강경옥 저, 기전연구사, 26쪽 《음악음향학》 (2003), 이석원 저, 심설당, 156쪽

[29] 부록 CD 트랙 10번에서 소리가 커지면 더 낮게 느끼는 것을 확인할 수 있다.



굿모닝 오디오 하이엔드 편

　그럼 이제 어떻게 전기를 원활하게 흐르게 하는지 설명해 볼게.

전원 초크 트랜스를 사용하면 전기 공급이 원활해져 저음이 더 깊게 내려가는 효과가 있다. 그럼 어떤 원리로 전류 공급을 더 원활하게 하는지 알아보자. 전기가 코일을 통과하면 코일을 감싸는 철심이 자석이 된다. 음악이 잔잔하게 나오다가 갑자기 총주가 나오면 앰프는 순간적으로 큰 전기를 필요로 한다. 이때 자석이 된 철심의 자기에너지가 순간적으로 전기에너지로 바뀌면서 전기 공급을 도와주는 역할을 한다. 즉, 초크 트랜스는 순간적으로 물이 필요할 때 물을 공급해주는 물탱크 역할을 한다. 사실 전원 초크의 노이즈 차폐 능력은 뛰어난 편이 아니다. 자기장의 형태로 전기를 품었다가 순간적으로 공급하는 물탱크로서의 성능이 더 중요하다. 이런 이유로 벽체 전원에 차폐 트랜스를 연결하고 차폐 트랜스 다음에 전원 초크(RGPC)를 연결해 복합적으로 사용하면 노이즈 차단과 에너지 공급 효과를 동시에 얻을 수 있다. 그림 2-22가 차폐 트랜스와 전원 초크 트랜스를 복합적으로 사용한 그림이다.

리처드 그레이는 첨단의 획기적인 전원장치라고 선전하고 있지만,

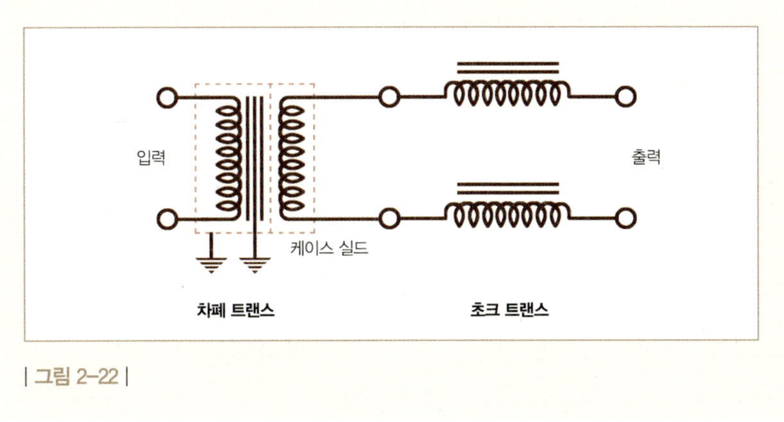


| 그림 2-22 |

사실 전원 초크 트랜스는 아주 오래전부터 사용되었다. 1930년대에 극장이나 방송장비 같은 대형 시스템에 전원 초크 트랜스를 이미 사용했고, 진공관 앰프의 전원부에도 초크 트랜스를 사용했다. 물론 진공관 앰프의 전원부에 사용하는 초크 트랜스는 수헨리(H)로 가는 코일을 많이 감은 것이고, 전원에 사용하는 초크 트랜스는 수밀리헨리(mH)로 아주 굵은 코일을 적게 감은 것이다. 오래전부터 전원의 노이즈 차단과 안정적인 작동이 중요시되는 고가의 방사선 진단장비 같은 대형 의료기기에도 전원 초크 트랜스가 사용되고 있다. 그래서 가끔 '소리전자' 사이트의 판매장터에 의료장비에서 나온 대용량 전원 초크 트랜스가 중고 부품으로 나오기도 한다. 오디오 기술이라는 게 최첨단이라고 해도 중요한 이론적 토대는 이미 오래전에 정립된 것들이 대부분이다.

나섬    얼마 전 신기한 경험을 했어.

최선생   어떤 경험인데?

나섬    바뀐 게 없는데 어느 날 총주에서 저음이 쑥 내려가더라고.

최선생   무슨 말이야? 저음이 더 깊어졌다고?

나섬    자주 들어서 눈 감고도 아는 곡인데, 저음이 더 깊게 내려가는 거야.

최선생   뭔가를 건드렸겠지.

나섬    귀신이 곡할 노릇이야. 정말 바꾼 게 없다니까!

최선생   잘 생각해봐. 뭔가 바뀐 게 있을 거야.

나섬    아, 하나 있긴 하다. 110V 기기 쓰느라 다운 트랜스 꽂아 놨었어.

최선생   그 다운 트랜스 용량이 큰 거지!

나섬    맞아! 그런데 쓰지도 않고 콘센트에 꽂아만 둔 건데?

최선생   트랜스를 사용하지 않고 콘센트에 꽂아만 두어도 소리에 영향을 줘!

**나섬**　무슨 소리야? 사용하지도 않고 꽂아 두기만 해도 소리가 변한다고?

**최선생**　그래, 근처 콘센트에 꽂아만 두어도 소리가 변하지.

**나섬**　자세히 설명 좀 해줘!


　대용량 트랜스를 사용하지 않고 콘센트에 꽂아만 두어도 소리가 변하는 이유는 무엇일까? 사실 이치를 알고 보면 그리 신기한 현상도 아니다. 앞서 말했듯이, 초크 트랜스에서 철심에 감긴 코일에 전기가 흐르면 자장이 만들어진다. 자장의 형태로 있던 에너지가 앰프에서 에너지가 필요할 때 순간적으로 전기에너지로 변환되어 앰프에 공급되기 때문에 저음이 깊어지고 무대가 커진다. 빈 콘센트 구멍에 대형 트랜스를 꽂아만 두는 것도 이와 아주 유사한 기능을 하게 된다. 다운 트랜스에 전기가 들어가면 실제 출력을 뽑아서 쓰지 않아도 트랜스 자체엔 전기가 들어가기 때문에 철심이 자화되어 자기장을 형성한다. 그림 2-23을 보면서 설명을 하자면, 대용량 다운 트랜스도 전기가 통하는 길목에 간접적으로 물탱크를 만들어주는 역할을 한다. 물론 앞서 설명한 초크 트랜스는 전기가 오디오에 전달되는 길에 직접적으로 물탱크를 만들어 주는 역할을 한다. 실제로 리처드 그레이 측에서도 차폐 트랜스나 RGPC를 오디오 연결 없이 벽체 콘센트에 꽂아만 두어도 음질 개선 효과가 있다고 밝히고 있다. 전원 초크 트랜스는 저음은 깊게 하지만 고음의 순도를 훼손하는 단점도 있다. 대형 트랜스 외에도 빈 콘센트에 꽂기만 함으로써 효과를 발휘하는 다양한 전원 액세서리들이 있는데, 이런 제품들이 작동하는 이유도 이와 유사하다고 생각하면 된다. 가정의 전기는 서로 연결되기 때문에 다른 콘센트에 연결된 가전제품에서 발생한 노이즈가 오디오에 영향

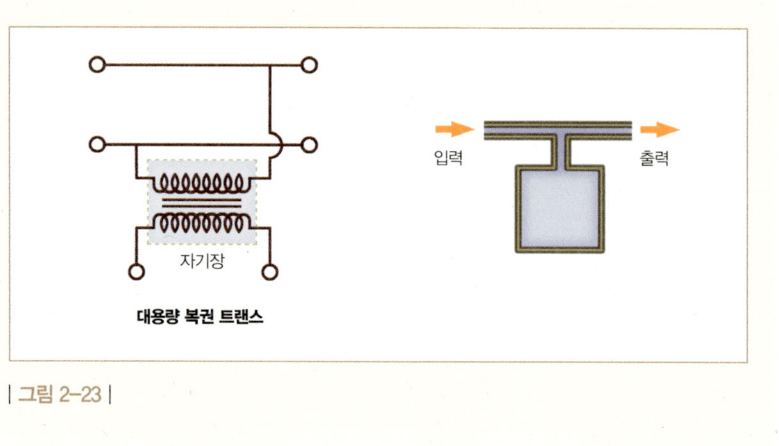


| 그림 2-23 |

을 미친다. 이와 마찬가지로 빈 콘센트에 전원 장치를 꽂기만 해도 음질에 분명한 변화를 준다.

전기를 물에 비유해서 설명하는 것은 여러 면에서 유용하다. 그러나 실제로 전기가 물과 비슷하게 작동되지 않는다고 의문을 품을 수 있다. 그래서 좀 더 직접적인 예를 들어보고자 한다. 주차된 자동차에 키를 꽂고 키를 1단만 돌리면 전원이 들어온다. 이 상태에서 오디오를 켜고 음악을 자연스럽게 듣는다. 그렇게 음악을 듣다가 키를 돌려 엔진을 켠다. 그러면 오디오에서 나오던 음악 소리가 작아지고 제대로 안 들리면서 엔진을 기동하기 위한 스타트 모터가 작동한다. 약 1~2 초 후에 엔진이 켜지면 안 들리던 음악 소리가 천천히 커지면서 엔진을 켜기 이전 상태로 돌아온다. 엔진을 돌리기 위해 강력한 힘으로 돌아가는 스타트 모터가 기동하면서 전기를 죄다 끌어가고, 결국 전압이 떨어지면서 오디오가 제대로 작동하지 못하고 음악소리가 나오지 않는 것이다. 이처럼 서로 전원을 공유하고 있는 상태에서 한 곳에서 강력하게 전기를 끌어가면 전압이 떨어지면서 연결된 기기들에 직접적으로 영향을 미친다.

 굿모닝 오디오 하이엔드 편

# 전원장치를 사용하면 소리가 좋아진다?

**최선생**  스피커에서 잡음이 난다면서?

**나섬**  크지 않은 잡음이 간헐적으로 나는데 신경이 쓰여.

**최선생**  지속적이라면 컴퓨터, 형광등, TV, 전기장판이 의심스럽지.

**나섬**  불규칙하게 나와.

**최선생**  간헐적이라면 냉장고, 세탁기, 에어컨, 보일러일 가능성이 높지.

**나섬**  냉장고나 에어컨은 켜두면 계속 작동하는 거잖아?

**최선생**  아니지, 설정 온도에 맞춰 자동으로 모터가 켜졌다 꺼졌다 하지.

**나섬**  계절을 안 가리니 에어컨은 아니고 세탁기, 냉장고가 의심스럽네.

**최선생**  낡은 제품이면 모터 기동 시 스파크에 의한 노이즈가 생기기 쉽지.

**나섬**  그럼 세탁기보다 냉장고일 가능성이 커. 어떻게 해야 해?

**최선생**  저렴한 노이즈 필터로 쉽게 노이즈를 줄일 수 있어.

**나섬**  노이즈 필터는 전기 흐름을 방해해서 소리가 시들해진다면서?

시너지스틱 리서치 테슬라 파워셀

러닝 스프링스 드미트리

**30** 테슬라 파워셀은 특이하게 EM필드를 형성하여 전원 캐퍼시턴스 반응을 감소시켜 위상을 보정하고 노이즈 레벨을 줄인다.

　가정에서 사용하는 냉장고나 세탁기 같은 가전제품에서는 노이즈가 발생한다. 가전제품에서 발생한 노이즈는 가전제품이 연결되어 있는 콘센트를 지나야 오디오가 연결된 콘센트로 건너갈 수 있다. 그래서 가전제품의 파워코드에 노이즈 필터를 달거나 페라이트 코어에 전원선을 두세 번 감아주면 가전제품에서 발생한 노이즈가 콘센트로 유입되는 것을 어느 정도 차단할 수 있다. 이렇게 하면 오디오에 노이즈가 유입되는 것을 줄이면서 오디오의 음이 생기를 잃는 부작용도 막을 수 있다. 만약 이렇게 했는데도 잡음이 난다면 이웃집에서 넘어오는 노이즈를 의심해 볼 수 있다. 이런 경우에는 오디오에 차폐 트랜스나 RGPC 같은 전원장치를 사용하는 것을 고려해야 한다. 그러나 대부분의 전원장치는 장점이 있는 반면 단점도 존재한다. 상대적으로 단점이 적고 장점이 많은 전원장치로는 시너지스틱 리서치Synergistic Research의 테슬라 파워셀Tesla PowerCell[30], 러닝 스프링스Running Springs의 드미트리Dmitri가 있는데 가격이 만만치 않다는 문제가 있다. 약간 낮은 가격대로는 예전에 트랜스페런트Transparent에서 출시했던 파워 뱅크Power Bank와 PI가 평이 좋았다. 그러나 잡음 같은 특별한 문제가 없다면 전원장치를 사용하지 않는 것도 좋은 방법이다.

　가전제품에서 발생한 노이즈가 오디오에 영향을 덜 미치도록 하는 방법으로 오디오용 벽체 콘센트로 들어오는 전원선을 굵은 선으로 두꺼비집에서 별도로 따오는 방법이 있다. 간단하게 오디오용 벽체 콘센트로 가는 차단기를 고급으로 바꾸거나, 메인 차단기를 교체하는 것만으로도 전원 사정이 좋아져 음질 향상을 기대할 수 있다. 이미 살고 있는 집은 힘들고 집을 신축하거나 인테리어 공사를 할 때 해두면 좋다. 집에 들어오는 전기는 계량기를 거쳐 메인 차단기에서 전등, 전열, 에어컨 등 각 파트별로 나뉜다. 이 부분에서 오디오용 벽체 콘센트로 가는 전용선을 별도로 설치하는 것이다. 그림 2-24에서 보는 것처럼 냉장고에서 발생한 노이즈가 오디오에 들어가려면 배전반(두꺼비집)까지 갔다가 다시 배전반에서 오디오까지 오는 주황색 점선으로 표시된 긴 거리를 지나야 한다.

모든 가전제품에 노이즈 필터를 달 수는 없다. 우선 노이즈를 주로 발생시키는 것이 무엇인지 살펴보고, 주로 문제가 되는 제품에 노이즈 필터를 장착해 오디오로 노이즈가 유입되는 것을 줄이는 것이 좋다. 가정에서 불규칙하게 노이즈를 발생시키는 주범은 전기로 돌아가는 모터다. 모터는 끌어온 전기를 회전하는 데 모두 사용하지 않고 일부를 돌려보내는 성질이 있는데, 이것을 '역률'이라고 한다. 전기난로나 백열등은 끌어

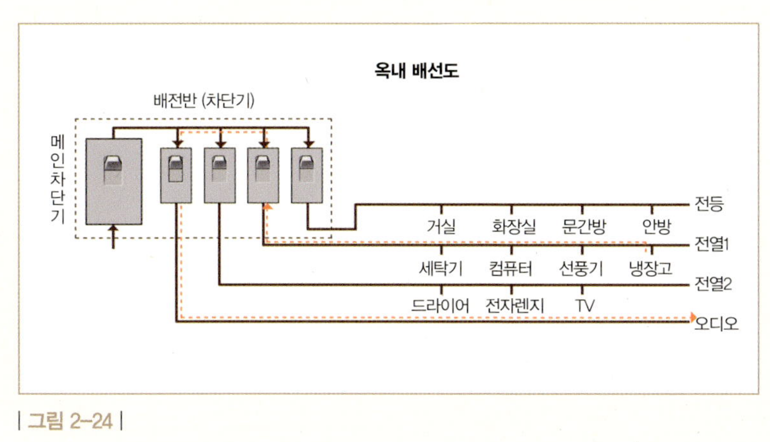


| 그림 2-24 |

온 전기를 모두 사용하기 때문에 역률이 100이지만, 모터나 형광등의 경우 보통 60 전후가 된다. 이와 같이 쓰이지 않고 되돌아간 전기는 간섭을 일으키면서 교류 주파수의 파형을 찌그러뜨린다. 이러한 찌그러짐이 노이즈가 되는데, 그래서 모터로 작동되는 냉장고, 세탁기, 에어컨, 형광등은 노이즈를 발생시킨다. 전기난로 같은 전열기는 끌어들인 전기를 모두 사용하기 때문에 노이즈가 전원이 켜지거나 꺼질 때는 발생하지만 작동 중에는 발생하지 않는다. 전기장판도 전열기이기 때문에 노이즈를 발생시키지 않는다고 생각하기 쉽다. 전기장판의 열선 자체는 노이즈를 별로 발생시키지 않지만 온도조절기가 엄청난 노이즈를 발생시킨다. 바이메탈이나 단수로 조절되는 구식의 조절기는 접점이 작동할 때만 순간적으로 노이즈를 발생시키지만 단수 없이 무단으로 연속으로 조절되는 온도조절기는 엄청난 노이즈를 항상 발생시킨다.

　대부분의 전기장판은 편리함을 좇아 단수 없이 연속해서 조절할 수 있는 온도조절기를 채택하고 있다. SCR<sup>Silicon Controlled Rectifier</sup>이라고 불리는 이 방식은 발열량을 주파수를 쪼개서 차단하는 방식으로 조절한다. 예를 들어 조절기를 중간에 놓으면 그림 2-25와 같이 주파수의 절반을 쪼개 반만 사용한다. 주파수의 반을 쪼개 없애는 일을 1초에 120번 하는데, 쪼개

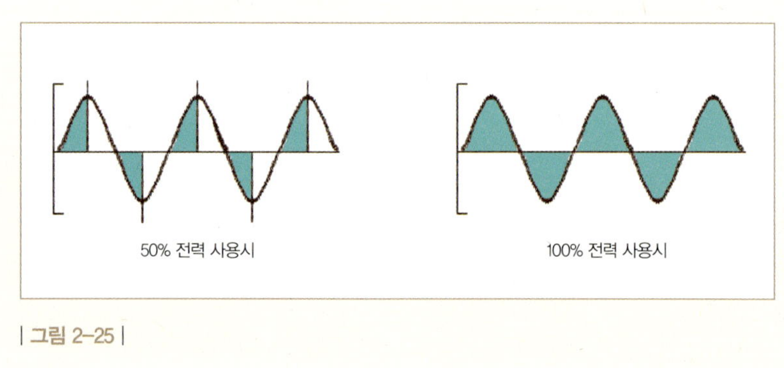


| 그림 2-25 |

는 지점에서 엄청난 노이즈가 발생한다. 결국 연속적으로 엄청난 노이즈가 발생한다. 여기서 한 가지 의문이 생길 수 있다. 100%, 즉 조절기를 최고로 올리면 주파수를 쪼개지 않고 그대로 다 사용하니 노이즈가 거의 안 생기지 않을까 하는 것이다. 맞다! 조절기를 최고로 놓으면 노이즈가 거의 생기지 않는다. 그러나 대부분 중간에 놓고 사용하기 때문에 노이즈 발생을 피할 수 없다. 이 노이즈는 오디오 소리를 탁하게 하거나 날카롭게 하지만, 실은 몸에도 해로운 전자파를 발생시킨다. 이와 마찬가지로 면역력이 낮아지는 수면 중에 몸에 밀착한 채로 사용하는 전기장판은 건강에 치명적일 수 있다. 물을 데워 순환시키는 온수 매트를 사용하는 것이 건강에 좋다.

SCR로 작동되는 전기장판이 가지는 노이즈 문제를 해결하기 위한 노력의 결과, 최근에 만들어진 전기장판은 제로 크로싱zero-crossing 방식을 사용해 노이즈 발생을 현저히 줄였다. 작동원리는 그림 2-26에서 보는 것처럼 전원을 정류해 1초에 120번 봉우리가 있는 그림처럼 만드는 것이

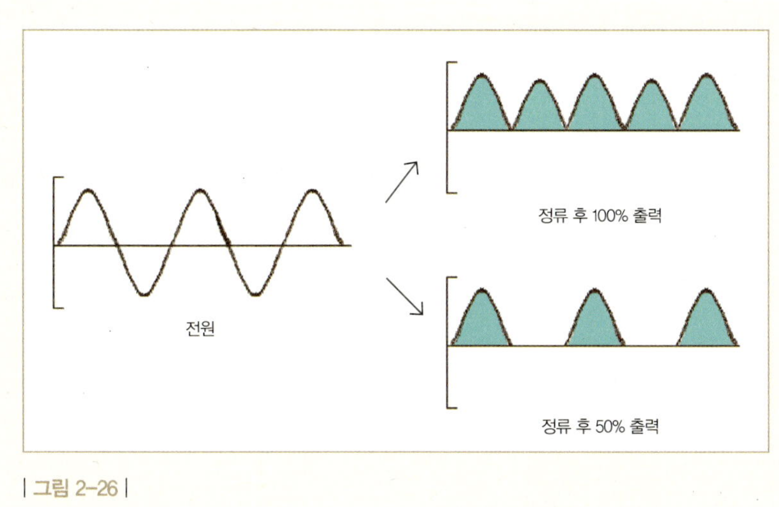


| 그림 2-26 |

다. 100% 출력이 필요할 때는 120개 전부를 내보내고, 50% 출력이 필요할 때는 우측 그림처럼 간헐적으로 60개만 내보낸다. 25%가 필요할 때는 30개만 내보내면 된다. 여기서 중요한 것은 내보내지 않고 잘라야 하는 봉우리를 전압이 제로(0)인 지점에서 잘라낸다는 점이다. 0이 되는 지점에서 자르기 때문에 불필요한 노이즈가 발생하지 않는다. 고급 제품은 대부분 이런 제로 크로싱 방법을 사용하기 때문에 기존 SCR 방식에 비해 노이즈가 현저히 적다. 물론 열을 내는 열선에 전기가 통하기 때문에 전자파는 발생하지만, 온도 조절기에서 발생하는 노이즈는 거의 해결한 셈이다.

경우에 따라 외부 노이즈 때문이 아니라 앰프에 들어가는 전원 전압이 너무 높거나 낮아서 스피커에서 노이즈가 나기도 한다. 갖가지 노이즈 방지 대책을 강구했음에도 노이즈가 없어지지 않는 경우, 전압을 의심해 봐야 한다. 특히 진공관 앰프에서 그런 경우가 많고 간혹 트랜지스터 앰프에서도 그런 경우가 있다. 우선 집에 들어오는 전원의 전압을 체크하는 것이 중요하다. 국내에서 만든 오디오를 사용할 경우, 일반적으로 전압이 215~225V 정도가 나오면 일단 큰 문제는 없다고 본다. 그러나 외국 제품의 경우는 생각처럼 그리 간단하지 않다. 잘 알려져 있다시피 일본 내수용 제품은 100V가 규정 전압이다. 미국 제품의 경우 미국 내 전압이 117V(60Hz)이고 미국에서 국외로 수출하는 제품은 이것의 두 배인 234V가 적정 전압이다. 유럽의 경우 영국은 240V(50Hz)인데, 국내의 60Hz 전원으로 220V 정도를 공급해주면 적당하다. 독일과 덴마크의 경우는 220V(50Hz)라서 국내의 60Hz로는 208V 정도를 공급해 주는 것이 좋다.[31]

나섬    듣고 보니 우리가 노이즈 속에서 살아가는 거네?

31 독일 빈티지 제품의 경우 전원에 다양한 탭이 있는 경우가 있다. 이 경우 220V(60Hz)의 국내 전원에 사용할 때는 전원 탭을 230V나 240V로 선택하면 된다.

최선생  그런 셈이지.

나섬  그런데 계속 나오는 노이즈보다 간헐적으로 생기는 노이즈가 더 문제 아냐?

최선생  이제 좀 핵심을 짚을 줄 아네.

나섬  계속되는 노이즈는 그래도 견딜 만한데, 불규칙한 잡음이 거슬려.

최선생  전원을 켜거나 끌 때 '픽'하는 소리가 거슬리듯이?

나섬  전자제품을 켜거나 끌 때도 노이즈가 안 나게 하는 방법은 없어?

최선생  아주 안 나게는 아니어도 획기적으로 줄일 수 있는 방법이 있지.

나섬  어떤 방법인데?

최선생  우리가 쓰는 교류전기는 0을 중심으로 상하로 사인파처럼 출렁거리지?

나섬  그렇지.

최선생  상하로 출렁거리면 수시로 전압이 0이 되는 지점이 있어.

나섬  아! 바로 그 0이 되는 순간에 스위치를 켜는 거구나?

최선생  그래서 '제로 크로싱 스위치'라고 하지.

나섬  전원 전압이 안 맞아도 '찍'하는 노이즈가 날 수 있다던데?

최선생  진공관 앰프는 그리드 전압이 전원 전압에 그대로 반영되거든.

나섬  전압이 높거나 낮으면 진공관이 비정상인 상태로 작동되는 거네?

최선생  그러면 노이즈뿐 아니라 진공관의 수명에도 영향을 주지.

나섬  트랜지스터 앰프도 그런 경우가 있다면서?

최선생  진공관보다는 드물다고 봐야지.

집 안의 가전제품에서 발생한 노이즈가 오디오로 유입되는 것을 막
는 또 다른 방법이 있다. 오디오용으로 사용되는 접지를 모두 모아 따로
관리하는 것이다. 노이즈는 전기가 흐르는 핫과 콜드를 통해 유입되기도
하지만 접지선을 통해서도 돌아다닌다. 따라서 오디오용으로 사용되는
접지만 따로 모아서 베란다로 뽑아 접지봉에 연결한 후 1층 화단에 깊숙
이 박아 두면 접지를 통해서 유입되는 노이즈를 줄일 수 있다. 만약 이렇
게 할 수 없다면 잡음을 발생시키는 기기를 찾아 파워코드의 접지를 끊
는 방법이 좋다. 플러그를 보면 핫과 콜드의 두 선 외에 위와 아래로 파진
부분에 접지가 있는데, 이것이 콘센트의 접지 단자에 닿지 않게 하는 것
이다. 위아래 접지 부분을 절연 테이프로 붙이거나 플러그를 열어 녹색
선을 절단하면 플러그를 콘센트에 꽂아도 접지가 연결이 되지 않아 노이
즈로 인한 잡음이 줄어든다. 이처럼 기기 중 하나의 접지를 끊는 것은 그
라운드 루프ground loop에 따른 험hum을 줄이는 데도 효과가 있다.

이제 그라운드 루프 험에 대해 간단히 알아보자. 우선 그라운드 루프
는 그라운드 전위가 한 곳에 머물지 못하고 루프를 이루고 있는 상태를
말한다. 그림 2-27을 보면서 이해해보자. CD 플레이어와 앰프의 그라운
드는 인터커넥트 케이블의 실드선을 통해 서로 연결되어 있다. 그런데
CD 플레이어와 앰프는 각각 자신의 파워코드에 있는 접지선을 통해 벽
체 콘센트에서 다시 만나게 된다. 그라운드가 연결된 것을 녹색 점선으
로 표시하면 그림에서처럼 하나의 독립된 원을 그린다. 이것이 그라운
드 루프다. 이때 CD 플레이어와 앰프 사이에 전위차가 발생하면 그라운
드 포인트(0점 전위)가 이 루프를 따라 이리저리로 옮겨 다니는데, 이때
발생하는 '웅' 하는 험이 그라운드 루프 험이다. 그라운드 루프 험은 '웅'
하는 소리가 짧은 주기로 커졌다 작아졌다를 반복하는 경우가 많다. 이
를 해결하기 위해 CD 플레이어나 앰프의 파워코드에 있는 접지선 하나

 굿모닝 오디오 하이엔드 편

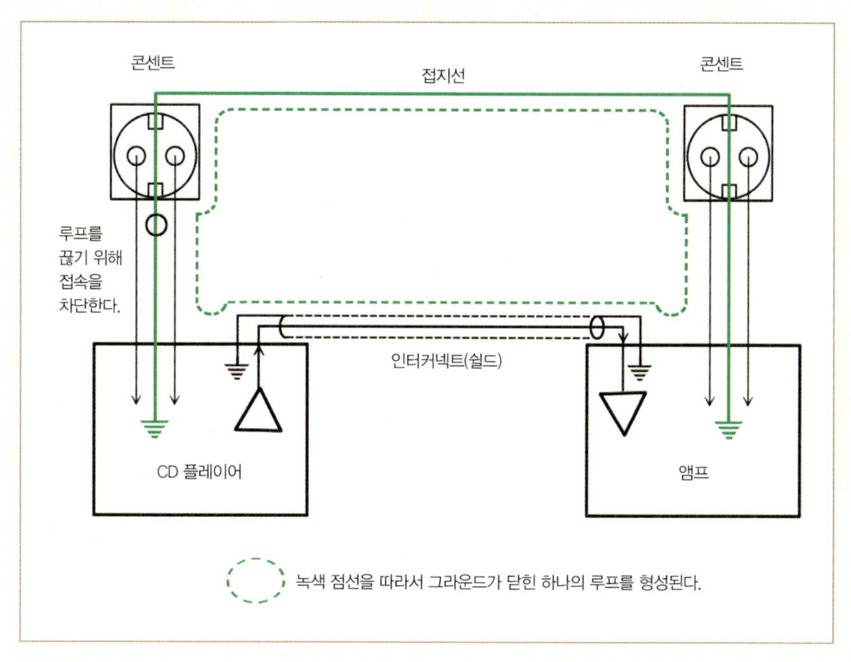



| 그림 2-27 |

를 끊으면 원을 이루는 루프는 고리가 끊어지면서 루프 험이 사라지게
된다. 기기의 접지선 하나를 끊는 방법 외에 기기들 간의 전위차를 없애
그라운드 루프 험을 줄이는 장치들이 있다. 각 기기에서 별도로 그라운
드 선을 끌어와 가상의 일점 접지를 만들어 루프를 없애는 방식이다. EB
테크EB TECH의 험 엘리머네이터Hum Eliminator가 가격이 싸고 추천할 만하다.

그라운드 루프를 해결해도 험이 계속 난다면, 교류 유도험이나 교류
전원에 직류(DC)가 섞여 들어오는 것을 의심해 볼 수 있다. 먼저 교류 유
도험은 턴테이블이나 포노앰프, CD 플레이어 같은 미세한 전기신호가
통과하는 기기 근처에 파워코드나 대형 트랜스가 탑재된 파워앰프가 있
을 때 생기는 험이다. 유도험의 해결은 뾰족한 방법은 없고 차폐가 되는

파워코드를 사용하거나 트랜스와 거리를 띄우는 것이 가장 효과적인 방법이다. 교류 유도험은 오디오 기기 배치를 바꾸거나 기기 사이에 거리를 두게 함으로써 어느 정도 줄일 수 있다. 유도험을 어느 정도 잡았다면 마지막으로 남은 문제는 직류 유입에 따른 전원 트랜스 떨림이다. 트랜스는 교류전원에 직류가 섞여 들어오면 자화가 한 방향으로 밀린 채로 작동하기 때문에 떨면서 진동을 발생시킨다. 이 진동과 떨림은 그대로 음질에 영향을 주어 스피커에서 '웅' 하는 소리로 나타난다. 교류에 섞여 있는 직류 성분을 제거하면 트랜스 떨림이 없어지면서 잡음도 사라진다. DC필터를 내장하고 있는 스와니 오디오<sup>Swanee Audio</sup>의 3080 전원 컨디셔너가 합리적인 가격이라 추천할 만하다.

나섬     교류전원에 직류가 섞이면 왜 트랜스가 우는 거야?

최선생    교류는 0점을 중심으로 오르락내리락 하면서 +가 되었다가 -가 되었다 하지.

나섬     이상적인 교류전원은 사인파를 그린다고 했지?

최선생    구식 괘종시계 보면 추가 좌우로 왔다 갔다 하면서 시간이 가지?

나섬     왜 갑자기 괘종시계 얘기를 하고 그래?

최선생    괘종시계 추가 좌우로 일정하게 움직이려면 수직이 잘 맞아야 하잖아?

나섬     그야 당연하지.

최선생    만약 괘종시계를 약간 옆으로 기울이면 어떻게 될까?

나섬     조금은 괜찮지만 많이 기울면 추가 왔다 갔다 하면서 기운 쪽에 닿겠지.

최선생    기운 쪽에 추가 닿을 정도면 소리도 나고 제대로 왔다 갔다 못



굿모닝 오디오 하이엔드 편

하겠지?

**나섬** 두말하면 잔소리지!

**최선생** 교류전원에 직류가 섞이는 것은 괘종시계를 한쪽으로 기울이는 것과 같아.

**나섬** 괘종시계가 한쪽으로 기울면 추가 한쪽으로 쏠린 채로 움직이듯이?

**최선생** 교류전원도 직류가 끼어들면 한쪽으로 쏠려서 움직이는 거지.

**나섬** 그래서 트랜스에 무리가 가면서 떨게 되는 거로군!

**최선생** 직류를 없애는 것이 괘종시계의 수직을 맞추는 거라고 보면 돼.

**나섬** 추가 안정적으로 움직이듯이 트랜스 울음도 없어진다는 얘기네?

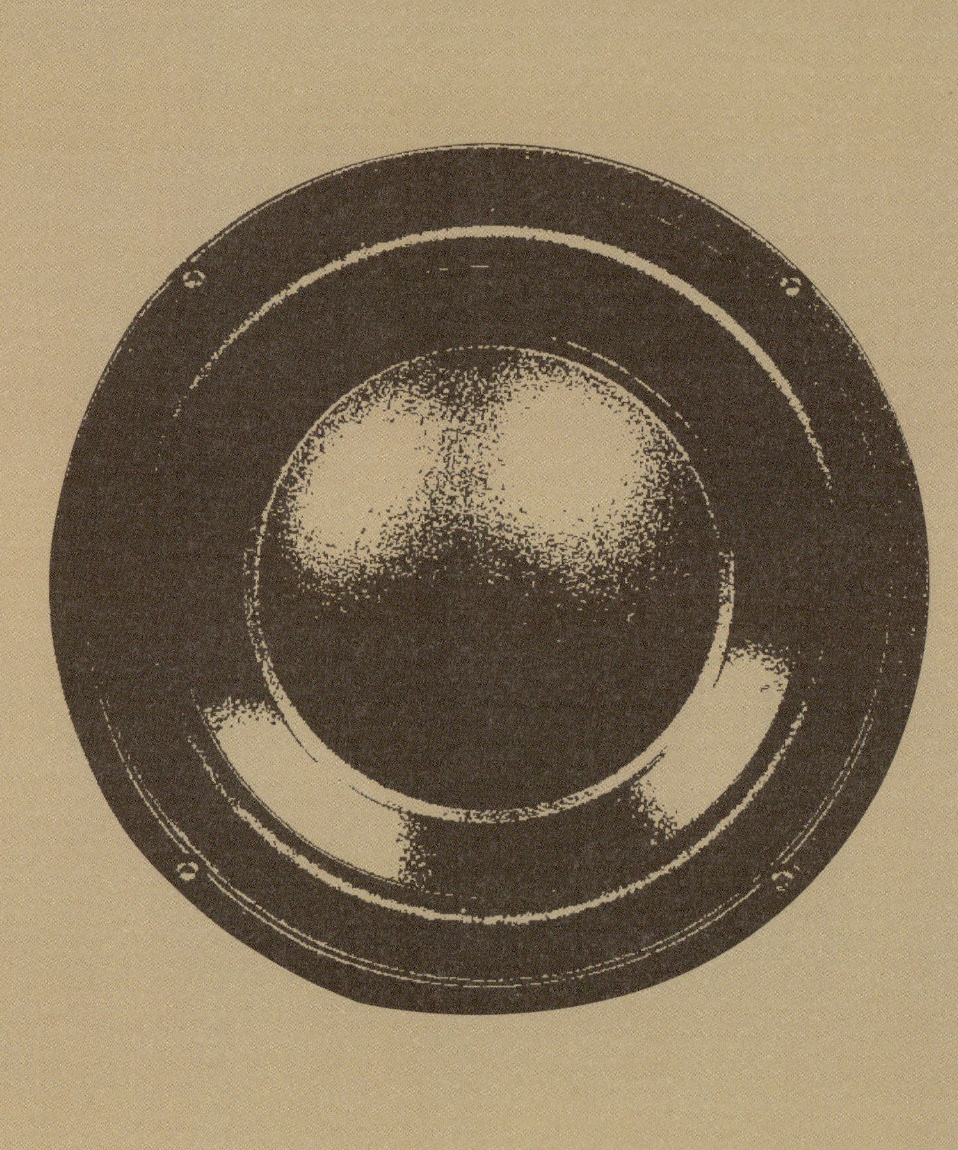

# Chapter 3

# 하이엔드 오디오란 무엇인가?

20세기 초 전축이 탄생했다.
이후 오랜 세월 동안 음색시대, 음장시대, 음상시대를 거치면서
하이엔드 오디오가 윤곽을 드러냈다.
하이엔드 소리를 이해하려면 이러한 역사가 이야기한
음색, 음장, 음상에 대한 이해가 필요하다.

# 전축의 탄생,
# 오디오의 역사가
# 시작되다

**나섬**  하이엔드 오디오는 비싼 오디오야?

**최선생**  비싸다고 다 하이엔드는 아니지.

**나섬**  그럼 대체 뭐가 하이엔드 오디오야?

**최선생**  '작곡가나 연주자의 음악적 메시지를 집에서 재창조하고자 하는 욕구'래.

**나섬**  그 얘기 어디서 본 것 같은데?

**최선생**  《하이엔드 오디오 컴플릿 가이드》에 나오는 얘기야.[32]

**나섬**  그 책 좀 어렵던데.

**최선생**  좀 어렵긴 해도 두고두고 찾아볼 좋은 내용이 많은 책이지.

**나섬**  그럼 '재창조하고자 하는 욕구'만 있으면 하이엔드가 되는 거야?

**최선생**  그게 나도 좀 애매해.

**나섬**  도대체 하이엔드 오디오가 뭐야?

**최선생**  내 생각을 얘기해 줄까?

32 《하이엔드 오디오 컴플릿 가이드》 (1998), 로버트 할리 저, 박우진 역, 정인, 25쪽

나섬　　그래도 '재창조하고자 하는 욕구'보단 구체적이겠지?

최선생　내 생각에 현재의 하이엔드 오디오는 '음상 중심의 오디오'야

나섬　　음상 중심의 오디오라고?

최선생　정확히 3차원 입체 음장에서 시작해 음상 중심으로 가버린
　　　　거지.

나섬　　대충 감이 잡히긴 하는데, 좀 더 자세히 설명해줘.


하이엔드 오디오가 무엇을 의미하는지 이해하려면 오디오가 어떻게 발전해 왔는지 살펴보는 것이 순서다. 토머스 에디슨<sup>Thomas Edison</sup>이 소리를 처음 기록한 것은 주석 박막에 소리의 진동을 그대로 새겨 넣은 것이었다. 에디슨 본인 목소리로 '메리는 어린 양을 길렀네<sup>Mary had a little lamb</sup>'라는 동요를 녹음해서 들었는데 간신히 어떤 노래인지 알 수 있는 수준이었다고 한다. 이처럼 유성기가 막 탄생하던 시절의 오디오는 조잡하고 열악했다. 한동안 사람 목소리나 악기 하나 정도를 녹음해서 재생하는 수준을 벗어나지 못했다. 흔히 '돌판'이라 불리던 SP<sup>Standard play</sup>판이 주름을 잡던 시대다. 태엽이나 모터로 돌리는 78회전 SP판은 재생시간이 짧아 한 면으로 노래 한 곡만 들을 수 있었다. 이런 시대를 '음성시대'라고 할 수 있다.

소릿골을 따라 움직이는 바늘의 진동이 얇은 막의 진동판을 울리고, 이 소리가 혼을 통해 밖으로 나오는 것이 유성기의 원리다. 이처럼 순수하게 진동으로만 작동되던 유성기에 전기를 통해 신호를 증폭하는 획기적인 방법이 도입된다. 1912년 미국에서 리 드 포레스트<sup>Lee De Forest</sup> 박사가 삼극진공관을 개발하여 신호를 증폭하는 '앰프'라는 것을 만들 수 있는 기틀이 마련된다. 한편 1920년 미국 최초로 라디오 방송국(RCA)이 설립되어 전파를 발사하기 시작한다. 1930년대에 접어들면서 전기를 이용

포노그라프

해 신호를 증폭하고 스피커를 통해 소리가 나오는 본격적인 오디오, 즉 전기를 이용하는 전축電蓄이 등장한다. 당시 앰프 출력은 1W 정도였는데, 지금 생각하면 아주 작은 출력이다. 그러나 소릿골 진동만으로 소리를 내는 축음기로 듣던 당시 사람들을 놀라게 하기에 충분히 큰 소리였다. 전축이 고가였던 것에 반해, 라디오는 상대적으로 저렴해 전축보다 쉽게 보급이 이루어졌다. 라디오의 보급으로 전기만 있으면 어디서나 음악 소리를 즐길 수 있게 되었다.

음성시대의 오디오가 내는 소리의 특징을 알고 싶다면 SP 음반을 들어보면 된다. SP음반의 경우 축음기로 재생하거나 78회전용 턴테이블과 78회전용 바늘을 통해 일반 오디오로 감상이 가능하다. 보통 SP음반 소리는 작고 코맹맹이 같다고 생각하기 쉽지만 실제 재생된 소리는 예상보다 웅장하고 우렁차다. SP음반 소리는 코맹맹이 소리라고 알고 있는 경우가 많은데, 이는 SP음반을 LP나 CD로 복각하는 과정에서 음이 왜곡

김연수

된 측면이 크다. 물론 그것은 저음과 고음이 모두 나오는 넓은 대역의 소리는 아니고 중음에 집중된 소리다. 음성시대의 오디오는 중음 중심이다 보니 가수의 노래나 바이올린이나 첼로 독주 정도가 들을 만하고 심포니 같은 대편성 작품 감상은 무리가 있다. 엔리코 카루소 Enrico Caruso의 목소리를 SP음반을 통해서 들으면 우렁차면서 출중한 그의 매력을 느낄 수 있다. 이보다 더 쉽게 음성시대의 오디오 소리를 맛볼 수 있는 방법이 있다. 1950년 이전에 나온 전자석 스피커[33]를 장착한 AM전용 라디오를 통해 방송을 들어 보면 된다. 이런 스피커를 '필드코일 스피커 field coil speaker' 라고 부른다. 현재 실존하는 가수나 방송국 아나운서의 목소리를 음성시대 오디오의 톤으로 들어볼 수 있다. 비 오는 날 이난영이 부르는 '목포의 눈물'이나 김연수[34] 명창의 '흥부가'를 들으면 지금의 오디오 소리와는 사뭇 다른 운치를 느낄 수 있다.

SP판과 측음기

이후 앰프 출력이 푸시풀push-pull 구성으로 발달하면서 10W 정도까지 커졌다. 스피커도 1925년 제너럴 일렉트릭General Electric에서 현대 스피커와 같은 원리로 작동하는 다이내믹 스피커를 개발한 이래 발전을 거듭했다. 앰프의 출력이 세지고 스피커의 개발도 계속되었지만, 아직 충분히 큰 소리를 내기 어려워 스피커 앞에 깔대기 모양의 혼Horn을 다는 혼형 스피커가 일반적이었다. 제2차 세계대전이 끝나고 1945년 데카Decca에서 FFRRFull Frequency Range Recording [35]을 발표하면서 LP의 재생 대역이 50Hz부터 12kHz까지 비약적으로 넓어지게 되고, 1948년 콜롬비아Columbia에서 염화비닐로 만든 LP가 개발되면서 재생시간도 획기적으로 길어졌다. 이른바 모노 LP시대가 열린 것이다. 넓어진 주파수 대역으로 악기의 배음이 충실하게 재생되면서 음색 표현이 비약적으로 좋아졌다. 사람 목소리도 SP판 특유의 답답함이 없어지고, 음색 표현이 좋아져 어떤 가수인지 쉽게 알아챌 수 있게 되었다. 많은 악기가 등장하는 오케스트라 연주도 그럴듯하게 재생되었다. 바야흐로 음색의 시대가 모노 LP를 통해 싹트기 시작했다.

[35] FFRR 기술을 바탕으로 스테레오인 FFSS(Full Frequency Stereophonic Sound)가 1958년에 탄생하게 된다.

# 음색시대가
# 열리다

오디오 역사에 있어서 가장 큰 전환점을 꼽으라면 제2차 세계대전이라고 할 수 있다. 수많은 엔지니어들이 무기 개발에 투입되었는데, 이때 오디오 관련 기술들이 대거 민간으로 이전되면서 오디오 발전에 한획을 그었다. 빈티지 명기의 탄생이 주로 이루어진 시기도 2차 대전 후인 1950~60년대다. 이 시기는 오디오의 전성기이자 진공관 앰프의 전성기다. 여성적인 소리로 대표되는 마란츠Marantz의 창립자 소울 마란츠Soul Marantz는 1951년 모델 1을 발매한 이후 이듬해 모델 2(파워)를 발표하고, 1959년에 모델 7(프리)을 내놓았다. 남성적인 소리로 평가되는 매킨토시Mcintosh의 창립자 프랭크 매킨토시Frank Mcintosh는 1960년 MC240(파워)을, 1962년 MC225(파워), C-22(프리)를 발표하면서 진공관 앰프의 황금기를 이룬다.

스피커에서는 영국의 가이 알 파운틴Guy R. Fountain이 1947년 듀얼 콘센트릭 구조의 탄노이 모니터 블랙Tannoy Monitor Black을 발표한 뒤 모니터 실버Monitor Silver(1953년), 모니터 레드Monitor Red(1958년) 등을 내놓으면서 음색 중심 스피커 역사에 한 획을 긋게 된다. 미국에서는 1930년대 영화산업 발전으로 독점 기업이 된 웨스턴 일렉트릭<sup>Western Electric</sup>이 독과점 금지법으로 분할된다. 이때 제임스 랜싱<sup>James Lancing</sup>이 알텍<sup>Altec</sup>사에 근무하면서 동축 스피커 유닛인 604 시리즈와 극장용 시스템인 A4를 발표한다. 랜싱이 경영난으로 자살한 후 발표된 JBL 파라곤<sup>JBL Paragon</sup>은 호방함을 추구하는 미국 사운드의 한 축을 장식하게 된다.

　한편 에드가 빌처<sup>Edgar Villchur</sup>가 어쿠스틱 서스펜션<sup>Acoustic Suspension</sup> 이론을 바탕으로 1954년 최초의 밀폐형 스피커인 AR-1을 발표한 후 1967년 AR-3a에 이르기까지 음색시대를 대표하는 가정용 스피커를 내놓는다. 이전까지 스피커 유닛은 판에 구멍을 내고 고정하거나 후면 개방형이나 미로형 통에 수납했다. AR에서 최초로 음향이론을 바탕으로 밀폐형 인클로저(통)에 수납한 스피커를 내놓은 것이다. 음색시대를 대표하는 앰프와 스피커는 한 가지 공통점이 있다. 각기 특정 장르나 악기의 음색을 아주 잘 표현한다는 점이다. 탄노이는 현악기의 음색을 잘 내고, AR은 올드팝을 잘 낸다. 마란츠는 클래식 음악에 강점을 보이고, 매킨토시와 JBL은 재즈와 팝에 강점을 보인다. 음색시대를 대표하는 오디오의 특징으로 특정 악기나 장르의 분위기를 잘 표현하는 것은 당연한 것이라고 하겠다.

　탄노이와 AR스피커 이전에는 스피커들이 고음에 혼을 장착해서 효율이 100dB을 넘는 경우가 대부분이었다. 그러던 것이 탄노이로 넘어오면서 100dB 아래로 떨어졌고, 밀폐형인 AR로 가면서 더 떨어졌다. 스피커의 효율이 내려가는데도 보다 박력 있는 소리에 대한 욕구는 더 커짐에 따라 앰프 출력은 커져야만 했다. 이런 시대적 요구에 맞춰 높은 출력을 내는 5극 진공관인 6BQ5(EL84), 6L6(KT66), EL34, KT88 같은 출력관들이 1950년대 중반에 차례로 개발된다. 고출력을 낼 수 있는 진공관의 개발과 더불어 왜곡이 적고 정확한 소리를 내고자 윌리엄슨 회로[36]가 주

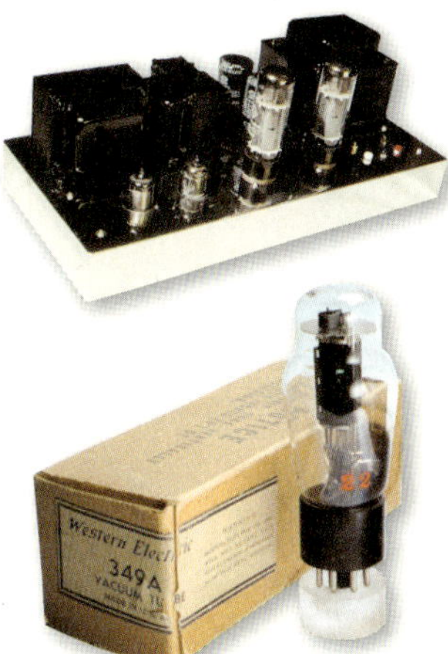

진공관 앰프와 진공관

36　윌리엄슨 회로는 사인파의 윗부분과 아랫부분을 나눠 증폭하는 푸시풀 회로에서 위아래를 정확하게 분리할 수 있고 피드백을 깊게 걸 수 있어 왜곡이 적은 정확한 소리를 낸다.

웨스턴 일렉트릭 진공관(정류관, 출력관, 초단관)

목을 받게 된다. 윌리엄슨 회로에 6L6 진공관을 채용한 앰프의 탄생은 진공관 앰프 역사에 전환점이 된다. 기존의 음색과 질감 위주의 소출력 3극관 시대가 끝나고, 광대역 재생과 정확한 소리의 대출력 5극관 시대가 시작된 것이다. 저음부터 고음까지 막힘없이 강력한 출력으로 스피커를 울리는 시대가 되었다. 출력관이 EL34로 넘어오면서 앰프 출력은 30W를 넘어섰고, 재생 주파수도 아래로는 30Hz에서부터 위로는 20kHz에 이르는 가청 주파수 전체 재생을 목표로 할 수 있게 되었다. 음색시대는 이렇게 오디오 산업 전성기인 1960년대 초까지 이어진다.



굿모닝 오디오 하이엔드 편

# 스테레오의 탄생, 음장시대의 싹이 트다

1960년대 초까지 음색시대가 절정기를 이루지만 음장시대 씨앗은 1950년대 후반에 이미 싹을 틔웠다. 음색시대를 대표하는 모노 시스템은 충분히 만족할 만한 소리를 냈지만 현장에 있는 듯한 입체감을 느끼기에는 한계가 있었다. 두 개의 채널로 녹음하고 재생하면 현장에 있는 듯한 입체감을 느낄 수 있다는 사실을 알게 된 후, 이를 실현하기 위한 노력이 꾸준히 이어졌다. 요즘은 '스테레오 stereo'의 뜻이 2채널을 의미하지만, 원래 스테레오란 그리스어인 'stereos'가 어원으로 3차원 입체를 뜻한다.[37] 1957년 웨스턴 일렉트릭에서 좌우 채널을 45-45방식으로 기록하는 것을 발표하면서 스테레오 방식의 음반이 탄생했다. 스테레오 녹음은 이미 1950년대 초반에 시작되었다. 초기에는 좌우 소리가 다르다는 것을 강조하기 위해 가수의 목소리는 왼쪽에, 반주 악기 소리는 오른쪽에 배치하는 웃지 못할 일도 있었다. 시간이 흐르면서 무대가 좌우로 펼쳐지고 앞뒤로도 공간이 생기는 이른바 '입체 음향'을 제대로 이해하면서 데카 트리 Decca Tree[38] 같은 제대로 된 스테레오 녹음 기술이 나타난다.

37 《하이엔드 오디오 컴플릿 가이드》 (1998), 로버트 할리 저, 박우진 역, 정인, 297쪽

38 데카에서 개발한 스테레오 녹음 방식. ㅗ자 모양으로 무지향성 마이크 3대를 배치해 자연스런 입체 음향을 얻어내는 녹음 방식이다.

1958년 최초의 스테레오용 앰프가 출시되고, 이듬해에 오토폰<sup>Ortofon</sup>에서 SPU라는 스테레오 카트리지를 발표한다. 이제는 스테레오 음반에 새겨진 스테레오 신호를 카트리지를 통해 제대로 읽을 수 있었다. 앰프도 고출력 진공관과 윌리엄슨 회로 덕분에 낮은 주파수부터 높은 주파수까지 왜곡이 적게 재생할 수 있었다. 스피커 역시 음색시대를 통해 이미 재생 주파수 대역이 충분히 넓어졌다. 이제 스테레오 음반에 스테레오 카트리지, 스테레오 앰프에 두 대의 스피커만 갖추면 명실상부한 스테레오 재생이 가능하게 되었다. 결국 3차원 입체 무대를 재현할 수 있는 기초가 1960년대 초에 마련되기 시작했다. 즉, 스테레오의 탄생으로 음장시대의 싹이 텄다고 할 수 있다.

진공관 앰프가 전성기를 구가하던 1965년에 트랜지스터라는 새로운 증폭소자가 탄생한다. 트랜지스터는 냉전시대의 무기 개발과정에서 탄생했다. 미국이 소련에 대항하기 위해 다탄두 핵미사일을 개발하면서 만들어진 것이 바로 트랜지스터다.[39] 트랜지스터는 진공관에 비해 효율이

39 《소리의 문화사》 (2005), 김토일 저, 살림, 43쪽

오토폰 카트리지

좋고 앰프 출력을 수백 와트(W)까지 올릴 수 있는 장점이 있다. 초기에 트랜지스터는 품질에 문제가 많아 작동 중에 타버리기 일쑤였지만, 점차 기술이 안정되면서 진공관을 빠르게 대체해 나갔다. 그도 그럴 것이 진공관은 크기가 크고 유리로 이루어져 충격에 쉽게 깨지는 단점이 있었다. 무엇보다 진공관은 히터를 달궈야 하기 때문에 열이 많이 나고 전기 소모도 많았다. 당시에는 지금보다 전기 사정이 열악하고 전기요금이 비쌌기 때문에 전기소모가 적은 트랜지스터가 각광을 받을 수밖에 없었다. 더구나 진공관은 출력을 높이기가 상당히 어려운 반면, 트랜지스터는 쉽게 출력을 높일 수 있었다. 이런 이유로 진공관은 라디오, TV, 전화기 등 오디오를 제외한 전자제품 전 분야에서 퇴출되어 역사의 뒤안길로 완전히 사라지게 된다. 트랜지스터 앰프의 등장은 앰프의 고출력화를 부추겨 진공관으로는 난공불락의 성으로 보였던 100W의 벽을 훌쩍 넘어 수백 W를 내는 앰프를 여기저기서 생산하게 된다.

앰프 출력이 세지면서 스피커는 약한 출력으로 더 큰 소리를 내고자 노력할 필요가 없어졌다. 이제는 더 낮은 주파수까지 평탄하게 재생하는 것이 새로운 목표가 되었다. 트랜지스터 앰프의 출현으로 스피커의 효율은 낮아졌지만 초저음까지 충분히 재생 가능한 스피커들이 속속 개발되기에 이른다. 음색시대를 대표하는 빈티지 스피커에서 저음이 많이 난다고 잘못 알려진 경우가 많다. 음색시대의 빈티지 스피커는 100Hz 근처의 중저역을 통 울림을 통해 많이 재생하지만 사실 그 아래 초저역은 제대로 재생하지 못한다.[40] 그래서 빈티지 마니아들이 저음에 목말라하고 저음을 내는 방법을 고민하는 것이다. 음장시대가 되면서 100Hz 대역의 부푼 저역을 평탄하게 하고 100Hz 이하의 초저역을 더 제대로 재생할 수 있게 된다. 오디오를 통해서 낮은 저역의 재생이 가능해지면서 감상자는 크고 웅장한 무대 안에 들어와 있는 듯한 느낌을 가질 수 있게 되었다.



---

40  대표적으로 알텍의 A5와 A7을 비롯해서 젠센 610, 클립쉬 혼, 바이타복스 CN191, JBL 하츠필드 등이 그렇다.

음장시대가 되면서 주파수 대역이 음색시대에 비해 비약적으로 넓어졌지만 음의 매끄러운 질감은 오히려 줄었다. 이유는 음장시대의 고출력 앰프에 전해 콘덴서와 필름 콘덴서가 사용되기 때문이다. 음색시대의 앰프에 사용되던 오일 콘덴서는 용량이 작으면서 크기가 큰 단점이 있지만 음을 매끄럽고 유연하게 한다. 이에 비해 음장시대 앰프의 전원부에 사용하는 전해 콘덴서는 값이 싸고 작은 크기에서 큰 용량을 만들 수 있다. 저렴한 가격에 고출력 앰프를 만들 수 있다. 그러나 전해 콘덴서의 음질은 오일 콘덴서에 비해 거칠고 메마른 편이다. 음장시대에는 앰프에서 음성신호가 지나가는 부분에 사용하는 커플링 콘덴서로 필름 콘덴서를 사용한다. 필름 콘덴서는 오일 콘덴서에 비해 반응이 빠르고 정확하지만 음에 은은한 여운이 적은 편이다. 현존하는 최고의 필름 콘덴서 중 하나인 V캡V-cap은 최고의 절연재인 테플론을 절연재로 사용하는데, 해상력과 3차원 입체감을 표현하는 능력이 탁월하다. V캡이 최고의 하이엔드 사운드를 지향한다면 오디오노트Audio Note의 실버포일 오일 콘덴서는 은은하면서 호소력 짙은 느낌으로 음색 중심의 빈티지 사운드를 낸다. 둘 다 최고의 사운드를 내는 부품이라는 데 이론이 별로 없다. 단, 가격이 1uF 기준으로 수십에서 백만 원을 호가한다는 게 문제다.

나섬　　오디오에도 시대 구분이 있다는 거야?

최선생　실제로 들어보면 시대별로 소리가 많이 달라.

나섬　　왜 시대별로 소리가 달라지는 거야?

최선생　당시 기술의 한계와 대중의 음악적 취향 때문이지.

나섬　　그럼 기술이 발달할수록 소리가 좋아졌겠네?

최선생　꼭 그렇진 않아. 전해 콘덴서는 대표적으로 소리가 더 나빠졌지.

나섬　　그럼 기술의 발달과 음질 개선은 아무 관계가 없는 거야?

최선생  기술은 음질 위주로 발달하지 않고 효율과 생산성을 추구하
        잖아.

나섬    그래도 기술이 발달하면 음질이 좋아질 것 같은데?

최선생  도움이 될 때도 있고 아닐 때도 있지.

나섬    좀 구체적으로 얘기해줘.


과학 기술이 발달하면서 오디오를 구성하는 부품에도 많은 변화가 일어났다. 콘덴서와 저항은 정밀 제조기술의 발달로 용량이 정확하고 음질이 좋은 부품이 개발되어 오디오 발달에 기여했다. 정밀한 제조기술 덕에 음질 좋은 필름 콘덴서들이 개발되고 있긴 하지만 가격이 만만치 않다. 저항도 정밀 제조기술의 발달로 다양한 재질로 정확한 수치의 저항을 생산하게 되었다. 금속 피막 저항은 수치가 정확하고 고음의 해상력이 좋은 반면에 음색에 온기가 부족하다. 그래서 아직도 'AB저항'이라고 불리는, 탄소를 구워서 만드는 구형 탄소 저항의 음질이 따뜻하고 좋다는 사람들이 있다. 구형의 카본 막대 저항은 음색형에 가깝고 최신의 메탈 필름 저항은 음장형이나 음상형에 가깝다고 할 수 있다. 콘덴서와 저항이 기술의 발전 덕분에 품질이 좋아진 반면, 트랜스와 진공관은 크고 무거우며 효율적이지 못하다는 단점 때문에 시장에서 외면 받기 시작했다. 그러면서 생산 기반이 위축되면서 오히려 퇴보했다. 그래서 최첨단 디지털이 지배하는 지금도 빈티지 시대의 트랜스와 진공관의 수요가 끊이지 않는다. 찾는 이가 많으니 가격도 올라가고 구하기도 힘들어지는 실정이다.

음색시대와 음장시대를 구분하는 간략한 방법을 살펴보면 다음과 같다. 스피커는 음압효율이 94dB 이상이면 음색형일 가능성이 크고 그 이하이면 음장형일 경우가 많다. 앰프의 경우 정류에 정류 진공관이나 셀

렌Selen41을 쓰면 음색형에 가깝고 다이오드42를 사용하면 음장형이라고 보는 것이 맞다. 정류는 단순히 가정용 전원인 교류를 직류로 바꾸는 역할만 하는 것으로 아는데, 이 과정에 정류관을 사용하느냐 다이오드를 사용하느냐에 따라 음의 골격이 바뀐다. 실제로 진공관 앰프의 경우 증폭을 담당하는 진공관을 바꾸는 것보다 정류관을 바꿨을 때 소리 차이가 더 많이 난다.

정류관과 다이오드

나섬  좀 더 쉽게 음색시대와 음장시대를 설명해줘.

최선생  탄노이는 모니터 레드까지가 음색시대고 모니터 골드Monitor Gold부터가 음장시대지.

나섬  골드는 대출력으로 울려야 한다는 얘긴 나도 들었어.

최선생  쿼드Quad ESL57은 음색형이고, ESL63은 음장형이지.

나섬  둘이 소리가 어떻게 다른데?

최선생  57은 온화하고 따뜻하고 63은 투명하고 깔끔하지.

나섬  전에 ESL57은 들어 본 적이 있어. 아주 온화한 음색이더라고.

최선생  63은 57보다 주파수 대역이 넓고 음색은 차갑고 투명해졌지.

나섬  ESL57은 더블로 많이 운용하던데 왜 그런 거야?

최선생  57은 음색은 따뜻하지만 큰 음량을 낼 수가 없어.

나섬  그래서 더블로 많이 쓰는 거구나?

최선생  그런데 63이 되면서 더 큰 음량을 낼 수 있게 되었지.

나섬  그래서 63을 더블로 쓰는 경우가 별로 없는 거네?

최선생  온화한 음색의 작은 음량에서 63이 되면서 대역이 넓어지고 음량이 커졌지.

나섬  음색시대에서 음장시대로의 변화를 극적으로 보여 준 거네?

최선생  시기적으로 63은 스테레오시대에 맞춰 나온 것 이기도 하고.

쿼드 ESL63 프로

# 음장시대
## – 하이엔드 오디오의 탄생



트랜지스터 앰프가 저렴한 가격으로 생산되면서 예전보다 더 많은 사람이 오디오를 즐길 수 있게 되었다. 특히 켄우드<sup>Kenwood</sup>, 산수이<sup>Sansui</sup>, 파이오니아<sup>Pioneer</sup> 등 중급 브랜드들이 하이파이 스테레오<sup>hi-fi stereo</sup>를 광고 하고 세계시장을 석권하면서 오디오 대중화 시대가 열렸다. 그러나 가격 경쟁 탓에 저급한 제품이 많아지면서 음질 수준은 오히려 떨어졌다. 이 에 대한 반발로 본격적으로 높은 신호 대 잡음비(SN비<sup>Signal to Noise Ratio</sup>[43]) 에 고해상도의 앰프가 시장에 나왔다. 선두주자는 마크 레빈슨<sup>Mark Levinson</sup> 이 발표한 프리앰프 LNP-2와 넬슨 패스<sup>Nelson Pass</sup>가 스레숄드<sup>Threshold</sup>에 서 내놓은 파워앰프 800A다.[44] 1973년에 나온 LNP-2는 당시로서는 획기 적인 0.005% 왜율(THD)과 130dB의 놀라운 다이내믹 레인지를 갖췄다. 물론 가격도 당시 고급 기기의 3배에 달했다. 1975년에 나온 스레숄드 800A는 순 A급 증폭에 3단 병렬로 출력단을 구성했다. 이 방식은 하이엔 드 파워앰프의 전형으로, 현대의 파워앰프 상당수가 이 방식을 계승·발 전시켜 사용하고 있다.

1974년 영국의 공영 방송국 BBC에서 어린이 머리만 한 스피커인 LS 3/5A를 발표한다. 이 작고 볼품도 없는 스피커를 굳이 언급하는 이유는 이 스피커가 스피커 개발사에 한 획을 그은 제품이기 때문이다. 스피커 역사의 첫 획은 1925년 제너럴 일렉트릭에서 다이내믹 스피커 유닛을 개발한 것이고, 두 번째는 1954년 에드가 빌처가 어쿠스틱 서스펜션 이론을 바탕으로 AR 스피커를 개발한 것이다. 마지막이 1974년 LS 3/5A의 탄생이다. 호주 엔지니어 네빌 시엘Neville Thiele이 유닛과 인클로저에 대한 과학적 데이터의 기초를 발표했는데, 이를 기초로 컴퓨터를 이용해 최초로 설계된 스피커가 바로 스펜더 LS 3/5A다. 이전까지는 다양한 실험을 통한 경험으로 스피커를 제작한 반면, LS 3/5A는 크로스오버 네트웍, 유닛의 주파수 특성, 댐핑, 밀폐형과 저음반사형의 설계 등 현대 스피커 제작의 기본 이론을 바탕으로 컴퓨터를 동원해 설계된 최초의 스피커다. 오토폰의 SPU 카트리지가 현대 스테레오 저출력 MC 카트리지의 시조이듯이, LS 3/5A는 현대 하이엔드 스피커의 원형으로 살아있는 화석과 같다. LS 3/5A 스피커가 현대 하이엔드 스피커 못지않은 3차원 입체 무대를 그려내는 것은 결코 우연이 아니다. BBC는 1920년대부터 악단을 구성해 현대음악을 위시한 진보적인 음악을 연주 방송하는 것으로 유명하다.[45] 이런 BBC의 진보적인 성향 속에서 LS 3/5A 같은 선진적인 스피커가 탄생했다. 그리고 이와 마찬가지로 1974년 노이만Neumann에서 SX-74라는 커팅머신을 발표한다. SX-74는 당시로서는 획기적이라고 할 수 있는 20Hz부터 22kHz의 초광대역 커팅이 가능했다. 이로써 가청 주파수 대역 전체를 레코드에 심을 수 있었다.

마크 레빈슨의 LNP-2, BBC의 LS 3/5A, 노이만의 SX-74가 등장하면서 3차원 입체 무대의 완벽한 재생이 가능하게 되었다. 실제로 1970년대 후반에 녹음된 유럽의 일부 LP는 일정 수준 이상의 오디오로 들어보

45 《음악 녹음의 역사》 (2005). 마이클 채넌 저, 박기호 역, 동문선, 128쪽

스펜더 3/5A



면 놀랄 정도로 완벽에 가까운 3차원 입체 무대를 그려낸다. 이것은 음장 시대가 활짝 열렸음은 물론 드디어 하이엔드 오디오가 시작되었음을 의미한다. 1972년 데논에서 최초의 디지털 녹음 포맷을 발표하고, 1980년 초에 소니에서 다채널 디지털 레코더를 출시하면서 녹음 현장에서 디지털 녹음이 급속도로 확대되었다.[46] 디지털 녹음이 널리 보급된 이유는 아날로그 녹음에 비해 히스 노이즈hiss noise가 거의 없고, 다이내믹 레인지가 넓으며, 반복 재생이나 장기 보관에도 음질 열화가 없었기 때문이다.

히스 노이즈란 카세트나 릴테이프 재생 시 테이프에 칠해진 마그네틱 소자의 불규칙한 배열 때문에 생기는 '샤' 하는 소리를 말한다. 녹음 분야에서 이 히스 노이즈를 줄이기 위해 상당한 노력을 기울여 왔다. 돌비Dolby 방식이 대표적이다. 그럼에도 아날로그 녹음 방식에서 히스 노이즈는 줄일 수는 있어도 완전히 없앨 수 없는 골칫거리였다. 결국 0과 1만으로 기록하는 디지털 녹음이 개발되면서 드디어 히스 노이즈로부터 완전히 해방되었다. 디지털 녹음의 보급은 1960년대 중반부터 일기 시작한

[46] 1974~76년 데논에서 47.25kHz/14bit 규격의 PCM방식 디지털 포맷을 최초로 발표한다. 1978년 텔락(Telarc)은 MIT의 토마스 스톡햄(Thomas Stockham) 박사가 개발한 사운드 스트림 방식(50kHz/24bit)을 미국에서 최초로 채용한다. 소니는 1978년 44.056kHz/14bit 규격을 발표한다.

다채널 녹음 방식과 자연스럽게 결합했다. 디지털로 이루어지는 다채널 녹음 방식은 작업시간이 단축되고 노이즈가 없는 깨끗한 사운드를 만들어 많은 음반사들이 선호했다. 결국 디지털 녹음의 보급은 1982년 디지털 재생 매체인 콤팩트디스크(CD)의 탄생으로 이어졌다.

아날로그로 구현하는 3차원 입체 음장 기술이 정점에 이른 1970년대 후반에 디지털 포맷이 등장하는 것은 의미하는 바가 크다. 디지털로 이루어지는 다채널 녹음은 각 악기 소리를 따로 녹음하고 이를 스튜디오에서 적절히 믹싱해 개별 악기의 소리와 위치를 마음대로 조절할 수 있다. 다채널 녹음은 연주 현장의 음향을 그대로 재현하기보다 오디오 시스템을 통해서 새로운 3차원 입체무대를 만들 수 있게 했다. 더구나 디지털 녹음은 히스 노이즈가 없어서 악기 위치 정보 표현에 한층 유리했다. 1980년대에 디지털로 녹음된 LP가 이전의 LP보다 악기의 음상을 더 정확하게 표현하는 것에서 이를 확인할 수 있다. 아날로그인 LP에서 디지털인 CD로 넘어오면서 음장 표현은 더 확실해졌다. LP에 비해 저음이 더 깊게 내려가고 고음에서 노이즈가 없는 CD로 재생하면서 감상자는 한층 더 선명한 3차원 입체 무대를 경험하게 되었다.

# 음장시대
# – 디지털의 탄생과 성장

1990년대 들어서 CD가 재생매체의 중심으로 자리하면서 LP는 빠른 속도로 시장에서 사라지기 시작했다. 음질이 차갑다는 논란이 있었지만 잡음 없고 저음이 깊고 풍부하게 재생되는 CD는 소비자들의 관심을 받기에 충분했다. 특히 CD는 LP에 비해 1/3 정도로 낮은 생산 원가에도 영구적이라는 선전으로 포장되어 더 비싸게 팔렸는데, 이것이 애호가들에게 먹혔다.[47] 이처럼 CD가 깨끗한 음질과 선명한 3차원 입체 음장을 무기로 전성기를 구가하던 1990년대에 LD<sup>Laser Disc</sup>라는 의외의 복병이 나타났다. LD는 이전부터 존재하던 비디오테이프를 대체할 매체로 1981년 최초로 등장했다. 영화를 안방에서 구현하기 위한 포맷으로 영상과 2채널의 음성을 담았다. 그러나 LD의 음성 채널 신호는 CD에 비해 해상력이 보잘것없는 수준이어서 3차원 음장 같은 것은 기대할 수도 없었다. 그래서 LD는 영화를, CD는 음악을 중심으로 영역을 구분해 서로 충돌 없이 잘 지냈다. 그러던 것이 1987년 돌비 프로로직<sup>Dolby Pro Logic</sup>이 발표되면서 상황이 급변한다. 돌비 프로로직은 기존의 음성 2채널 속에 리어 채널을

47 《음악 녹음의 역사》 (2005), 마이클 채넌 저, 박기호 역, 동문선, 332쪽

숨겼다가 재생하는 방식이다. 감상자 뒤에 있는 리어 스피커를 통해 소리를 내면서 감상자를 앞뒤로 둘러싸는 음장을 형성했다. 즉 전면 스피커와 리어 스피커 사이에 3차원 입체 음장을 형성해 감상자를 완전히 에워쌌다.[48]

이러한 돌비 프로로직은 LD는 물론 비디오테이프에도 적용되면서 저변을 확대해 나갔다. 1992년에 돌비가 디지털 규격인 AC3를 발표하면서 5.1채널의 표준을 제시했다. 5.1채널이란 두 대의 전면 스피커와 중앙

48 2채널 스테레오에서 느끼는 무대를 '음장감'이라 하고, 4채널로 감상자를 둘러싸 마치 현장에 있는 듯한 느낌이 드는 것을 '임장감' 혹은 '현장감'이라 부른다.

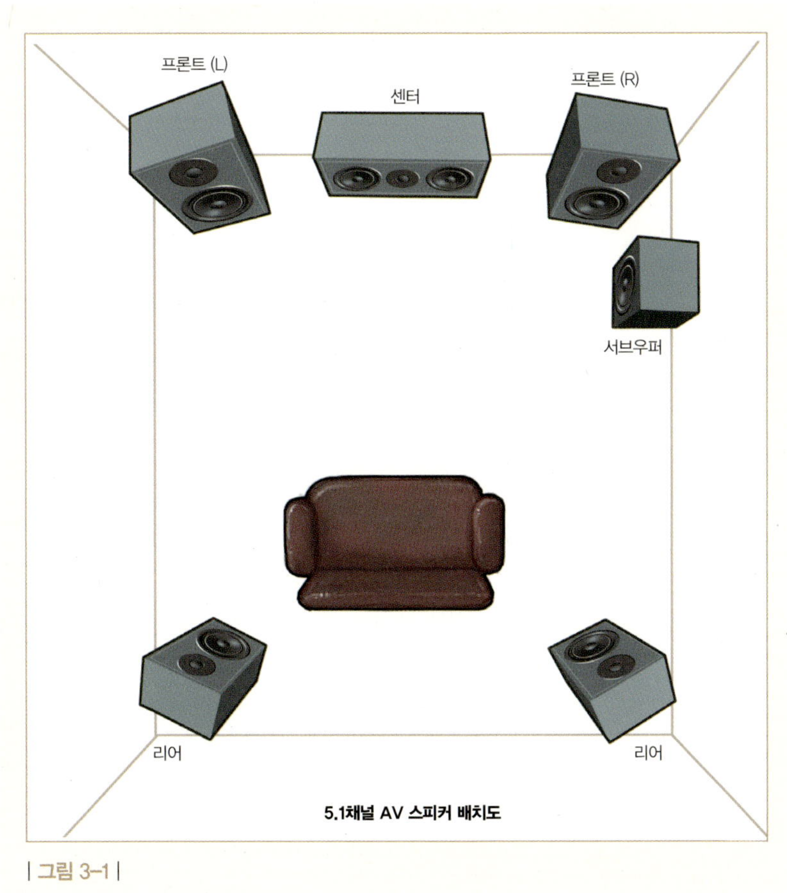


| 그림 3-1 |

에 음성 대사를 전담하는 센터 스피커, 그리고 후방에 리어 스피커 두 대까지 총 5대의 스피커로 소리를 내는 것이다. 5대의 스피커이니 '5.0'이라 해야 하는데 '5.1'이라고 한 이유는 소수점 이하의 1이 낮은 저음을 내는 서브우퍼sub-woofer를 의미하기 때문이다. 120Hz 이하의 저역을 담당하는 서브우퍼까지 추가되면서 AVAudio Video 시스템의 입체 음장 재현 능력은 비약적으로 향상됐다. 음질 자체는 기존의 2채널 하이파이 스테레오에 뒤지지만, 다채널로 재현하는 입체 음장은 기존의 2채널 스테레오의 입체 음장을 초라하게 만들기에 충분했다. AV의 이런 진화는 기존의 영화 재생에서 벗어나 '음악 공연 재생'이라는 새로운 영역을 개척하면서 음악 재생만 하는 순수 오디오의 영역과 겹치게 된다. 다수의 음악 마니아들이 AV 시스템을 받아들인 결과, 1990년대 중반 이후 AV의 영역이 오디오를 위협하는 수준에 이르렀다.

AV의 갑작스런 성장은 기존의 하이엔드 오디오 업체에 위기감을 형성했다. 대부분의 업체가 AV 시장을 겨냥한 브랜드를 만들어서 AV 스피커나 앰프, 그리고 AV 프로세서, 플레이어를 생산했다. 마크레빈슨의 경우는 아예 '프로시드Proceed'라는 AV 기기 전문 브랜드를 따로 만들기까지 했다. 이런 AV 열풍 속에서 순수 오디오는 위축될 수밖에 없었고, 나름의 활로를 찾기 위해 고군분투해야 했다. 순수 오디오용에 비해 AV용 스피커나 앰프는 정제되고 단정한 음보다 저음이 약간 과장되고 음상이 커지면서 부푸는 경향이 있었다. 현장에 있는 듯한 느낌을 주기에는 스피커 숫자가 절대적으로 많은 AV 시스템이 하이엔드 2채널 시스템을 압도할 수밖에 없었다. 결국 하이엔드 오디오가 나아갈 길은 AV가 추구하는 넓은 무대와 과장된 저음을 추구하는 것과 차별화되는 것뿐이었다. 어차피 실황 녹음이 아닌 대부분의 스튜디오 녹음은 본래 무대라는 것이 존재하지도 않는다. 반사음에 따른 잔향이 거의 없는 스튜디오에서 녹음



굿모닝 오디오 하이엔드 편

이 이루어지고, 악기 바로 앞의 마이크에서 음을 받아 바로 디지털로 변환하기 때문에 무대라는 것을 인지하게 해주는 간접음이나 홀톤이 거의 없을 수밖에 없다.

앞서 언급했듯이 녹음에 있어서 기본적인 두 가지 입장이 존재한다. 하나는 녹음이 이루어진 원래의 무대를 가능한 한 그대로 **재현**해야 한다는 입장이고, 다른 하나는 원래의 무대와 관계없이 새롭게 **창조**해야 한다는 입장이다. 스튜디오 녹음은 원래의 무대라고 하는 것이 존재한다고 보기 힘들다. 흡음이 된 밀폐된 스튜디오의 녹음 환경도 그렇지만 밴드와 가수가 따로 녹음하기도 하기 때문이다. 원래의 무대가 존재하지 않는 스튜디오 녹음이 주를 이루다 보니, 원래의 무대를 **재현**하자는 주장에 힘이 실리기 어려워졌다. 오리지널 무대가 없다는 사실은 오디오를 통해 적극적으로 무대를 **창조**해야 한다는 입장에 힘을 싣는다. 결국 오디오로 재생할 때 악기 위치를 더 정확히 표현할 수 있다면, 녹음과 믹싱 마스터링 과정에서의 조작도 허용된다는 쪽으로 나아가게 된다. 이러한 녹음과 음반 제작 쪽에서의 흐름도 오디오가 음상시대로 나아가는 데 상당한 역할을 했다.

음상이 정확해지려면 더 작아지면서 도드라지듯 선명해야 하기에, 악기의 여운은 위축되고 음색의 풍성함은 줄어들 수밖에 없다. 음상이 작아지고 정확해지면서 음색의 풍성함만 줄어드는 것이 아니다. 음상 정위가 정확해질수록 무대가 있다고 느껴지는 홀톤도 동시에 줄어든다. 우리는 음악을 들으면서 악기의 음상도 느끼지만 무대의 크기도 자연스럽게 가늠한다. 특히 교회에서 녹음한 종교 음악은 교회의 공간과 공기감을 담는다. 전문 음향용어로는 이를 '확산감'이라고 표현하는데, 악기의 직접음이 아니라 벽면이나 바닥에 부딪혀 나온 반사음이 주를 이룬다. 일반적으로 직접음은 선명한 반면, 반사음은 다소 흐릿하고 불분명한 느

49 《입체음향》(2006) 강성
훈·강경옥 저, 기전 연구사, 118
쪽

낌을 준다. 음상을 정확히 표현하기 위해 음을 더 선명하게 할수록 반사
음이 주를 이루는 공기감이나 확산감은 줄어들 수밖에 없다.[49] 결론적으
로 음상의 정위와 홀톤은 서로 상반되는 관계임을 알 수 있다. 음상시대
가 되면서 오디오뿐 아니라 음반 녹음에서도 음상 정위가 더 중요해졌
다. 다수의 마이크를 각각의 악기 앞에 배치해 악기의 선명한 직접음을
녹음하고, 이를 중심으로 음반을 제작하면 오디오로 재생할 때보다 정확
한 음상 정위가 가능해진다. 그 대신 공연장 벽면을 통해 이루어지는 반
사음의 비율은 상대적으로 낮아져 홀톤은 엷어질 수밖에 없다.

나섬    디지털 녹음이 음장 형성에 기여한 바가 생각보다 크네?

최선생    오디오가 디지털화하면서 3차원 입체 음장이 활짝 열린 거지.

나섬    입체 음장을 만드는 능력이 아날로그보다 디지털이 낫단 얘기
지?

최선생    아날로그는 실제같이 자연스럽고, 디지털은 선명하고 웅장하
지.

나섬    연주회장을 기준으로 한다면 어느 쪽이 가까운 거야?

최선생    연주회장에서 느끼는 음장은 자연스러움 그 자체지.

나섬    아날로그 쪽이 연주회장의 음장에 가깝단 얘기네?

최선생    디지털은 음상을 실제보다 과장해서 선명하게 보여주려고
하지.

나섬    그래도 대세는 디지털 아닌가?

최선생    인간은 좀 더 강력하고 선명한 것에 끌리기 마련이야.

나섬    예전에 AV하는 선배 집에서 돌비 프로로직 영화 보고 충격 받
았지.

최선생    AV하는 사람들이 손님 오면 자랑삼아 틀어주곤 했지.

나섬　　총알이 지나거나 헬기가 이동하는 것을 눈 감고도 느끼게 해 주더라고.

최선생　나도 몇 번 경험했어. THX 극장 부럽지 않지. 특히 전투 신에선.

나섬　　내가 오디오를 안 하던 때에도 주위에 AV하는 사람은 많았어.

최선생　디지털 오디오가 음장이 더 강력한 AV의 음장을 만난 셈이지.

나섬　　오디오 입장에선 위기가 아닐 수 없었겠네.

최선생　결국 AV와의 차별화를 위해 음상 자체를 추구하게 된 거지.

나섬　　음상이 음장 안에 있잖아? 음장시대와 음상시대는 어떻게 달라?


음장시대 무대의 특징은 넓은 무대 안에 음상이 자연스럽게 자리를 잡고 있는 것이다. 보통 연주회장에서 듣는 것과 비슷하다고 보면 된다. 실제로 연주회장에서 눈을 감고 음악을 들어 보면 독주 악기의 위치가 어렴풋이 잡히지 눈에 보일 듯이 선명하게 느껴지지 않는다. 이에 비해 음상시대의 특징은 빈 공간 안에 악기의 음상이 정확하고 또렷하게 잡히는 것을 추구한다. 그림에 비유를 하자면, 음장시대는 캔버스에 3차원 입체감이 느껴지게 연주자와 악기를 자연스럽게 그린 다음 액자에 표구를 해서 벽에 걸어 놓은 것이라고 할 수 있다. 이에 비해 음상시대는 하얀 벽에 펜과 붓으로 직접 연주자 없이 악기만 또렷하게 그려 넣은 것이라고 할 수 있다. 캔버스와 액자가 아예 없기 때문에 악기가 없는 빈 곳은 하얀 벽 자체다. 그래서 그림과 벽을 구분하는 경계 자체가 없다. 즉 음상시대가 추구하는 무대는 무대와 무대가 아닌 그 옆이나 시청자 뒤쪽과 악기 음상 사이의 빈 공간과의 차이를 없애고자 하는 것이다. 완벽하게 빈 공간을 만들고 그 공간 안에 악기의 음상만 또렷하게 그리겠다는 것이 음상시대가 추구하는 바라고 할 수 있다.

# 음상시대의
# 스피커

50 'Switching Mode Power Supply'의 약자. 뒤에서 자세히 설명할 예정이다.

　　AV가 제공하는 강력한 음장 형성에 자극 받은 하이엔드 오디오는 AV 와는 다른 길을 걷는다. 깔끔한 공간을 구현하고 그 공간 안에 악기의 음상을 선명하게 표현하는 쪽으로 가게 된다. 이를 위해 스피커는 고음 쪽으로 재생대역을 넓히면서 효율을 낮춰서라도 정교하고 세밀한 음상을 만들어야 했다. 앰프는 스위칭 전원부(SMPS[50])를 사용해 출력을 높이면서 음의 속도를 높이는 데 주력하게 된다. 케이블도 속도를 강조하면서 고음의 전송 능력을 올리는 것에 초점을 맞춰 개발되었다. 한마디로 깔끔하고 정교하면서 세밀한 음상 만들기가 중요해졌다.

　　음상시대의 스피커는 20kHz 이상의 주파수까지 평탄하게 재현하고, 저음은 빠르면서 단정하게 재생해야 했다. 20kHz 이상의 고역을 재생하기 위해 트위터에는 티타늄이나 베릴륨, 심지어 다이아몬드처럼 가볍고 단단한 신소재를 사용하게 된다. 음상시대에 알맞게 타이트하면서 빠른 저음을 내기 위해 저음을 내는 우퍼의 개량도 이루어진다. 네오디늄 같은 강력한 자석을 사용하면 저음이 단단해지면서 속도가 아주 빨라진다.



굿모닝 오디오 하이엔드 편

보통 우퍼의 자력이 강해지면 저음의 양이 많아진다고 오해하는 사람들이 많다. 우퍼의 자력이 세지면 저음은 빠르고 단단해지면서 그 양이 줄어든다. 쉽게 설명하자면, 고무줄을 느슨하게 잡고 가운데를 손가락으로 팅겨보면, 고무줄은 느리게 천천히 왔다 갔다를 반복한다. 그런데 이번엔 고무줄을 팽팽하게 잡은 상태서 팅기면, 고무줄은 조금 더 빠르게 왔다 갔다를 반복하다가 바로 멈춘다. 팽팽할 때가 느슨할 때에 비해 고무줄이 멈추는 시간이 빨라지는 것이다. 우퍼에서 자력의 세기가 강해질수록 저음의 양이 줄고 타이트해지는 것은 필드(전자석) 스피커를 통해 정확하게 확인할 수 있다. 전자석에 가해지는 전압을 올리면 전자석의 힘이 강해지는데, 그러면 저음이 단단해지면서 양이 줄어들고 음의 높이가 약간 올라간 듯해진다. 이와 반대로 전압을 낮추면 음의 높이가 약간 낮아지고 저음이 풀어지면서 양이 많아진다.

저음을 내는 우퍼가 얼마나 빨리 움직이다 멈추는가도 중요하지만, 같은 우퍼라도 어떤 인클로저(스피커 통)에 넣어지느냐에 따라 저음의 양과 속도도 달라진다. 속도가 빠르면서 단단한 저음을 내려면 인클로저 형태가 위상반전형보다는 밀폐형이 유리하다. 위상반전형은 우퍼 유닛 뒤로 나온 저음이 덕트(구멍)를 통해 나오는 것으로, 우퍼 앞으로 나온 음과는 위상이 다를 수밖에 없다. 쉽게 말해, 우퍼 뒤에서 덕트를 통해 나온 저음과 우퍼 앞으로 직접 나온 저음은 시간차가 생길 수밖에 없다. 앞에서 살펴본 대로 저음의 음상은 위상을 감지해 위치를 인지하기 때문에, 덕트를 통해 나온 위상이 틀어진 저음은 저음 악기의 음상을 흐릿하게 만들 수 있다.

그림 3-2처럼 저음 반사형 스피커는 한 번만 움직이라는 신호가 들어왔을 때 덕트 덕분에 유닛의 움직임이 자유로워 서너 번 움직이게 된다. 반면 밀폐형은 밀폐된 인클로저 안의 공기의 압력으로 유닛이 앞뒤로 움

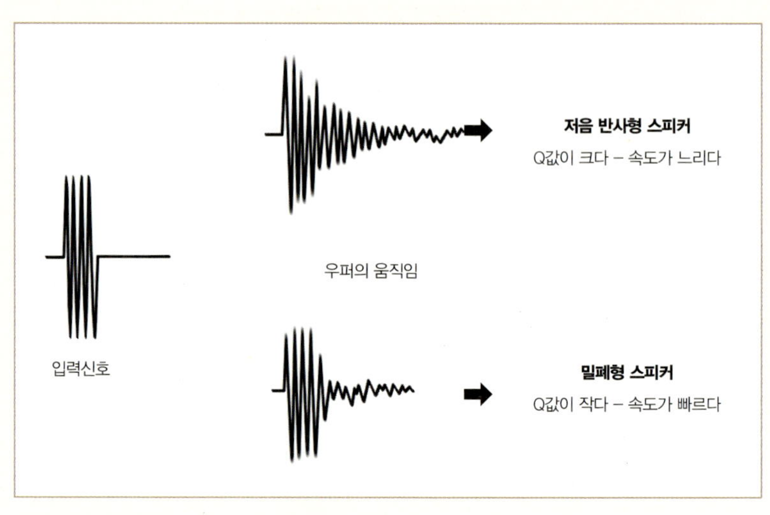


| 그림 3-2 |

51 《굿모닝 오디오》 (2009). 최
윤욱 저, 오픈하우스, 26~27쪽

직일 때 저항을 많이 받아 작게 한두 번 움직이고 만다. 그래서 저음 반사형보다는 밀폐형이 저음의 양은 적지만 속도가 빠르다.[51] 보통 우퍼에 주어진 신호가 끝난 후 우퍼가 추가로 움직이는 양은 Q값과 관계가 깊다. 보통 Q값이 작을수록 단단하고 빠른 저음이 나고, Q값이 크면 다소 부풀면서 풍성한 저음이 난다.

보통 'Q값', 혹은 'Q팩터'라고 부르는 것은 에너지가 대역에서 얼마나 집중되었느냐를 나타내는 값이다. 좁은 대역에 에너지가 몰려 있으면 Q값이 크다(높다)고 하고 넓은 대역에 골고루 분포되어 있으면 Q값이 작다(낮다)고 한다. 이제 덕트형과 밀폐형 스피커의 저역 주파수에서의 특성을 살펴보도록 하자. 그림 3-3은 저음에서 밀폐형과 덕트형의 주파수 특성을 나타낸다. 여기서 덕트형은 50Hz 근처에서 덕트의 공진으로 오히려 음압이 올라간다. 대신 40Hz 아래로 내려가면 음압이 가파르게 줄어든다. 밀폐형은 60Hz부터 음압이 감쇄해 20Hz까지 완만하게 내려



굿모닝 오디오 하이엔드 편

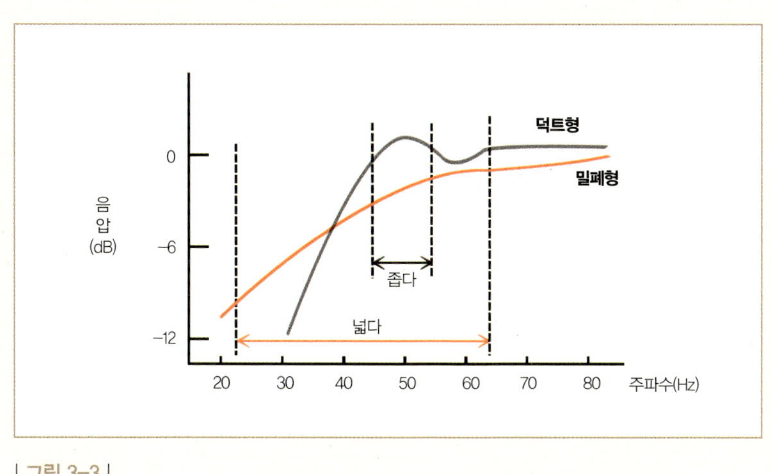


| 그림 3-3 |

간다. 덕트형은 50Hz 전후의 좁은 대역 안에 에너지가 몰려 있다. 그래서 이런 Q값이 크다(높다)고 하는 것이다. 이에 반해 밀폐형은 특정 대역에 에너지가 집중되어 있지 않고 60Hz부터 20Hz에 이르기까지 완만하게 내려가면서 분포되는 것을 알 수 있다. 넓은 대역에 골고루 에너지가 분포되어 있다고 해서 Q값이 작다(낮다)고 하는 것이다. 여기서 Q값 외에 확인해야 할 것은 30Hz 이하의 대역에서는 오히려 밀폐형이 덕트형보다 음압이 더 높아지는 역전이 일어난다는 것이다. 그래서 밀폐형이 저음의 양은 덕트형에 비해 적지만 초저역에서는 덕트형보다 더 나온다는 것을 알 수 있다. 보통 위상반전형(덕트형) 스피커는 Q값이 0.7~0.8 정도이고 밀폐형 스피커로 유명한 아발론<sup>Avalon</sup>은 0.5 정도로 상대적으로 낮다.

밀폐형은 아니지만 조금 다른 방법으로 음상시대를 연 천재 제작자가 있다. 그 주인공은 스피커 업계의 이단아로 불리는 필 존스<sup>Phil Jones</sup>다. 필 존스는 1990년 어쿠스틱 에너지<sup>Acoustic Energy</sup> AE-1이라는 아주 작은 스피커를 발표한다. 우퍼 유닛의 직경이 고작 4인치에 불과하고 마그네슘

합금을 우퍼 콘에 최초로 사용했다. 이 스피커는 저음 반사형이지만 작고 가벼우면서 단단한 금속재 콘을 우퍼에 사용해 밀폐형 스피커만큼 빠르고 단단한 저음을 만들어 낸다. AE-1의 폭발적 성공에 힘입어 1993년에 보스톤 어쿠스틱Boston Acoustics 린필드Lynfield 300L이라는 스피커를 발표한다. 이 스피커는 AE-1과 마찬가지로 금속재 콘을 사용한 5인치 우퍼를 사용했고, 금속 재질 우퍼의 공진을 제어하고자 우퍼 앞에 금속 바를 장착했다. 직경이 작은 우퍼로 낮은 저음까지 내려면 우퍼가 앞뒤로 움직이는 진폭이 상대적으로 커져야 한다. 우퍼 콘의 면적이 절반인 우퍼는 면적이 두 배인 우퍼와 같은 저음을 내기 위해 앞뒤로 움직이는 진폭이 두 배가 되어야 한다. 우퍼의 구조상 앞뒤로 많이 움직이기 위해서는 코일이 감긴 보빈과 자석 사이의 틈이 충분히 넓어야 보빈이 자석에 닿지 않으면서 움직일 수 있다. 또한 앞뒤로 많이 움직이게 되면 보빈이 자력의 중심에서 벗어나는 부분이 많아져 효율이 떨어질 수밖에 없다. 그림 3-4의 스피커 유닛의 구조를 보면 쉽게 이해할 수 있을 것이다.

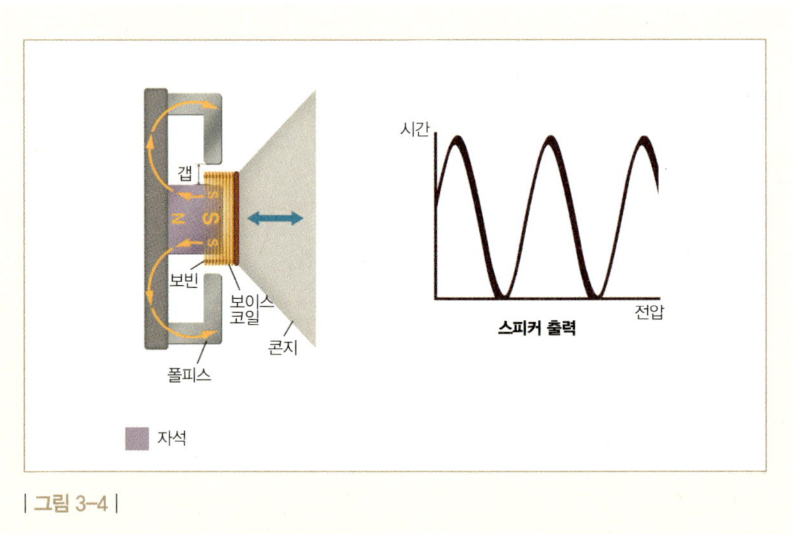


| 그림 3-4 |



굿모닝 오디오 하이엔드 편

앞뒤 진폭을 크게 하기 위해 유닛의 효율을 낮추고, 빠르고 단단한 저음을 내기 위해 작은 용적의 인클로저를 사용하니 스피커의 효율은 더 떨어질 수밖에 없다. 린필드 300L의 경우 효율이 83dB로 아주 낮다. 앰프의 강한 출력을 이용해 작은 직경의 우퍼로 빠르고 단단하게 낮은 저음까지 낸다. 위 두 스피커는 저음의 속도도 빠르지만 작은 크기의 인클로저와 무거운 스탠드를 통해 아주 작고 선명한 악기의 음상을 만든다. 금속재 유닛 덕분에 음색에 컬러링이 적어서 악기의 음색이 윤기가 나거나 부드럽게 들리지 않고 있는 그대로 토해낸다. 다소 신경질적으로 들릴 수도 있는 날카로운 음색이어서 요즘의 하이엔드 스피커라고 해도 손색이 없을 정도다.

1980년대 중반부터 스피커 인클로저에서도 서서히 변화가 생기기 시작한다. 인클로저의 울림, 즉 공진을 줄이기 위해 내부에 격자를 촘촘히 만들어 넣은 B&W 매트릭스<sup>Matrix</sup> 801이 등장한다. 기존의 인클로저는 내부에 보강목을 대는 수준인 반면, 매트릭스 801은 격자를 촘촘히 배치해 통의 울림을 현저히 줄인 획기적인 구조를 취하고 있다. 1990년대 들어서는 스피커가 내는 소리에 인클로저 재질의 독특한 음색이 스며드는 것을 배제하고자 전통적인 소재인 나무에서 벗어나 그라스 에폭시나 금속 가루를 첨가한 신소재를 사용하기 시작했다. 나무 재질이 갖는 따뜻한 음색의 착색을 줄이고 인클로저의 공진을 최대한 억제하고자 하는 의도가 있었기 때문이다. 여기서 더 나아가 최근엔 매지코<sup>Magico</sup>나 피에가<sup>Piega</sup>, 엘락<sup>Elac</sup>처럼 아예 금속으로 인클로저를 만드는 경우까지 있다. 네트워크도 평탄한 재생을 위해 고차필터를 쓰고 다양한 보정때문에 복잡해진다. 스피커 유닛이 자체적으로 내는 소리만을 뽑아내기 위해 밀폐형에 공진이 적은 인클로저, 복잡한 네트워크를 사용한다. 이런 추세는 결국 스피커의 효율을 더 떨어뜨리고, 스피커 구동도 더 어렵게 만든다. 이런 조건에 부합하는 대표적인 음상 스피커로 아발론<sup>Avalon</sup>과 매지코를 들 수 있다.

나섬　음장형 스피커와 음상형 스피커가 어떻게 달라?

최선생　음장형은 풍성한 저음을, 음상형은 단단하고 빠른 저음을 지향하지.

나섬　그냥 눈으로 보기에 다른 것은 없어?

최선생　음장형은 깊고 풍부한 저음을 내야 하니 우퍼가 큰 편이지.

나섬　그럼 음상형은 어떤데?

최선생　단정하고 빠른 저음을 위해서 우퍼가 작지.

나섬　우퍼가 작으면 저음이 너무 적어지지 않나?

최선생　그래서 작은 우퍼를 두 개 다는 더블 우퍼를 쓰기도 하지.

나섬　작은 우퍼의 빠른 속도를 살리면서 저음을 내려고 하는 고육책이네?

최선생　요즘 나온 스피커들 중에 12인치가 넘는 대형 우퍼가 있는지 생각해봐.

나섬　그러고 보니 대구경 우퍼 쓴 스피커가 거의 없네.

최선생　음색시대에 애용되던 대구경 우퍼가 음상시대가 되면서 사라졌지.

나섬　그런데 AE-1보다 먼저 BBC의 3/5A나 셀레스천<sup>Celestion</sup> SL-6i도 있는데?

최선생　왜 AE-1과 린필드 300L을 본격적인 음상 스피커로 보냐는 얘기지?

나섬　어, 맞아.

최선생　3/5A나 SL-6i도 고성능 소형 스피커지. 그런데 음색에 온기가 있지.

나섬    그럼 AE-1이나 300L은 음색에 온기가 없다는 거야?

최선생  그렇지, 온기 자체가 왜곡이고 착색이라고 본 거지.

나섬    필 존스가 스피커 역사에 혁명적인 변화를 가져온 거네?

최선생  필 존스 전엔 음색이 신경질적으로 귀를 자극하면 안 된다고
        봤지.

나섬    금속 콘 우퍼를 사용하면서 그런 암묵적인 편견을 깨버린 거네?

최선생  그렇지, 일종의 혁명인 셈이지.

나섬    음장형과 음상형이 저음만 다른 거야?

최선생  아니지, 음장형에 비해 음상형은 초고역이 더 개방되어 있지.

나섬    고음이 저음보다 속도가 더 빠르다는 얘기는 들었어.

최선생  공기 중에서는 저음이나 고음이나 속도는 같아.[52]

나섬    아, 도체를 통과할 때는 고음이 더 빠르게 전달되지?

최선생  초고음까지 개방되어 열려 있으면 빠르다고 느끼게 되지.

나섬    그럼 고음이 세다는 것과 개방되었다는 것이 어떻게 달라?

최선생  고음이 강하게 느껴지는 것은 3~8kHz 정도에 피크가 있
        어서 그래.

나섬    그럼 고음이 개방되어 있다는 것은 뭐야?

최선생  20kHz 이상까지 평탄하게 재생한다는 거지.

나섬    우리 귀에는 어떻게 느껴지는데?

최선생  강하다는 느낌이 아니고 자연스럽게 고음이 피어오르는 느
        낌이지.

나섬    요즘 유행하는 말로 '공기 반, 음악 반' 같은 거야?

최선생  응, 비슷해. 고음의 음색이 살아 숨쉬는 느낌이라고 할
        수 있지.

52 《음악음향학》(2003). 이석
원 저, 심설당, 44쪽

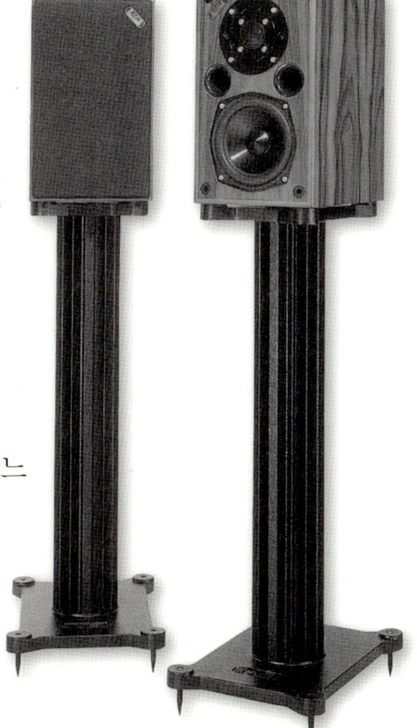

어쿠스틱 에너지 AE-1

# 음상시대의
# 앰프

음장시대의 3차원 입체 무대는 무대와 무대가 아닌 곳의 경계를 어렴풋이 느낄 수 있다. 악기가 없는 빈 공간이지만 무대라고 생각되는 공간 전체에 대한 윤곽을 어렴풋이 알 수 있다. 이 말은 무대 중간에 빈 공간은 음상이 없기 때문에 빈 공간이기는 하지만 아주 옅게 무엇인가가 있는 듯하다는 얘기다. 음상시대에 접어들면서 3차원 입체 무대는 음상 사이의 빈 공간과 무대 바깥 공간과의 차이를 없애야 했다. 쉽게 말해 무대에 악기가 없는 빈 공간이나 감상자 옆의 무대가 아닌 공간이나 차이가 없어야 한다는 것이다. 그러려면 무엇보다 잡음이 줄고 증폭과정에서 왜곡이 적어야 한다. 즉 증폭과정에서 생기는 노이즈를 줄이고 왜곡을 최대한 줄여 왜율[53]을 낮춰야 한다.

왜율을 줄이는 가장 간단한 방법은 네거티브 피드백을 이용하는 것이다. 피드백이란 이미 출력된 신호 일부분을 다시 입력으로 되돌리는 것이다. 피드백을 걸면 왜율이 줄어들면서 음상이 선명해지는 효과가 있다. 그러나 네거티브 피드백을 과하게 사용하면 소리의 자연스러움과 섬

53 왜율(Total Hormonic Distortion)이란 입력된 신호와 출력된 신호를 비교해서 얼마나 찌그러졌는지를 보는 것이다.

세함이 떨어진다. 그래서 음상형 앰프에서는 적절한 양의 피드백을 사용해 왜율을 낮추고자 한다. 한편 부품의 편차를 없애기 위해 많은 양의 부품을 선별해 사용함으로써 부품 간의 편차에 의한 왜곡을 줄이고자 한다. 앞서 언급했듯이, 앰프에서 발생하는 열과 진동도 음질에 영향을 주기에 이를 효과적으로 제어해서 왜율을 낮춰야 한다. 특히 진동은 음질에 직접적으로 영향을 주기 때문에 섀시를 무겁게 하거나, 통 알루미늄을 절삭해 나사로 조립되는 부분을 최소화해서 불필요한 진동을 줄이고자 한다.

음상시대가 되면서 스피커와 마찬가지로 앰프에서도 음의 속도를 빠르게 하는 것이 중요한 과제가 되었다. 앰프 회로에서 보자면 음의 속도는 싱글 방식보다는 푸시풀 방식이 빠르다.[54] 증폭소자로 보면 진공관보다 트랜지스터의 속도가 빠르다. 전원에서 교류를 직류로 만드는 정류소자로 보면, 정류관(진공관)보다 다이오드가 속도가 빠르다. 정류관이나 다이오드에서 나온 출렁거리는 직류를 평탄하게 만들기 위해 평활용 콘덴서가 쓰이는데, 오일이나 전해 콘덴서보다는 필름 콘덴서가 속도가 빠르다. 필름 콘덴서가 전해나 오일 콘덴서에 비해 전기를 충전하고 방전하는 속도가 훨씬 더 빠르기 때문이다.

전원회로를 통해서도 음의 속도가 빨라지게 할 수 있다. 우리가 보통 사용하는 60Hz의 상용 전원을 그대로 정류해 직류로 만드는 것을 일반 리니어 전원부라고 한다. 디지털 전원부라고 불리는 SMPS는 60Hz 전원 주파수를 직류로 만든 다음 수백 kHz의 높은 교류 주파수로 만들고 트랜스를 통해서 원하는 전압을 만든 다음 다시 직류로 만든다. SMPS 전원부는 주파수가 높아 트랜스의 변환 효율이 아주 좋기 때문에 작은 크기의 트랜스로도 대용량을 감당할 수 있다. SMPS는 작은 크기로 엄청난 용량의 제품을 만드는 게 가능해 노트북 전원부로 애용된다. 리니어 전원부는 60Hz로 1초에 120회 전기를 공급하는 반면, SMPS는 초당 수만 번 이

54 싱글방식과 푸시풀 증폭 방식에 대한 자세한 설명은 《굿모닝 오디오》 51쪽 참고.

상의 전기를 공급하기 때문에 전기 공급 속도가 아주 빠르다. 물론 수백 kHz의 교류 주파수로 변환하는 방식이라 노이즈가 발생하는 단점이 있지만, 속도만큼은 기존의 60Hz를 그대로 정류하는 리니어 전원부를 압도한다. SMPS 전원에서 수백 kHz의 펄스파를 만드는 과정에서 발생하는 고주파 노이즈는 PFC[Power Factor Correction] 기능을 추가해 노이즈 문제와 전원의 위상 틀어짐을 해결한다. 그림 3-5는 SMPS 전원부의 작동원리를 보여준다. 점선으로 표시된 부분은 일반 리니어 전원부에는 없고 SMPS 전원부에만 있는 과정을 표시하고 있다. 점선 부분을 보면 60Hz의 상용 전원을 직류로 만들고 이를 다시 수kHz의 펄스파로 만드는 과정이 추가되어 있는 것을 알 수 있다.[55]

실제로 SMPS 전원을 사용한 앰프의 소리를 들어보면 저음의 속도가 아주 빠르다는 것을 알 수 있다. 특히 저음이 아주 빠르게 재생이 되고, 여운이 길지 않다는 것을 알 수 있다. 빠른 속도를 위해 전원은 SMPS를 사용하고, 증폭 회로도 싱글 증폭이 아닌 푸시풀 증폭회로를 사용한다. 이런 구성을 한 대표적인 앰프로 코드[Chord]와 할크로[Halcro]가 있다. SMPS 전원부는 일반 리니어 파워에 비해 속도는 빠르지만 묵직한 무게감은 부족하다. 권투에서 잽이 빠르게 타격을 하지만 훅에 비해 묵직한 충격이 없는 것과 비슷하다. 그래서 코드나 할크로 앰프 소리는 저음이 빠르고 단정하지만 묵직하게 내려간다는 느낌은 별로 주지 못한다.

SMPS 전원부를 사용하면 속도는 빨라지지만 저음에 무게가 충분히 실리지 않는 단점이 있다. 이런 SMPS의 단점을 감안해 일반 리니어 전원부를 사용하면서 전원속도를 높이는 다른 방법을 찾는 앰프 회사도 있다. 즉, 보통의 리니어 전원회로에서는 대용량 콘덴서를 서너 개 사용해 출렁거리는 직류를 평탄하게 만드는데, 이처럼 대용량 콘덴서를 사용하지 않고 소용량 콘덴서 십여 개를 병렬로 사용해 전체 콘덴서 용량을 비

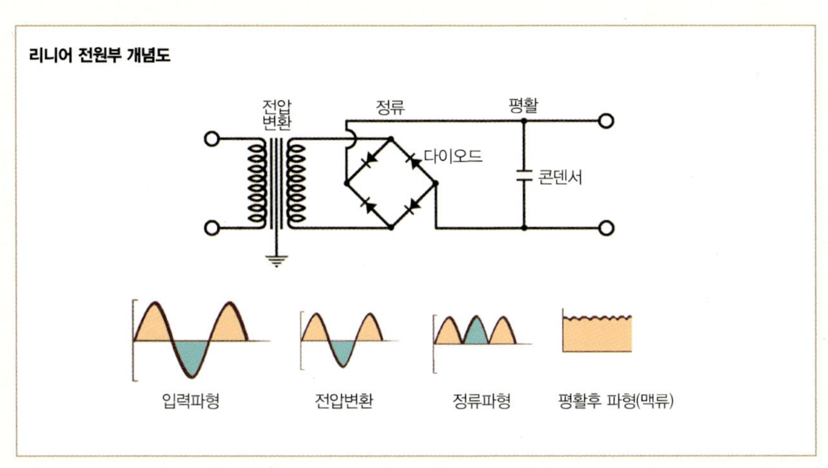



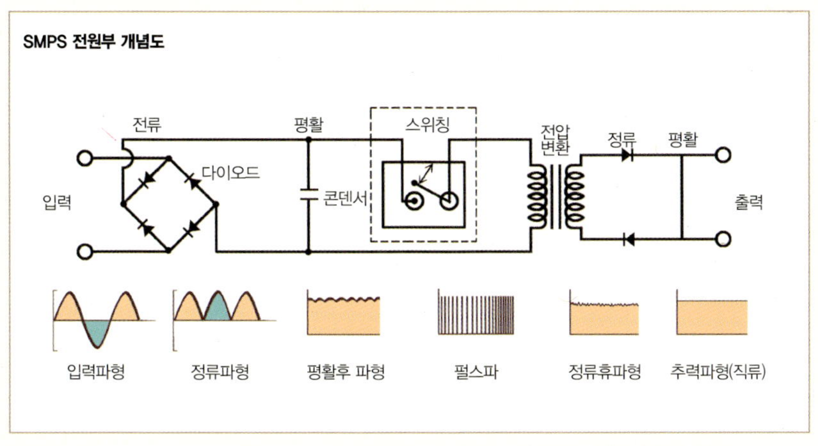



| 그림 3-5 |

숫하게 맞춘다. 작은 콘덴서는 큰 콘덴서보다 충전과 방전 속도가 훨씬 빠르고, 십여 개를 병렬로 사용할 경우 저항이 낮아진다. 콘덴서를 물탱크에 비유하면, 큰 물탱크는 물을 채우고 비우는 시간이 많이 걸리는 반면, 작은 물탱크는 채우고 비우는 시간이 적게 걸린다. 큰 물탱크 한 개

스펙트랄 앰프 내부

보다 작은 물탱크 여러 개를 사용하면 전체 물탱크 용량은 같아도 채우고 비우기를 보다 신속하게 할 수 있다. 이처럼 소용량 콘덴서를 여러 개 사용하면 대용량 콘덴서 두세 개를 사용하는 것보다 음의 속도가 더 빨라진다. 이런 방식을 사용하는 대표적인 앰프로는 스펙트랄Spectral, 에어Ayre, 아인슈타인Einstein, CEC, BMC 등을 들 수 있다.

전원부의 속도를 빠르게 하는 또 다른 방법이 있는데, 전원부 콘덴서 용량을 험이 나지 않을 정도로 적게 만드는 것이다. 이 방법은 SMPS 전원부만큼 확실하지는 않지만 나름 속도를 빠르게 할 수 있는 방법이다. 전기를 빠르게 전달하려면, 전기를 적게 품고 있어야 한다. 콘덴서가 전기를 많이 품으려고 할수록 전기가 지나가는 속도는 느려진다. 전원부의 콘덴서 용량이 작아지면 저음의 속도가 빨라지면서 양이 줄어들고 단단해진다. 콘덴서 용량이 작아지면 콘덴서가 전기를 품고 있지 않고 보내



굿모닝 오디오 하이엔드 편

려는 성향이 강해져 더 빠르게 전기를 공급할 수 있다. 속도는 빨라지지만 콘덴서 용량이 작아져서 넘겨줄 수 있는 전기의 양도 작아진다. 즉 보통의 앰프는 물탱크 용량을 충분히 크게 하지만, 물탱크 용량을 문제(험)가 없도록 최저수준으로 낮추면 물탱크를 채우고 비우는 시간이 짧아진다. 그러나 탱크가 작아진 탓에 물 공급은 충분치 못하게 된다. 결국 저음의 속도는 빨라지지만 양은 줄어들게 된다.

실제로 사람의 귀와 뇌는 저음의 양이 줄고 단단해지면 음의 속도가 빨라진 것처럼 인식한다. 최소 용량의 콘덴서를 한 개만 사용하는 대표적인 브랜드는 골드문트Goldmund이고, 전체 용량을 최소 용량보다 조금 올려서 여러 개 사용하는 경우는 MBL과 부메스터Burmester다. 전해 콘덴서 여러 개를 병렬로 달거나 콘덴서 용량을 줄이는 방법보다 더 적극적으로 전원부의 속도를 빠르게 할 수 있는 방법은 전원부에 필름 콘덴서를 사용하는 것이다. 필름 콘덴서는 전해 콘덴서보다 충전과 방전 속도가 월등히 빠르기 때문에 음의 속도가 확실히 빨라진다. 그런데 앞서 콘덴서 크기 비교 그림에서 확인했듯이, 필름 콘덴서는 같은 용량의 전해 콘덴서에 비해 크기가 대여섯 배에 달하고 가격이 상대적으로 비싸다. 이런 이유로 파워앰프에는 제작비용의 증가와 앰프 크기의 제한 때문에 사용하지 못하고, 주로 전원부 용량이 적은 프리앰프나 소스기기에만 일부 채용되고 있는 실정이다.

전원부를 통해 음을 빠르게 하는 경우는 주로 저음의 양을 줄이고 단정하게 만들어서 달성하는 것이다. 저음이 아닌 고음도 음의 속도에 영향을 준다. 고음이 닫혀 있지 않고 초고역까지 개방되어 있으면 음의 속도가 빨라진 것처럼 느낀다. 인간이 소리에서 속도를 느끼기에는 저음보다 고음이 훨씬 유리하다. 고음을 내는 모기의 날개가 저음을 내는 독수리의 날개보다 빠르게 움직일 수 있는 것처럼, 고음이 개방될수록 음은

더 빠르게 느껴진다. 앰프에서 고음이 얼마나 높이 재생되느냐는 앰프의
최종 출력단의 특성에 따라 결정된다. 주파수 특성이 좋아서 초고역까지
재생하는 출력소자를 사용하고 회로 측면에서 초고역을 자르지 않으면
초고역까지 재생된다. 속도를 빠르게 하려면 일단 고주파 재생 특성이
좋은 증폭 소자를 사용하고 출력석의 숫자를 최소한으로 줄이는 것이 좋
다. 이런 방법을 사용하는 대표적인 회사가 골드문트다. 출력석 숫자가
적을수록 속도가 빨라지는 이유는 숟가락 한 개를 물속에서 움직이는 것
보다 한 손에 숟가락 두세 개를 동시에 잡고 움직이는 것이 속도가 느린
이치와 같다. 그런데 출력석의 숫자가 줄면 속도는 빨라지지만 출력석
하나에 걸리는 부담이 늘게 된다. 반대로 출력석이 많아지면 속도는 느
려지지만 출력석 하나에 걸리는 부담이 적어져 스피커에 안정적인 전류
공급이 가능하다. 대표적으로 출력석 숫자가 많은 앰프가 바로 스레숄드
와 패스<sup>Pass</sup>다. 이런 이유로 골드문트는 아주 음이 빠르고 타이트한 반면
에 스레숄드와 패스는 상대적으로 부드러우면서 약간 느린 것이다. 달리
표현하면, 골드문트는 속도는 빠르지만 구동이 어려운 스피커는 제대로
울리지 못하고, 패스와 스레숄드는 속도는 느리지만 구동이 어려운 스피
커도 잘 울릴 수 있다.


나섬    보통 출력석이 많으면 물량 투입해서 좋은 거라고 하잖아?

최선생    물량 투입 많이 했다는 얘기는 맞지.

나섬    그러면 출력석이 많다고 꼭 좋기만 한 것은 아니란 거네?

최선생    출력석이 많으면 아무래도 스피커 구동할 때 전류 공급이 원
활하지.

나섬    출력석 하나가 부담해야 하는 게 줄어드니 그렇겠지?

최선생    사람이 메고 가는 가마를 생각하면 이해가 쉽지.


    굿모닝 오디오 하이엔드 편

나섬       둘이서 메는 것보다 넷이서 메면 상대적으로 힘이 덜 들겠지.

최선생    그런데 넷이서 멜 때는 둘이서 멜 때보다 보조를 맞추기가 어
          렵겠지. 민첩하게 움직이기도 두 명이 유리하고.

나섬       출력석이 많다고 무조건 좋아할 일도, 적다고 욕할 것도 아니
          네?

최선생    세상에 다 좋은 것은 별로 없지. 이게 좋으면 저게 좀 빠지고
          그런 거지.

나섬       참, 스위칭 전원과 디지털 앰프가 좀 헷갈려.

최선생    알려준 얘기를 잘 생각해 보면 차이를 알 텐데.

나섬       그래도 한번 비교해서 쉽게 설명해줘.


보통 스위칭 전원(SMPS)을 '디지털 전원'이라고도 하는데, 그래서 '디지털 앰프' 혹은 '디지털 증폭'이란 표현과 헷갈려 하는 사람들이 많다. SMPS는 상용 60Hz를 직류로 만들고 이를 수백kHz의 일정한 교류 펄스파로 만든 후 트랜스로 원하는 전압을 만들고 정류해 직류로 만들어 앰프의 증폭회로에 전기를 공급하는 전원부다. 이에 반해 디지털 앰프로 불리는 클라스 D 증폭방식은 'PWM<sup>Pluse Width Modulation</sup>'이라고 불린다. 디지털 증폭, 즉 PWM은 직류 전원을 공급하는 장치가 아니고 신호를 증폭하는 데 사용하는 방식이다. 신호가 켜졌다 꺼졌다 하는 시간을 조절해 신호의 크기를 크고 작게 만든다. 그림 3-6을 보면서 간단하게 증폭원리를 알아보자. 우선 그림 좌측 상단에 보이는 것처럼 일정한 톱니파가 나타난다. 이 일정한 톱니파와 아날로그 입력 신호를 비교해 아날로그 입력 신호가 클 때는 스위치를 켜고, 아날로그 신호가 톱니파보다 작을 때는 스위치를 끈다. 그러면 스위칭 아래 그림에 나오는 것처럼 높이가 일정한 막대가 촘촘하거나 성긴 형태의 PWM 신호가 만들어진다. 이 PWM

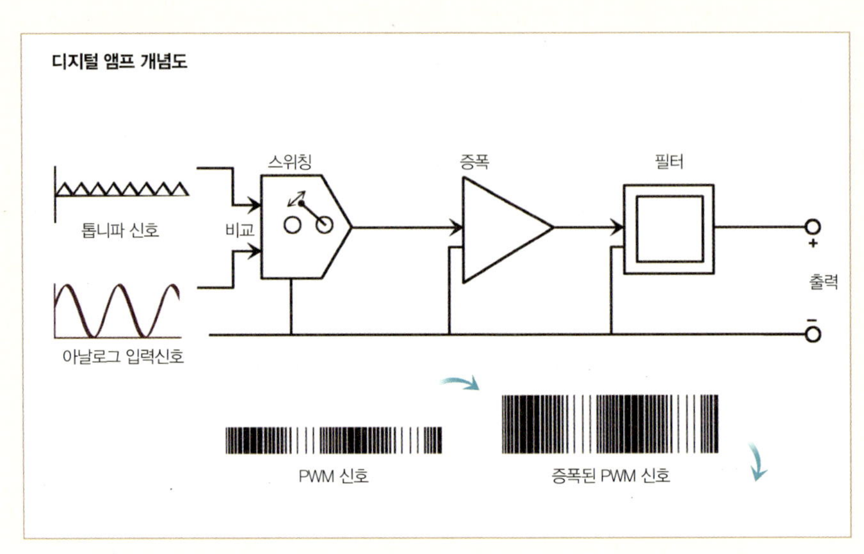



| 그림 3-6 |

마크 레빈슨 No.532

56 마크 레빈슨 No.532 파워앰프는 '바이테크(BiTec)'라는 기술로 이 문제를 극복했다. 원리는 위상이 정반대인 PWM 신호 두 개를 결합해서 데드 밴드를 없애는 것이다. 따라서 PWM 방식의 증폭을 하지만 속도가 빠른 편이다.

신호는 전압이 약해서 충분히 스피커를 울릴 수 없기 때문에 증폭 과정을 통해 전압을 높인다. 그러면 증폭된 PWM 신호가 된다. 이 신호가 스피커에 들어가면 그림처럼 처음에 아날로그 입력신호와 같은 사인파처럼 스피커가 움직인다.

이 방식은 그림과 같이 막대 모양의 신호를 증폭하기 때문에 노이즈에 강하고, 스위치의 온오프 동작을 통해 신호를 처리하기 때문에 효율이 아주 좋다. 그러나 기존의 아날로그 푸시풀 방식에 비해 속도가 느리다. 마주보는 증폭소자가 교대로 꺼졌다 켜졌다를 반복할 때 두 소자 모두 꺼지는 데드밴드dead band가 존재하고, 최종 출력된 막대와 막대 사이의 빈 공간을 채우느라 둔해지기 때문이다.[56] 최근 유행처럼 채용되고 있는 아이스 파워 모듈은 SMPS 전원부에 PWM 신호 증폭부를 결합한 것이다. 전원부와 신호 증폭부 모두 스위칭 방식으로 작동되는 모듈이다. 아이스

파워모듈의 전원부는 SMPS라 속도가 빠르지만 PWM 신호 증폭부는 기존의 아날로그 푸시풀 회로보다 느리다. 회로의 측면에서 가장 빠른 방식은 코드나 할크로처럼 전원부는 SMPS를 사용하고 증폭부는 아날로그 푸시풀 회로를 사용하는 것이다.

# 음상시대의
# CD 플레이어

초창기의 CD 플레이어는 중저가 제품으로 1비트를 채용한 제품이 대부분이었다. 1비트는 음색이 부드러운 편이었으나 무대의 크기도 그다지 크지 않았고 저음도 충분하지 않았다. 지금 생각해 보면 말도 안 되는 믿음인 '디지털은 소리 차이가 없다'는 잘못된 관념이 당시 시장을 지배했다. 그래서 1비트 칩에 비해 상대적으로 비싼 멀티비트 칩을 사용한 CD 플레이어가 드물었고, 특별히 주목을 받지도 못했다. 그러다가 넓은 무대와 강력한 저음을 요구하는 음장시대의 요구에 발맞춰 1988년에 와디아<sup>Wadia</sup>와 세타<sup>Theta</sup>에서 각각 와디아 2000과 DS 프로<sup>DS-Pro</sup>라는 멀티비트 DA 컨버터를 출시한다. 이 제품은 누가 들어도 기존의 1비트의 여리고 부드러운 소리와 전혀 다른 소리를 낸다. 이 제품은 멀티비트의 강력한 저음과 광활한 무대, 뛰어난 다이내믹스를 보여주었다. 비로소 디지털 기기도 설계나 완성도에 따라 소리가 얼마든지 달라질 수 있다는 것을 보여준 셈이다. 멀티비트 기기는 저음의 양도 충분하고 속도도 빠른 편이었지만 고음이 유연하지 못해 다소 거친 소리를 냈다. 그러나 충분



굿모닝 오디오 하이엔드 편

한 저음을 바탕으로 넓고 호방한 무대를 선호하는 음장시대의 흐름에 부합하는 소리를 통해 디지털 애호가들의 열렬한 환호를 받았다. 이로써 멀티비트가 디지털 오디오 시장에서 1비트 진영을 압도하게 된다.

여기서 멀티비트와 1비트가 왜 소리가 다를 수밖에 없는지 그 이유에 대해 알아보자. 그림 3-7 상단에서 보다시피 1비트는 한 개의 스위치가 아주 빠른 속도로 켜짐과 꺼짐을 반복하는 방식으로 작동한다. 그림처럼 켜져 있는 시간이 길수록 막대가 굵어지고, 꺼져 있는 시간이 길수록 막대가 가늘어진다. 이처럼 높이가 같은 막대가 얼마나 촘촘한지 성긴지에 따라 우측 그림처럼 출력 전압의 높이로 나타난다. 1비트의 장점은 한 개의 스위치가 작동해서 신호를 만들기 때문에 멀티비트에서 블록 간에 켜지는 시간이 미세하게 차이가 나서 생기는 '제로 크로싱 에러 zero crossing error'가 원천적으로 존재할 수 없다. 그래서 1비트는 여러 개의 스위치가

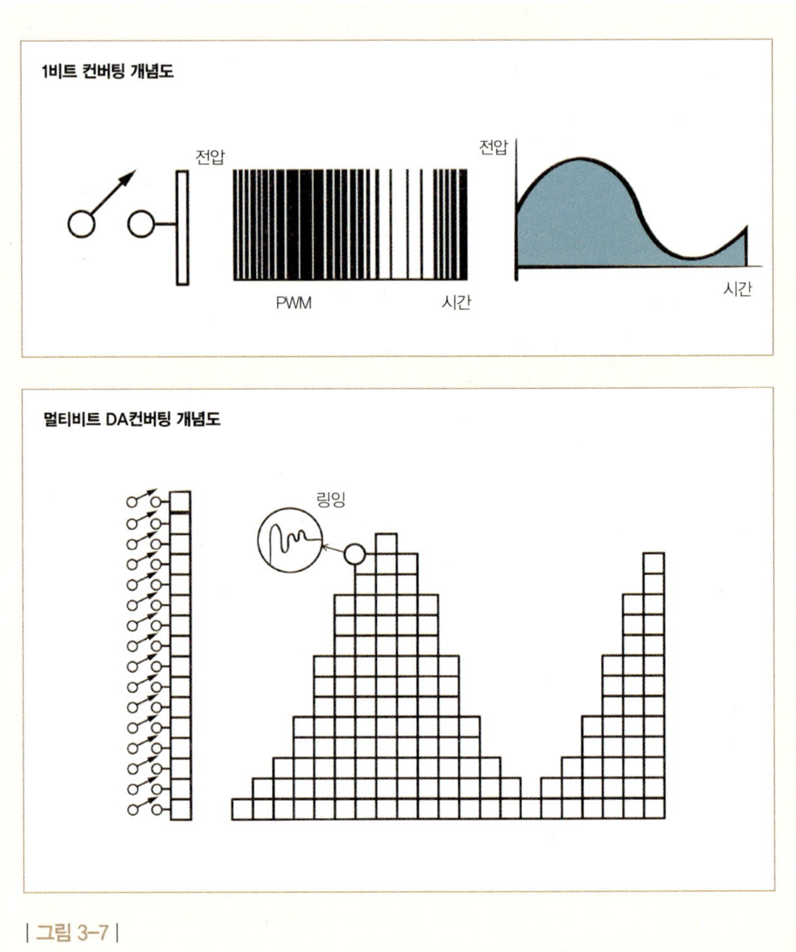



| 그림 3-7 |

작동하는 멀티비트에 비해 매끄럽고 자연스러운 신호를 만들 수 있다. 1비트는 스위칭 동작에 따른 노이즈가 발생하지만, 이건 가청 주파수보다 아주 높아서 필터로 쉽게 없앨 수 있다. 또한 1비트는 멀티비트 컨버터에서 문제되는 링잉ringing으로 인한 노이즈가 적다는 장점도 있다. 반면에 한 개의 스위치가 작동하는 구조라 갑자기 큰 신호를 만들기에는 여러

 굿모닝 오디오 하이엔드 편

개의 스위치가 동시 동작으로 신호를 만드는 멀티비트에 비해 느리고 둔할 수밖에 없다. 1비트 컨버터의 원리를 이해한 독자라면 이것을 앞부분 어디선가 본 것 같은 느낌이 들 것이다. 맞다. 이런 방식을 'PWM 방식'이라 부르고, 이 원리로 동작되는 앰프가 D급이라 불리는 디지털 앰프다. 앞으로 컴퓨터 파일로 음악을 재생하는 부분에서 나오는 'DSD'라는 포맷도 근본적으로 이와 같은 방식으로 작동한다.

이제 멀티비트의 작동원리를 알아보자. 16비트일 경우 16개의 스위치가 독자적으로 각각의 블록을 켜고 꺼서 아날로그 신호를 만든다. 그림 3-7 하단을 보면 각 블록마다 별도의 스위치가 있는데, 이 각각의 스위치가 켜지고 꺼짐에 따라 우측의 블록처럼 파형이 나타난다. 이런 이유로 멀티비트는 작은 소리에서 갑작스럽게 큰 소리를 만들거나 큰 소리에서 작은 소리가 되게 하기가 쉽다. 순간적으로 동시에 필요한 개수만큼의 블록을 독자적으로 켜거나 끄기만 하면 되기 때문이다. 이렇게 소리의 갑작스런 변화를 만들기는 한 개의 스위치로 작동하는 1비트보다 유리하다. 그러나 이렇게 블록으로 만들어진 신호를 자세히 들여다보면 문제가 있다는 것을 알 수 있다. 그림에서 보듯이 블록이 켜지고 꺼져서 나타나는 계단 형태가 실제로는 계단 형태 그대로 출력되지 않는다. 그림의 확대된 원에서 보듯이 모서리 부분을 자세히 살펴보면 출렁이는 형태로 출력되는데, 이것이 링잉이다. 문제는 이 링잉 현상이 켜지는 블록 각각에서 모두 발생한다는 점이다.

16비트의 경우 16개의 블록이 각각 독자적으로 켜지고 꺼지는 구조다. 이 경우 여러 개의 블록이 동시에 켜져야 할 때 켜져야 하는 각각의 블록이 아주 정확하게 동일한 시간에 켜지고 꺼져야 한다. 예를 들어 링잉의 확대 그림 부분은 16개 중에 14개가 동시에 켜져야 하는 순간이다. 이때 14개 블록 중에 어떤 블록은 약간 일찍 켜지고 어떤 블록은 약간 늦게 켜지면 우리가 원하는 이상적인 블록의 형태가 아닌 이상한 모양이 될 수밖에 없다. 이것이 제로 크로싱 에러다.[57] 이 오차를 가능한 한 줄여서 정확하게 동일한 시간에 켜지고 꺼지도록 제작해야 하기 때문에 멀티비트 컨버터 칩은 비쌀 수밖에 없다. 멀티비트 칩이 비쌀 수밖에 없는 또 다른 이유는 16개의 블록의 높이가 정확하게 일치해야 하는데 이렇게 만들기가 생각처럼 쉽지 않기 때문이다.[58] 그래서 칩을 제작한 후 오차를 측정해 오차 범위에 따라 등급을 정하고 가격을 매긴다.

멀티비트는 순간적으로 대음량을 만드는 것은 유리하지만 소음량의 섬세한 소리 재생에서는 매끄럽지 못하다. 이에 반해 1비트는 대음량의 재생에는 다소 불리하지만 소음량 재생에서는 아주 섬세하고 매끄러운 장점을 가지고 있다. 예를 들어 바이올린 협주곡을 듣는다고 할 때 바이올린 독주 시에는 1비트가 유리하고, 오케스트라가 총주로 연주하는 부분에서는 멀티비트가 유리하다. 즉 멀티비트는 저음부터 고음까지 넓은 주파수 대역을 평탄하게 만드는 면에서 뛰어나다. 그러나 시간 축에서 보면 신호의 갑작스런 변화에 자연스럽게 대응하지 못하는 링잉 현상을 일으킨다. 반면에 1비트는 저역부터 고역까지 넓은 주파수 대역을 평탄하게 만드는 면에서는 멀티비트에 밀리지만 시간 축에서 일어나는 링잉 현상은 현저히 적은 편이다. 이런 이유로 멀티비트는 광대역의 다이내믹한 사운드를 내는 데 유리하지만 다소 거친 음색을 갖기 쉽고, 1비트는 광대역의 다이내믹한 사운드를 내는 데 불리하지만 결이 곱고 섬세한 소리를 내는 데 유리하다. 결국 멀티비트 진영은 1990년대 초반 마크 레빈슨의 30+31을 시작으로 크랠<sup>Krell</sup> 20i를 거쳐 2000년대에는 최후의 멀티비트 칩인 PCM 1704[59]를 무려 4개를 채용한 크렐 KPS 25S(28)를 정점으로 더 이상의 제품을 내놓지 못하게 된다.

1비트 진영은 1996년 DCS에서 5비트로 작동하는 컨버터 엘가<sup>Elgar</sup>를



57 《PC-Fi 가이드북》 (2012), 홍진표 저, e비즈북스, 211쪽

58 실제로 각각의 블록 크기는 동일한 게 아니고 1, 2, 4, 8, 16… 식으로 제곱으로 커진다. 이론적인 값에 맞게 최대한 정확하게 만들기가 쉽지 않은 게 현실이다.

59 버 브라운(Burr-Brown) 최후의 멀티비트 칩으로 24bit 96kHz의 스펙을 갖추고 있고, 가격이 개당 100달러에 이르는 고가의 칩이다.

내놓은 후 린$^{LINN}$에서 1998년 CD12를 발표하면서 멀티비트 진영에 선전 포고를 한다. 엘가는 5비트를 사용함으로써 1비트의 나긋나긋함과 멀티 비트의 박력을 두루 취하면서 빠른 속도와 높은 SN비를 갖춘 소리를 냈다. CD12는 24비트의 해상력을 갖춘 1비트 칩인 PCM1742를 사용해 양이 충분하진 않지만 단정한 저역과 가늘고 섬세한 고음을 무기로 정확한 음상을 만들었다. 드디어 디지털 소스기기에서도 음상 중심의 시대가 활짝 열린 것이다. CD12 전까지는 멀티비트의 우세 속에 멀티비트와 1비트의 팽팽한 공존이 지속되었다. 그러나 CD12의 등장으로 세상은 1비트에 다시 주목을 하기 시작했다.

　　DCS 엘가와 린 CD12라는 진보한 1비트 제품이 1990년대 중반에 나오면서 디지털 역사에 한 획을 그었다. 그런데 이 시기는 CD라는 포맷 자체의 음질이 비약적으로 좋아지는 시기이기도 하다. 1990년대 초반 소니에서 SBM$^{Super\ Bit\ Maping}$이라는 기술을 개발한다. 20비트인 녹음 마스터 테이프를 16비트의 CD 포맷으로 음질 열화 없이 변환하는 기술이다. 이 기술의 개발로 16비트인 CD 포맷의 한계는 상당부분 극복되었다. 1990년대 후반에는 각종 디더링$^{dithering}$ 기술이 개발되면서 자극적으로 들리던

DCS 엘가

CD의 음질이 보다 자연스럽게 들리게 되었다. 따라서 90년대 후반 이후에 발매된 CD의 음질은 이전에 나온 것과는 현격한 차이가 있다. 1990년대 중반은 디지털 기술의 발달에 있어서 오디오 기기뿐 아니라 CD에 음원을 심는 방식에서도 상당한 발전을 이룬 시기다.

이런 흐름에 맞춰 기존의 멀티비트 진영의 디지털 기기도 매끄러운 고음에 자연스런 저음을 추구하는 방향으로 바뀌면서 음상이 작고 정확해졌다. 구체적으로 와디아는 1999년에 861을 발표하는데, 기존의 860에 비해 고음이 획기적으로 자연스럽고 부드러워졌다. 2005년 마크 레빈슨도 390S를 발표하는데, 기존의 39에 비해 저음이 단정해지고 고음의 해상력이 좋아지면서 음상이 작아졌다. 이제 디지털 세상은 멀티비트가 아니라 1비트인 비트 스트림이 주류를 이루는 세상이 된 것이다. 한편 고해상도와 높은 SN비에 대한 요구는 결국 CD 포맷에 대한 불만으로 이어져 고품질 매체인 SACD가 등장했다. 그런데 SACD 포맷 자체도 따지고 보면 1비트인 비트 스트림 계열이다. SACD와 같이 차세대 매체로 주목만 받다가 사라진 DVD-Audio는 멀티비트 계열이다. 실제로 SACD 플레이어로 재생되는 무대는 저음이 단정하고 음상이 아주 작으면서 고음 재생이 좋아 무대의 홀톤이 생생하게 그려진다.

SACD의 등장과 함께 편리하게 음악을 들을 수 있는 MP3 포맷이 등장한다. 음질이 다소 열악하지만 작고 가벼워 휴대성이 뛰어나고 반복재생이 편리해 대중적으로 폭발적인 인기를 끌게 된다. MP3에서 시작한 파일 재생을 통한 음악 감상에도 시간이 지나면서 고음질에 대한 욕구가 생기기 시작한다. 그런 욕구에 맞춰서 새롭게 고품질 파일 플레이어들이 등장했다. 2007년 린의 클라이맥스 DS^Klimax DS가 나오고 2010년 메리디안^Meridian의 술루스^Sooloos가 발표되면서 파일 플레이어 시장의 양대 산맥을 이루게 된다. 특히 린은 CD12에 이어서 클라이맥스 DS라는 파일 플레이어에도 SMPS 전원부를 탑재해 빠른 응답 특성을 갖도록 했다. 메리디안도 절반 이상의 모델에서 SMPS를 전원부로 탑재해 빠른 속도를 갖도록 했다. 음상시대가 되면서 디지털 소스기기에선 사실상 1비트가 주도하는 세상이 되었다.[60]

60 디지털 기기에서 소리의 뼈대는 1비트냐 멀티비트냐에 따라 결정되지만, 얼마나 음악적인 음을 만들어 내느냐는 디지털 필터 기술이 중심적인 위치를 차지한다.

# 음상시대의
# 케이블

음색시대의 케이블은 주석 도금선이 주류를 이루었다. 흔히 '웨스턴 선'이니 '클랑필름 선'이니 하는 것들의 대부분이 구리에 주석을 입힌 주석 도금선이다. 구리에 주석을 입히는 이유는 구리 자체가 녹이 잘 나기 때문이다. 주석은 인체에도 무해해 식용 통조림 안쪽에도 사용된다. 그러나 구리나 은에 비해 전도율이 현저히 떨어져 납과 큰 차이가 없을 만큼 전기적 특성이 좋지 않다. 납은 납땜 부위의 아주 짧은 거리지만 주석 도금이 된 케이블의 경우에는 케이블 표면 전체가 주석으로 되어 거리가 케이블 길이만큼 길다. 오디오 신호 중 고음 신호는 금속 표면에 주로 흐르기 때문에 구리에 주석을 입힌 주석 도금선은 고음 신호의 전송에서 확실히 문제가 있다. 고음이 제대로 전달되지 못하다 보니 고음이 답답하고 저음은 상대적으로 많아진 듯한 소리가 된다. 주석의 이런 특성 때문에 주석 도금선은 음색에 윤기가 있고 부드럽지만 고음이 답답하고 둔해서 속도가 느리게 느껴진다. 여기서 잠깐 금속의 전도율에 대해 살펴보자. 구리의 전도율을 100으로 보면 은은 106이고 금은 72, 알루미늄은

63, 황동은 30, 철은 18, 백금은 16, 주석은 15, 납은 9다. 우리의 일반적인 상식과 비교해보면 금이 생각보다 전도율이 낮은 편이고, 철이 알루미늄에 비해 전도율이 상당히 낮다는 점도 이채롭다. 케이블 단자의 주재료로 사용되는 황동 역시 알루미늄보다 전도율이 현저히 낮다는 점도 눈여겨볼 만하다.

음장시대로 넘어오면서 케이블은 깊고 풍부한 저음을 바탕으로 고음까지 충실하게 내야 했다. 크고 웅장하면서 무대와 악기의 음상을 충실히 만드는 것이 음장시대 케이블의 미덕이라고 할 수 있다. 이러한 조건에 주석 도금선은 당연히 맞지 않았다. 순구리선과 구리에 은을 입힌 은도금선, 그리고 순은선이 케이블에 채택된다. 특히 일본의 케이블 업체들은 금속자체에 녹아 있는 불순물(산소)이 전기신호 전달을 방해한다는 점에 착안해 고순도 동선을 제조하는 데 힘을 기울이게 된다. 아크로텍Acrotec이 대표적인데, 순도를 표시하는 숫자로 9를 의미하는 N의 개수를 늘리는 데 주력했다. 예를 들어 6N은 9가 6개라는 의미로 99.9999%의 순도를 의미한다. 이런 고순도 케이블은 뛰어난 해상력과 섬세한 표현력을 장점으로 내세운다.

구리나 은의 순도와는 별개로 구리나 은이 가지는 결정 구조에도 관심이 쏠렸다. 보통 구리나 은 덩어리를 기계로 뽑아서 선을 만드는데, 그렇게 하면 구리의 결정이 찌그러지면서 전기 신호의 흐름이 원활하지 못하게 된다. 그래서 기계로 뽑지 않고 자연스럽게 녹여 선을 만들어 결정의 크기를 아주 크게 만든다. 이렇게 만들어진 선은 전기 신호를 더 원활하게 보낸다. 케이블 광고 중에 등장하는 'OCCOhno Continuous Casting'라는 용어가 이것을 의미한다. 최근에는 여기서 더 나아가 금속 원자를 일정하게 쌓아 하나의 단결정으로 제작하는 단계까지 이르고 있다. 대표적으로 한국의 솔리톤Soliton이 단결정 선재를 생산해 케이블을 제작한다.

음장시대를 대표하는 카다스<sup>Cardas</sup>의 경우는 여러 가닥의 나선을 구조적으로 배치해 대역이 넓으면서 큰 무대를 만들었다. 골든 크로스 모델이 대표적이다. 그리고 오디오퀘스트<sup>AudioQuest</sup>는 순은선을 열처리를 통해 은선 특유의 고음 광채를 줄이고 넓은 음역을 평탄하게 재생하는 케이블을 내놓았다. 다이아몬드 모델이 대표적이다. 더 많은 저음을 내는 케이블도 등장했는데, 중간에 네트워크 박스를 단 트랜스페런트나 MIT가 대표적이다. 잘 알려져 있지 않지만 나선을 직접 싸고 있는 절연체도 전기 신호의 흐름에 영향을 미친다. 합성재질로 비닐이나 플라스틱은 좋지 않고, 테프론이나 폴리에틸렌 계열이 좋은 것으로 알려져 있다. 전송 속도가 가장 빠른 것은 도체 주위에 아무것도 없는 진공상태이고 그 다음이 공기다. 그 다음으로 공기를 많이 함유하고 있는 실크나 면, 스펀지처럼 발포성이 있는 재료나 테프론 등이 좋은 것으로 알려져 있다.

음상시대로 접어들면서 케이블도 저음이 단단하고 빠르며 고음의 해상력이 좋아져야 했다. 쉽게 말해서 음의 속도가 빨라져야 했다. 이를 위해 저음의 양이 줄고 고음이 위로 쭉 뻗어야 했다. 킴버<sup>Kimber</sup>는 인터커넥트 케이블에서 실드를 없애는 새로운 발상의 케이블을 선보였다. 실드 구조는 중심에 +선이 있고 이 선을 원통형태의 −선이 감싸는 것을 말한다. 이런 실드 구조는 외부 노이즈 차단에 효과적이지만, 중심의 +선을 −가 둘러싸고 있는 구조라서 고음이 감쇄될 수밖에 없다. 그때까지 대부분의 케이블은 이런 구조로 인터커넥트 케이블을 제작했다. 실드 없이 신호선을 머리 땋듯이 꼬아서 제작하면 실드 구조보다 노이즈엔 취약하지만 고음은 막힘없이 뻗는다. XLO는 독특한 구조를 하고 있는데, 얼핏 보면 실드 구조를 하고 있는 것처럼 보인다. 그러나 자세히 구조를 살펴보면 +, − 신호선을 교차로 꼬아서 원통의 외부를 감싸듯이 배치했다. 실드 구조라고 하기는 곤란하고 꼬아서 만든 것이라고 보는 게 맞다. 킴버



굿모닝 오디오 하이엔드 편

나 XLO 모두 저음의 양이 적으면서 고음의 뻗침이 좋아서 해상력이 좋고 빠르게 들린다.

실드를 하지 않는 구조에서 한걸음 더 나아가 특이한 구조의 선재를 사용하는 케이블이 등장한다. 노도스트Nordost라는 회사는 광고에 '빛의 속도에 버금가는 전송속도를 자랑한다'고 적었다.[61] 드디어 속도를 전면에 내세운 케이블이 등장한 것이다. 이 회사의 케이블은 잘 알려져 있다시피 선재를 꼬는 것에서 더 나아가 아예 평행하게 배치해 플랫한 형태로 만들었다. 보통은 선재를 옆으로 배치해서 특이하게 납작해진 외형에만 신경을 쓰는데, 노도스트 케이블의 진짜 특징은 선재 형태에 있다. 지금까지 거의 모든 케이블의 나선은 단면이 원형으로 봉 형태를 하고 있다. 그런데 노도스트는 과감히 단면이 사각 형태인 나선을 케이블에 사용했다. 특히 고음 신호는 도체(금속) 표면에 99%가 흐른다고 하는데, 이를 '표피효과'라고 한다. 나선의 형태가 원형이면 고음이 표면에 고르게 분포해 지나가게 된다. 그런데 나선의 형태가 원이 아닌 정사각이나 직각을 이루면 고음은 상대적으로 모서리 진 부분에 집중된다. 결국 원형에 비해 각재는 고음의 전달특성이 좋아진다. 실드를 하지 않는 구조에 나선이 원형이 아닌 각재를 사용한 노도스트 케이블은 저음은 약간 부족하지만 고음의 뻗침이 좋고 속도가 아주 빠르게 느껴진다.

최근에는 나선의 형태가 정사각이 아닌 납작한 직사각 단면의 리본와이어를 사용한 케이블 회사들이 속속 등장하고 있다. 전통적인 케이블 메이커인 타라랩Tara Labs, 호주의 PSC, 덴마크의 젠사티ZenSati와 버트람Bertram의 오디오케이블, 스텔스오디오Stealth Audio 케이블이 그렇다. 음악성을 강조하는 PSC 케이블은 사실상 빠른 속도를 장점으로 하고 있다. 타라랩과 스텔스 역시 빠른 속도를 통한 음상의 재현에 강점을 가지고 있다. 스텔스오디오는 납작한 형태의 리본와이어와 원형의 나선을 동시에



61　케이블은 임피던스(R)와 캐퍼시턴스(C)를 갖게 되는데, 캐퍼시턴스 값이 낮아지면 광속에 가까운 속도를 가진다고 할 수 있다. 캐퍼시턴스를 낮추려면 실드 구조를 피하고 구조선재 피복이 공기나 공기를 다수 포함하고 있는 실크나 면 같은 천연소재, 혹은 테프론같이 절연율이 높은 소재를 사용해야 한다.

잔사티 세럽(Cherub)/세라핌
(Seraphim)

사용하는데, 나선의 절연제로 헬륨을 사용하는 것이 특징이다. 음상형 케이블답게 음색이 예쁘진 않지만 빠른 속도를 기반으로 무대를 뒤로 쭉 빼면서 악기의 음상을 핀 포인트로 잡아주는 능력이 좋다. 젠사티 케이블은 들어보면 선재의 단면이 원형인 헤밍웨이에 비해 속도는 약간 늦고 잔향이 오래가는 느낌이 있다. 특히 전도율이 떨어지는 금이 사용된 케이블이 그런 경향이 강하다. 젠사티 케이블의 소리는 색채감이 뛰어나고 음악성이 좋다는 느낌을 준다. 과거 인터뷰에서 젠사티 사장이 첫 번째가 음악성이고 두 번째가 속도라고 말한 사실에서 젠사티 케이블의 특징을 확인할 수 있다. 단순하게 보이는 케이블조차도 재질, 선의 단면 형태, 절연재, 쉴드 구조에 따라 아주 다양한 소리가 날 수 있다. 케이블의 전체적인 흐름도 역시 속도를 빠르게 하는 쪽으로 나아가고 있음을 확인할 수 있다.

나섬　　선재는 다 원형일 거라고 생각했는데, 각재를 뭐라고 불러?

최선생　'평각선' 혹은 '리본와이어'라고 하지.

나섬　　나도 한번 구해서 만들어 볼까?

최선생　도전 정신은 좋은데, 일반 원형선보다 다루기 힘들어.

나섬　　평각선이 왜 고음 신호 전송에 유리한 거야?

최선생　같은 단면적에서 원형보다 각재가 표면적이 넓어.

나섬　　납작하게 할수록 표면적이 더 넓어지겠지?

최선생　그렇지, 전기는 주파수가 높을수록 어디로 흐른다고 했지?

나섬　　표면으로 흐른다고 했지.

최선생　표면적이 늘어날수록 고음 신호가 원활하게 흐르지.

나섬　　그래서 각재가 고음 전송에 유리한 거구만?

최선생　결과적으로 고음이 뻗으면서 빠른 음이 나오지.

　굿모닝 오디오 하이엔드 편

나섬　　그럼 원형선을 롤러 사이를 통과시켜 납작하게 하면 되네.

최선생　그러면 되긴 하지.

나섬　　그럼 엄청나게 비싸게 파는 케이블도 쉽게 만들 수 있잖아?

최선생　그렇게 간단하진 않아. 고음 신호가 표면에 흐른다고 했지?

나섬　　그랬지, 그런데 그게 왜?

최선생　얇게 넓힌다고 다 되는 게 아니고 표면을 잘 처리해야 해.

나섬　　그건 무슨 소리야?

최선생　표면을 매끄럽게 다듬어야 고음이 매끄럽게 나와.

나섬　　정말?

최선생　표면처리 말고도 선재의 순도, 열처리 같은 노하우가 필요하지.

나섬　　그래도 원형선으로 만드는 것보단 낫지 않을까?

최선생　같은 조건이라면 평각선이 유리한 점이 많지.[62]

62　이베이 웹사이트에서
'rectangular wire'를 검색하면
고순도 은 리본와이어 구입이 가
능하다.

**나섬**  내가 롤러로 선을 누를 수도 없고 좋은 방법이 있으면 알려줘.

**최선생**  판 코일을 풀어서 스피커 케이블이나 전원 케이블을 만들어 볼 만하지.[63]



음장시대가 무르익어 갈 1980년대 후반 무렵부터 기기의 진동이 음에 직접적으로 영향을 준다는 사실이 알려지면서 잡음을 줄이고 더 선명한 음상을 만들기 위한 각종 액세서리가 쏟아져 나온다. 블랙다이아몬드 레이싱 콘을 위시해 각종 앵커베이스와 진동 관련기구가 등장한다. 진동을 효과적으로 제어함으로써 더 정확하고 선명한 음상을 만들 수 있다는 사실이 알려진 것이다. 특히 카본 재질의 액세서리는 진동을 흡수하지 않고 받침대에 전달함으로써 기기의 진동을 억제한다.[64] 이로써 저음을 단정하게 해 전체적인 음을 빠르면서 날카롭게 만드는 경향이 있다. 음상시대가 되면서 더 선명한 음상을 위해 무대 안의 빈 공간을 좀 더 깨끗하게 해야 했다. 기기 자체가 갖는 SN비를 넘어서 더 깨끗한 소리를 듣고 싶다면 필연적으로 기기에 공급되는 전원의 품질이 개선되어야 했다. 각종 전원장치와 파워코드에 대한 관심이 집중되기 시작한 때도 음장시대가 무르익고 음상시대가 싹트는 시점과 맞물려 있다. 이러한 일련의 변화들이 1990년대 후반에 포진해 있는 것은 우연이 아니다. 즉 이 시기에 오디오의 흐름은 이미 음상을 중시하는 방향으로 움직이고 있었다.

# 하이엔드 소리란
# 무엇인가?

나섬    왜 하이엔드는 SN비에 그렇게 집착하는 거야?

최선생    아무 소리도 없는 절대 적막을 추구하는 거지.

나섬    음악은 소리로 이루어지는 거 아냐?

최선생    중급기와 하이엔드의 차이는 바로 적막감의 차이야!

나섬    이해가 잘 안 되는데…….

최선생    배경이 적막할수록 섬세한 소리의 표현이 가능해지거든.

나섬    아! AV에서도 블랙이 얼마나 깊으냐를 되게 따지더라고.

최선생    그렇지! 블랙이 깊을수록 다른 색들의 표현 한계가 넓어지니까.

나섬    그런데 왜 SN비가 좋은 최신 하이엔드는 썰렁하고 피곤한 거
        야?

최선생    더 음악적으로 들려야 하는데 말이지?

나섬    응, 소리에 정이 안 간다고들 하잖아. 왜 그런 거야?

최선생    노이즈 중에는 우리 귀에 좋게 들리는 게 있거든.

나섬    노이즈면 다 나쁜 소리 아냐?

**최선생** 예를 들어서 진공관에서 많이 생기는 짝수차 배음[65]은 음을 윤기 있게 하지.

**나섬** 간단한 게 아니구나.

**최선생** 노이즈를 줄이면 기분 좋게 들리는 노이즈도 줄어 버리지.

**나섬** 그래서 섬세하고 깨끗하긴 한데 정이 안 간다고들 하는 건가?

**최선생** 가끔 우리는 정말 조용한 곳에 있었으면 하잖아.

**나섬** 마누라 잔소리나 듣기 싫은 소음이 나면 그 생각이 간절하지.

**최선생** 사람이 절대 무음의 공간에 있으면 불안해 한다는 연구가 있어.

**나섬** 하긴, 우리는 적당한 소리 속에서 수만 년을 지내 왔네.

**최선생** 노이즈를 줄이면 오히려 청감상 안 좋아지는 경우도 있지.

**나섬** 그래도 노이즈나 왜곡이 많으면 짜증나던데?

윤기나는 노이즈. 옆집의 부부싸움도 즐거울 때가 있다

최선생   노이즈가 적다고 무조건 좋은 소리라고 할 순 없단 거지.

나섬   신경질적으로 노이즈에 집착하면 음악적인 면에서 손해가 될 수도 있네?

최선생   중요한 건 노이즈가 아니라, 얼마나 음악적 감동을 주느냐지.


음악을 사랑하고 오디오를 좋아하는 다 같은 오디오 마니아라도 사람마다 집중하고 집착하는 것이 각기 다르다. 특히 노이즈에 대해 개인마다 용납하는 허용치는 서로 상당히 다르다. LP나 릴테이프 같은 아날로그 소스를 애용하는 사람은 노이즈에 상당히 너그러운 반면, CD나 SACD 같은 디지털 소스를 애용하는 사람은 노이즈에 상당히 민감한 편이다. 상태 안 좋은 LP로 대중가요를 들으면서 어떤 사람은 잡음조차 향수 어린 소리로 느끼지만, 또 어떤 사람은 상당히 불편하고 거슬리게 느낄 수도 있다. 노이즈에 대한 민감도에는 이처럼 개인차가 존재한다. 노이즈에 대한 민감도로 어떤 스타일의 오디오를 좋아하는지 추측해 볼 수도 있다. 노이즈에 너그러운 편이면 음색형 사운드를 좋아할 가능성이 크고, 노이즈에 예민한 편이라면 음상형 사운드를 좋아하는 사람일 가능성이 크다. 그 중간 정도에 위치한 사람은 대략 음장형 사운드를 좋아하는 사람이라고 보면 무리가 없을 것 같다.

노이즈에 대한 민감도는 동시대를 살아가는 개인 간의 차이도 있지만, 시간을 두고 살펴 봐도 변화가 있음을 알 수 있다. 대역이 좁고 음질이 열악한 SP판이나 AM 라디오만 존재하던 시절에는 노이즈에 대해 상당히 너그러웠을 것이다. 그러던 것이 녹음 기술과 앰프 제작 기술이 발달하면서 노이즈를 줄일 수 있게 되자 사람들이 노이즈에 대해 더욱 민감해지기 시작했다. 특히 디지털 녹음 매체가 등장하면서 아날로그 소스의 숙명이었던 히스 노이즈까지 없어지자 노이즈에 더 예민해졌다. 빈티지 앰프는 당시 빈티지 스피커가 초저역을 재생하지 못하는 탓에 낮은 전원 험에 대해서 별로 신경을 쓰지 않고 만들어졌다. 어차피 스피커에서 재생되지 않으니 신경 쓸 필요가 없었던 것이다. 그러던 것이 스피커의 발달로 더 낮은 저음까지 재생이 가능해지면서 앰프도 전원 험을 신경 써서 제작해야 했다. 예전에는 문제가 되지 않던 험이나 노이즈가 시간이 지나면서 문제가 되고, 결국은 노이즈나 험을 줄이고자 노력하게 되면서 귀에 좋게 들리던 노이즈까지 동시에 줄어드는 결과가 생기기도 했다.

2000년대 전후에 '쿨 앤드 클리어cool and clear' 사운드가 하이엔드에서 유행했는데, 이런 경우가 노이즈가 줄어들면서 음악적 섬세함까지 함께 줄어든 경우라 할 수 있다. 2010년에 접어들면서 썰렁한 사운드에 대한 반성이 일어나면서 노이즈를 줄이기 위해 과도하게 집착하기보다는 적정선에서 노이즈를 줄이면서 음악적인 사운드를 만들어 내려는 노력이 생기기 시작했다. 이를 통해 오디오로 재생되는 소리에서 느끼는 노이즈에 대한 허용치나 민감도도 시간을 두고 서서히 변화했다는 것을 알 수 있다.

나섬    그런데 오디오에도 역사와 흐름이 있긴 한 거야?

최선생    시대에 따라 흐름이 존재하지.

나섬    그냥 기술의 발달로 더 많은 사람이 즐길 수 있게 된 거 아냐?

최선생    틀린 말은 아닌데, 하이엔드 오디오 즐기는 사람이 많지 않아.

나섬    그렇긴 하네. 세월에 따라 흐름이 바뀌는 걸 어떻게 알지?

최선생    소방차 노래 한번 들어봐. 그럼 느끼는 바가 있을 거야.

나섬    갑자기 소방차 노래가 왜 나와?

최선생    분명 같은 노래인데 느리다고 느낄 거야.

나섬　왜 그렇게 느껴지는 거야?

최선생　유행 당시엔 빠른 곡이었지만, 나중에 더 빠른 곡들이 나온 거지.

나섬　그래서 지금 들어 보면 느리다고 느끼는 거란 말이지?

최선생　긴 시간을 두고 변하는 것에 사람이 둔감하거든.

나섬　그럼 음장시대에 나온 앰프나 스피커는 다 음장형인 거야?

최선생　시대 구분을 너무 토막 자르듯이 이해하면 곤란하지.

나섬　그럼 음장시대에 나왔어도 음색에 강한 경우도 있단 얘기야?

최선생　철기시대에도 청동기나 석기를 만들잖아. 주류가 철기란 얘기지.

나섬　구체적인 예를 들어줘야 이해가 되지.

최선생　아방가르드 스피커는 음상시대에 나왔지만 사실상 음색 스피커로 봐야지.

나섬　아방가르드 소리는 부드럽고 편안해서 빈티지 비슷하다는 생각이 들기는 해.

최선생　음상이 크고 음의 속도가 느린 편이라 음상 스피커라고 할 수는 없지.

나섬　그래도 사람 목소리는 아주 매력적이던데?

최선생　그러니까 음색형 스피커라고 하는 거야.


　최신 하이엔드 오디오라고 해서 들어보면 고음은 많고 저음은 단정하고 빈약한 경우가 많다. 그리고 세팅이 조금만 틀어져도 빽빽대는 느낌의 소리가 나기 일쑤다. 상당히 많은 사람이 다소 피곤하고 부담스런 소리라고 여기는 것이 현실이다. 그런데 하이엔드 소리가 왜 그렇게 되었는지 살펴볼 필요가 있다. 무대 안에 위치한 악기의 음상을 핀 포인트

로 만들려고 하다 보니 음상 정보 대부분이 있는 고음의 해상력이 좋아
야 했다. 더욱이 고음의 해상력이 확보되더라도 저음이 풀어지면서 양이
많으면 음상이 분명하게 드러나지 않고 저음에 묻혀 버리기 쉽다. 그래
서 저음이 고음의 해상력을 마스킹하지 않게 하려다 보니 빠르면서 단단
해져야 했다. 악기의 배음에 따라 달라지는 음색도 더 선명한 음상을 위
해 단정하고 깔끔해져야 했다. 이렇게 해서 선명한 음상을 얻었지만 윤
기 나는 음색과 저음의 풍성함은 줄어들 수밖에 없게 된 것이다.

자연스런 무대를 느끼고자 해서 탄생한 것이 음장시대다. 그런데 그
음장 속에서 더 정확한 음상을 추구하다 보니 음상 자체만 중시하는, 약
간 불편한 사운드로 흘러갔다. 미술에서 자연을 그대로 그리는 사실주의
에서 자연에서 느끼는 인상을 선이 아닌 점으로 표현하고자 하는 인상
파로 발전하고, 그보다 더 급진적인 야수파로 이어지고, 결국은 평면 안
에 입체를 그려 넣는 피카소의 입체파로 흐르게 된다. 야수파나 입체파
의 그림은 뭔가 불편하다는 느낌이 들긴 하지만 그래도 봐줄 만하다. 그
런데 추상파인 칸딘스키나 몬드리안, 아니 거기서 더 나아가 다다이즘에
이르면 불편하다 못해 이것이 예술인가 싶은 황당한 생각까지 들게 된
다. 도대체 무슨 의도로 만든 작품인지 일반 대중은 알 수 없고 소수의 애
호가와 평론가들만 관심을 갖게 된다.

하이엔드 오디오는 세팅이나 조합이 잘못되면 듣기 거북한 소리가
나는 게 사실이다. 물론 빈티지나 입문용 오디오도 그런 면이 있지만 하
이엔드 오디오는 그 정도가 훨씬 더 심하다. 오디오를 등산에 비유했을
때 입문용 오디오가 근교의 적당한 산을 오르는 것이라고 한다면, 빈티
지는 경치가 빼어난 금강산이나 설악산을 오르는 것이다. 그렇다면 하이
엔드는 해발 5000m가 넘는 고봉에 오르는 것이다. 하이엔드 오디오로 3
차원 입체 무대를 제대로 구현하려면 소스부터 스피커까지 일정 수준에

이른 제품을 갖춰야 한다. 공간도 좋아야 하지만 케이블도 최소한의 수준은 갖추고 있어야 한다. 이처럼 하이엔드 오디오로 3차원 입체 무대를 제대로 구현하는 것이 생각보다 쉽지 않다. 산소가 희박한 고봉에 오르려면 산소통도 필요하고, 기온도 낮아서 보온이 잘되는 옷과 장비도 갖춰야 한다. 무엇 하나라도 부족하거나 날씨가 도와주지 않으면 고봉 등정은 실패하기 십상이다. 사실 정상에 올랐다고 해도 내가 이루었다는 성취감은 있겠지만 경치라고 할 만한 것은 없는 것이 사실이다. 3000m를 넘어서면 풀과 잡목만 보이고 그 이상 올라가면 바위와 거기에 쌓인 눈이 전부다. 물론 정상에 오른 본인은 정상에 오르기를 원했고 그동안의 과정이 있기에 암석과 눈뿐인 정상이라도 벅차오르는 감정으로 바라볼 수 있을 것이다. 그러나 고봉 정복에 별 의미를 두지 않는 일반인에게 정상의 경치는 기대와 달라서 다소 삭막한 것일 수도 있다. 왜냐면 대부분의 등산객은 나무와 암석, 그리고 구름이 형형색색으로 어우러진 경치를 더 좋아할 것이기 때문이다.

빈티지 애호가나 자연스러운 음장에 두툼한 음색을 좋아하는 애호가 입장에서 음상에 치우친 하이엔드 시스템의 소리는 저음은 없고, 고음은 날아다니고, 중음은 야위고 선은 가늘어서 신경질적인 소리로 들리기 쉽다. 그러면 여기서 의문이 생긴다. 이런 신경질적인 소리를 내는 오디오가 생산되고 실제로 그것이 팔리는 이유가 무엇일까? 돈이 넘쳐나서 사는 경우는 극소수에 불과할 것이다. 실제로 다소 신경질적이지만 그 소리를 좋아하는 애호가가 분명 있다는 얘기다. 산만하고 정신 사나운 현대음악을 즐겨 듣는 애호가가 존재하듯이, 악기의 위치가 눈에 보일듯이 그려지는 음상의 표현에 매료되어 음악을 듣는 애호가도 존재한다. 오디오가 음장시대에서 음상시대로 이동한 것처럼 음악도 낭만파에서 후기 낭만파로, 그리고 다시 현대음악으로 이어졌다. 현대로 올수록 조성이

파괴되고 입체적인 무대 공간 안에서 소리의 현란한 이동과 소리 강약의 극단적 대비를 보여주는 쪽으로 나아갔다. 극단적으로 음악과 소음의 경계를 무너뜨려 소음도 음악이라고 주장하는 작곡가까지 나온다. 찰스 아이브스Charles Ives는 소음을 음악이라고 강변했고, 올리비에 메시앙Olivier Messiaen은 끊임없이 반복되는 꾀꼬리 소리를 음악이라고 주장했다. 급기야 존 케이지John Cage는 피아노 앞에서 아무런 연주도 하지 않는, 즉 소리가 없는 음악까지 선보였다. 현대음악이 난해하고 전위적으로 흐르면서 많은 클래식 애호가들이 현대음악에 회의를 느끼게 되고, 결과적으로 극소수만이 현대음악을 즐기게 되었다.

나섬  현대음악 애호가가 별로 없는 것도 이유가 있는 거였네.

최선생 최신 하이엔드 오디오 애호가가 많지 않은 것과 비슷하지.

나섬  주위에 보면 그래도 최신 하이엔드 즐기는 사람이 꽤 있던데.

최선생 상당수는 좋은 거라니깐 좋은 줄 알고 듣는 사람도 있지.

나섬  그러면 현대음악은 앞으로도 소수만이 즐기는 음악이 되겠네?

최선생 현재는 그렇지만 앞으로는 어떻게 될지 모르지.

나섬  하긴 당시에 혹평 받은 곡이 나중에 명곡이 된 게 많지.

최선생 말러Gustav Mahler의 교향곡은 당시엔 음악도 아니라는 평가를 받았지.

나섬  그럼 난해한 현대음악도 나중엔 어떻게 될지 모른단 얘기네?

최선생 알 수는 없지.

나섬  그러면 왜 사부는 현대음악이나 최신 하이엔드를 삐딱하게 보는 거야?

최선생 자신이 좋아하는 장르에 맞는 오디오로 음악을 즐기자는 거지.

나섬    좋아하는 음악에 맞는 오디오를 찾으란 얘기야?

최선생   음악이나 소리가 귀에 안 들어오는데 억지로 듣지는 말잔 애
       기지.

나섬    클래식 애호가라도 대개 고전파나 낭만파 음악을 좋아하잖아.

최선생   억지로 후기 낭만파나 현대음악 들을 필요 없듯이.

나섬    일부러 최신 하이엔드 오디오 찾지 말자는 거지.

최선생   자기가 좋아하는 장르를 잘 나타내는 오디오는 따로 있거든.

나섬    최신 하이엔드로 듣는 현대음악은 들을 만하던데?

최선생   음상을 중시하는 하이엔드와 공간을 활용하는 현대음악은 서
       로 통하지.

나섬    악기 위치가 정확하니깐 입체감이 더 잘 느껴지더라고.

최선생   악기 위치가 선명하지 않으면 음악이 제대로 귀에 안 들어오
       던가?

나섬    그야 아니지만, 손에 잡힐 듯한 악기 음상은 정말 신기하잖아!

최선생   신기하기야 하지. 그래도 신기한 것과 음악적인 것은 다르지.

나섬    하긴 신기한 것은 대부분 금방 싫증나기도 하더라고.

# 음상이란
# 무엇인가?

66 악음이란 '음악을 이룰 수 있는 소리'라는 정도로 정의한다. 이것을 확장하면 음악이 된다.

67 《과학으로 풀어보는 음악의 비밀》 (2012). 존 파웰 저, 장호연 역, 뮤진트리, 43쪽

세상의 모든 소리는 소음과 악음$^{樂音66}$(음악)으로 나눌 수 있다. 누구 마음대로 그렇게 나누는 거냐고 반문할 수도 있겠지만, 이렇게 나누는 것이 일반적이다. 음향학 서두에 나오는 내용이 바로 소음과 악음을 구분하는 것이다. 그러면 소음과 악음은 어떻게 구분이 되는 것일까? 그 기준은 반복의 규칙성에 있다. 우리가 소음으로 알고 있는 것들은 주파수 파형에 규칙성이 없다.[67] 대표적으로 문 여는 소리, 바스락거리는 소리, 부딪치는 소리를 들 수 있다. 이에 반해 악음은 일정한 패턴이 반복되는 특성을 가지고 있다. 이렇게 얘기하면 시계초침처럼 아주 일정하게 규칙적으로 나는 소리도 악음이 아니냐고 물을 수 있다. 시계초침은 음높이나 길이의 변화 없이 단순 반복되는 것이라 악음이라고 할 수 있지만 음악이라고 할 순 없다. 일정한 패턴이 반복되다가 반복을 깨는 일탈이 이루어졌다가 다시 반복되는 패턴이 나타나는 것이 음악인 것이다. 이렇게 복잡하게 설명을 했지만 소음과 음악은 칼로 두부 자르듯 경계가 명확하지 않다. 이런 기준으로 보면 자동차 경적은 주파수가 규칙성을 띠기 때

문에 악음이지만 우리는 일반적으로 소음이라고 생각한다. 반대로 드럼 같은 타악기는 불규칙하고 반복되지 않기 때문에 음향학에선 소음으로 규정하지만 일반적으로 음악에 널리 사용된다.[68] 이렇게 경계가 모호한 면이 있긴 하지만, 우리는 실생활에서 아주 짧은 순간의 소리만 들어도 본능적으로 음악과 소음을 어렵지 않게 구분한다.

시동이 걸린 채 세워진 할리 데이비슨 오토바이 소리를 들어본 적이 있을 것이다. 전자식은 그렇지 않지만 기계식 기화기[69]를 가진 구형은 독특한 배기음으로 유명하다. 중간에 불규칙인 폭발이 한두 번 이어지다가 다시 규칙적인 폭발음이 난다. 이런 경우는 음악이라고 할 수 있을까 하는 고민이 든다. 폭발음은 오토바이의 진동, 연료 상태 등에 따라 규칙적이면서도 약간의 불규칙을 포함하고 있다. 필자는 '두둥 두둥 두둥 둥 두둥 둥 둥 두둥 두둥 둥' 하는 배기음을 우연히 들을 기회가 있었다. 배기음을 듣다가 다음 폭발이 약간 당겨지거나 늦어질까 하는 궁금함이 생겼다. 나도 모르게 계속되는 폭발음에서 리듬감을 느끼고 다음 폭발음이 어떤 타이밍에 올까 기대하게 되었다. 할리 데이비슨 폭발음이 음악이 될 수도 있다는 발견을 한 것에 스스로 대단한 걸 알았다고 생각했는데, 알고 보니 그게 아니었다. 할리 데이비슨의 폭발음을 연주로 활용한 흑우黑雨 김대환이라는 타악기 연주자가 이미 있었다.

우리는 누구나 컴컴한 곳에서 소리가 나는 곳을 정확히 지적하고 거리까지 짐작할 수 있다. 이런 능력은 인간만 갖고 있는 것은 아니다. 두 귀를 가진 동물 대부분이 갖고 있는 능력이다. 태양이 비치지 않는 밤에 소리가 나는 위치를 파악하는 능력은 동물의 생존에 절대적으로 중요한 수단이다. 위험이 어느 쪽에 얼마나 먼 거리에 있는 것인지를 파악하는 것은 소리의 정체가 무엇인지보다 더 중요한 문제일 수 있다. 소리의 정체가 먹이라면 생존을 결정하는 여러 요인 중에 하나가 될 것이다. 그러

68 《음악음향학》 (2003), 이석원 저, 심설당, 20쪽

69 기화기란 공기와 연료를 혼합해 실린더에 공급해 폭발을 유도하는 장치다.

나 소리의 정체가 천적이라면 청각에 따른 위치 판단 능력은 한순간에 사느냐 죽느냐를 결정하는 관건이 된다. 이런 이유로 개나 고양이 같은 동물은 가청 주파수가 넓을 뿐 아니라 청각을 통한 위치 파악 능력도 인간보다 훨씬 뛰어난 편이다. 특히 밤에 주로 활동하는 올빼미 같은 맹금류의 청각 능력은 우리의 상상을 초월한다.

내가 인도를 따라 길을 걷는다고 하자. 차도를 건너려고 하는데 저쪽에서 자동차 경적이 울린다. 그러면 귀에 들어온 소음은 곧바로 뇌로 들어가고 위치추적 시스템이 가동해서 경적이 나는 위치가 어딘지를 파악한다. 위치가 대략 파악되면 시각으로 정체를 확인하기 위해 고개를 돌린다. 고개를 돌려 눈으로 트럭이라는 물체를 확인하고 그것이 달려오고 있다는 사실을 인지하면, 바로 걸음을 멈추고 그것을 피하기 위한 동작을 취한다. 이처럼 소음은 우리에게 최우선적으로 위치가 어딘지를 파악하게 만든다. 길을 걷는데 어디선가 음악 소리가 들린다. 귀를 통해 들어온 소리가 음악이라고 판단되면 생존에 위협이 되지 않기에 그것이 무슨 음악인지, 멜로디가 내가 아는 것인지에 먼저 관심을 갖는다. 그리고 음악의 정체를 어느 정도 파악하고 나서야 그 음악 소리가 어디서 나는지 관심을 갖는다. 이처럼 우리의 뇌는 음악을 들으면 음악소리가 나는 곳의 위치파악은 중요치 않게 처리한다.

외부에서 나는 소리를 귀와 고막을 통해 감지하고 이 신호를 뇌로 전달하면, 뇌는 가장 먼저 그것이 소음인지 음악인지를 판별한다. 음악이라고 판단하면 뇌는 멜로디, 화음, 리듬 등을 인지하는 영역을 활성화하면서 그것이 무슨 음악인지, 전에 들어본 음악인지 알아보기 시작한다. 반면 소음이라고 판단하면 뇌는 소리가 나는 위치를 파악하기 위한 영역을 급하게 가동한다. '급하게'라는 표현을 쓰는 이유는 인류가 수백만 년 동안 위험을 감지하는 수단으로 소리를 사용했기 때문이다. 어디서 나는

소리는 위대하다. 우리는 음악이 아닌 소리에 감동하기도 한다.
주변에서 박수를 치니 덩달아 소름 끼친다.
공연을 보러 가니 박수소리에 전율이 오기도 한다.

소리인지, 그 소리의 정체가 무엇인지를 파악해 그것이 안전한 대상인지 위험한 대상인지 확인해야 하기 때문이다. 이 과정은 무의식적으로 순식간에 일어난다. 그래서 자동차 경적은 소음으로 느끼는 소리로 만들지 음악 멜로디로 만들지 않는다.[70] 경적을 멜로디로 만들면 위치 파악에 어려움을 겪기 때문이다. 결국 위치 파악이라는 뇌의 영역은 생존에 직결되는 소음을 분석하고 위치를 판단하는 역할을 중심으로 발전했다.

**최선생** 버스나 역 대합실에서 나오는 음악 소리에 감동했던 적이 있지?

**나섬** 응, 가끔은 음악적 감동을 받기도 하지.

70 간혹 자동차의 후진 시에 멜로디가 나오는 경우가 있지만, 후진은 느린 속도로 이루어지고 그 소리가 전진과 구별하기 위한 것이라고 보는 게 맞다. 경적의 대부분은 멜로디가 아닌 소음을 사용한다.

최선생 그 소린 음상이라는 게 없는 소리지.

나섬 그렇지, 음상을 딱히 찾아볼 수가 없지.

최선생 음상이 정확히 표현되는 소리가 좋은 소리지는 좀 따져 봐야 해!

나섬 그래도 음상 표현이 되는 소리가 더 좋은 소리 아닌가?

최선생 우리가 음악에 매료되는 이유가 무언인지를 생각해 보자고.

나섬 멜로디나 리듬 때문 아닌가?

최선생 거기에 화성을 붙여서 음악의 3요소라고 하지.

나섬 그럼 소리의 3요소는 뭐야?

최선생 소리의 색깔, 높이, 크기로 보통 음색, 음고, 음량이라고 하지.

나섬 음상, 그러니까 소리의 위치는 없네?

최선생 음상이 소리나 음악에서 별로 중요한 요소가 아니라는 거지.

나섬 그래도 눈에 보일듯이 선명한 음상은 신기하잖아?

최선생 신기하기야 하지만 음상은 신기함 그 이상도 이하도 아니지.

나섬 그러면 왜 사람들이 음악 들으면서 음상에 집중하게 된 거야?

최선생 우리가 매운 것을 즐기게 된 것과 비슷해. 매운 것은 맛이 아니야.

나섬 매운 게 맛이 아니라니?

최선생 매운 맛을 느끼는 미각세포는 없어. 통점에서 고통으로 느끼는 거지.

나섬 고통으로 느끼던 매운 느낌이 맛으로 받아들여지기 시작했다고?

최선생 김치도 전엔 백김치였지. 고추를 넣은 건 조선 중기부터야.

나섬 매운 김치가 아주 오래된 음식으로 알았는데.

최선생 그냥 얼얼한 자극이던 것이 시간이 지나면서 맛으로 대접받게



굿모닝 오디오 하이엔드 편

된 거지.

**나섬**　음상도 그렇다는 거야?

**최선생**　음악과 별 관련이 없던 음상이 이젠 관계가 있게 된 거지.


　　소리는 고막을 진동시킨다. 고막의 진동은 달팽이관의 난원창을 움직이고, 코르티 기관에서 진동이 전기신호로 바뀐다. 이 전기신호는 와우신경핵을 거쳐 연수의 상올리브핵, 중뇌 하구, 시상내측슬상체를 차례로 지나 1차 청각 피질에 도달한다. 이후 2차 청각을 지나 청각연합을 거쳐 해마로 들어가 뇌의 전두엽, 측두엽 등 최고위 중추로 연결된다.[71] **그림 3-8**은 이 과정을 그림으로 표시한 것이다. 상올리브핵에서 중뇌 하구로 전달되는 과정에서 소리의 위치를 파악하게 된다. 재미있는 사실은 중뇌와 시상에서 청각신호와 시각신호가 서로 만난다는 점이다. 중뇌 상구는 시각정보가 지나면서 시각의 위치정보를 인지한다. 결국 중뇌의 상구(시각)와 하구(청각)에서 위치정보를 인지하고 시각과 청각이 서로 만나 위치정보를 공유하게 된다. 시각과 청각이 서로 위치정보를 공유하는 이유는 나머지 감각인 후각, 미각, 촉각과 근본적으로 다르기 때문이다. 후각, 미각, 촉각은 감각에 직접적으로 전해지는 자극이기에 위치정보가 필요가 없다. 미각은 혀 위에, 후각은 코에, 촉각은 느껴진 몸의 부위에 존재하는 자극이다. 이에 반해 시각은 빛을 매개체로, 청각은 소리를 매개체로 삼아 먼 거리에 있는 대상으로부터 오는 간접적인 자극이다. 당연히 어느 방향에 얼마나 떨어진 곳에서 있는가 하는 위치정보가 절대적으로 필요하다.

　　시각과 청각의 위치정보를 파악하는 뇌는 파충류의 뇌라고 불리는 연수와 중뇌에서 이루어진다. 이는 어찌 보면 당연한 것이기도 하다. 시각과 청각으로 파악한 위치정보야말로 먹이 확보와 천적으로부터의 회

71 《뇌, 생각의 출현》 (2008).
박문호 저, 휴머니스트, 290쪽

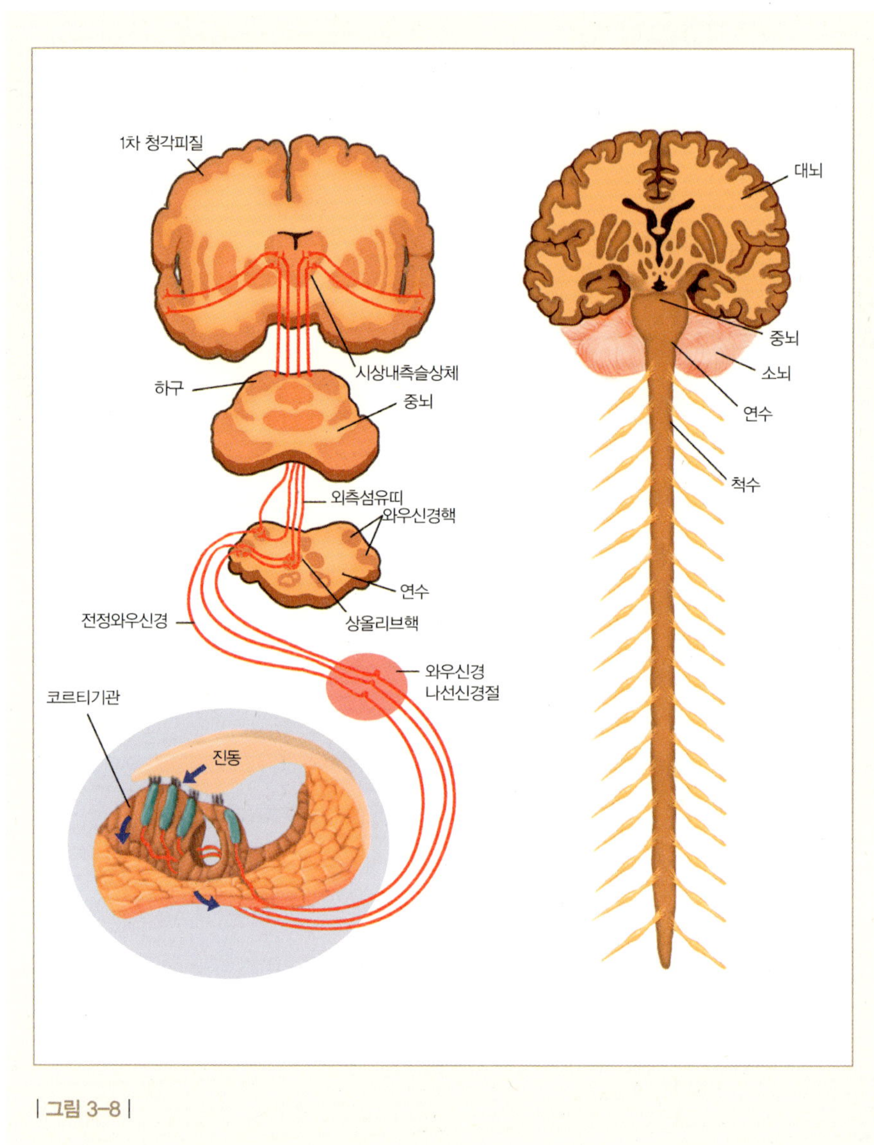


| 그림 3-8 |

피라는 생존 욕구에 가장 필요한 것이기 때문이다. 실제로 독수리나 개 같은 동물이 인간보다 뛰어난 청각능력을 가진 것에서도 이를 확인할 수

   굿모닝 오디오 하이엔드 편

있다. 이에 반해 리듬, 멜로디, 화음의 인지는 뇌의 최고위 중추인, '영장류의 뇌'라고 불리는 신피질에서 이루어진다. 이전에 기억된 멜로디나 리듬과 비교하면서 새로 들어올 음을 기대하고 그 기대가 충족되면 뇌는 만족한다. 기대에 어긋난 음이 들리면 만족은 유보되고 새로운 기대를 가지며, 결국 기대에 만족한 음이 나오면서 유보되었던 만족이 충족되면서 더 큰 기쁨을 느끼게 된다.

악기의 위치정보인 음상을 인지하는 중추가 우리의 기대와 달리 고위 중추가 아닌 하위 중추라는 사실은 우리에게 시사하는 바가 크다. 음상은 가장 최근에 음악 감상의 한 요소로 자리했지만 사냥이나 생존에 필요한 위치정보 파악이라는 본능을 담당하는 중추에서 유래된 것이기 때문이다. 이에 반해 고전적인 음악의 감상 요소인 리듬이나 멜로디, 화음은 생존과 직결되지 않은 고차원적인 즐거움과 쾌감을 추구하는 뇌 영역의 활동에 따른다. 음상이 음악 감상이 주는 즐거움의 대부분을 차지하는 세상이 올 수도 있지만, 음상을 인지하는 것이 아주 낮은 중추에서 이루어진다는 것은 분명한 사실이다.

정확한 음상 표현이 감상에 필요한 음악 장르는 그리 많지 않다. 독주의 경우 모노로 스피커가 하나여도 감상에 지장이 없다. 재즈에서 콰르텟 같은 경우 음상 표현이 약간 필요하다고 할 수 있다. 올드 팝이나 가요도 정확한 음상 표현이 안 된다고 해서 감상에 지장을 주지 않는다. 클래식의 경우엔 협주곡이나 교향곡의 경우 음장 재현이 중요하지만 악기의 음상은 정확하지 않아도 감상에 별 문제가 없다. 교향곡의 경우도 고전주의 이전의 작품에선 음상, 즉 악기의 위치 파악이 음악 감상에서 차지하는 비중이 그다지 크지 않다. 최초로 악기의 위치를 적극적으로 이용한 작곡가는 베를리오즈 Louis Hector Berlioz 라고 할 수 있다. 베를리오즈의 '환상 교향곡' 4악장에 보면 단두대로의 행진에 나오는 종 church bell[72] 소리

72  요즘은 튜블러 벨(tubular bells)로 대체되어 연주하기도 한다.

가 뒤에서부터 앞으로 한 걸음씩 나오면서 긴장감이 서서히 고조되는 장면이 있다. 이런 경우 악기 위치 파악이 음악을 듣는 데 의미를 갖게 하는 부분이라고 할 수 있다. 베토벤 이전의 곡에서는 음상 파악이 음악 감상에 꼭 필요한 경우를 찾기가 쉽지 않다. 극적인 긴장감을 조성하기 위해 불협화음을 사용하거나 조를 바꾸거나, 새로운 멜로디로 도약하거나 하는 것으로 충분했기 때문이다. 베를리오즈는 베토벤 시대 직후에 살았고 파가니니<sup>Niccolo Paganini</sup>와 동년배로 서로 친하게 지내기도 했다. 이처럼 낭만파가 시작할 무렵 활동했음에도 악기 위치를 적극적으로 활용한 작곡을 했다는 점에서 상당히 시대를 앞서간 작곡가였다고 할 수 있다. 이런 악기 위치의 활용은 후기 낭만파로 넘어오면서 바그너<sup>Wilhelm Richard Wagner</sup>, 말러 등의 음악에서 불안과 공포, 긴장감을 표현하기 위해 자주 사용된다. 소음에 가까운 소리를 내는 악기를 배치해 극적인 긴장감을 유발하는 것에서 음상 파악이 비로소 의미를 갖기 시작한다고 할 수 있다.

클래식에서도 좋아하는 시대에 따라 잘 어울리는 오디오 시스템이 있다. 보통 고전파나 낭만파까지는 음색형이나 음장형 시스템이, 후기 낭만파부터는 음장형이나 음상형 시스템이 잘 어울린다. 현대음악에 관심이 많다면 음상형 시스템을 고려해보는 것이 좋다. 음색형, 음장형, 음상형을 사진과 비유하자면, 음색형은 색감이 좋은 라이카 필름 카메라로 찍은 건물사진이라고 할 수 있다. 실제 건물보다 사진의 색감이 더 진해서 생생한 정감이 느껴지는 사진이다. 음장형은 해상력 좋은 디지털 카메라로 입체감이 느껴지도록 찍은 사진이라고 할 수 있다. 건물의 구조나 벽면의 색이 사실적이고 건물 전체가 입체적으로 느껴지는 사진이다. 마지막으로 음상형은 건물 구조를 컴퓨터를 이용해 캐드로 그린 3차원 입체 그래픽 사진이라고 할 수 있다. 건물의 구조와 특징이 입

　굿모닝 오디오 하이엔드 편

체적으로 일목요연하게 보이지만 건물의 색은 다소 건조하게 표현되는 사진이다.

나섬　　무슨 말인지 짐작은 되는데, 좀 더 감각적으로 설명해줘!

최선생　감각적으로 설명해달라고?

나섬　　여성 스타일로 설명해주면 좋지.

최선생　음색형은 살결 좋고 풍만한 고전 미인이야.

나섬　　그럼 음장형은 뭐야?

최선생　나올 데 나오고 들어갈 데 들어간 글래머 스타일의 미녀지.

나섬　　그럼 음상형은 키 크고 날씬한 슈퍼 모델이야?

최선생　그렇지, 아주 스타일이 좋은 패션모델이라고 봐야지.

나섬　　모델이 보기에 제일 멋진 거 같은데?

최선생　보기엔 좋지. 그런데 같이 산다고 하면 얘기가 다르지.

나섬　　모델을 가까이서 봤단 말이야?

최선생　직접 보면 얼굴은 보통이고, 몸은 뼈에 살만 걸친 느낌이야.

나섬　　모델이 키도 크고 스타일도 좋잖아?

최선생　보기엔 그렇지만 슬쩍 몸에 부딪치면 나무토막 같은 느낌이 들지.

나섬　　살이 없으니 그렇겠네.

최선생　처음에 잠깐은 좋은데, 그 다음엔 오히려 어색해.

나섬　　하긴 모델들이 얼굴이 예쁘진 않더라고?

최선생　패션모델은 그냥 좋은 옷걸이라고 생각하면 돼.

나섬　　옷걸이라니?

최선생　모델 얼굴이 예쁘면 얼굴 보느라 옷에 시선이 안 가지.

나섬　　모델은 얼굴보다 옷을 빛나게 해야 한다는 거구나?

| 표 3-1 | 음색형 · 음장형 · 음상형의 특징과 분류

| 분류 | 무대의 크기와 위치 | 배경 | 해상력 | 음상 | 대역밸런스 | 음색 | 스피드 | 톤 |
|---|---|---|---|---|---|---|---|---|
| 음색형 | 보통 크기의 무대가 청취자를 포위할 정도로 앞에 위치한다. | 흐림 | 떨어짐 | 크고 무름 | 중음이 부풀어 있다. | 진하고 따뜻함 | 느림 | 두툼함 |
| 음장형 | 큰 무대가 스피커 연결선 약간 앞에서 그 뒤로 펼쳐진다. | 보통 | 보통 | 보통 크기에 적당히 단단. | 저음 양이 많다. | 풍성하고 자연스러움 | 약간 빠름 | 적당함 |
| 음상형 | 적당한 무대가 스피커 연결선 뒤쪽으로 펼쳐진다. | 밝음 | 좋음 | 작고 아주 단단함 | 고음이 많고, 저음이 단정하다. | 단정하고 날카로움 | 아주 빠름 | 가늘 |

　　표 3-1에서 보듯이 음색형은 따뜻하고 진한 음색을 특징으로 한다. 편의상 수치로 음색형은 1.0으로 표시한다. 음장형은 넓은 대역과 호방한 스케일을 특징으로 하는데, 수치로는 3.0으로 표시하기로 한다. 음상형은 빠르고 단정한 저음과 아주 날카롭고 작은 음상을 특징으로 한다. 수치로는 편의상 5.0으로 표시한다. 이런 기준에 맞추어 소리 성향을 정리하면 다음과 같다.

－ 따뜻하고 풍성하면서 두툼한 소리　　1.0 ～ 2.5

- 약간 어두우면서 질감 있는 소리　　2.5 ~ 2.8
- 호방하고 자연스러우며 무난한 소리　2.8 ~ 3.2
- 투명하면서 담백한 소리　　　　　　3.2 ~ 3.8
- 섬세하면서 정확하고 빠른 소리　　　3.8 ~ 4.5

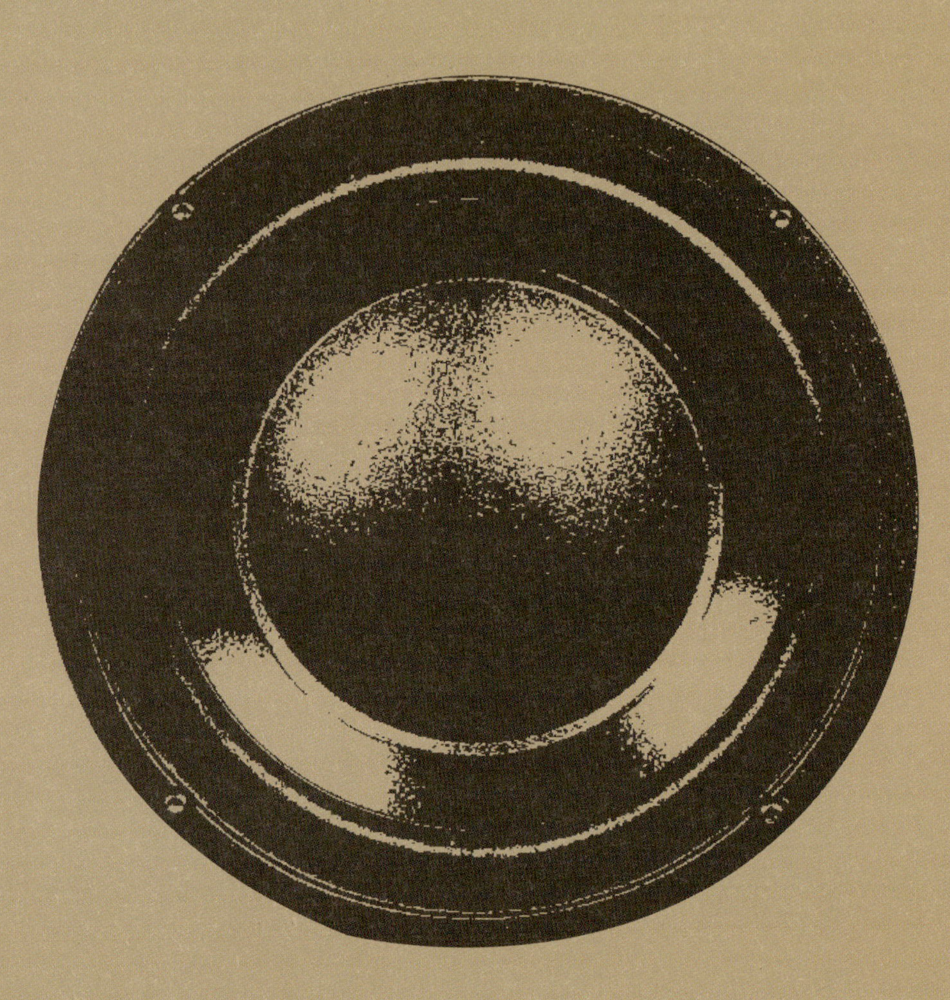

# Chapter 4

# 오디오,
# 어떻게 나누어야 하나?

스피커와 앰프는 여러 기준에 따라
음색형, 음장형, 음상형으로 나눌 수 있다.
이외에 디지털 기기와 아날로그 기기 역시 기기별 특성에 따라
소리의 성향을 판단할 수 있다.
다양한 기기를 통한 다양한 조합을 경험했을 때,
내가 원하는 '바로 그 소리'를 만끽할 수 있다.

# 음색, 음장, 음상 스피커 구분하기

시대에 따라 오디오가 지향하는 소리가 다르다는 것은 앞서 설명했다. 이제 더 구체적으로 음색형, 음장형, 음상형으로 스피커를 구분해 보도록 하자. 우선 모노 시대부터 스테레오 초기까지 생산된 빈티지 스피커 대부분은 음색형 스피커라고 할 수 있다. 음색형 스피커는 효율이 95dB 이상이고 중역이 두툼한 반면 초고역과 초저역 재생은 상대적으로 약한 편이다. 특히 특정 장르나 악기에 좋다는 평가를 받는 스피커는 음색형 스피커일 가능성이 크다. 현악기가 좋은 탄노이는 모니터 블랙·실버·레드 유닛, 올드 팝에 좋은 웨스턴 일렉트릭이나 젠센Jensen, 알텍 유닛은 음색형 스피커로 볼 수 있다. 대부분 혼을 채용한 스피커가 많은데, 현대 스피커로는 아방가르드가 음색형이라고 할 수 있다.

음장형은 대략 1970년 이후에 생산된 스피커가 대부분으로, 효율은 90dB 전후로 대역이 넓은 것이 특징이다. 넓은 대역 재생이 가능해 저음의 양이 충분하고 고음의 뻗침도 좋다. 음장형 스피커는 대부분 저음의 양을 충분하게 하기 위해 덕트가 있는 위상 반전형을 취하고 있다. 음색형 스피커들은 통울림을 이용하는 경우가 많아서 인클로저 크기에 비해 무게가 무겁지 않은 편이다. 이에 비해 음장형 스피커는 통울림을 적당히 억제하기 때문에 인클로저 무게가 음색형보다 더 무거워진다. 쿼드나 마틴 로간Martin Logan, 아포지Apoge 같은 정전형 혹은 리본형 스피커는 음장형 스피커로 보는 것이 타당하다. 저음의 양이 적고 속도가 빠르긴 하지만 스피커의 작동원리상 소리가 앞뒤로 동시에 울려 나오는 스타일이라서 음장 형성 능력이 탁월하다. 반면에 소리를 내는 판이 상대적으로 커서 음상을 작게 표현하지는 못하기 때문에 음상형 스피커로 보기는 어렵다.

스피커가 만드는 입체 무대는 음색형이 앞으로 상당히 나오는 반면, 음장형은 스피커 연결선에서 약간 앞으로 나오는 정도다. 음장형은 음색형보다 효율이 낮지만 음상형에 비해 상대적으로 구동이 쉬워 앰프를 심하게 가리지 않는 편이다. 자연스러운 음장을 형성하려면 트위터 주변의 면적이 좁을수록 좋다. 이를 위해 트위터가 수납된 부분을 곡면이나 다면체로 만들기도 한다. 대표적으로 윌슨 오디오의 와프 퍼피Watt Puppy와 사샤Sasha, JM 랩JM&Lab 유토피아Utopia 시리즈를 들 수 있다. 특히 유토피아는 음악 감상도 좋지만 영화 감상에도 아주 좋아 대표적인 음장형 스피커로 꼽힌다.

음상형 스피커는 인클로저가 진동하는 통울림이 있으면 음상의 정확한 포인트가 흐려지기 때문에 통울림을 철저히 배제하는 쪽으로 설계된다. 카본 수지, 에폭시 등 진동에 강한 소재로 인클로저를 만들어 유닛이 진동해도 인클로저는 진동하지 않도록 했다. 대부분 이런 인클로저는 중량이 무거워 스피커 1대가 100kg이 넘는 경우가 많다. 또한 정확한 음상 정위를 위해 트위터를 별도로 두고 인클로저에서 돌출되게 하기도 하는데, B&W의 노틸러스Nautilus 시리즈가 대표적이다. 음상형 스피커는 저

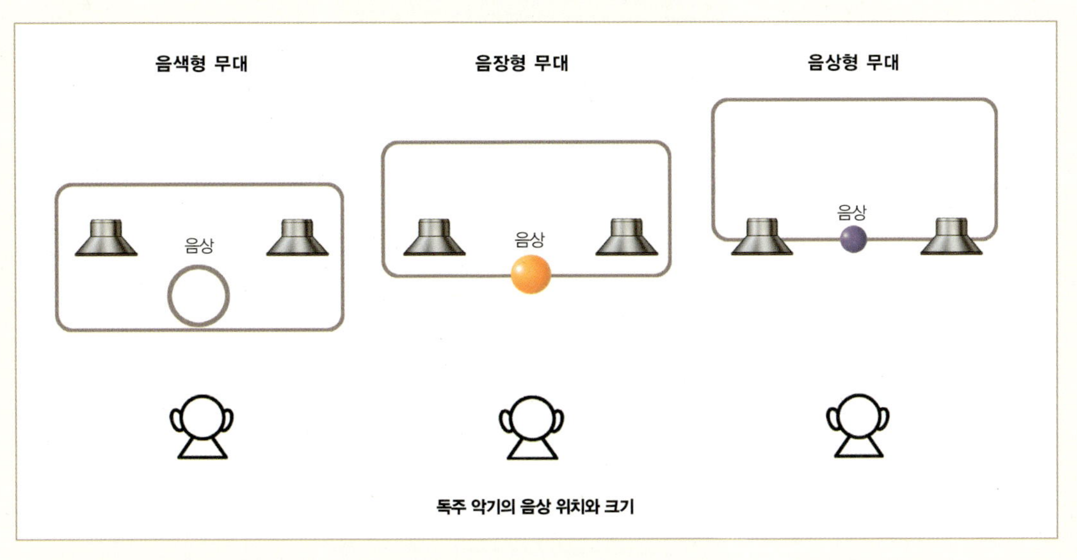


| 그림 4-1 |

음을 담당하는 우퍼 유닛이 주어진 신호대로 정확하게 움직이고 바로 멈추게 하기 위해 밀폐형 인클로저를 채택하는 경우가 많다. 이렇다 보니 스피커의 효율이 88dB 이하로 낮은 편이다. 그래서 음상형 스피커는 대체로 울리기 힘든 편이다. 음상형 스피커를 울리려면 앰프의 출력과 구동력이 더 커지고 좋아져야 한다. 어렵긴 하지만 제대로 구동만 되면 음상형 스피커는 정확하고 단단한 저음을 낸다. 대표적으로 아발론의 악센트 mk2<sup>Accent mk2</sup>와 매지코의 V3 스피커를 예로 들 수 있다.

대략적으로 음색, 음장 음상형의 특징을 알아보았는데, 그 경계를 정확히 나눌 수는 없다. 음색형에서 음장형, 음상형으로 이어지는 연속성을 가진 일종의 스펙트럼으로 이해하는 것이 좋다. 무지개의 색깔이 서로 연속되어 겹쳐져 있듯이 음색, 음장, 음상형 스피커

스피커 내부

매지코 S5        아발론 악센트 mk2

도 서로 맞물려 있다고 생각하면 된다. 예를 들어 소너스파베르Sonus Faber
의 그랜드 마스터Grand Master와 JM 랩의 유토피아, 윌슨 오디오의 와트퍼
피와 샤샤는 다 같은 음장형 스피커다. 하지만 그랜드 마스터는 음색형
에 가깝고, 와트퍼피와 샤샤는 음상형 스피커에 가까운 사운드를 낸다.
이런 연속된 개념은 숫자로 표시할 수 있다. 1을 전형적인 음색형으로, 3
은 음장형으로, 5는 음상형으로 표기하는 것이다. 이렇게 하면 소너스파
베르 크레모나Cremona M SE는 2.6 정도가 되고 JM 랩의 유토피아는 3.0으
로, 틸Thiel 3.7은 3.6 정도, 윌슨오디오의 사샤는 3.9 정도로 표현할 수 있
다. 가장 보편적인 하이엔드 스피커로 평가받는 B&W 802 다이아몬드802
Diamond는 3.8 정도로 표현하면 무난할 것이다. 울리기 어렵다는 아발론의
악센트 mk2는 4.5에, 요즘 한창 주가를 올리고 있는 매지코 V3는 4.7에
해당한다고 할 수 있다.

 굿모닝 오디오 하이엔드 편

나섬     어떻게 나누는지 감이 잡히긴 하는데, 이해가 안 되는 게 있어.

최선생    뭐가 이해가 안 되는데?

나섬     사샤와 크레모나 M은 효율이 91dB에 4옴으로 같잖아?

최선생    스펙만 보지 말고 종합적으로 봐야지.

나섬     스피커의 효율, 인클로저 구조, 소리를 전체적으로 보란 거야?

최선생    그렇지, 효율이나 구조는 참고사항이고 중요한 것은 소리지.

나섬     두 스피커의 소리가 많이 다른데, 뭐 때문이야?

최선생    여러 요인이 있지만 사용된 유닛이 무엇이냐가 중요하지.

나섬     요즘 아큐톤의 세라믹 유닛이 많이 쓰이던데.

최선생    세라믹 유닛은 날카롭고 정확한 소리를 내는 편이야.

나섬     음장이나 음상형 스피커가 되겠네?

최선생    그렇지, 음색형이 되긴 힘들지.

| 표 4-1 | **주요 스피커의 성향과 특징**

| 제품 | 성향 | 특징 |
|---|---|---|
| Avantgarde Uno | 2.1 | 짙은 색채감에 호소력 있는 보컬이 장점. |
| Acapella Violon | 2.3 | 화사한 고음, 자연스러운 중음이 매력적.* |
| Spendor SP-1/2 | 2.4 | 어둡고 슬픈 음색, 음악의 우울함을 아는 스피커. |
| Quad ESL-57 | 2.5 | 따뜻한 음색 자연스러운 홀톤. 내구성이 문제. |
| Sonus Faber Amati Homage | 2.6 | 현악기 음색에 발군. 저음이 아쉬움. |
| Sonus Faber M SE | 2.7 | 질감과 따뜻한 온도감이 좋음. |
| Harbeth Compact 7ES | 2.7 | 대편성만 빼면 절묘한 통울림을 내는 스피커.* |
| Sci-fi Tesla3 | 2.8 | 두툼한 중역과 과장된 저역. 올드 팝, 가요 전용 |
| ATC SCM 50SL MK2 | 2.9 | 약간 어두운 톤에 진한 음색이 매력. |
| Harbeth Monitor 40.1 | 2.9 | 음악성과 해상력을 겸비. |
| JM&Lab Alto Utopia BE | 3.0 | 넓은 음장에 달콤한 고음. 전형적인 음장형 스피커. |
| Wilson Audio Watt Puppy 5.1 | 3.1 | 풍성한 저음. 홀을 채우는 공간감이 탁월함. |
| Wilson Benesh Discovery | 3.1 | 투명하지만 느슨한 사운드. 가격 대비 성능이 좋음. |
| JM&Lab Micro Utopia BE | 3.2 | 달콤한 고음에 더 빨라진 저음. 3대 북쉘프 중 하나.* |
| PMC Ob1i | 3.2 | 클래식을 빼고 흠잡을 데 없는 올라운드 플레이어. |
| Dynaudio Special 25 | 3.3 | 북쉘프답지 않게 무대가 크고 대역이 넓지만 울리기 쉽지 않음. 약간 밝고 중역이 가는 게 흠. |
| KEF 105 | 3.4 | 생각보다 예리한 고역에 힘차고 단정한 저역.* |
| Martin Logan Sequel | 3.4 | 빠르고 단정한 저음과 큰 무대, 섬세한 중고역이 장점. 넓은 공간이 필요. |
| Quad ESL-63Pro | 3.5 | 투명한 고역 자연스런 음장, 판넬 트러블이 문제. |

하베스 콤팩트

PMC Ob1i

| 제품 | 성향 | 특징 |
|---|---|---|
| Apoge Diva | 3.5 | 빠르고 정확한 저음과 넓은 음장의 정상급 사운드. 울리기 힘든 게 흠. |
| Thiel CS 3.7 | 3.6 | 전작에 비해 저음이 편해지고 고음이 순해짐.* |
| Elac 602 X-Jet | 3.6 | 투명하고 섬세하지만 생각보다 차갑고 날카롭지 않음. |
| Focus Audio Signature FS-888 | 3.7 | 음색 위주의 전작과는 다른 모습. 무대와 음상 표현이 좋고 자기 색깔이 적음.* |
| Verity Audio Parsipal | 3.7 | 온화한 음색이면서도 좁은 공간에서 무대와 음상을 만드는 능력이 출중. 울리기 쉽지 않은 게 흠. |
| Harbath LS3/5A(11옴) | 3.7 | 약간 밝으나 음상 정위 능력이 발군. |
| B&W 802 Diamond | 3.8 | 전작 D에 비해 저음이 더 나오고 고음이 자연스러워짐.* |
| Rockport Avior | 3.8 | 사샤보다 저음이 깊고 무대가 큰 편. 약음에선 사샤에 밀리지만 총주에선 앞섬. 사샤보다 울리기는 조금 더 어려움. |
| Wilson Audio Sasha | 3.9 | 3차원 입체감과 음상 정위가 장점. 섬세한 음을 내주고 쉽게 울릴 수 있는 게 장점.* |
| Goldmund Logos Mini (Passive) | 3.9 | 골드문트답지 않게 차갑지 않은 음색 |
| Totem Acoustic Mani 2 | 3.9 | 저음이 풍부하고 음상이 정확하지만 맛이 없는 음색. |
| Acousiic Enegy AE1 Sig | 4.0 | 스피커 사이즈를 뛰어넘는 큰 무대, 깔깔한 음색. |
| Rockport Mira | 4.1 | 단단한 저음. 안정감 있는 무대. 투명한 음색. |
| Revel Ultima Studio 2 | 4.2 | 투명하고 맑은 사운드로 피아노 재생에 발군. |
| Isophon Arabba | 4.3 | 뒤로 깊은 음장, 청명한 음색의 스피커. |
| Avalon Accent mk2 | 4.5 | 뒤로 깊고 정제된 무대. 적당히 절제된 매력적인 음색. |
| Magico V3 | 4.7 | 빠르고 타이트한 저음, 전형적인 음상형 스피커. |

* 추천, ** 강력추천

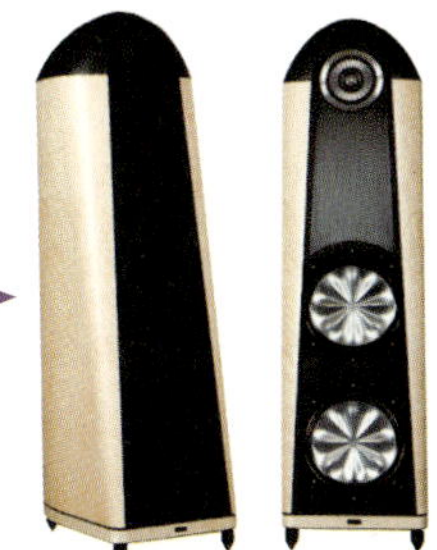

틸 CS 3.7

윌슨 오디오 사샤

토템 어쿠스틱 마니2

# 음색, 음장, 음상 앰프
## 구분하기


앰프도 스피커와 마찬가지로 각기 구동력과 소리가 달라 음색형, 음장형, 음상형으로 나눌 수 있다. 진공관 앰프부터 살펴보면 싱글 구성에 정류관을 사용한 앰프는 음색형일 가능성이 크다. 푸시풀 구성에 정류관을 사용한 진공관 앰프는 약간 음장형 쪽에 가까워진다. 같은 푸시풀 앰프라도 정류관 대신 정류 다이오드를 사용하면 조금 더 음장형에 가까워진다. 트랜지스터 앰프도 회로구성에 따라서 구분할 수 있다. 싱글 A급 앰프는 음색형에 가깝고, 푸시풀 AB급은 음장형에 가깝다. 회로는 푸시풀 구성으로 전원부에 전기 공급 속도가 빠르도록 스위칭 전원부(SMPS)를 사용하거나 작은 콘덴서를 여러 개 사용한 앰프는 음상형에 가까운 앰프라고 생각하면 된다. 이런 앰프들은 전원부의 효율이 좋아 출력에 비해 열이 적게 난다. 결국 출력 대비 열은 음색형이 가장 많이 나고, 그 다음이 음장형이며, 음상형이 가장 적게 난다.

복잡하게 회로구성이나 스펙을 보지 않고도 앰프를 쉽게 나누는 방법이 있다. 진공관 앰프는 싱글 증폭에 정류관을 사용하면 출력이 크지


굿모닝 오디오 하이엔드 편

않음에도 열이 많이 난다. 푸시풀 구성을 하고 다이오드 정류를 하면 열이 조금 줄어들고 출력도 커진다. 트랜지스터 앰프도 이와 비슷하다. 크기에 비해 출력이 적고 열이 많이 나는 앰프는 음색형에 가깝다. 앰프 크기에 비해 출력이 적고 열이 많이 나는 이유는 싱글 회로나 푸시풀 회로라도 A급에 가깝게 바이어스를 깊게 걸기 때문이다. 즉 패스의 앰프들은 덩치가 크고 무거운 반면 출력이 적고 열이 많이 나 대표적인 음색형 앰프라고 할 수 있다. 그리폰 앰프도 덩치가 크고 출력도 크지만 열도 많은 편이어서 음색형으로 분류할 수 있다. 앰프 크기에 비해 출력도 크고 열이 별로 안 나는 앰프는 음상형일 가능성이 크다. 스위칭 전원부 탓에 출력이 충분히 커도 열이 별로 나지 않기 때문이다. 스위칭 전원부를 사용하는 코드나 할크로의 파워앰프가 대표적이다. 디지털 증폭방식을 채택하고 있는 아이스 파워모듈 같은 경우는 SMPS 전원부를 사용하고 증폭회로도 디지털 방식이라 열이 날 곳이 없다. 실제로 열도 거의 없고 소리도 온기가 적어서 음상형으로 보는 것이 무난하다.

디지털 전원부를 사용하지 않고 속도를 빠르게 하는 방법을 사용하는 회사들이 있다. 에어의 파워앰프는 전원부의 콘덴서를 작은 용량으로 병렬 사용해 속도를 빠르게 한다. 골드문트의 경우는 최소한의 용량으로 콘덴서를 한두 개만 사용하고 출력석의 수를 최소화해 빠른 속도를 갖게 한다. 부메스터의 경우 골드문트보다 콘덴서 전체 용량이 크지만 마크레빈슨이나 크렐, 패스에 비하면 적은 용량을 전원부에 사용한다. 그래서 음상형이긴 하지만 골드문트보다 속도가 약간 덜 빠르고 소리도 골드문트보다 음장형에 가까운 소리를 낸다. 이런 앰프들은 대부분 음상형이라고 할 수 있다. 음상형 앰프는 적당한 크기에 출력도 크지만 음장형에 비해 열이 많이 나지 않는 편이다.

부메스터 앰프 내부

패스 앰프 내부

나섬    음색, 음장, 음상형 앰프를 구체적으로 설명해줘.

최선생    마크 20.5는 음색형이고, 331로 나가는 3시리즈는 음장형이지.

나섬    최근에 나온 532 같은 5시리즈는 음상형에 가깝겠네?

최선생    그렇지, 음상형 앰프라고 봐야지.

나섬    점수를 좀 매겨줘 봐.

최선생    마크 20.5는 2.4, 331은 3.1, 532는 4.5 정도 되겠지.

나섬    크렐 앰프들은 어때?

최선생    구형 KSA 시리즈는 2.3 정도고, FPB 시리즈는 3.0 정도 되지.

나섬    음색, 음장, 음상을 결정하는 점수가 절대적인 거야?

최선생    아니지, 상대적인 개념이지.

나섬    3.5는 3.0보다 좀 더 음상형에 가깝단 얘기지?

최선생    3.5인 앰프는 3.0보다 저음이 적고 빠르며 음상이 더 작다고
         보면 되지.

    굿모닝 오디오 하이엔드 편

나섭　파워앰프는 출력이나 크기, 발열 정도로 쉽게 알겠는데, 프리
　　　앰프는?

최선생　프리앰프는 열이 적고, 푸시풀 회로는 거의 없고, 대부분 싱글
　　　회로야.

나섭　그렇다면 외관으로 쉽게 구별하기 힘들단 얘기네?

최선생　증폭을 진공관으로 하느냐, 트랜지스터로 하느냐 정도지.

나섭　전원부에 정류관을 쓰냐, 다이오드를 쓰냐의 차이도 있잖아?

최선생　그런데 그 이상은 구분할 게 없어. 그러니 소리를 듣고 판단해
　　　야지.

나섭　친절하게 시판 중인 앰프들 점수를 다 매겨주면 좋겠네.

최선생　내가 많은 기기를 들어 봤어도 그걸 다 해줄 수는 없지.

나섭　역시 스스로 알아서 하라는 얘기군?

최선생　점수는 스스로가 앰프를 경험하면서 매기는 거지.


　파워앰프는 증폭 방식이나 전원부의 구성으로 대략의 소리를 미루어 짐작할 수 있는 반면, 프리앰프는 대부분 싱글 증폭을 하고 있고 전원부에 따른 소리 차이가 파워앰프보다 적어 회로나 구성만 보고 판단하기 힘들다. 소리를 듣고 판단하는 수밖에 없다. 프리앰프를 언급하면서 빼놓을 수 없는 것이 증폭 소자를 쓰지 않고 신호의 레벨만 조절해주는 패시브 프리앰프다. 패시브 프리앰프는 크게 저항을 사용하는 방식과 트랜스에 다양한 탭을 내서 음량을 조절하는 두 가지 방식이 있다. 저항으로 신호의 크기를 조절하는 방식에도 크게 세 가지 방식이 존재한다. 가장 저렴한 방법으로 저항 성분을 가진 긴 띠를 원통형으로 만든 다음 그 띠에 접촉하는 위치에 따라 저항값이 달라지는 원리를 이용한 것이 탄소피막볼륨이다. 우리가 아는 대부분의 볼륨은 이런 식으로 소리의 크기를

조절한다. 저항을 가진 띠를 이용하기 때문에 저항값이 일정하지 않아서 좌우 편차가 생길 수 있고, 접촉지점에 이물질이 끼면 볼륨을 돌릴 때 잡음이 나기 쉽다. 더 고급의 제품은 '어테뉴에이터<sup>attenuator</sup>'라 부르는데, 저항값의 편차를 줄이기 위해 일반적인 셀렉터<sup>selector</sup>에 저항값이 정확한 저항을 납땜해서 좌우 편차와 지직거리는 잡음을 줄였다. 탄소피막볼륨에 비해 좌우 편차와 음질, 내구성이 좋다.

어테뉴에이터도 두 가지 종류로 나뉜다. 저항을 일렬로 달아 사용하는 시리얼형은 볼륨 위치에 따라 임피던스가 달라지는 단점이 있다. 쉽게 말해 낮은 볼륨일 때 저음이 현저히 줄어 대역 밸런스가 틀어진다. 또한 그림 4-2에서 보듯이 4단에 있다고 하면 1단, 2단, 3단, 4단까지의 저항을 모두 거쳐 작동되기 때문에 많은 접점과 납땜을 지나야 한다. 따라서 증폭장치 없이 신호의 크기만 조절하는 패시브 프리앰프 용도로는 적

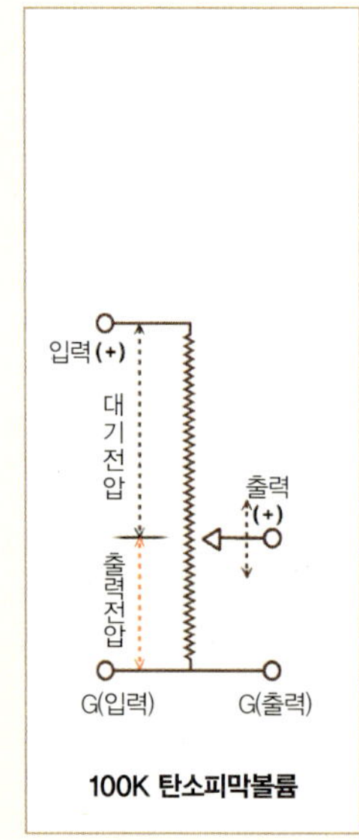


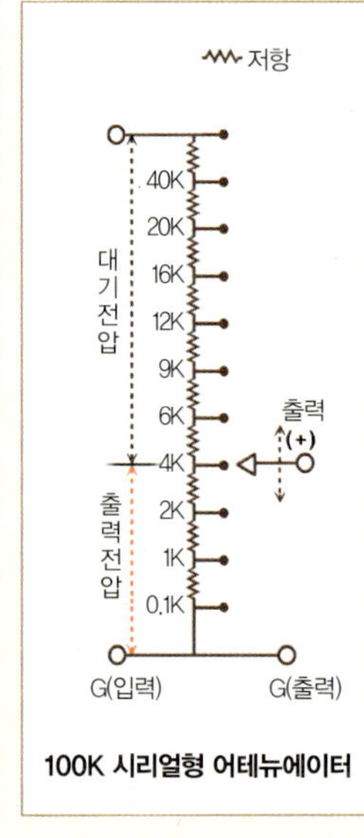


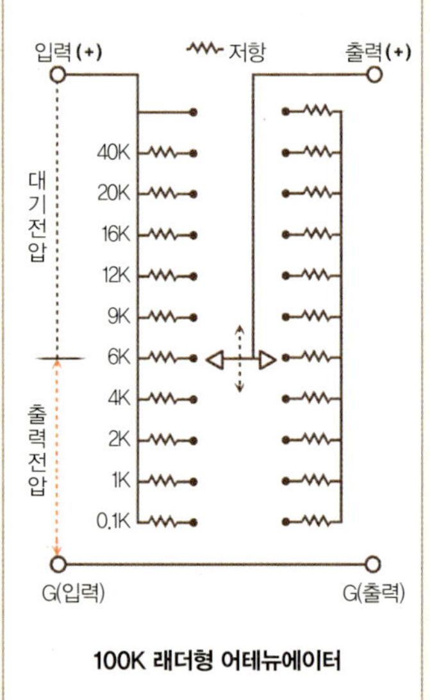


| 그림 4-2 |

절하지 않다. 그래서 시리얼형은 증폭부를 갖춘 일반적인 액티브 프리앰프의 볼륨으로 사용하는 것이 좋다. 탄소피막볼륨이나 시리얼형 어테뉴에이터의 문제를 해결하기 위해 나온 것이 래더형 어테뉴에이터다. 볼륨 위치에 관계없이 두 개의 접점이 동시에 움직이면서 작동하는 것이다. 볼륨 위치에 따라 임피던스가 별로 변하지 않고[73] 단 두 개의 저항만 거치면 되기 때문에 음악 신호가 거쳐야 하는 납땜 수가 현저히 줄어든다. 볼륨 위치에 따라서 임피던스의 변화도 적어 볼륨 위치에 따른 음질 변화가 적다.

　　볼륨이나 어테뉴에이터의 작동원리는 그림 4-3의 그림을 보면 쉽게 이해할 수 있다. 입력 신호가 높은 위치에서 물처럼 떨어지면 수조에 일정한 높이로 수압이 유지된다. 그런데 좌측의 칸막이가 내려가면 칸막이 위로 물이 새면서 수위가 낮아진다. 좌측의 칸막이가 오르내림에 따라 물의 수위가 결정되고 그 수위의 높낮이에 따라 출력 전압이 변한다. 수위의 높낮이 변화가 소리 크기의 변화로 나타나는 것이다.

　　래더형 어테뉴에이터를 채용한 패시브 프리앰프 소리를 들으면, 저음은 양이 적고 단정하며 중음과 고음은 섬세하다. 중고음이 순수하고 섬세한 것은 일체의 증폭 과정을 거치지 않기 때문인데, 문제는 저음의 양이 너무 적다는 것이다. 중고음의 매력에도 불구하고 패시브 프리앰프가 시장에 많이 보급되지 못하는 근본적인 원인이 바로 빈약한 저음과 폭발하는 에너지가 필요한 부분에서 아쉬움이 느껴지기 때문이다. 그래서 어테뉴에이터를 이용한 패시



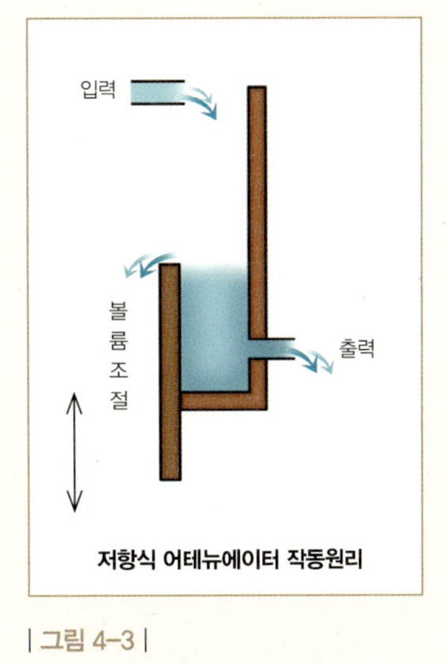


| 그림 4-3 |

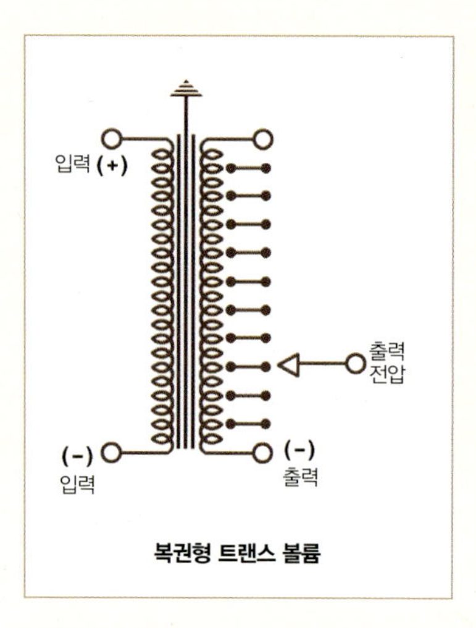


| 그림 4-4 |

브 프리앰프로 유명한 퍼스트 사운드First Sound도 최근에는 어테뉴에이터 뒤쪽에 증폭회로를 추가한 액티브 프리앰프를 주로 생산하고 있다.

이런 패시브 어테뉴에이터 볼륨의 문제를 상당 부분 해결할 수 있는 것이 바로 트랜스 볼륨이다. 그림 4-4처럼 트랜스의 2차 측에 다양한 탭을 내서 필요한 만큼 전압을 얻는 방식이다. 10단 중에 두 번째 탭을 선택했을 때 입력전압의 20%에 해당하는 전압이 나온다. 저항을 사용하는 보통의 어테뉴에이터에서도 2단을 선택하면 입력전압의 20%에 해당하는 전압이 출력된다. 둘 다 입력전압의 20%가 출력되는 것은 같은데, 트랜스 볼륨을 통해서 나오는 출력신호는 저항을 통해 나오는 출력신호와 다른 점이 있다. 전압은 같지만 전류가 더 많이 나온다는 것이다. 그 이유는 트랜스의 특성 때문이다. 10개의 탭 중에 두 번째 탭을 사용하면 전압은 20%로 낮아지는데, 전류는 낮아진 전압 비율만큼 커진다. 전압이 1/5로 줄면 전류는 5배가 늘어난다.[74] 입력 전압에 비해 전압이 낮아지면 낮아진 만큼 전류가 커진 상태로 출력이 되는 것이다.

트랜스 볼륨은 볼륨을 낮추면 수압이 낮아지면서 출력으로 내보내는 출구의 구멍이 커져 더 많은 양의 물을 내보낸다. 결국 저항을 이용한 어테뉴에이터처럼 대기하고 있거나 그라운드로 흘려 보내는 것 없이 들어온 신호는 온전히 증폭부로 이동한다. 이에 반해 저항을 사용한 어테뉴에이터는 전압이 1/5만 출력으로 내보낼 경우 나머지 4/5는 그림 4-3처

[74] 트랜스의 변환효율이 100%라고 가정할 때 그렇다. 실제로 입력신호를 다루는 트랜스의 변환효율은 95% 정도다.

볼륨과 어테뉴에이터

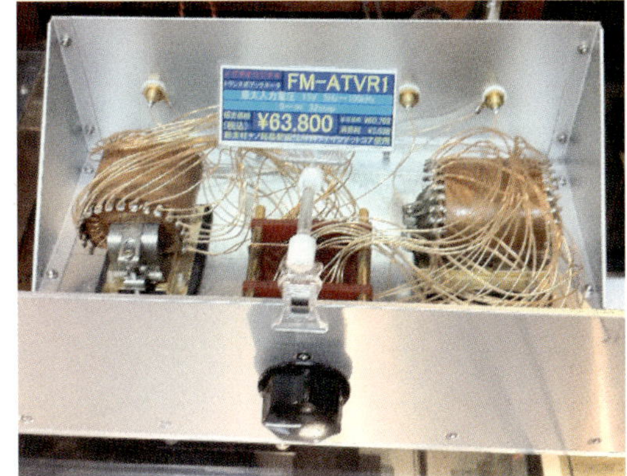


트랜스 볼륨

럼 그라운드로 흘려 버린다. 따라서 전압이 줄거나 늘어도 전류는 거의 변하지 않는다. 실제로 저항으로 만들어진 어테뉴에이터를 사용한 패시브 앰프는 저음이 빈약하고 에너지가 별로 느껴지지 않는 반면, 트랜스 볼륨을 사용한 패시브 앰프는 상대적으로 저음의 양이 많고 소리에 에너지가 넘친다. 일체의 증폭소자 없이 신호의 크기만 조절하는 패시브 프리앰프 중에서는 트랜스 볼륨을 사용한 제품이 대역도 가장 넓고 저음의 양과 무게에서 단연 기존의 저항을 이용한 어테뉴에이터를 압도한다. 현재 상용화된 제품으로 뮤직 퍼스트 오디오<sup>Music First Audio</sup>의 제품이 있고, 다양한 부품업체에서 키트 형태로 트랜스 볼륨을 판매하고 있다.[75] 또한 실바톤 오디오<sup>Silbatone Audio</sup> 제품을 비롯한 음질 위주의 최고급 프리앰프에도 트랜스볼륨이 쓰이고 있다.

[75] intactaudio.com, sowter. co.uk, diyaudio.com, hificollective. co.uk, sacthaland.com 등에서 구입이 가능하다. 단권 (autoformer)형도 있는데, 선이 가늘고 고음에 치우친 성향이라 일반적으로 복권형이 추천된다. 트랜스 볼륨이 볼륨위치에 따라 임피던스가 변하지 않는 것으로 알고 있는 사람도 있는데, 이는 잘못 알려진 것이다. 볼륨 위치에 따라 임피던스가 변하지 않게 하려면 한 채널에 더블로 사용하면 이론적으로 가능하다. 그러나 아직 이런 제품은 보지 못했다.

| 제품 | 성향 | 특징 |
| --- | --- | --- |
| Threshold  SA4e | 2.3 | 따뜻하고 진한 여운이 있음. |
| Pass Aleph 0 | 2.4 | 게인이 낮으나 음악성은 단연 발군. * |
| Pass Aleph 30 | 2.5 | 속도가 빠르진 않지만 음악적. |
| Mark Levinson 20.5 | 2.6 | 음악적 열기가 느껴지는 매력적인 음. |
| First Watt J2 | 2.7 | 패스의 혈통을 이어 받은 음. 속도가 조금 빨라짐. |
| Leben CD660P | 2.7 | 빈티지와 하이엔드의 절묘한 타협. |
| Threshold SA2 | 2.7 | 스레숄드답지 않게 빠르고 해상력이 좋은 편. |
| Gryphon DM100 | 2.7 | 그리폰 특유의 어둡고 자연스러운 음. |
| Air Tight ATM-300 | 2.8 | 섬세함과 음악성을 동시에 갖춘 파워. |
| Aleph First Watt J2 | 2.8 | 음악을 음악답게 울림. 패스의 신작 파워. |
| April Music M150 | 2.9 | 두툼한 중역과 매끈한 고역. 구동력도 수준급 * |
| Mark Levinson 336 | 3.0 | 저음이 충분하고 힘이 좋음. B&W와 잘 맞음. |
| Raven Audio Silhouette mono | 3.0 | 깊은 저역과 큰 무대를 펼치면서도 음악적인 게 장점.* |
| Krell FPB 300 | 3.1 | 진한 음색과 무난한 구동력. |
| McIntosh MC275(최신형) | 3.1 | 빵빵한 저음에 기운이 넘치는 사운드. |
| Eletrocompaniet AW250R | 3.2 | 호방하고 풍성한 저음. 음악적인 음. |
| Krell 400CX | 3.2 | 두툼한 중역과 훌륭한 구동력. |
| Jeff Rowland 8SP | 3.2 | 맑고 투명한 사운드. 작지 않은 음상. |
| Audio Research 100mk3 | 3.2 | 호방하고 시원하며 적극적인 사운드. |
| Plinius SA250 mkIV | 3.3 | 힘과 음악성을 겸비, 고음이 조금만 나긋했으면. * |
| Mark Levinson 331 | 3.3 | 예쁜 음색과 잘 다듬어진 밸런스. 순간 응답이 빠른 편은 아님. |
| Boulder 1060 | 3.4 | 안정감 있는 묵직한 사운드. 매끄러우나 응답이 빠르진 않음. |
| Sonic Frontier Power3 | 3.4 | 어두운 톤. 구동력 좋고 안정감 있는 사운드. * |
| Dartzeel NHB-108 Model 1 | 3.5 | 뛰어난 질감과 화사한 음색. 정말 음악적인 음. 힘이 다소 약한 게 유일한 흠. * |

패스 알레프 0

에어 타이트 ATM-300

볼더 1060

다즐 NHB-108 모델 1



굿모닝 오디오 하이엔드 편

| 제품 | 성향 | 특징 |
| --- | --- | --- |
| Audia Flight 100mk3 | 3.5 | 구동력 좋고, 투명하면서 자연스런 음색 실력에 비해 덜 알려진 명기. * |
| BAT VK75SE | 3.5 | 투명하고 빠른 사운드. 진공관의 음색과 트랜지스터의 구동력을 겸비. |
| Edge NL10.2 | 3.6 | 빠르고 단정한 저역이 일품. 안드라와 궁합 좋음. |
| Krell 300CX | 3.6 | 구동력이 뛰어나진 않지만 예쁜 음색. |
| Hegel P-10 | 3.6 | 청명한 음색에 섬세함을 갖춘 사운드. |
| Naim Audio NAP 180 | 3.7 | 단단한 저음, 밀도 있는 중음, 약간은 건조한 고음. 전형적인 B급 증폭 방식의 사운드. |
| Bryston 7B st | 3.7 | 힘 좋고 무대도 크고 다 좋은데 거친 질감이 아쉬움. |
| Plinius SA 100mk Ⅲ | 3.8 | 단단한 저음에 해상력을 갖춘 음. 음상형 앰프. |
| Sonic Craft Odin | 3.9 | 적당히 빠른 저음, 까칠한 고음이 단점. * |
| Ayre VX-R | 4.2 | 빠르나 살짝 부족한 저음. 자연스럽고 매끄러운 고음이 인상적.* |
| Chord | 4.3 | 빠르고 치밀하게 응축된 사운드. 저음이 빠르지만 가벼움. |
| Mark Levinson 532 | 4.5 | 아주 빠르고 역동적인 사운드. 다소 피곤할 수도. |

에지 NO10.2

* 추천

| 표 4-3 | **주요 프리앰프의 성향과 특징**

| 제품 | 성향 | 특징 |
| --- | --- | --- |
| Marantz 7 | 2.0 | 온후한 음색에 내향적인 사운드. 전형적인 음색형. |
| CAT Ultamate | 2.5 | 배경이 흐릿하지만 따뜻한 음색이 장점. |
| Threshold FET 1 | 2.6 | 은은하고 차분한 음색에 무대 크기도 적당. |
| Aesthetics Calypso | 2.7 | 어두운 음색에 진한 질감의 사운드. |
| Audible Illusion M3A | 2.7 | 저음이 무르지만 음색이 좋고 가격대비 훌륭함. |
| BAT 5i | 2.8 | 맑은 음색에 큰 무대와 음상이 두툼한 사운드. |
| VTL 5.5 | 2.8 | 하이브리드인 mk2와 달리 빈티지의 음색과 하이엔드의 음장을 절묘하게 매칭시킴.* |

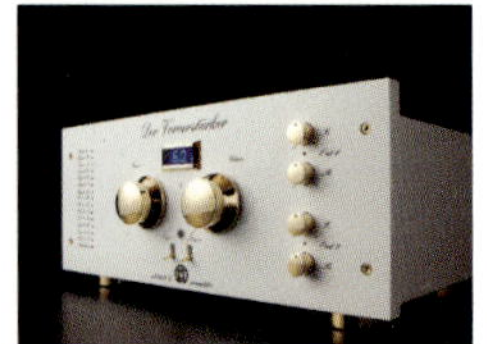

MBL 6010D

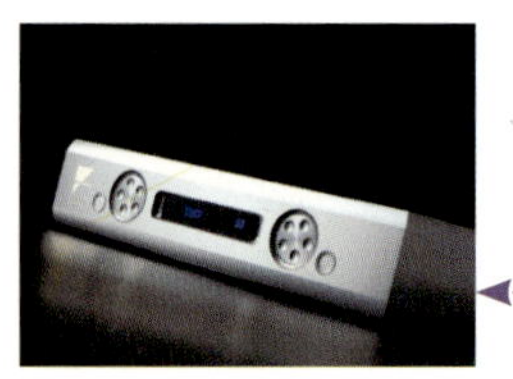

에어 KX–R

| 제품 | 성향 | 특징 |
| --- | --- | --- |
| Sonic Frontier Line3 | 2.9 | 중역이 탄탄하고 약간 어두운 여성적인 음. |
| Mark Levinson 38S | 2.9 | S가 되면서 음색이 나긋해짐. 음악에 몰입하게 하는 음.* |
| GRAAF 13.5(5670) | 2.9 | MK2와 달리 질감이 좋고 투명한 사운드. * |
| Mark Levinson 38L | 3.0 | 큰 무대와 적당한 음상. 하이엔드의 표준. |
| BAT 50 (6dj8) | 3.1 | 넓은 무대와 적당한 크기의 음상. |
| VAC Renaissance Signature | 3.2 | 화사하고 따뜻한 음색에 넓은 무대까지.* |
| Dartzeel NHB-18NS | 3.3 | 빠르고 경쾌하면서 따뜻한 음색까지 갖춘 프리. * |
| Audio Research Reference 2mk2 | 3.4 | 적극적으로 전후좌우 펼쳐지는 광활한 무대가 장점 * |
| Audio Research 2B mk2 | 3.5 | 레퍼런스보다 무대가 얇지만 밝고 경쾌함. |
| Music first Audio Classic | 3.5 | 패시브 앰프답게 맑고 투명하지만 저음의 양과 깊이가 탁월함. (트랜스 볼륨 채용) * |
| Naim Audio NAC 82 | 3.6 | 빠르고 단정한 저음이 일품. 고음이 좀 더 열렸으면. |
| GRAAF 13.5B(6922) mk2 | 3.7 | 대역이 넓고 투명한 사운드. |
| Hegel H10 | 3.7 | 강한 힘과 청명한 음색, 섬세한 해상력. |
| Ayre KX-5 | 3.8 | 섬세한 음색으로 공간을 그리는 능력이 탁월. |
| Nagra PLP | 3.9 | 가늘고 섬세하지만 자극적이지 않은 고급스런 음. |
| BAT REX | 4.0 | 투명하고 맑은 사운드에 음상을 만드는 능력이 출중.* |
| MBL 5011 | 4.0 | 3차원 무대와 음상 정위가 좋음. 청명한 사운드.* |
| Ayre KX-R | 4.2 | 맑고 투명하면서도 귀를 자극하지 않는 매끄러운 사운드.* |
| First Sound Reference II | 4.3 | 맑고 투명하고 빠른 패시브 사운드. 저음이 빈약함. (저항을 이용한 어테뉴에이터 채용) |

* 추천



굿모닝 오디오 하이엔드 편

| 표 4-4 | **주요 인티앰프의 성향과 특징**

| 제품 | 성향 | 특징 |
| --- | --- | --- |
| Pathos Ethos | 2.5 | 빠르진 않지만 우아하고 아름다운 사운드. |
| Sugden 1A-4 | 2.8 | 따뜻하고 질감이 좋은 사운드, 쓸 만한 포노단도 장점.* |
| Mark Levinson 383 | 3.1 | 음의 양이 충분하나 굼뜨고 느린 게 흠. |
| Gryphon Diablo | 3.2 | 인티앰프답지 않게 저음이 깊고 묵직함. |
| Sim Audio Moon 700i | 3.2 | 강력한 힘으로 스피커를 장악하는 능력이 탁월함. |
| Ayon Triton2 | 3.3 | 힘과 섬세함, 음악성을 겸비.* |
| Silbatone Ji300 | 3.3 | 해상력이 좋으면서도 따뜻함을 갖춤. |
| Plinius 9200SE | 3.4 | 적당한 힘과 음악성을 갖춘 인티. 편의성이 아쉬움. |
| Accuphase E560 | 3.4 | 소리를 가다듬어 모난 데 없이 들려줌. |
| Audia Flight One | 3.5 | 넓은 무대, 자연스런 음색, 안정된 음상. 심지가 분명한 음.* |
| Gryphon Callisto2200 | 3.6 | 그리폰답지 않게 고음도 잘 뻗음. |
| April Music Stello Ai700 | 3.6 | 적당한 속도에 밸런스가 좋음. |
| Octave V70SE | 3.7 | 투명하고 청명한 진공관 사운드. |
| Allnic Audio T-2000 | 3.8 | 투명하고 밝은 사운드. 매력적인 고음. |
| Ayre AX-5 | 4.0 | 맑고 투명하며 치밀한 음. 음상 표현이 인상적. |

* 추천

에이온 트리톤3

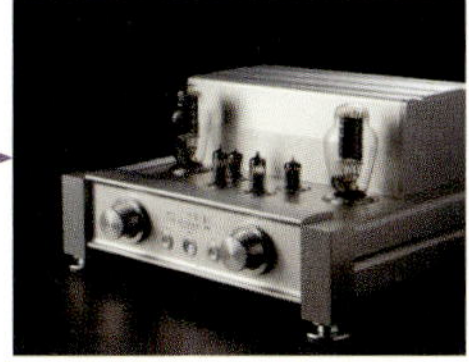

실버톤 JI 300 Mk III

올닉 오디오 T-2000

# 디지털 소스기기
# 구분하기

스피커는 유닛의 크기나 재질, 덕트 유무 등으로 소리 성향의 대강을 파악할 수 있다. 앰프는 증폭회로나 출력의 크기, 열 발산 정도로 성향을 추측할 수 있다. 반면에 소스기기, 특히 디지털 기기는 외관으로는 소리를 추측할 방법이 전혀 없다. 다만 1비트냐 멀티비트냐에 따라 소리의 기본적인 골격을 예측할 수 있다. 1비트는 고음이 섬세하고 나긋한 반면 저음이 느리고 풀어지는 경향이 있다. 멀티비트는 무대가 크고 저음이 깊고 양이 많은 반면 고음이 매끄럽지 못하다. 대표적으로 메리디안은 1비트 사운드의 전형을 보여주고, 와디아와 세타는 멀티비트의 특징을 대표적으로 보여준다.

나섬 　그럼 1비트는 음색형이고, 16이나 20비트는 음장형이겠네?

최선생 　그렇다고 할 수 있지.

나섬 　그럼 음상형은 뭐야?

최선생 　내가 생각하는 최초의 음상형 컨버터는 DCS 엘가야.

나섬　　그건 1비트도 20비트도 아니잖아?

최선생　5비트지. 1비트의 매끄러운 음색과 20비트의 큰 무대가 만난 거지.

나섬　　고음이 아주 섬세하던데? 무대도 적당하고.

최선생　음상이 작고 정확하지. 저음이 풍부하진 않지만 단단한 편이고.

나섬　　그럼 음상형에 가까운 거네?

최선생　린 CD12나 메리디안 G08은 1비트 방식을 택하고 있지.

나섬　　그럼 그게 음색형이란 말이야?

최선생　아니지, 초창기의 1비트랑 차원이 다르지.

나섬　　음색형이 아니면 뭐야?

최선생　1비트와 멀티비트의 싸움에서 처음엔 멀티비트가 이기는 것 같았지.

나섬　　와디아나 세타가 기존 1비트 진영을 압도했지.

최선생　멀티비트 세상이 될 줄 알았는데, 린에서 CD12가 나온 거야.

나섬　　1비트의 반격이 시작된 거네?

최선생　린의 클라이막스 DS와 메리디안의 술루스가 대세가 되었지.

나섬　　그럼 이런 것들이 음상형이란 얘기야?

최선생　그렇지, 화사하고 예쁘기만 했던 음색형의 1비트와는 차원이 다르지.

나섬　　멀티비트에 비해 1비트는 저음이 빠르진 않잖아?

최선생　진보한 1비트는 저음의 양이 적은 대신 많이 빨라졌지.

나섬　　고음은 원래 1비트가 유리하잖아?

최선생　진보한 1비트는 단정한 저음, 깨끗한 배경, 섬세한 고음을 내지.

나섬　　무대도 더 투명해지고 무엇보다 음상이 정확해지겠는데?

 그렇지, 음상 표현이 아주 좋아졌지.

요즘 파일을 통한 음악재생이 화두로 떠오르면서 고음질 음원 파일에 대한 관심이 높아지고 있다. 기존에 있던 CD를 읽어서 컴퓨터 파일의 하나인 PCM 파일로 저장해서 재생하는 것이 이미 보편화했다. 이제는 여기서 한 발짝 더 나아가 CD가 가진 16bit/44.1kHz라는 한계를 넘는 고품질 음원에 관심을 가지는 시대가 되었다. 이미 CD 포맷을 넘어서는 PCM 형태의 고품질 음원을 린을 위시한 많은 회사에서 유료로 공급하고 있다. 그러나 아직도 대다수의 메이저 음반사들은 고품질 음원 서비스에 유보적인 태도를 취하고 있다. 이런 이유로 PCM 형태의 고품질 음원은 아직 그렇게 다양하지 못하고, 그나마도 고비용을 지출해야 구입이 가능한 것이 현실이다. 파일 플레이가 주는 편리함과 신기함에 매료되어 많은 애호가들이 파일 플레이를 시작했다. 그러나 기존의 CD보다 더 좋은 소리를 들려주는 고품질 PCM 음원은 충분치 않다. 결국 더 다양한 음원에 대한 갈망이 있을 수밖에 없다.

파일 플레이어들의 이런 욕구가 이미 상당량이 발매된 SACD 쪽으로 쏠리게 할 만한 사건이 벌어졌다. SACD에 음악신호를 수록하는 방식인 DSD<sup>Direct Stream Digital</sup>[76] 신호를 디지털 형태로 추출이 가능하게 된 것이다. SACD는 소니(필립스)에서 출시할 때 복사방지를 목적으로 DSD 파일은 전송이나 보관을 못하게 했다. 그래서 대부분의 SACD 플레이어에는 디지털 출력이 없다. 간혹 디지털 출력이 있는 경우도 트랜스포트와 컨버터로 분리된 시스템에서 자체적으로만 전송할 수 있을 뿐이다. 그러던 것이 SACD를 읽을 수 있는 플레이스테이션 3 초기 버전이 해킹되면서 SACD를 플레이스테이션 3에서 플레이해 DSD 신호를 추출할 수 있게 되었다. 다양하게 발매된 SACD 음반을 고품질 컴퓨터 파일 음원인 DSD





굿모닝 오디오 하이엔드 편

로 확보할 수 있는 길이 열린 것이다. 결국 DSD 음원을 받을 수 있는 DA 컨버터에 대한 관심이 일어나기 시작했다. DSD 음원에 이러한 관심이 쏠리는 것은 DSD 음원이 최고 사양(24bit/192kHz)의 PCM 음원에는 약간 못 미치지만 CD보다는 월등히 고품질이기 때문이다. DSD가 최고급 PCM 파일 음원에 음질이 밀리지만, 상대적으로 다양하게 출시된 SACD 덕에 풍부한 라이브러리를 갖추고 있어 관심의 대상이 되고 있는 것이다. 결정적으로 DSD 음원에 관심을 가지게 되는 이유는 음성적인 다운로드나 전송을 통해 무료로 방대한 라이브러리를 확보할 수 있기 때문이다. 물론 '채널 클래식스Chanel Classics'나 '펜타 톤Penta Tone'을 통해 유료로 다운받을 수도 있다.

그러면 과연 SACD에 수록된 DSD 신호가 녹음 현장에서부터 DSD로 녹음되었는지부터 따져 보자는 주장도 있다. DSD에서 PCM으로, 혹은 PCM에서 DSD로 변환할 때마다 음질은 조금씩 열화된다. 실제로 동일한 음원을 PCM 그대로 듣는 경우와 DSD로 바꾼 후 다시 PCM으로 변환해서 들어 보면 DSD 냄새가 나면서 다이내믹스와 해상력이 떨어진다. 그런데 현실적으로 녹음 스튜디오에서 DSD로 녹음을 한다는 것은 쉽지 않다. 왜냐하면 DSD 녹음 장비가 별로 보급이 되지 않았고, DSD로 녹음한다고 해도 믹싱과 마스터링 과정을 거치려면 PCM 신호를 변환해야 수정 작업이 가능하기 때문이다. 이런 이유로 대부분의 SACD 음원은 일반적인 PCM으로 녹음한 음원을 SACD에 심기 위해 DSD로 변환한 것이 대부분이다. 간혹 녹음 과정부터 DSD로 녹음한 경우도 중간의 믹싱과 마스터링 과정에서 필수적으로 PCM 신호로 변환되어 작업이 이루어진다. 그래서 녹음부터 SACD에 실리는 과정까지 순수하게 DSD로만 이루어진 음반은 사실상 거의 없다고 보는 것이 맞다. 도이치 그라모폰의 경우 24bit/96kHz PCM 음원을 DSD로 변환해 SACD로 발매하고 있고 채널 클래식스도 믹싱과 마스터링에 '피라믹스Pyramix'라는 내부적으로 PCM 멀티비트로 작동하는 장비를 사용하기 때문에 순수한 DSD라고 보기에는 무리가 있다. 현재로서는 텔락의 SACD와 소니의 AT88 레이블이 믹싱과 마스터링에 '소노마Sonoma'라는 장비를 통해 믹싱과 마스터링을 하기 때문에 순수한 DSD 음원에 가장 가깝다고 할 수 있다.

여기서 잠깐 소노마에 대해 알아보자. 소노마는 디지털 분야의 전문가인 안드레아스 코흐Andreas Koch가 개발한 것으로 DSD로 8채널 녹음과 믹싱이 가능한 장비다. 다만 코흐 본인은 1비트를 전혀 손대지 않고 믹싱이 가능하다고 주장하지만 내부적으로 약간의 멀티비트 요소를 사용한 멀티비트 델타 시그마일 가능성이 크다. 왜냐하면 DSD 같은 순수한 1비트 신호는 믹싱 같은 수정을 위한 연산 작업이 사실상 불가능하기 때문이다. 가능한 한 1비트가 가지는 특성을 최대한 살리면서 연산이 가능하도록 멀티비트화해 수정을 위한 연산 처리를 하는 것으로 보는 것이 맞다. 수정작업을 하려면 내부적으로 약간의 멀티비트로 만든 상태로 만들 수밖에 없다는 결론에 도달하게 된다. 결국 순수한 DSD 음원으로 즐기는 것은 스튜디오에서 DSD 2채널로 녹음하고 이것을 일체의 편집이나 조정 과정 없이 DSD 재생 시스템을 통해 스피커로 듣는 경우뿐이다. 수정이나 편집이 관여하는 순간 어떤 형태로든 멀티비트화하는 것을 피할 수 없다. 이런 문제를 해결하기 위해 최근에는 PCM으로 변환하는 과정을 거치지 않기 위해 다분할 DSD인 DSD 와이드와 멀티비트로 녹음해 믹싱, 편집 등을 거쳐 DSD로 최종 변환하는 DXD가 개발되었다.

분명한 것은 이러한 변환 과정을 거쳤어도 SACD나 DSD 음원이 기존의 CD보다 확실히 고품질의 음원이라는 점이다. 실제로 DSD 파일을 단순하게 정보량이라는 측면에서 보면 24bit/88.2kHz나 24bit/96kHz보다 훨씬 더 많다. DSD 음원의 정보량은 현재 PCM의 최고 수준인

24bit/192kHz보다 약간 적은 수준이다. DSD음원이 24bit/96kHz PCM 음원보다 음질에서 우위에 있다는 주장이 있을 수 있지만 24bit/192kHz에 역부족인 것은 둘을 비교해서 들어보면 쉽게 알 수 있다. DSD는 1비트 계열의 음원답게 독주나 소편성에서는 나긋나긋하고 자연스러운 장점이 있다. 그러나 대편성에서 악기의 분해능이나 저역 재생 능력에서 멀티비트 음원인 PCM 24bit/192kHz에 상대가 되지 못한다.

일부의 DSD 추종자들은 기존의 PCM 신호를 DSD로 변환하면 오히려 원래보다 음질이 더 좋아진다는 주장을 펼치기도 한다. 이는 소리의 성향이 1비트에 가깝게 변하는 것이지 음질이 더 좋아진 것이라고 할 수는 없다. 초기에는 안드레아스 코치의 노력으로 DSD 신호를 인코딩하는 DA 컨버터가 시장에 선보였다. 그러다가 다양한 DSD 음원을 쉽게 구할 수 있게 되면서 애호가들이 DSD 신호를 인코딩할 수 있는 다양한 DA 컨버터의 출시를 자극했다. 최근에는 DSD 신호를 일반 USB를 통해 전송할 수 있는 기술까지 개발되었다. 일명 'DoP'라고 하는 포맷으로 PCM 코드에 DSD 신호를 몰래 전송한 후 이를 다시 복원하는 방식이다. 이것은 마

플레이백 디자인스 MPD-3

**77** 엘가 플러스로 SACD가 아 닌 DSD 파일을 받으려면 USB-SDIF2 DDC가 필요하다. 현재 기 성품으로는 없고 업체에 특별히 주문제작해야 한다.

치 트로이 목마(PCM) 안에 그리스 군사(DSD)를 숨겨 트로이 성안에 보내는 것과 비슷하다고 할 수 있다.

현재 DSD 음원을 받을 수 있는 컨버터로는 코드 QBD76 HDSD와 마이트너Meitner MA-1, 루민Lumin, EMM 랩스Labs DAC2-X, 플레이백 디자인스Playback Designs의 MPD-3과 5, MPS-3과 5, DCS 엘가 플러스Elgar Plus[77]가 있다. 가격대 성능비를 지향하는 입문기로는 카시오페아음향 카푸치노 DACCappuccino DAC, 매트릭스 엑스 사브르Matrix X-Sabre, 유롱 사브르 DA8Yulong Sabre DA8, 티악Teac UD-501 등이 있다. 향후 와디아, 볼더 등 많은 업체에서 앞다투어 출시할 것으로 예상된다. DSD 음원이 상대적으로 많은 음원을 음성적으로 구할 수 있는 장점이 있지만, 소리의 질에서는 24bit/192kHz PCM 음원에 밀리는 것이 사실이다. 향후 파일 플레이어 시장의 판도는 PCM과 DSD 음원의 힘겨루기 양상으로 전개될 가능성이 크다. DSD가 상대적으로 많은 음원 덕에 한동안 관심을 끌면서 세력을 유지할 것으로 예측된다. 그러나 DSD가 최종 승자가 될 가능성은 그리 커 보이지 않는다.


나섬　　파일로 음악 듣는 거 되게 편하더라고.

최선생　편하니깐 음악을 자주 듣게 되던가?

나섬　　쉽게 켜고 듣게는 되는데, 전처럼 음악에 집중이 잘 안 돼.

최선생　소리가 날리고 조작이 너무 쉬워서 그래.

나섬　　소리 가벼운 거야 아는 거고, 조작이 쉬워서 그렇다니?

최선생　LP나 CD는 마음에 안 들어도 갈기가 귀찮아서 그냥 듣지?

나섬　　번거롭지. 그거 귀찮아서 파일로 듣는 사람이 많아.

최선생　갈아 끼우기 그래서 참고 듣다 보면 음악에 집중하게 되지.

나섬　　그리고 보니 컴퓨터로는 노래 한 곡을 다 안 듣고 바꾸게 돼.

　　　굿모닝 오디오 하이엔드 편

최선생   싫증 나면 바로 손가락만 까딱하면 다른 곡 들을 수 있으니까.

나섬     LP나 CD에 비해 음악 감상이 가벼워지는 경향이 있지.

최선생   음질이 좋아지면 증상이 좀 나아지긴 하지.

나섬     네트워크 플레이어가 음질이 좋다던데. 알릭스Alix 해볼까 해!

최선생   알릭스가 생각처럼 그렇게 간단하지가 않다던데.

나섬     리눅스 OS 기반 보드인데 음악전용으로 좋대.

최선생   시작은 간단한데, 소리 내기가 만만치 않아. 맥북을 하지 그래?

나섬     매킨토시 노트북이 사용이 편하긴 한데 값이 비싸서.

최선생   맥에 아마라 쓰면 소리도 수준 이상이고 시스템이 안정적이라
         던데.

나섬     알릭스는 음악전용이니 컴퓨터 하나로 하는 것보다는 소리가
         좋겠지.

최선생   알릭스라고 다를 게 없어. 전원이 좋아야 소리가 좋지.

나섬     요즘 중국제 컨버터들이 값싸고 소리가 좋던데.

최선생   유명 브랜드 제품도 중국에서 만드는 게 많지.

나섬     고성능 칩 달고 가격이 착하게 나오더라고.

최선생   디지털은 스펙이 깡패지. 앰프나 스피커는 좀 다르지만.

나섬     그런 거 같아. 성능 좋은 칩 쓰면 소리는 좋더라고.

최선생   사용된 부품은 질이 낮은 경우가 많아서 내구성에 문제가 있지.

나섬     그런 문제가 있었네. 그런데 디지털은 워낙 제품 주기가 짧아
         서.


알릭스를 기반으로 네트워크 플레이어를 만드는 것이 기존에 컴퓨
터의 사운드카드에서 아날로그 신호를 뽑아 듣는 것보다 음질적으로 한
수 위인 것은 분명하다. 그럴 수밖에 없는 것이 컴퓨터 안에서 디지털 신

호를 읽어 파일로 바꾸고 다시 아날로그로 바꾸는 작업을 하는 것과 분리된 기판에서 별도의 플레이어로 파일을 읽는 것은 출발부터 다르기 때문이다. 그러나 알릭스를 사용한다고 해서 기백만 원짜리 CD 플레이어와 음질이 비슷해지는 것은 아니다. 알릭스로 좋은 소리를 내려면 만만치 않은 업그레이드와 튜닝을 해야 한다. 우선 가장 큰 문제가 기본으로 딸려온 SMPS 전원부다. SMPS 전원부는 앞서 언급했듯이 자체적으로 엄청난 노이즈를 발생시킨다. 이 어댑터를 일반적인 방식의 리니어 전원부로 바꾸면 노이즈가 줄면서 음질이 좋아진다. 음질을 더 좋게 배터리를 사용하기도 한다. 업그레이드를 더 하고 싶으면 알릭스 기판에 들어가는 각각의 개별 전압에 맞게 리니어 전원을 여러 개 구성해서 별도로 공급하도록 한다.

알릭스는 음악재생 프로그램으로 보야지Voyage MPD를 사용하는데, 리눅스 기반이라 컴퓨터에 능한 사람이 아니라면 초기 세팅에 고생하기 쉽다. 본격적으로 파일플레이를 하려면 음원 저장 장치인 NAS Network Attached Storage도 갖춰야 하는데, 이때 NAS에서 발생하는 소음과 노이즈가 만만치 않다. NAS에도 별도로 리니어 전원을 만들고 소음에 대한 대책도 세워야 한다. NAS와 알릭스 연결에 사용하는 랜선과 알릭스에서 DA 컨버터(DAC)로 가는 USB케이블도 음질에 영향을 미친다. 만약 DAC에 USB 입력이 없는 제품이라면 불가피하게 DDC[78]가 알릭스와 DAC 사이에 추가되어야 한다. 이런 여러 가지 문제에 대한 대책과 업그레이드가 완성된 상태에서 알릭스가 보여주는 음질은 상당한 수준이다. 그러나 알릭스를 이런 수준으로 만들려면 2백만 원 이상의 비용이 들어가고 많은 시간을 열정을 가지고 매달려야 한다.

알릭스로 고음질을 얻으려면 적지 않은 시간과 열정이 투입되어야 한다. 안타까운 사실은 시간, 열정, 돈을 투입했음에도 그저 그런 사운드

[78] 'Digital to Digital Converter'의 약자로 USB 케이블을 통해서 들어온 디지털 신호를 DAC가 받을 수 있는 다양한 형식으로 바꿔주는 기본적인 역할과 디지털 신호에 존재하는 지터를 줄여주는 기능을 담당한다.

알릭스 보드와 풀 튜닝

알릭스 리니어 전원부

밖에 내지 못하는 경우가 많다는 점이다. 소프트웨어 프로그램을 다룰 줄 알고, 전원부를 만들 줄 아는 능력이 있어도 소리에 대한 기준이나 튜닝 능력이 부족하면 결과적으로 좋은 소리가 나오기 어렵다. 케이스부터 부품 배치, 단자나 케이블 선택처럼 미묘하게 음질이 변하는 요소가 한두 가지가 아니기 때문이다. 이런 일련의 과정을 즐기는 마니아라면 고생하는 과정도 하나의 즐거움이 될 수 있다. 그러나 일반 마니아라면 알릭스를 기반으로 만들어진 브라이스턴의 BDP-1[79] 같은 제품을 구입하는 것도 충분히 좋은 선택이 될 수 있다. 가격이 더 비싸긴 하지만 자작으로 완성하기까지의 시간과 고생을 감안하면 충분히 납득할 수 있는 금액이다.

79  브라이스턴 BDP-2는 알릭스가 아닌 아톰(Atom) 보드를 사용한다.

| 표 4-5 | 주요 CD 플레이어의 성향과 특징

| 제품 | 성향 | 특징 |
| --- | --- | --- |
| Jadis JD-3 | 2.5 | 음의 흐름이 좋고 온화한 아날로그적 사운드. |
| Meridian 508.24 | 2.6 | 부드럽고 편안한 음악적 사운드. |
| Cary 303 +300 | 2.8 | 기대 이상으로 무대도 크고, 음상 표현도 좋음. 숨겨진 보석.* |
| Wadia 16 | 2.9 | 단단한 저음 강력한 에너지의 사운드. 고음의 섬세함이 아쉬움. |
| Krell 20i | 3.0 | 깊은 저음과 뒤로 쑥 들어가 펼쳐지는 무대가 장점. 세월을 잊은 명기.* |
| Krell kps 25sc | 3.1 | 20i보다 진하면서 무대도 더 크고 넓음. 진정한 멀티비트의 완결판. |
| Wadia 860S (861) | 3.2 | 와디아도 이런 고음을 낼 수 있다는 사실을 보여준 역작. |
| Mark Levinson 390 | 3.3 | 넓은 무대, 균형 잡힌 밸런스, 자연스런 고음. 마크 레빈슨 CD 플레이어의 결정판.* |
| Mark Levinson 39 | 3.4 | 단단한 저음과 넓은 무대, 균형 잡힌 밸런스. 고음의 나긋함이 약간 아쉬움. |
| Meridian 808 | 3.5 | 자연스런 무대와 음상. 음악성도 좋음. |
| Audia Flight CD1 | 3.6 | 넓은 대역에 정확하게 정돈된 음상. 단정한 사운드.* |
| Ayre D1x | 3.7 | 상큼한 공기감의 소리. 에어답게 빠르고 단정한 저음. |
| Meridian G08.2 | 3.8 | 더 정밀해진 음상과 무대. |
| LINN CD 12 | 4.0 | 음의 강약 표현과 정확한 음상, 뛰어난 해상력의 사운드. |

* 추천

메리디안 G08.2

| 표 4-6 | 주요 DA 컨버터의 성향과 특징

| 제품 | 성향 | 특징 |
| --- | --- | --- |
| Meridian 563 | 2.5 | 부드럽고 온화하나 다소 느긋한 음. |
| Threshold DAC1e | 2.6 | 다소 느리나 음악적인 사운드. |
| Bryston BDA-2 | 2.8 | 무대가 크진 않지만 자연스러운 소리. |

| 제품 | 성향 | 특징 |
| --- | --- | --- |
| Thata Generation Series 8 | 3.0 | 큰 무대와 깊은 저역 전형적인 음장형 기기. |
| Meitner MA-1 | 3.2 | 넓은 무대와 호방한 소리. |
| Chord QBD76HDSD | 3.4 | 코드 특유의 압축되었다 분출하는 에너지가 넘치는 소리. |
| Sim Audio Moon 380D | 3.5 | 탁 트인 무대를 안정감 있게 드러냄. 해상력이 좋고 상당히 음악적. |
| Berkeley Audio ALPHA DAC | 3.6 | 온화한 음색이 장점. |
| Calyx Femto | 3.7 | 투명하고 섬세하면서 단정한 사운드. 탁월한 음상 표현.* |
| DCS Elgar Plus | 3.8 | 해상력과 음상 정위가 뛰어남. 전형적인 음상형 소리지만 대단히 음악적. * |
| April Music Eximus DP1 | 3.8 | 빠르고 선명하며 활달한 음. 약간 밝은 색조. |
| Weiss Minerva | 3.8 | 해상력 좋고 투명함. 깊지만 단정한 저음. 쓸만한 IEEE 1394 케이블이 별로 없는 게 문제. |
| Ayre QB9 | 3.9 | 매끄러운 고음이 매력적. |

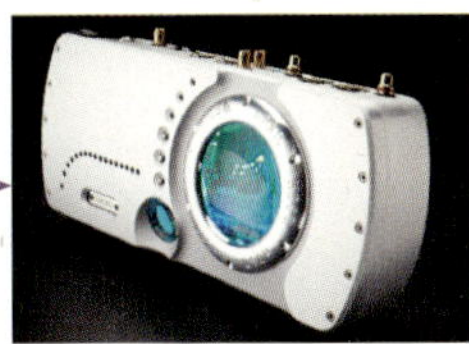

코드 QBD76HDSD

칼릭스 펨토

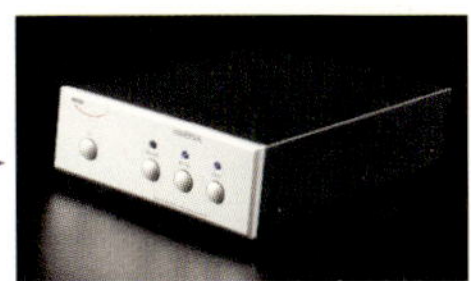

바이스 미네르바

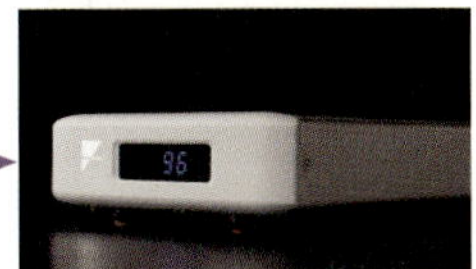

에어 QB9

* 추천

| 표 4-7 | **주요 파일 플레이어의 성향과 특징**

| 제품 | 성향 | 특징 |
| --- | --- | --- |
| Aurender S10 | 2.6 | 진하고 부드러운 음색으로 여유로운 음. |
| Sotm sMs-1000 | 3.1 | 약간 거칠지만 다양한 기능이 장점. |
| Lumin Universal Player | 3.2 | 큰 무대와 두툼한 음색의 음장형 사운드. |
| Bryston BDP-2 | 3.3 | 무대가 크지 않지만 밸런스가 좋고 음악적인 사운드. |
| Chord DSX-1000 | 3.4 | 선명하고 에너지 넘치는 음. |
| Meridian Sooloos | 3.5 | 자연스럽고 자극적이지 않은 음악적인 음.* |
| Qadlinks QDS-100 | 3.7 | 큰 무대와 적당한 음상의 사운드. 신형이 더 현대적임. |
| LINN Klimax DS | 4.1 | 약간 자극적으로 느껴질 수도 있는 놀라운 해상력과 섬세한 표현력. 음의 강약 표현은 압권. |

린 클라이맥스 DS

* 추천

# 아날로그 소스기기
# 구분하기

나섬     아날로그도 음색형, 음장형, 음상형으로 구분이 가능해?

최선생     우선 턴테이블부터 보면 아이들러 방식은 음색형이 많아.

나섬     그럼 가라드Garrard 301은 음색형이겠네?

최선생     그렇지, 선이 굵고 두툼하니 음색형 소리지.

나섬     벨트형은 그럼 어떻게 봐야 해?

최선생     음장형과 음상형에 다 해당되지.

나섬     그럼 아이들러와 벨트 복합형인 토렌스Thorens 124는 어떻게 봐야해?

최선생     복합형이지만 최종적으로 플래터를 돌리는 것은 아이들러니깐.

나섬     아이들러형에 가깝단 얘기네? 그럼 다이렉트 드라이브 형은?

최선생     음장형이지.

나섬     왜 음장형이야?

최선생     저음이 많고, 소리 톤이 두텁고, 고음이 섬세하지 못하니까.

나섬　들고 보니 다이렉트형 턴테이블 소리가 그렇긴 하네.

최선생　시기별로 설명해 줄 테니 잘 들어봐.

## 턴테이블

한마디로 턴테이블은 LP를 올려놓고 돌리는 장치다. LP를 얹는 원반을 '플래터platter'라고 부르는데, 이 플래터를 어떻게 돌리느냐에 따라 아이들러형, 다이렉트형, 벨트형으로 나눈다. 우선 초기의 턴테이블은 대부분 아이들러형이었다. 아이들러형은 모터와 플래터 사이에 고무로 된 원반형 아이들러가 직접 접촉해 모터가 아이들러를 돌리고 아이들러가 플래터를 돌리는 구조다. 모터의 힘이 아이들러를 통해 물리적인 접촉으로 플래터에 직접 전달되기 때문에 돌아가는 힘이 강하다. 대신 모터가 회전하면서 미세하게 떠는 진동이 아이들러를 통해 플래터에 그대로 전달되기 때문에 잡음도 많은 편이다. 소리는 플래터가 도는 힘이 강하기 때문에 저음이 풍성하고 소리결이 두터운 편이다. 그러나 모터의 진동이 전달되는 탓에 잡음이 있어서 배경이 깨끗하지 않다. 앞서 설명한 음색형에 걸맞는 소리를 낸다. 대표적으로 가라드 301과 401, EMT 927과 930, 레코컷Rek-O-Kut 론딘Rondine 등이 있다.

다이렉트 드라이브형은 모터와 플래터가 일체형으로 모터의 진동이 플래터에 직접 전달되는 구조다. 보통 모터 크기가 충분히 커서 플래터를 돌리는 힘이 좋기 때문에 저음은 양이 충분한 편이다. 문제는 고음인데, 모터가 회전할 때 미세하게 떠는 것이 플래터에 그대로 전달되다 보니 고음이 생생하지 못하고 지저분해지기 쉽다. CD가 저음이 깊고 풍부하지만 고음이 거친 이유가 다이렉트로 CD를 돌리기 때문인지도 모른다. 실제로 모터가 아닌 벨트를 통해 CD를 돌리는 CEC의 CD 플레이어는 아주 자연스러운 음이 나온다. 다이렉트 드라이브형은 대개 리지드 방식으로 바닥에 단단하게 고정되어 있는 경우가 많다. 이런 이유로 저음은 충분하고 무대도 충분히 크지만, 악기의 음상이 작고 섬세하게 표현되기 어렵다. 물론 무대 안의 빈 배경도 깨끗하게 처리하기가 어렵다. 이런 특성 탓에 다이렉트 브라이브형은 대부분 음장형에 속한다. 대표적인 모델로 마이크로 세이키<sup>Micro Seiki</sup> DD7 · DD8 · DD100, 테크닉스 SP10, 야마하 GT2000, 데논 DP80 · DP3000, EMT 928 · 950, 켄우드 L-07D 등을 들 수 있다. 특히 EMT 950과 켄우드 L-07D는 깊고 묵직한 초저음을 내는 것으로 유명하다.

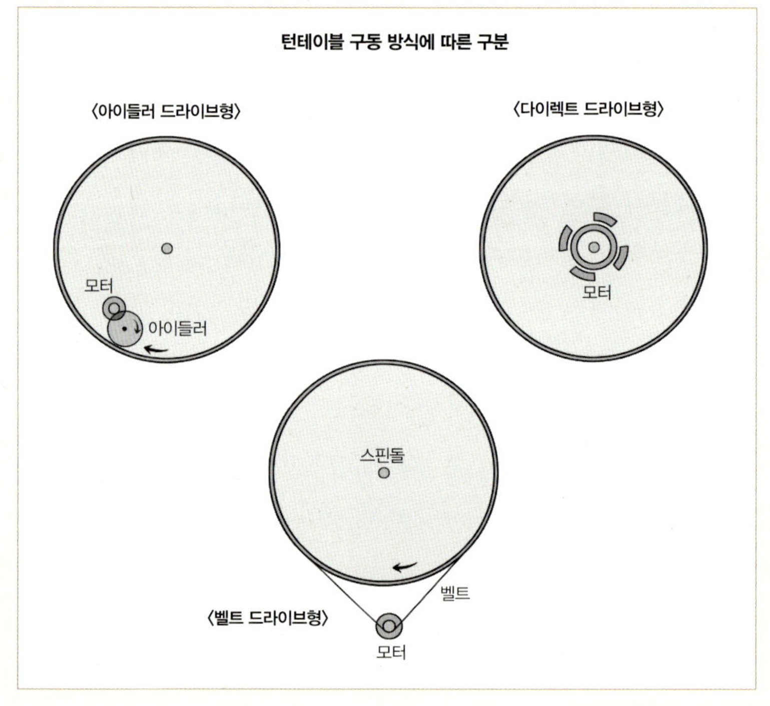


| 그림 4-5 |

벨트 드라이브형 턴테이블은 모터와 플래터 사이가 벨트로 연결되어 있다. 벨트는 모터의 회전력을 플래터에 전달하기는 하지만 아이들러 같은 원반이 아니고 가는 실이나 고무줄 형태이기 때문에 모터의 축이 회전하면서 미세하게 떠는 진동이 플래터로 전달되지 않는 장점이 있다. 플래터가 모터 축의 미세한 진동으로부터 자유롭기 때문에 깨끗하고 섬세한 고음을 재생할 수 있다. 그러나 가는 실이나 고무벨트로 모터와 연결되어 있기 때문에 플래터가 도는 힘이 약해서 손으로 잡으면 쉽게 멈춘다. 이런 이유로 아이들러나 다이렉트형에 비해 저음 재생은 상대적으로 불리한 편이다. 벨트 드라이브형이지만 플래터와 톤암을 바닥에 단단하게 고정하면 저음의 재생에 문제가 없다. 이런 형태를 '리지드형'이라고 부르는데 아주 쉽게 확인이 가능하다. 정지해 있는 플래터를 아래로 살짝 눌렀을 때 꿈쩍도 하지 않으면 리지드형이다. 리지드 타입에 벨트 드라이브형으로 턴테이블을 제작하면 저음이 깊고 풍부하면서 고음도 섬세하게 재생이 가능하다. 결과적으로 깊은 저음과 큰 무대, 위로 뻗는 고음을 특징으로 하기에 음장형이라 할 수 있다. 대표적으로 스파이럴 그루브Spiral Groove SG2, VPI 에어리스Aeris, 한스 어쿠스틱Hanss Acoustic T-20, 어쿠스틱 솔리드Acoustic Solid 의 머신Machine 등이 대표적이다.

벨트 드라이브형이면서 플로팅 구조를 하고 있는 턴테이블이 있다. 앞서 말했듯이 벨트는 모터가 회전하면서 미세하게 떠는 모터의 진동으로부터 자유로워 깨끗한 고음 재생이 가능하고, 플래터와 톤암이 스프링 같이 신축성이 좋은 재료로 본체와 분리되어 있다. 플로팅 구조를 쉽게 확인하는 방법은 정지해 있는 플래터를 아래로 살짝 눌러보는 것이다. 손으로 살짝 눌렀음에도 쉽게 아래로 플래터가 움직이면 플로팅 구조의 턴테이블이다. 모터 축이 회전하면서 생기는 미세한 진동은 벨트를 사용하면 플래터에 전달되지 않는다. 그러나 모터 전체가 회전하면서 생기는 더 큰 진동은 모터가 장착되어 있는 턴테이블 본체를 통해 플래터에 간접적으로 전달된다. 또한 턴테이블 본체가 놓여 있는 바닥이 움직이면 이 진동도 본체를 통해 플래터에 그대로 전해진다. 모터 자체의 진동과 바닥으로부터 전해오는 진동을 차단하기 위해 플래터와 톤암을 스프링 등을 사용해 격리하는 구조가 바로 플로팅 턴테이블이다. 모터 회전축의 미세한 떨림은 벨트를 사용해 플래터에 전해지지 않도록 하고, 모터 자체의 진동과 바닥으로부터 전해오는 진동은 스프링을 사용해 플래터에 전해지지 않게 하는 것이다. 이런 구조는 거의 모든 진동으로부터 자유롭기 때문에 아주 섬세한 고음 재생이 가능하다. 물론 무대의 빈 배경도 한결 더 깨끗해진다. 다만 플래터와 톤암이 바닥에 단단하게 고정되어 있지 않고 공중에 떠 있는 구조를 취하다 보니 저음의 양은 리지드 방식에 비해 상대적으로 적을 수밖에 없다. 결국 작고 타이트한 저음에 깨끗

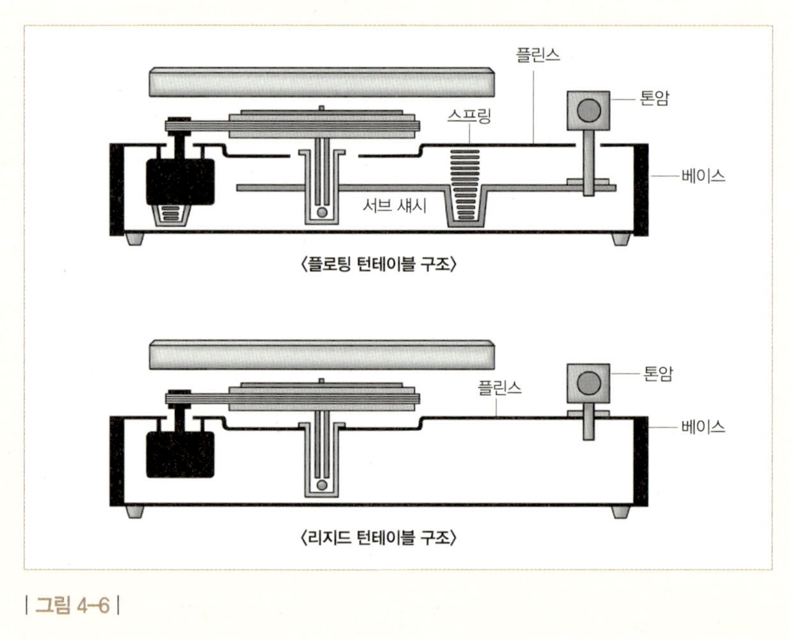


| 그림 4-6 |

한 배경, 아주 작은 음상 표현이 가능해진다. 즉 벨트 드라이브에 플로팅
방식을 취한 턴테이블은 음상형 턴테이블이라고 할 수 있다. 대표적으로
린의 LP12, 오라클<sup>Oracle</sup>의 델피<sup>Delphi</sup> V, 미첼<sup>Mitchell</sup>의 자이로덱<sup>Gyrodec</sup>, 소타
<sup>Sota</sup>의 사파이어<sup>Sapphire</sup>, AVID의 디바<sup>Diva</sup> 등을 들 수 있다.

나섬     레가<sup>Rega</sup> P7은 어디에 속해?

최선생     저음이 적고, 고음이 잘 뻗고, 음상이 작은 편이잖아?

나섬     소리가 단정하고 깔끔하더라고.

최선생     음상형 턴테이블이라고 봐야지.

나섬     이상하잖아, 레가 턴테이블은 벨트에 리지드 타입인데.

최선생     꼭 꼬투리를 잡는다니까?

나섬     벨트에 리지드면 음장형이라면서?

최선생     벨트에 리지드지만 뾰족한 받침을 사용해서 저음이 단정하지.

나섬     턴테이블의 구조는 참고만 하고 소리로 판단하란 말이지?

최선생     베이시스 턴테이블은 벨트에 플로팅이야.

나섬     그럼 음상형이잖아?

최선생     소리는 저음이 깊고 무대가 아주 크지.

나섬     벨트에 플로팅을 하면 저음이 작고 가벼워지잖아?

최선생     베이시스는 플래터와 상부 섀시를 무겁게 해서 플로팅시켰지.

나섬     무거워질수록 저음이 더 나오나 보네?

최선생     그렇지, 결정적으로 진공펌프로 LP를 플래터에 흡착시키지.

나섬     그러면 어떻게 되는데?

최선생     플래터와 LP가 한 몸이 돼서 LP가 아주 무거워지지.

나섬     아하, 그래서 벨트에 플로팅이어도 저음이 잘 나오는 거구나?

최선생     그렇지, 그래서 베이시스 턴은 음장형에 가깝다고 봐야지.

소타 코스모스

SME 20-2

나섬    벨트에 플로팅이면서 음장형인 턴테이블이 또 있어?

최선생    SME 20, 소타 코스모스<sup>Cosmos</sup>, 마이크로 세이키 5000, VPI TNT 가 있지.

나섬    다들 가격이 비싼 것들이네?

최선생    그렇지, 벨트에 플로팅이면 저음을 충분히 만들기 어렵거든.

나섬    그럼 이런 기기들은 그런 어려움을 극복했단 얘기네?

최선생    그랬으니 비쌀 수밖에 없지.

| 표 4-8 | **주요 턴테이블의 성향과 특징**

| 제품 | 성향 | 특징 |
| --- | --- | --- |
| Garrard 301 | 2.5 | 두툼하고 풍성한 전형적인 음색형 사운드. |
| REK-O-KUT Rondine | 2.6 | 묵직한 저음이 인상적인 사운드. |
| Garrard 401 | 2.7 | 301보다 풍성함이 약간 줄어들고 해상력이 증가. |
| Thorens TD-124 | 2.8 | 저음이 많지 않지만 섬세한 고음이 매력적. 실내악에 발군. |
| EMT 927 | 2.9 | 아이들러 턴이지만 대역이 넓고 고음의 해상력도 수준급. |
| SOTA Cosmos | 3.0 | 깊은 저음과 큰 무대를 만드는 전형적인 음장형 사운드. |
| Micro Seiki DD-100 | 3.1 | 다이렉트 방식의 전형적인 음장형 소리. |
| Technics SP-10 mk2 | 3.1 | 저음 깊고 무대도 크지만 고음이 부자연스러움. |
| Acoustic Solid Machine | 3.1 | 무거운 플래터 덕에 깊은 저음이 장점.* |
| Yamaha GT-2000 | 3.2 | 저음 깊고 무대도 크지만 음색이 심심. |
| Spiral Groove SG2 | 3.2 | 기기는 작지만 무대가 크고 광활하다. |
| Lenco G99 | 3.3 | 아이들러와 벨트의 중간적인 음. 저음이 단정한 편. |
| Hanss Acoustic T-20 | 3.3 | 적당한 저음에 대역 밸런스 좋음. |
| Micro Seiki RX-1500 | 3.4 | 대역 밸런스 좋고 무난한 음.* |

스파이럴 그루브 SG2

| 제품 | 성향 | 특징 |
| --- | --- | --- |
| Micro Seiki  RX-5000 | 3.6 | 1500보다 저음이 깊지만 고음이 서늘함. |
| EMT 930 | 3.6 | 아이들러지만 저음이 많지 않고 중고음이 청명함. |
| Micro Seiki  BL-91 | 3.7 | 약간 심심하지만 배경이 깨끗한 음.* |
| Roksan Xerxes20 | 3.7 | 선이 가늘지만 섬세한 고음이 매력적. 보컬이 장점. |
| Nottingham Interspace | 3.8 | 약간 느리지만 여유롭고 하늘거리는 고음이 장점. |
| LINN LP-12 | 4.1 | 저음이 아쉽지만 음상 정위가 좋고 현악기 음색이 좋음. |
| Oracle Delpi- V | 4.2 | 빠르고 단정한 저음에 고음 해상력이 좋음. |
| Rega P-9 | 4.3 | 빠르고 가늘고 음상 정위가 좋음. 음색이 야윈 게 흠. |

* 추천

## 톤암

　턴테이블은 구동 방식에 따라 저음이나 고음, 음색이 차이가 많이 나기 때문에 구분이 쉬운 편이다. 이에 반해 톤암은 상대적으로 구분이 쉽지 않다. 그렇지만 톤암의 역사를 찬찬히 살펴보면 톤암도 오디오의 역사와 궤를 같이 하면서 발전한 것을 알 수 있다. 초기의 SP 재생을 위한 무지막지하게 무거운 톤암 이후 모노 LP를 재생하기 위한 초기의 롱암들이 탄생했다. 이것은 보통 12인치의 긴 길이를 가진 톤암으로 소리가 유연하고 자연스러운 반면 속도가 다소 느리다. 모노시대부터 출시된 오토폰의 RF297과 EMT297을 위시해 1959년에 출시된 SME 최초의 톤암인 3012, 스테레오 시대에 출시된 오토폰 RMA309, RMG309 등이 대표적이다. 롱암은 미들암이나 숏암에 비해 소리가 여유가 있고 음색이 따뜻한 특징이 있다. 롱암은 고음이 사납고 시끄러운 카트리지를 물려도 귀를 피곤하게 하지 않는다. 중음의 에너지가 좋고 저음은 다소 느리지만 풍성한 편이다. 롱암과 숏암에 동일한 카트리지로 같은 턴테이블로 플레이해서 들어보면 롱암의 음이 부드럽고 자연스럽다. 재미있는 사실은 같은 음악이고 분명 같은 속도로 턴테이블이 돌고 있어도 음이 다소 느린 듯한 느낌을 준다는 사실이다. 개인적으로 호기심 해소 차원에서 12인치가 넘는 아주 긴 톤암을 제작한 적이 있다. 18인치의 아주 긴 롱암으로 일부 카트리지와 궁합에 문제가 있었지만, 정상적으로 음악을 들려주는 카트리지도 있었다. 신기한 것은 이 톤암으로 음악을 들으면 음악이 다소 느리고 여유 있게 들린다는 점이다. 아주 날카로운 소리를 내는 카트리지를 붙여도 전혀 쏘지 않고 자연스러운 소리를 들려준다.

음색형에 속하는 빈티지 톤암들은 대부분 안티 스케이팅 기능을 갖추고 있지 않은 경우가 많다. 모노 LP는 소릿골 양쪽에 하나의 동일한 신호가 심겨서 안티 스케이팅 기능이 없어도 소리 재생에 아무런 문제가 없다. 특히 롱암이다 보니 옵셋각도 작아서 스케이팅 포스도 미들암이나 숏암에 비해 적은 편이다. 음색형 톤암인 롱암의 또 하나의 특징은 스

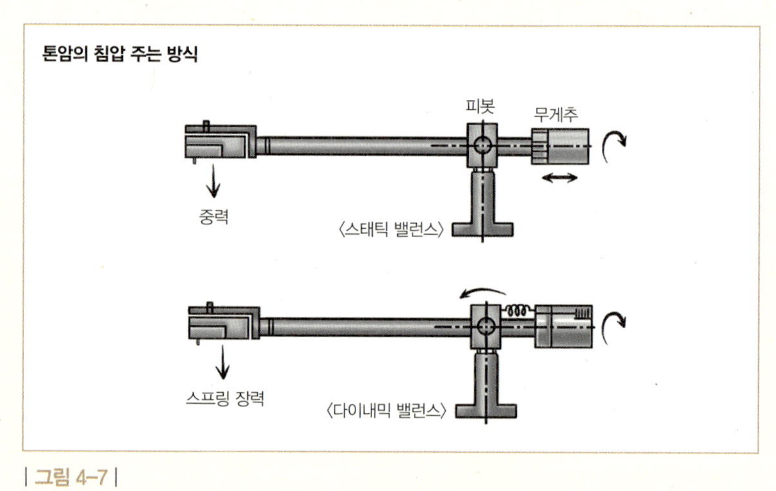



| 그림 4-7 |

태틱 밸런스가 아닌 다이내믹 밸런스를 취하고 있다는 사실이다. 무게로 침압을 주는 스태틱 밸런스에 비해 스프링 같은 인위적인 힘으로 침압을 주는 다이내믹 밸런스는 중음을 상대적으로 진하게 표현한다. 그래서 음색형이나 음장형에는 다이내믹 밸런스 톤암이 많지만, 하이엔드를 지향하는 음상형 톤암에는 스태틱 밸런스가 절대적으로 많다.

음장시대로 넘어오면서 턴테이블이 아이들러에서 다이렉트형, 혹은 벨트형으로 바뀌었듯이, 톤암도 소리의 속도가 더 빠른 미들암과 숏암이 등장했다. 대표적으로 EMT 929와 오토폰 RMG 212, RS 212, SME 3010, SME V 등이 있다. 롱암에 비해 속도가 빨라졌고, 중음에 몰려 있던 에너지가 저음과 고음으로 고루 퍼져 넓은 대역을 재생했다. 이 시대의 톤암은 음장형이라고 할 수 있는데, 스테레오 LP가 전성기를 이루었다. 스테레오는 모노 LP와 달리 소릿골의 좌우에 왼쪽 채널과 오른쪽 채널이 분리되어 심긴 구조이기 때문에 소릿골 양쪽에 동일한 침압이 가해져야 한다. 그래서 대부분의 톤암에서 안티 스케이팅 기능을 갖추고 있다. 음색형 톤암은 대부분 다이내믹 밸런스를 취하고 있는 반면, 음장형 톤암은 다이내믹 밸런스와 스태틱 밸런스가 혼재되어 있다. 특히 오토폰의 RS212는 스테레오 대응형으로 숏암이면서 오토폰 구형 암으로는 최초로 안티 스케이팅 기능을 갖췄다. 그 다음으로 꼭 언급해야 할 톤암이 SME V 톤암이다. 9인치의 숏암인데, 특이하게 오일 댐핑 기능을 갖추고 있다. 지구상에 존재하는 그 어떤 톤암보다 저음 재생에 있어서는 둘째 가라면 서러워할 톤암이다. 음장시대의 특징인 깊고 풍부한 저음을 내는 대표적인 음장형 톤암이라고 할 수 있다.

음상시대가 되면서 톤암도 좀 더 빠르고 다이내믹한 소리를 내야 했다. 그래서 시장에서 10인치의 미들암도 자취를 감추기 시작하고, 9인치의 숏암이 톤암을 대표하는 시대가 되었다. 음상시대가 되면서 무게가 더 가벼워지고 침압이 낮아진 음상시대의 카트리지에 걸맞는 경량급 톤암들이 등장하기 시작한다. 빈티지 톤암의 대명사인 오토폰에서도 경침압 카트리지인 VMS-20에 적합한 짧고 가벼운 AS212를 1977년에 발표한다. 물론 음장시대에도 숏암이 존재했지만 음상시대의 숏암과는 차이가 있었다. 톤암을 움직이게 하는 베어링이 달랐다. 음색시대부터 음장시대의 톤암 대부분은 '볼베어링ball bearing'이라고 하는 형태로 그림 4-8에서 보듯이 여러 개의 볼이 들어가 있는 볼베어링을 사용한다. 톤암의 수직 움직임을 담당하기 위해 좌우에 두 개, 수평 움직임을 담당하기 위해서 톤암 축 중앙에 한 개의 베어링이 사용된다. 수직 움직임을 담당하는 베어링 안에는 보통 네다섯 개 정도의 작은 볼이 있고, 수평을 담당하는 베어링에는 열 개 이상의 볼이 들어 있다. 톤암이 움직일 때마다 볼들이 모두 구르면서 원활한 회전을 만든다. 쉽게 말해 톤암이 레코드 소릿골을 따라 움직이면 약 30개의 작은 볼이 미세하지만 거의 동시에 움직이는 셈이다. 이런 문제를 줄여보고자 SME 3012나 3010은 상하로 움직이는 수직 베어링에서 나이프 에지knife edge 방식을 개발하게 된다. 그러나 나이프 에지 방식도 수평 움직임은 어쩔 수 없이 여러 개의 볼이 들어간 전통적인 볼베어링을 쓸 수밖에 없다. 움직이는 볼의 수를 줄이긴 했지만 획기적으로 줄이지는 못한 셈이다. 톤암이 레코드 소

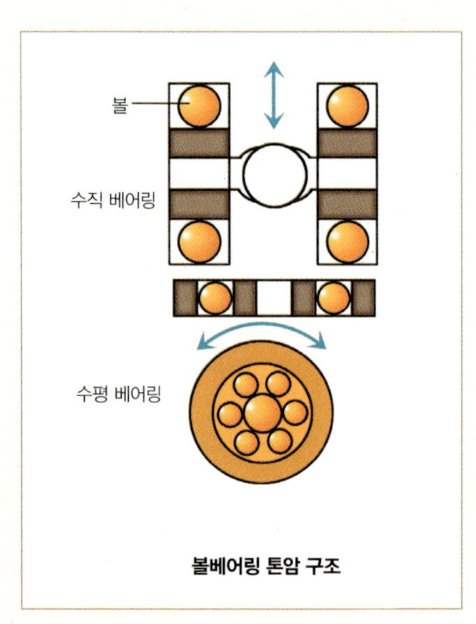



| 그림 4-8 |

릿골을 따라 움직일 때 이런 많은 수의 볼 움직임은 미세한 진동과 소음을 발생시킨다. 깨끗한 배경 속에 악기의 음상만 정확하게 표현해야 하는 음상시대의 요구에 이런 볼베어링 형태의 톤암은 어울리지 않았다.

적게는 10여 개에서 많게는 30여 개의 작은 볼이 움직이는 구조의 톤암이 숙명적으로 가지는 미세한 진동과 소음을 해결하는 방법은 볼의 수를 줄이는 것이다. 그러나 볼의 수를 아무리 줄여도 베어링 하나당 4개 이하로 줄일 수는 없다. 볼베어링 하나에 볼이 4개라 해도 전체 베어링에 사용된 볼 수는 12개가 된다. 그리고 베이링의 볼 개수가 줄수록 원활한 회전이 어려워지는 문제가 생긴다. 이런 문제를 개선하고자 나온 방식이 나이프 에지 방식이다. 그러나 나이프 에지 방식은 수직 베어링 두 개를 없애 볼의 수를 줄이긴 했지만 수평 베어링은 그대로 남아서 볼의 개수를 획기적으로 줄이지는 못했다.

이후 아주 간단하게 단 하나의 뾰족한 침에 톤암이 접촉하는 방식이 생겼다. '유니피벗 unipivot'이라고 불리는 방식인데, 단 한 개의 뾰족한 침에 톤암 파이프가 얹어져 상하좌우로 자유롭게 움직이는 구조다. 유니피벗 톤암은 움직일 때 단 한 곳만 접촉하기 때문에 소음과 진동이 획기적으로 줄었다. 다만 접촉 면적도 극단적으로 작아지다 보니 톤암이 전후좌우로 너무 쉽게 움직였다.[80] 접촉 지점이 극도로 작아지면 톤암이 카트리지의 빠른 움직임에 그대로 따라 움직이게 된다. 즉 캔틸레버 끝에 달린 바늘이 레코드의 저음 소릿골을 따라 움직일 때 톤암에 고정된 카트리지가 움직이지 않고 단단히 버텨줘야 하는데, 그렇지 못하고 소릿골을 따라 함께 움직인다는 얘기다. 카트리지가 바늘의 움직임과 함께 움직이다 보니 당연히 저음 신호를 제대로 읽지 못해 저음의 양이 작아지는 문제가 생겼다. 이런 문제를 해결하기 위해 그림 4-9처럼 끈적끈적한 실리콘 오일 속에 유니피벗의 뾰족한 침(베어링)이 잠긴 상태로 작동되게 했

80  이것을 전문적인 용어로 '톤암의 유효질량이 작은 것'이라고 한다. 유효질량이란 톤암의 움직이는 부분의 실제 무게가 아니라 손으로 잡고 움직였을 때 얼마나 무겁게 느껴지는가 하는 체감 무게를 말한다. 유효질량이 작은 톤암은 침압이 2g 이하로 캔틸레버가 아주 부드럽게 움직이는 슈어나 오디오 테크니카 같은 카트리지와 잘 맞는다.

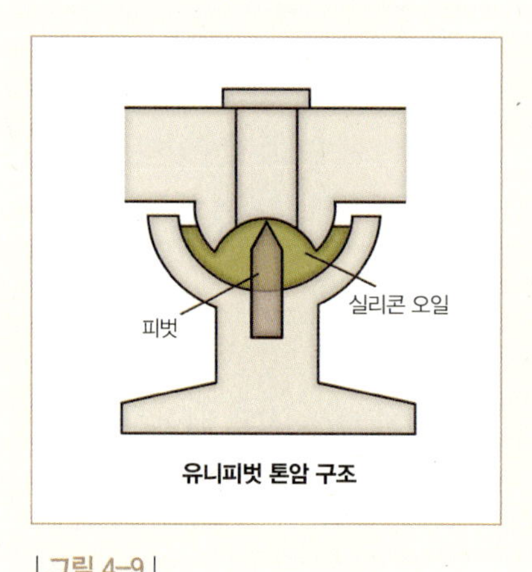



| 그림 4-9 |

다. 유니피벗 톤암의 뾰족한 침이 실리콘 오일 속에 잠기면 바늘이 레코드의 저음 소릿골을 읽을 때 톤암이 실리콘 오일의 저항 때문에 쉽게 움직이지 않는다. 그래서 레코드에 새겨진 저음 신호를 카트리지가 제대로 읽을 수 있게 되어 저음을 제대로 낸다.

유니피벗 톤암의 뾰족한 침을 실리콘 오일 속에 잠기게 하면 카트리지가 저음 신호를 제대로 읽게 되는 원리는 아주 간단하다. 우리는 공기 중에서는 빠르게 몸을 떨 수 있지만 물속에서는 몸을 빠르게 떨게 하고 싶어도 몸을 빠르게 떨기 힘들다. 대신 물속에서도 아주 느리게 천천히 움직이는 것은 크게 힘들지 않다. 그래서 유니피벗 톤암의 뾰족한 침을 실리콘 오일 속에 잠기게 하면, 바늘이 레코드의 소릿골을 따라 빠르게 움직여도 톤암에 결합되어 있는 카트리지가 움직이지 않고 견고하게 버티게 된다. 그러면서도 레코드가 돌아가면서 톤암이 레코드 안쪽으로 별 저항 없이 부드럽게 움직이게 된다. 이런 이유로 유니피벗 톤암의 대부분은 톤암을 받치는 뾰족한 침(피벗 베어링)을 실리콘 오일 속에 잠기도록 설계한다. 또한 유니피벗 톤암은 톤암 파이프가 좌우로도 건들거리는 구조라 좌우의 수평을 잡아주기 위한 래터럴(수평) 밸런스가 필요하다.

음상시대의 특징은 음의 속도가 빠르고 저음이 타이트하며 빈 배경이 아주 정숙하다는 것이다. 속도를 내려면 길이가 짧은 숏암이어야 하고, 빈 배경이 정숙하려면 톤암이 작동할 때 접촉점이 한 개인 유니피벗 방식이어야 한다. 그래야 톤암이 작동하면서 베어링에서 진동과 소음이

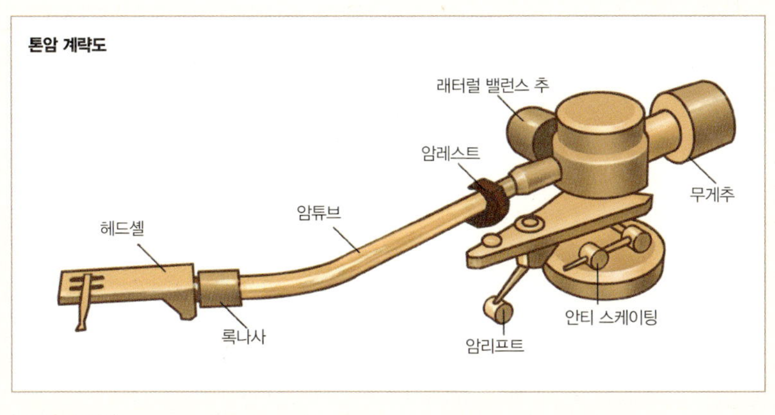


| 그림 4-10 |

최소한으로 발생한다. 음색도 착색이 있거나 하면 안 되기에, 톤암 파이프도 기존의 알루미늄에서 벗어나 가볍고 단단한 재료인 티타늄이나 카본, 세라믹, 보론 같은 재질이 사용되었다. 대표적으로 SME 3009 시리즈 3S가 티타늄, 클리어오디오가 카본 파이프를 사용했고, 그라함<sup>Graham</sup>이 도자기 재질인 세라믹을 성형해 톤암 파이프로 사용하고 있다. 헤드셸도 카트리지에 리드선이 직접 끼워지는 일체형 구조로 만들어 불필요한 접점을 최대한 줄이는 경우가 많다. 하이엔드 톤암을 대표하는 그라함을 살펴보면 9인치의 숏암에[81] 유니피벗 방식으로 원 포인트 베어링이 실리

81 그라함 톤암은 9인치가 기본형이고, 롱암 버전인 12인치용 암 파이프도 옵션으로 구입이 가능하다.

그라함 2.0

리니어 트래킹 톤암

콘 오일 속에 잠긴 채로 작동하게 되어 있다. 암 파이프에 도자기 재질의 세라믹을 사용해 빠르고 기민하게 작동하는 카트리지의 진동을 흡수하지 않고 그대로 반영해 음에 착색이 적도록 했다. 실제로 음을 들어보면 저음이 빠르고 고음의 뻗침이 아주 좋다. 특히 세라믹 암 파이프의 특성 때문에 약간 차갑고 선명한 음색이 난다.

나섬　톤암의 구조만 알면 소리를 알 수 있단 얘기네?

최선생　롱암인지 숏암인지, 다이내믹인지 스태틱인지 알면 가능하지.

나섬　롱암은 왜 숏암에 비해 속도가 느린 거야?

최선생　길이가 길면 카트리지의 진동에 톤암이 다소 둔하게 반응하지.

나섬　짧으면 빠르겠고……. 그런데 오토폰 모노 톤암에 숏암도 있던데?

최선생　스태틱 밸런스 톤암인 SK 212가 대표적이지.

나섬　모노시대 톤암이 숏암에 스태틱이라 조금 이상해.

최선생　숏암에 스태틱이지만 톤암 무게가 아주 무거워.

나섬　잡고 움직여 보면 옛날 톤암은 묵직하더라고. 왜 그렇게 한 거야?

최선생　당시 무거운 침압의 카트리지에 맞아야 하니까.

나섬　무게가 무거워서 기민하게 움직이기 힘들겠네.

최선생　그래서 숏암에 스태틱이지만 느리고 둔하지.

나섬　아, 이제 이해가 좀 되네. 톤암 무게도 시대에 따라 변한 거네?

최선생　톤암, 카트리지 무게, 침압이 현대로 올수록 가벼워졌지.

나섬　요즘 나온 음상형 톤암은 가볍고 민첩하더라고.

최선생　길이와 구조도 중요하지만 재질도 변했지!

나섬　세라믹 암대는 차갑고 정확할 것 같은데?

최선생   그렇지, 알루미늄에 비해서 좀 그런 편이지.

나섬   나무로 된 것들도 있던데?

최선생   트라이플래너Tri-Planar 톤암이 그렇지. 그래서 현대 톤암이면서 음색형에 가깝지.

나섬   나무도 종류가 다양하잖아?

최선생   트라이플래너는 흑단을, 그라도Grado는 무른 나무를 썼지.

나섬   흑단은 나무치곤 단정한 소리가 나겠네?

최선생   응, 그리고 그라도는 무른 나무라서 상대적으로 따뜻하고 온후한 느낌이 들지.

나섬   톤암의 세계도 복잡 다양하네.

| 표 4-9 | **톤암의 소리별 기본 구조**

| 분류 | 구조 |
|---|---|
| 음색형 톤암 | 12인치 롱암, 다이내믹 밸런스형, 짐벌 베어링, 안티 스케이팅 없음. |
| 음장형 톤암 | 9~10인치 미들암, 다이내믹 밸런스형, 짐벌 베어링, 안티 스케이팅 있음. |
| 음상형 톤암 | 9인치 숏암, 스태틱 밸런스형, 유니피벗형, 안티 스케이팅, 래터럴 밸런스 기능 필요. 리니어 트래킹 톤암.[82] |

| 표 4-10 | **주요 톤암의 성향과 특징**

| 제품 | 성향 | 특징 |
|---|---|---|
| Orotfon RF297 | 2.1 | 두툼하고 회고적인 전형적인 오토폰 모노 사운드. |
| Orotfon RMG 309 | 2.2 | 느린 듯 자연스러운 사운드. |
| Orotfon RMA 309 | 2.3 | RMG보다 약간 단정해진 사운드. |
| EMT 297 | 2.4 | 오토폰 암보다 투명함이 좋아짐. |

82  리니어 트래킹 톤암은 에어나 아주 정밀한 볼을 이용하여 톤암이 직선으로 움직이는 데 마찰을 최소화한 톤암이다. 마찰이 적어야 하기 때문에 카트리지 무게가 가벼워야 한다. 소리 성향도 배경이 깨끗하고 고음의 개방감이 좋으며 디테일이 좋기 때문에 음상형 톤암으로 보는 것이 타당하다.

| 제품 | 성향 | 특징 |
| --- | --- | --- |
| SME 3012 | 2.5 | 309보단 약간 빠르고 다양한 카트리지 사용이 가능. |
| Orotfon RMG212 | 2.6 | 숏암으로 속도가 약간 빨라짐. |
| Acoustic Solid WTB | 2.6 | 현대 톤암이지만 사운드는 빈티지 스타일.* |
| Orotfon RS212 | 2.7 | 숏암으로 고전적 오토폰 사운드의 끝자락. * |
| FR 64S | 2.7 | 무겁고 진득한 사운드가 특징. 중(重)침압용. |
| Tri-Plana Ultimate | 2.8 | 음색이 매혹적이고 음의 흐름이 매끄러운 것이 특징. |
| SME 3010 | 2.9 | 가격이 싸고 다양한 카트리지에 대응하는 무난함이 장점. |
| SME V | 3.0 | 깊은 저역, 큰 무대가 인상적. 고음이 약간 아쉬운 게 흠. |
| FR 64fx | 3.1 | 대역 밸런스가 좋고 모범적인 사운드. * |
| Audio Craft AC3000 | 3.2 | 음상형 톤암이지만 소리가 상당히 진함.* |
| EMT 929 | 3.3 | 빈티지 톤암이지만 속도가 빠르고 투명한 사운드. |
| Naim Aro | 3.4 | 세팅이 까다롭지만 사운드는 출중. * |
| Rega RB 1000 | 3.5 | 가늘고 섬세하며 고음의 뻗침이 좋음. |
| Morch DP-6 | 3.6 | 섬세하게 하늘거리는 고음이 매력. 음상 표현이 좋음.* |
| Graham Phantom | 3.7 | 무대가 크고 대역이 넓음. 사용자 편의성이 좋음. |
| Graham 2.2 | 3.8 | 빠른 속도와 착색 없는 사운드. |
| Thales Original | 3.9 | 기계식 리니어 톤암. 섬세한 해상력과 음상 재현력이 발군. 사용이 번거롭고 비싼 것이 흠. |
| Kuzuma Air Bearing | 4.0 | 리니어 톤암답지 않게 저음도 잘 나옴. 비싼 것이 흠. |
| Eminent Technology-2 | 4.1 | 빠르고 가벼우면서 경쾌한 사운드. 음상 표현이 발군. |

* 추천

오디오 크라프트 44000

## 카트리지

톤암이 길이와 구조에 따라 소리가 달라지는 것처럼 카트리지도 바늘의 형태와 재질, 구조에 따라 소리가 달라진다. SP시대부터 나타난 카트리지의 바늘은 뾰족한 원형침 형태가 시초였다. 보통 코니컬 타입이라고 부르는 것으로 원추 모양을 상상하면 된다. 바늘의 단면은 원형으로



굿모닝 오디오 하이엔드 편

가장 단순한 형태를 띠고 있다. 원추형 바늘은 SP시대부터 시작해 모노 LP시대까지 전성기를 구가한다. 원추형 바늘도 재질이 세라믹, 사파이어, 다이아몬드 등으로 다양하고, 각기 음색도 다르다. 세라믹은 특유의 카랑카랑한 맛이 있고, 사파이어는 진하고 농염한 음색을 낸다. 구체적으로 사파이어 바늘은 다이아몬드에 비해 색감이 진하고 호소력 강한 사운드를 낸다. SP용 78회전 바늘과 사파이어가 채용된 33회전용 모노 바늘은 중역에 에너지가 모인 독특한 소리를 내 특히 사람 목소리를 재생할 때 진가를 발휘한다. 앞서 언급한 음성시대를 대표하는 소리라고 할 수 있다.

다이아몬드는 세라믹이나 사파이어에 비하면 수명이 훨씬 길고 맑은 소리를 낸다. 모노 LP시대가 되면서 세라믹과 사파이어는 시장에서 점점 자취를 감추고 다이아몬드 바늘이 대부분을 차지하게 된다. 바늘의 단면이 원형인 원추형 바늘은 제작이 가장 쉽지만 레코드의 소릿골을 정확하게 재생하는 데 문제가 있다. 그림 4-11에서 보듯이 소릿골의 좌우측 벽면

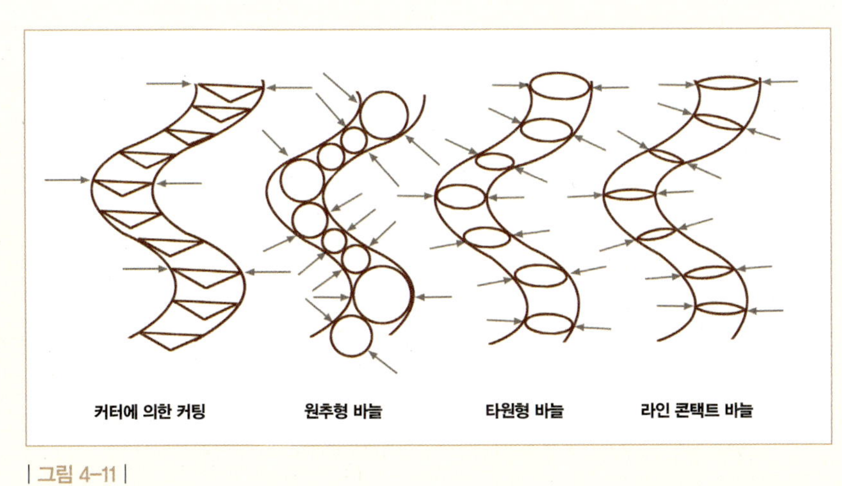


| 그림 4-11 |

에 평행하게 접촉하지 못하고 소릿골의 굴곡에 따라 앞뒤로 약간씩 왔다 갔다 하면서 접촉한다. 이렇게 접촉하면 소릿골의 굴곡이 성긴 저음은 문제가 없는데 골이 아주 미세한 고음 부분에서는 세밀하게 읽지 못하는 문제가 있다. 오리지널 모노 LP는 소릿골이 25 마이크로로 스테레오의 17 마이크로에 비해 골이 넓고 큰 편이다. 또한 모노 LP는 좌우 소릿골에 하나의 동일한 신호가 새겨져 있기 때문에 이런 오차가 적은 편이다. 그러나 소릿골이 작고 섬세한 스테레오 음반의 경우 원추형 바늘은 소릿골 추적에 문제가 생긴다. 스테레오 음반에서 나타나는 이런 트래킹 에러는 소리로 바로 나타나 톤이 굵고 두툼해진다. 당연히 악기의 음색이나 배음을 세밀하게 재현하지 못한다. 관현악 같은 대편성 곡에서는 음상이 크고 부정확해지고 악기가 약간씩 뒤섞이면서 제대로 무대를 만들어 내지 못한다. 반면에 독주 보컬이나 소나타에서는 중음이 두툼해 호소력 짙은 소리를 낸다. 원추형 바늘이 그려내는 사운드는 한마디로 음색형에 어울린다고 하겠다.

원추형 바늘은 모노 레코드에서는 그다지 큰 문제가 없었지만 스테레오 레코드의 작은 소릿골을 정확하게 추적하는 데는 문제가 많다. 원추형 바늘이 스테레오 레코드 재생시 발생하는 에러를 줄이고자 해서 나온 바늘이 타원형 단면을 갖는 엘립티컬elliptical 바늘이다. 엘립티컬 바늘은 스테레오 탄생과 비슷한 시기인 1960년대에 본격적으로 등장한다. 오토폰의 초기 SPU 카트리지가 대표적이다. 그림 4-12에서 보듯이 타원형 바늘은 소릿골 추적시 오차가 원형(코니컬형)에 비해 현저히 줄어든다. 이런 변화는 소리에도 그대로 반영돼 원추형 바늘에 비해서 악기의 음상이 더 분명해지고 고음도 더 섬세하게 재생된다. 관현악 같은 대편성 곡에서도 악기의 엉킴이 줄어들어 스테레오 효과로 인한 3차원 무대를 쉽게 만든다. 타원형에서 옆으로 더 날카롭게 바늘을 제작하면 레코드의

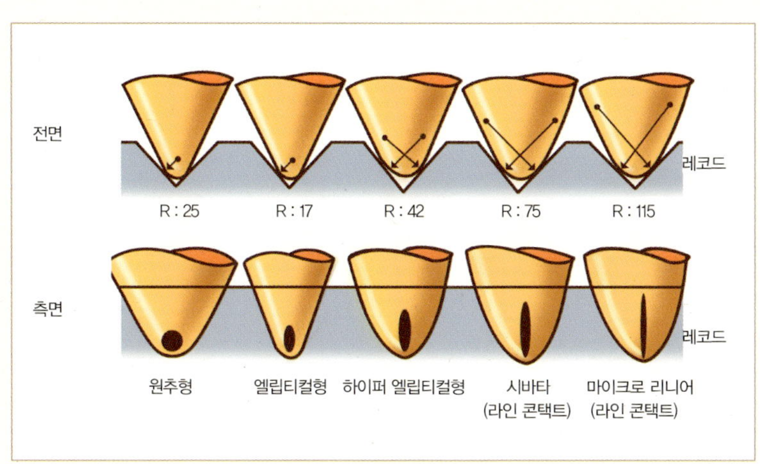


| 그림 4-12 |

소리골 재생시 오차가 더 줄어든다. 여기서 착안해 탄생한 바늘이 하이퍼 엘립티컬hyper elliptical 바늘로 대표적으로는 슈어Shure의 V15 타입ⅢHE와 타입Ⅳ를 들 수 있다. 비슷한 시기에 엘립티컬보다 더 날카로운 단면을 가진 바늘이 개발되는데, 이것이 일명 '시바타Shibata'라고 불리는 바늘이다. 4채널 LP 재생 바늘로 유명한 엠파이어Empire 4000D에 채용되었다. 그림 4-12에서 보듯이 엘립티컬에서 하이퍼 엘립티컬 시바타로 갈수록 레코드 소릿골에 접촉하는 폭이 좁아지고 상하로 길어진다. 조금 더 정확하게 소릿골을 추적하게 되는 것인데, 이것은 소리에 그대로 반영된다. 접촉면의 폭이 좁아질수록 소리의 톤 굵기가 가늘어지면서 악기의 음상이 정확해진다. 고음재생 능력도 좋아져 무대의 재생이나 홀톤을 더 잘 구현하게 된다.

하이퍼 엘립티컬 바늘까지를 음장시대라고 본다면 음상시대의 바늘은 하이퍼 엘립티컬보다 고음이 더 뻗고 악기의 음상을 더 정확하게 표현해야 할 것이다. 그러려면 레코드 소릿골과 접촉하는 면의 폭은 더 좁아지고 위아래로는 더 길어져야 한다. 이런 시대적 요구 속에 개발된 바늘이 마이크로 릿지<sup>Micro Ridge(MR)</sup>와 라인 콘택트<sup>Line Contact</sup>, 파인 라인<sup>Fine Line</sup> 같은 바늘이다. 그림 4-12에서 보듯이 레코드 소릿골과 접촉하는 면의 폭이 극단적으로 좁아지고 상하로 길어지면서 마치 하나의 라인같이 된다고 해서 라인 콘택트라는 이름이 붙었다. 레코드 소릿골과 닿는 면이 선이라고 부를 정도로 폭이 좁아지면 소리도 아주 가늘고 섬세해진다. 저음은 빠르고 정확하게 재생되고, 고음도 재생능력이 비약적으로 좋아지게 된다. 현대의 카트리지들은 대부분 MR이나 라인 콘택트, 파인 라인 같은 아주 예리한 각을 가진 바늘로 카트리지를 만들어 초고역까지 재생이 가능하다.

카트리지에서 바늘이 소리의 기본 골격을 결정짓는 가장 중요한 요소라는 데는 이견이 없을 것이다. 그러나 바늘이 박히는 캔틸레버와 댐퍼도 바늘 못지않게 카트리지의 소리에 결정적으로 영향을 미친다. 카트리지를 자동차로 비유한다면 바늘은 자동차의 심장인 엔진이고, 캔틸레

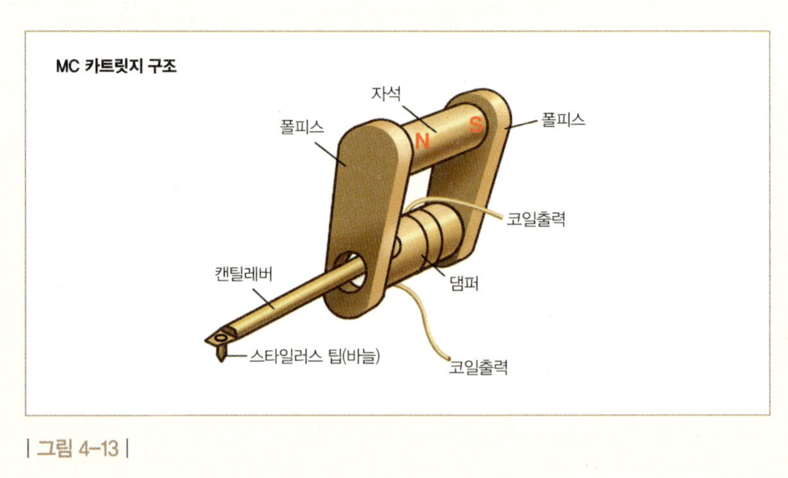


| 그림 4-13 |

버는 엔진의 출력을 바퀴에 전달하는 변속기이자 구동축이다. 카트리지의 댐퍼는 자동차의 승차감을 결정짓는 쇼크 업소버라고 보면 된다. 음색시대의 모노 카트리지는 다소 느리면서 부드러운 사운드를 내기 위해 구리 합금 계열의 얇은 금속판을 캔틸레버로 사용한다. 금속판이다 보니 레코드의 휨에 따른 상하운동은 캔틸레버에서 흡수하고 모노 소릿골의 좌우 움직임만을 효과적으로 코일에 전달하게 된다. 스테레오시대, 즉 음장시대가 되면서 캔틸레버는 전후좌우의 움직임을 좌우 두 개의 코일에 전달해야 해서 파이프 형태로 만들어진다. 적당히 단단하면서 가벼워야 바늘의 움직임을 효과적으로 코일에 전달할 수 있기 때문에 알루미늄 합금 재질의 파이프가 주로 사용되었다. 대표적으로 오토폰의 SPU, EMT TSD15, 토렌스 MCH-2 등을 들 수 있다.

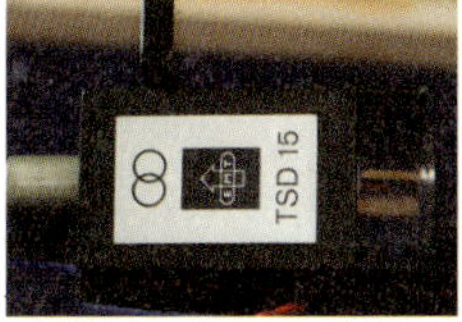

EMT TSD15

　음상시대가 되면서 더 예민하게 레코드의 소릿골을 추적하기 위해 카트리지의 바늘은 날카로워지게 된다. 바늘이 아무리 예민하게 소릿골을 추적해도 캔틸레버가 이러한 예민한 움직임을 코일에 잘 전달하지 못하면 예민한 바늘의 능력이 반감될 수밖에 없다. 좀 더 빠르고 예민하면서 고음의 재생능력을 좋게 하려면, 캔틸레버가 바늘의 섬세한 움직임을 정직하게 코일에 전달해야 한다. 이런 요구에 부합하려면 알루미늄보다 가벼우면서 강성이 좋아야 한다. 그래서 선택된 캔틸레버 재질이 보론이나 티타늄이다. 보론은 알루미늄보다 가볍진 않지만 다이아몬드에 버금갈 정도로 단단하다. 따라서 바늘의 움직임을 빠르고 정확하게 코일로 전달할 수 있다. 보론을 캔틸레버에 사용하는 카트리지는 고에츠<sup>Koetsu</sup>와 다이나벡터<sup>Dynavector</sup> 중급 모델, 벤츠 마이크로<sup>Benz Micro</sup>, 클리어오디오<sup>Clear Audio</sup> 반덴헐<sup>Van Den Hul</sup> 중상급 모델의 대부분이다. 대부분 속도가 빠른 음을 내는 카트리지들이다. 드물게 티타늄을 사용한 경우는 빅타(JVC)의 MC1000이 있다. 금속보다 더 단단한 재질을 찾다 보니 지구상 물질 중에

서 가장 단단하다는 사파이어나 다이아몬드까지 캔틸레버의 재료로 등
장하기 시작한다. 사파이어나 루비를 채용한 경우는 오토폰의 MC5000
과 다이나벡터의 캐럿 루비Karat Ruby가 있다. 다이아몬드를 사용한 경우는
다이나벡터의 캐럿 17dKarat 17d 시리즈와 고에츠의 코럴 스폰Coral Stone(옵
션)을 들 수 있다.

　캔틸레버가 변속기와 구동축이라면 댐퍼는 승차감을 결정짓는 쇼크
업소버라고 할 수 있다. 엔진 출력과 구동 메커니즘도 중요하지만 무엇
보다 일반 사용자 입장에선 승차감이 중요하듯이, 카트리지의 음색을 주
로 결정하는 것은 댐퍼 고무의 특성과 바디의 재질이다. 음상시대가 되
면서 더 빠르고 착색이 적은 소리를 위해 댐퍼는 탄성이 좋은 재질이 사
용되기 시작한다. 부드럽고 무른 댐퍼는 느리고 편안한 소리를 만들고,
탱탱하고 다소 딱딱한 댐퍼는 빠르고 선명한 소리를 만든다. 바디도 음
색에 영향을 미치는데, 전통적으로 카트리지 바디로 사용되던 플라스틱
이나 알루미늄에서 벗어나 세라믹(오토폰 MC3000)이나 석재(고에츠 오

닉스<sup>Onyx</sup>) 등이 사용되기 시작한다. 음상시대의 카트리지 중에는 바늘과 댐퍼를 최신의 것으로 사용하고, 바디는 오히려 회고적으로 나무를 사용하는 경우가 있다. 대표적으로 벤츠 마이크로의 루비2<sup>Ruby2</sup>와 에보니<sup>Ebony</sup>, 그리고 미야지마<sup>Miyajima</sup>의 실라베<sup>Shilabe</sup>, 와자<sup>Waza</sup>가 그런 경우다. 이렇게 최신형의 구조를 갖추면서 굳이 나무의 질감이 나게 목재를 바디로 사용하는 이유는 음상형에 걸맞는 구조의 바늘과 캔틸레버를 채용해 제작된 상당수의 카트리지 음색이 차갑고 썰렁해지기 쉽다는 점을 감안한 것이다. 지극히 현대적인 해상력에 다소 회고적인 나무의 따뜻한 음색을 입힘으로써 음색의 단점을 보완하려는 시도인 것이다. 최근 나온 카트리지에서 이런 경향이 조금 나타나고 있는데, 이는 빠르고 해상력이 좋은 사운드만을 추구하는 음상시대의 소리가 차갑고 썰렁해지는 것에 대한 일종의 반성이라고 볼 수도 있다.

나섬　잘 보이지도 않는 작은 바늘 속에 카트리지의 역사가 숨어 있었네.

최선생　최소한 100배 현미경으로 봐야 보이는 세상이지.

나섬　작은 바늘 하나 만드는 데 치열하게 연구하고 노력을 했네.

최선생　시대가 흘러갈수록 바늘만 예리해진 게 아니야.

나섬　그럼 또 뭐가 달라졌는데?

최선생　초기의 SP용 카트리지는 침압이 20g이 넘는 것도 있었어.

나섬　아! 현대로 올수록 침압이 서서히 줄었단 얘기지?

최선생　침압이 너무 무거우면 바늘이 예민하게 움직이기 어렵지.

나섬　그럼 슈어나 오디오테크니카의 MM 바늘이 가장 발전한 음상형이겠네?

최선생　구조적으론 그렇지. 그런데 MM은 출력 전압이 높아서 문제야.

나섬    출력이 높으면 승압이나 헤드앰프가 없어도 되니 좋은 거잖아?

최선생    카트리지가 출력이 높아지려면 코일이 많이 감겨야 하지?

나섬    그렇지, 그 정도는 나도 알지.

최선생    코일을 많이 감으면 고음의 임피던스(저항)가 높아져.

나섬    저항이 높아지면 신호가 통과하기 어려워지겠네?

최선생    그래서 MM은 고음이 잘 나오기 어렵지.

나섬    음상형은 고음의 뻗침이나 개방감이 중요하잖아?

최선생    악기의 위치를 잡는 음상 정보도 주로 고음에 있지.

나섬    음상형 카트리지의 특징은 뭐야?

최선생    음상형은 최신형 바늘에 저출력, 저임피던스의 MC형이지.

| 표 4-11 | **카트리지의 소리별 특징**

| 구분 | 특징 |
| --- | --- |
| 음색형 | 원추형 바늘, 중(重)침압(3~7g), 고출력, 모노 · 초기 스테레오 카트리지. |
| 음장형 | 엘립티컬 바늘, 알루미늄 캔틸레버, 중(中)침압(2~3g), MM/MC, 저출력~고출력, 스테레오 카트리지. |
| 음상형 | 시바타, 라인 콘택트(파인 라인)바늘, 사파이어(보론) 캔틸레버, 중(中)침압(1.5~2.5g), 저출력, MC형 스테레오 카트리지. |

| 표 4-12 | **주요 카트리지의 성향과 특징**

| 제품 | 성향 | 특징 |
| --- | --- | --- |
| EMT OFS 25 | 1.2 | SP톤의 진하고 호소력 깊은 사운드. |
| Ortofon Type-A | 1.5 | 묵직하고 두툼한 사운드. |
| Ortofon Type-C | 1.8 | 표준적인 모노 사운드. * |
| EMT OFD(다이아몬드) 25 | 2.0 | 오토폰 모노보다 청명한 사운드. |

    굿모닝 오디오 하이엔드 편

| 제품 | 성향 | 특징 |
|---|---|---|
| Grado Master Wood | 2.1 | 진하고 두툼한 음. 올드 팝에 좋음. |
| Thorens MCH | 2.2 | 진한 톤이지만 섬세함을 잃지 않음. |
| Ortofon SPU(1960년대 구형) | 2.3 | 두툼하지만 담백한 사운드. |
| Koetsu Black(구형) | 2.4 | 진하면서 현악기 소리가 매력적. |
| Empire 4000D Ⅲ | 2.5 | 섬세한 고음. 적당히 큰 무대. 최고의 MM. * |
| Thorens MCH 2 | 2.5 | 구형보다 더 밝아지고 고음이 화려해짐. * |
| Jan Allaerts MC-1Eco | 2.6 | 무대가 크진 않지만 호소력 짙은 고급 사운드. |
| Ortofon SPU Glod | 2.7 | 전통적인 SPU 사운드의 막내. * |
| Koetsu Rose Wood | 2.8 | 대역 넓고 음색 표현이 고급스러움. |
| Ortofon Meister(한정) | 2.9 | 실버와 달리 SPU의 두툼함을 간직함. |
| Jan Allaerts MC1 boron | 2.9 | 고급스런 음색에 대역이 넓고 무대도 큼. * |
| Koetsu Urushi | 3.0 | 로즈우드보다 더 투명하고 대역이 넓어짐. |
| Lyra Helicon | 3.1 | 대역 넓고 무대 크나 음색이 거친게 흠. |
| Denon 103R | 3.3 | 두루 무난한 모범생. 심심한 음색이 흠. 하이엔드 입문용.* |
| Ortofon SPU(신형) | 3.4 | SPU 소리지만 고음이 살짝 날림. |
| Roksan Shiraz | 3.5 | 고음이 화려하고 음장 재현력이 좋음. * |
| Koetsu Onyx | 3.6 | 대역 넓고 무대 크나 음색이 다소 서늘함. |
| Benz Micro Ebony | 3.7 | 섬세하나 날리지 않는 고음이 매력. |
| EMT TSD 15(반덴헐 팁) | 3.7 | 건조한 음색이나 음악의 구조를 잘 보여줌. * |
| Van Den Hul Frog | 3.8 | 섬세한 음. 질감과 음상 재현이 좋음. |
| Ortofon Meister Silver | 3.8 | 선이 가늘고 섬세하나 다소 날리는 인상. |
| Audio Technica 33 Ptg | 3.9 | 가늘고 섬세한 고음이 장점. 저음이 빈약. * |
| Benz Micro Ruby2 | 4.0 | 현미경으로 보는 듯한 해상력. 저음이 빈약. |
| Allnic Puritas | 4.1 | 저음의 해상력이 좋으나 양이 부족. 세팅이 예민한 편. |
| Lyra Clavis D.C | 4.2 | 극한의 해상력과 디테일. |

* 추천

토렌스 MCH 2

벤츠 마이크로 LP 에보니

## 포노앰프, 승압 트랜스

포노앰프도 턴테이블이나 톤암, 카트리지처럼 시대별로 추구하는 소리가 달라지면서 변화를 겪었다. 초창기 포노앰프는 프리앰프나 인티앰프 안에 부속된 기능에 불과했다. 프리앰프 내부에 있으면서 포노입력을 받기 위한 별도의 회로로 존재한 셈이다. 중역 중심의 소리로 평가되는 음색시대를 대표하는 포노앰프로는 마란츠 7C를 들 수 있다. 마란츠 7C의 회로는 잘 알려져 있다시피 네거티브 피드백(NFB)형으로 포노회로를 구성하고 있다. 신호를 증폭해 나온 출력 신호의 일부를 다시 입력으로 되돌려 보내는 방식으로 포노의 RIAA 커브를 만드는 것이다. 우리말로 '되먹임 회로'라고 하는데, 이런 회로를 사용한 포노앰프는 중역이 두툼하고 음색에 윤기가 있지만 고음이 투명하지 못하다. 고음이 닫혀 있다 보니 음의 속도는 다소 느린 편이다. 진공관을 사용하고 마란츠 7C 회로를 사용한 포노라면 음색형 포노로 봐도 큰 무리가 없다. 최근에 나온 제품으로는 EAR 834P가 있다.

음장시대가 되면서 포노앰프도 깊은 저음과 개방된 고음을 재생할 수 있어야 했다. 이런 시대적 요구에 NFB 회로 방식은 적합하지 않다. NFB 방식을 대체해 더 넓은 대역과 개방된 고음을 특성으로 하는 회로가 각광을 받게 되는데, 이것이 바로 CR형[83] 포노앰프다. 지금은 빈티지로 취급받지만 프리시전 피델리티Precision Fidelity의 C4라는 포노가 CR형 회로를 채택한 프리앰프로 유명하다. 콘덴서와 저항으로 포노회로(RIAA) 커브를 만드는 CR형은 SME SPA-1HL이 대표적이다. 그 외로는 오디오리서치 PH3, BAT PK-10SE, 서병익 오디오 TCR 등이 있다. 우리가 아는 대부분의 현대 포노앰프는 CR형이라고 봐도 무방하다. CR형 외에 LCR형이 있는데, RIAA 보정에 트랜스를 사용하는 것이 특징이다. LCR이라고 부르

SME SPA-1HL

[83] CR형이라고 부르는 이유는 '콘덴서(capacitor)'의 첫 글자 C와 '저항(resistance)'의 첫 글자 R에서 딴 명칭이다.



굿모닝 오디오 하이엔드 편

는 이유는 트랜스, 즉 코일의 저항성분인 인덕턴스inductance로 커브를 보
정하는데, 인덕턴스의 단위가 L이기 때문이다. 쉽게 말해 CR 타입에 L이
추가되서 LCR이라고 부르는 것이다. 제대로 만들어진 제품은 대역이 넓
고 투명하며 해상력이 좋은 편이다. 그런데 커브 보정 트랜스 제작이 까
다로워 가격이 다소 고가이다. 이들 포노앰프 모두 큰 무대와 넓은 대역
을 장점으로 삼고 있다. 대표적으로 올닉오디오의 H-3000과 오디오노트
의 초고가 제품이 있다.

　　음상시대가 되면서 아날로그도 음의 속도가 더 빠르고 고음의 해상
력을 갖춘 포노들이 등장한다. 린의 린토Linto, 어쿠스틱 플랜의 포노 마스
터Phono Master를 위시해 저음이 빠르고 단정하며 고음이 뻗는, 전체적으
로 선이 가는 소리를 내주는 포노앰프들이 그러하다. 음상시대에는 배경
이 극도로 정숙하고 잡음이 적어 높은 SN비를 갖추어야 한다. 이런 흐름
속에서 등장한 것이 배터리 구동 포노앰프다. 배터리 전원을 사용한 포
노앰프는 교류 전원 때문에 필연적으로 따라올 수밖에 없는 험과 노이즈
로부터 완전히 해방된 깨끗한 소리를 만들 수 있다. 서덜랜드Surtherland의
PHD, 나그라Nagra의 BPS, BSR 베이직 익스클루시브Basic Exclusive 등이 배터
리로 구동되는 포노앰프다. 모델별로 약간의 차이는 있지만 맑고 투명하
며 배경이 아주 깨끗하다. 배터리의 특성상 저음의 에너지감이나 양감은
충분치 않지만 고음의 해상력이나 투명도는 아주 좋아서 음상형 포노앰
프로 손색이 없다.


나섬　　　포노앰프에 배터리를 쓰는 이유가 있었네.

최선생　　포노앰프는 증폭률이 높아서 험이나 노이즈에 취약하지.

나섬　　　프리앰프나 파워앰프도 배터리로 하면 좋겠는데.

최선생　　파워앰프처럼 전기 소모가 크면 용량 때문에 곤란해.

나섬　전에 제프롤랜드인가? 파워앰프에 배터리 쓰던데.

최선생　SP-8 DC와 9 DC가 있지. 그런데 인기가 시들해졌지.

나섬　왜 그런 거야? 꿈의 전원이면 소리도 좋았을 텐데.

최선생　음에도 조금 문제가 있어. 저음이 무르고 음색이 심심해.

나섬　저음이 무르거나 심심한 것은 개성으로 볼 수도 있잖아?

최선생　험과 노이즈는 없는데, 순간적으로 음이 폭발할 때 반응이 느려.

나섬　속도에 문제가 있는 건가?

최선생　배터리의 원리를 잘 생각해봐. 화학적 변화를 통해 전기를 만들지?

나섬　그렇지, 화학식으로 전기가 나오는 이유를 고교 때 배웠지.

최선생　작은 음량에선 문제가 없는데 순간적으로 음량이 커지면?

나섬　순간적으로 큰 전류가 필요하겠지?

최선생　순간적으로 큰 전류가 필요해도 화학 반응은 일정하지.

나섬　순간 반응속도가 느린 게 문제구나?

최선생　전기차의 순간 가속력이 엔진만 못한 것도 같은 이치야.


배터리는 노이즈가 거의 없다는 장점이 있지만 순간적인 전기공급 능력은 좋은 편이 아니다. 화학 반응을 통해 전기를 만들어 내는 원리이기 때문이다. 이런 순간적인 전기 공급의 문제를 해결하기 위한 방법으로 배터리 전원에 콘덴서를 병렬로 부착하는 방법이 추천된다. 콘덴서는 배터리에 비하면 전기 저장 용량은 작지만 순간적으로 전기가 필요할 때 공급하는 능력은 빠르다. 평상시 전원 공급은 배터리가 하고 순간적으로 전기가 필요할 때는 콘덴서가 빠르게 전기를 공급해 속도를 높일 수 있다. 실제로 배터리를 전원으로 하는 오디오 제품을 열어보면 배터리에



굿모닝 오디오 하이엔드 편

콘덴서가 병렬로 장착되어 있는 것을 볼 수 있다.

　배터리의 또 다른 문제는 오디오에 사용되는 높은 전압을 만들기가 생각처럼 쉽지 않다는 점이다. 특히 진공관은 최소한 100V 이상의 높은 전압이 필요하다. 배터리는 셀 한 개가 1.2V 정도의 전압을 만든다. 그래서 높은 전압을 내려면 이 셀을 직렬로 연결해 사용해야 한다. 100V를 만든다고 하면 80여 개 정도의 배터리를 직렬로 연결해야 한다. 그러나 이렇게 많은 숫자의 배터리를 직렬로 연결하기는 현실적으로 어렵다. 설사 연결한다 해도 연결된 배터리의 성능이 균일하지 않으면 특정 배터리에 부담이 가중되면서 전체적으로 문제를 일으키기 쉽다. 이렇게 많은 숫자의 배터리를 균일한 성능을 갖춘 것으로 골라서 맞추는 것은 현실적으로 어렵다. 이래저래 배터리로 고전압을 만드는 일은 현실적으로 쉽지 않은 일이다.

　저출력 MC 카트리지를 사용하려면 보통의 MM형 포노앰프로는 제대로 된 소리를 들을 수 없다. 헤드앰프나 승압 트랜스를 사용해 신호를 MM 수준으로 올려야 한다. 헤드앰프는 워낙 낮은 신호를 전기적으로 증폭해야 하기 때문에 노이즈를 차단하기 어렵다. 그래서 전기를 사용하지 않는 승압 트랜스를 사용하는 경우가 일반적이다. 승압 트랜스의 경우 코어 재질이나 코일을 감는(권선) 방법에 따라 소리가 달라진다. 트랜스의 코어로는 크게 니켈 퍼멀로이Permalloy와 뮤 메탈mu-metal(아몰퍼스)이 많이 사용된다. 니켈 퍼멀로이는 최고의 투자율을 자랑하는 재료답게 해상력이 아주 좋고 투명한 소리를 낸다. 뮤 메탈은 해상력이 약간 떨어지지만 온화한 음색을 낸다. 뮤 메탈이 음색형과 음장형에 걸쳐 있는 사운드이고, 퍼멀로이는 음장형과 음상형에 걸쳐 있다고 보면 크게 무리가 없다. 무엇보다 중요한 것은 소리를 직접 들어보고 판단하는 것이다.

일렉트로콤파니에 ECP-1

올닉 H-3000

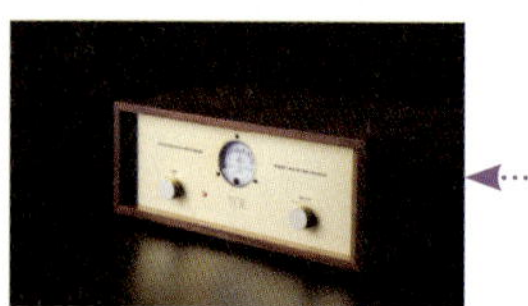

서병익오디오 TCR

오디아 플라이트 포노

서덜랜드 Phd

| 표 4-13 | **주요 포노앰프의 성향과 특징**

| 제품 | 성향 | 특징 |
| --- | --- | --- |
| Marantz 7(포노단) | 1.8 | 소극적이라 답답한 느낌이나 나름의 음악성이 존재. |
| EAR 834P | 2.5 | 중역의 두툼함이 인상적. |
| Allnic H-1500 | 2.6 | 음의 흐름이 자연스럽고 중역이 탄탄함. * |
| Pass X-Ono | 2.7 | 아기자기하고 여성스런 울림. |
| Aesthetics Calypso | 2.8 | IO의 동생, 적당히 큰 무대와 우수에 찬 음. |
| Aesthetics IO | 2.9 | 아주 깊은 저역, 큰 무대, 어두운 음색의 사운드. |
| Manley Steel Head | 3.0 | 깊은 저음, 큰 무대, 질감 있는 중음. * |
| ElectroCompaniet ECP-1 | 3.1 | 큰 무대, 두툼한 선율의 호방한 사운드. |
| Allnic H-3000 | 3.2 | 깊고 단정한 저역, 개방적인 고음. |
| 서병익오디오 TCR | 3.3 | 호방한 스타일, 큰 음장. 고음의 결이 살짝 아쉬움. * |
| BAT PK-10SE | 3.3 | 투명하고 자연스러운 음. 상당히 큰 무대. * |
| Audio Research PH-3 | 3.4 | 약간 앞으로 나오는 무대에 시원시원한 사운드. |
| SME SPA-1HL | 3.5 | 전형적인 음장형 사운드의 표본. * |
| Accuphase c-280V(포노단) | 3.6 | 가닥 추림이 좋음. 잘 다듬어져 있어 인위적인 느낌. |
| FM Acoustic 122 | 3.6 | 세련되게 가다듬은 음. 음악성이 좋음. |
| BSR Basic Exclusive | 3.7 | 정숙하고 투명하나 다소 심심함. |
| Audia Flight Phono | 3.8 | 정숙하고 정돈된 음상, 섬세한 음색. * |
| Surtherland Phd | 3.9 | 놀라운 정숙성, 가늘고 섬세한 사운드. |
| LINN Linto | 4.0 | 빠르고 타이트한 저음, 정확한 고음. 가늘고 건조한 음색이 흠. |
| Nagra BPS | 4.1 | 고음이 섬세하면서도 귀를 자극하지 않음. 저음의 양이 약간 아쉬움. |
| AcousticPlan Phono Master | 4.2 | 3차원 입체 공간에 음상을 맺히게 하는 능력이 탁월. 무대는 깊으나 그렇게 크진 않은 편. |

* 추천

| 제품 | 성향 | 임피던스 | 특징 |
|---|---|---|---|
| Partridge TH-9708 | 2.0 | (저/중) | 두툼하고 풍성한 음. 저음이 번지는 게 단점. |
| Western Electric 285L | 2.1 | (저) | 두툼하고 풍성하면서 섬세함을 잃지 않는 음. |
| Partridge 7834 | 2.2 | (저/중) | 9708보다 덜 풍성하고 따뜻한 울림이 장점. |
| Telefunken Bv.42-01 | 2.3 | (중) | 따뜻하고 화사한 사운드. * |
| Grado F10-35 | 2.4 | (중) | 부드럽고 여유 있는 음. |
| Tribute Amorphous | 2.5 | (저/중) | 진하고 달콤한 음. |
| Woden MT-101 | 2.6 | (저) | 따뜻하고 품위 있는 영국 사운드. 포노의 인풋을 100k 이상으로 올려야 제소리가 남. |
| Jorgen Schou No 41 | 2.6 | (저) | 조겐쇼 중에 고음이 잘 뻗는 음. * |
| ADC A7318 | 2.8 | (저/중) | 적당히 두툼하고 무난한 사운드.* |
| Jorgen Schou 6600(신형) | 2.8 | (저) | 화사하고 밝은, 전형적인 신형 조겐쇼의 음. * |
| S&B TX-103(Copper) | 2.9 | (저) | 대역 넓고 적당한 두께감이 좋음. |
| Ortofon T-2000 | 2.9 | (저) | MC2000 전용. 보통 카트리지에서는 왜곡된 저음이 나옴. |
| Cotter MK2L | 3.0 | (저) | 저임피던스용. 대역 넓고 매력적인 고음. 고에츠에 특히 좋음. |
| Neuman V-264 | 3.1 | (중) | 전형적인 독일 소리지만 BV33보다 울림이 많음. |
| Peerless K241-D | 3.2 | (저/중) | 전 부문에 걸쳐 모범적인 음 * |
| Western Electric 618B | 3.3 | (중) | 평탄한 주파수 대역, 중음의 디테일이 압권. * |
| Ortofon T-3000 | 3.3 | (저) | 적당한 무대와 해상력을 보여주는 표준적인 음. * |
| Ortofon T-5000 | 3.4 | (저) | T-3000보다 고음이 조금 더 섬세함. * |
| EMT T-210 | 3.5 | (중) | 정갈한 사운드, 청명한 음색. |
| Neuman BV-33(복각) | 3.6 | (중) | 가늘고 섬세하지만 소극적인 음. 저음이 아쉬움. |
| Klang Film T 42/75/1 | 3.6 | (중) | 섬세하지만 무대 크기가 작음. |
| ADC A11788 | 3.6 | (저/중) | 미국 트랜스답지 않게 깔끔하고 담백한 사운드. * |

텔레풍겐 Bv.42-01

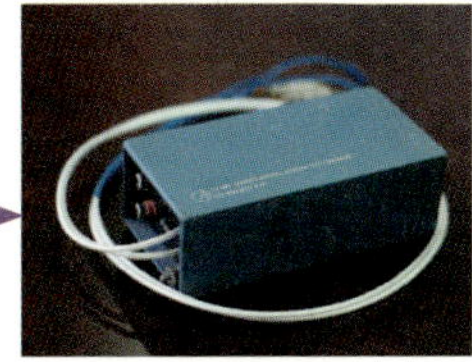

코터 MK2L

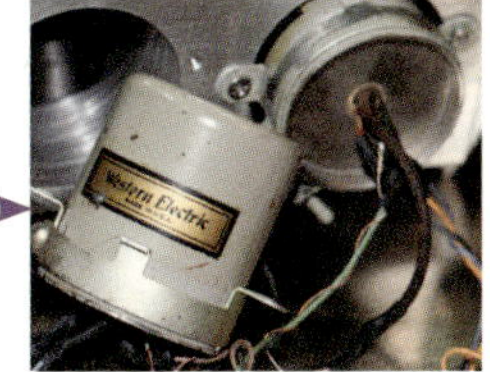

웨스턴 일렉트릭 618B

피어리스 4665

EAR MC–3

| 제품 | 성향 | 임피던스 | 특징 |
|---|---|---|---|
| Peerless 4629 | 3.7 | (저/중) | 대역 넓고 화려한 고음이 장점이자 단점. * |
| S&B TX-103(Silver) | 3.9 | (저) | 고음의 뻗침이 좋고 사운드가 화려함. |
| EAR MC-3 | 4.0 | (저) | 화려하고 강렬한 고음이 특징. 약간 고역에 쏠린 음. |
| Antiphon MC-drive | 4.1 | (저/중) | 음상 정리 능력이 탁월함. 전형적인 음상형 승압 트랜스.* |

* 추천

# 케이블
# 구분하기

나섬 　케이블은 어떻게 구분하지?

최선생 　구조나 재질에 따라 소리가 달라지는 것은 앞에서 다 설명했지.

나섬 　주석 도금선은 음색형이고, 동선은 음장형, 은선은 음상형이야?

최선생  재질로 봐서는 대충은 맞지. 그런데 열처리 등으로 조금은 달라질 수 있지.

나섬  케이블의 구조도 중요하다고 했지?

최선생  음상형에 실드가 없다든지, 원형이 아닌 각재를 사용한다든지 하지.

나섬  실드가 없으면 고역이 더 뻗는다고 했지!

최선생  그랬지, 원형이 아닌 각재를 사용하면 어떻게 된다고 했지?

나섬  표피효과로 선재의 각진 모서리로 고음이 잘 흐른다며?

최선생  고음일 경우에 그렇지. 저음은 심선 중심으로도 흘러.

나섬  인터커넥트에 언밸런스와 밸런스가 있잖아?

최선생  하이엔드 제품엔 밸런스 입출력이 종종 있지.

나섬  혹시 밸런스가 언밸런스보다 더 좋은 거 아니야?

최선생  밸런스는 신호의 장거리 전송 시 노이즈 차단에 유리하지.

나섬  그럼 음질과는 무관한 거야?

최선생  사실 음질과는 별 관계가 없어.

나섬  그래도 앰프에 밸런스단이 있으면 왠지 좋아 보이던데?

최선생  제대로 풀밸런스로 회로로 구성된 앰프는 별로 없어.

나섬  왜 그런 거야?

최선생  일단 풀밸런스 설계는 증폭회로가 두 배니 부품이 두 배로 들지.

나섬  하이엔드는 비용 생각 안 하고 만드는 거 아냐?

최선생  음질을 위해 투자를 아끼지 않는 거지.

나섬  과잉이라는 건가?


밸런스 전송이란 그라운드를 기준으로 핫의 신호와 콜드의 신호가 정반대로 뒤집어진 형태로 신호를 보내는 것을 말한다. 그래서 밸런스 신호선은 그라운드, 핫, 콜드, 이렇게 세 가닥이 최소한 필요하다. 이렇게 핫과 콜드로 정반대인 신호를 보내는 이유는 장거리 전송 시 노이즈 유입을 차단하기 위함이다. 그림 4-14를 보면서 전송 중에 유입된 노이즈가 어떻게 감쪽같이 사라지는지 알아보자. 원신호를 180° 돌려서 콜드 신호를 만들어 원래의 신호와 같은 핫 신호와 동시에 전송한다. 전송구간에서 노이즈가 그림처럼 들어오면 핫과 콜드는 같은 방향으로 주파수가 왜곡된다. 이렇게 노이즈로 왜곡된 신호를 받아 콜드 신호를 다시 180° 돌려놓는다. 그런 다음 핫과 콜드 신호를 합성하면 그림의 오른쪽과 같이 노이즈가 없어진 원래의 신호가 복원된다.

밸런스 전송은 장거리 신호 전송 시 상대적으로 노이즈에 노출되는 거리가 많아질 때 원래의 신호로 복원할 수 있는 장점이 있다. 그러나 오디오의 경우는 기껏해야 1m 남짓한 거리의 전송이 대부분이기 때문에 상대적으로 노이즈 유입에 대한 문제가 적어 밸런스 전송에 따른 효과

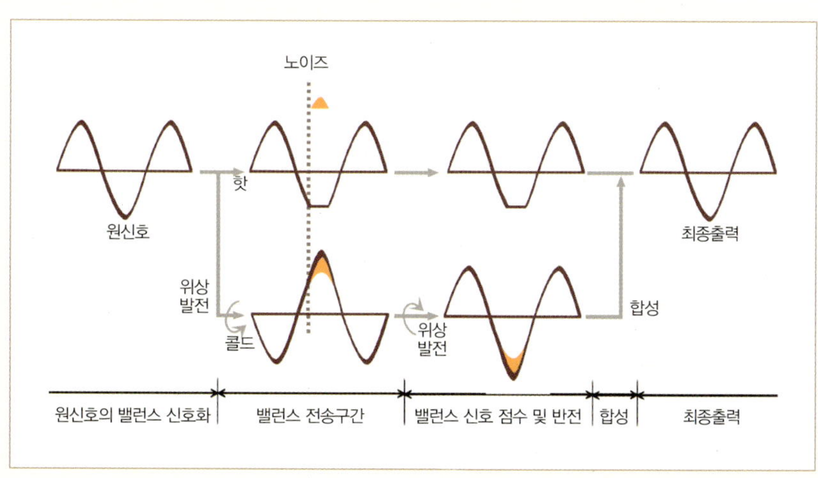


| 그림 4-14 |

가 발휘되기 힘들다. 또한 원래의 신호에서 밸런스 신호를 만들기 위해 180° 위상 반전을 하는 과정과 밸런스 신호를 받는 측에서 다시 180°로 위상반전을 하는 두 가지 과정을 거쳐야 하기 때문에 신호의 순도 면에서 문제가 될 수 있다. 결정적으로 밸런스는 장거리 전송 시 노이즈의 영향을 줄이기 위해 개발된 방식이다. 케이블은 핫과 콜드의 선재가 동일하기 때문에 둘 사이에 편차가 생길 수 없다. 그러나 신호를 증폭하는 앰프는 증폭 단계마다 부품의 차이에 증폭 편차가 생길 수 있다. 밸런스 신호를 그대로 증폭하려면 핫과 콜드를 증폭하는 두 조의 부품이 정확히 동일하게 작동해야 한다. 약간이라도 서로 다르게 증폭되면 최종적으로 두개의 신호가 만나서 합성될 때 그 편차만큼 왜곡이 생긴다.

대부분의 밸런스 입출력 단자가 달린 앰프는 실제 증폭은 언밸런스(하나)로 하고 입출력에 밸런스 신호를 만드는 장치만 추가해서 밸런스 단자를 달고 있는 경우가 대부분이다. 완벽하게 밸런스로 작동하려면 두 개의 증폭부를 만들어야 한다. 두 개의 증폭부를 만들려면 두 배의 부품이 들어가고, 두 개의 증폭소자가 동일하게 작동되도록 부품의 편차를 최소화해야 한다. 이런 문제에도 불구하고 밸런스 전송이 음질적으로 위력을 발휘할 수 있는 경우가 있다. 바로 대출력 파워앰프 중에 밸런스 입력을 받아 푸시풀로 증폭하는 경우다. 푸시풀 증폭은 들어온 신호의 윗부분과 아랫부분을 나눠 증폭하는 방식이다. 이 경우 밸런스 입력을 받으면 윗부분은 핫 신호를 받고 아래 부분은 콜드 신호를 받아 그대로 증폭하면 된다. 대표적으로 크렐의 FPB 시리즈 파워앰프가 그러한데 언밸런스 입력보다 밸런스 입력 시에 제성능을 발휘한다. 결론적으로 밸런스라고 무조건 더 좋은 소리가 나는 것은 아니고, 파워앰프에 따라 달라질 수 있다. 밸런스냐 언밸런스냐가 중요한 게 아니고 어떤 회로로 작동하는지 판단하고 실제로 들리는 소리가 어떤지를 평가해야 한다.



굿모닝 오디오 하이엔드 편

| 표 4-15 | **주요 인터커넥트 케이블의 성향과 특징**

| 제품 | 성향 | 특징 |
| --- | --- | --- |
| Nirvana SL | 2.5 | 진한 음색에 고음을 순화시키는 편. |
| Soliton Pauli C1 | 2.8 | 투명하고 질감이 좋으며 중역이 탄탄함. * |
| Transparent Music Wave Ultra | 2.9 | 깊고 두터운 저음을 바탕으로 큰 무대를 그림. |
| Cardas Golden reference | 3.0 | 두툼한 음상에 더 넓어진 무대, 자연스러운 해상력. |
| Cardas Golden Cross | 3.1 | 두툼한 음상에 음장도 넓은 편. |
| AudioQuest Anaconda | 3.2 | 적절한 두께감에 대역이 넓고 음색도 자연스러움. |
| PAD Archos(20th) | 3.3 | 구형의 풀어지는 소리와는 전혀 딴판. 음장 재현력이 좋고 음색도 자연스러움. 고음도 살짝 순해서 해상력이 좋은 기기에 잘 맞음. ** |
| Tara Labs The One | 3.4 | 공간 펼침 능력이 탁월. PAD(아코스Archos)와 비슷하면서 고음이 더 나옴.* |
| Wire World Gold Eclipse | 3.5 | 무대를 펼치는 능력과 해상력을 겸비함. |
| Hemingway Indigo | 3.6 | 질감이 약간 아쉽지만 속도가 빠르고 해상력이 좋음.* |
| Audiance AU24 | 3.7 | 중역이 가늘지만 음상이 작고 안정적. |
| HB Cable Ultima | 3.8 | 투명하고 맑은 독일 사운드. * |
| XLO Limited Edition | 3.9 | 섬세하고 해상력이 좋으면서 저역도 깊은 편. * |
| XLO Signature 2.2 | 4.0 | 선이 가늘고 섬세하며 화려한 소리. |
| Nordost SPM Reference | 4.2 | 빠르고 단단한 저음에 고음의 해상력이 발군. |

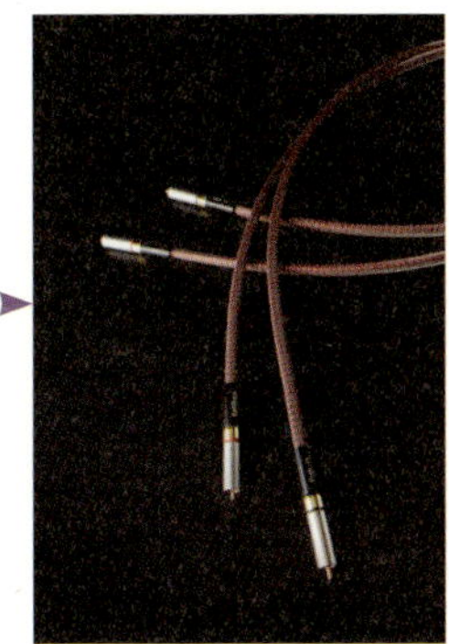

솔리톤 파울리 C1

헤밍웨이 인디고

* 추천

| 표 4-16 | **주요 스피커 케이블의 성향과 특징**

| 제품 | 성향 | 특징 |
| --- | --- | --- |
| Nirvana SL | 2.6 | 진하고 부드러운 음색, 투명함이 아쉬움. |
| Transparent Music Wave Ultra | 2.9 | 풍성한 저음, 부드러운 음색. 다소 느린 속도. |
| Synergistic Research Apx | 3.0 | 넓은 대역과 큰 무대, 심지가 단단한 사운드. |
| Cardas Golden Cross | 3.1 | 두툼한 톤에 대역이 넓고 무대가 큼. |
| Soliton Pauli | 3.2 | 투명하고 여유로운 질감의 중역이 장점. |
| Tara Labs Air 1 | 3.3 | 자연스럽게 넓은 음장을 만드는 능력이 탁월함. 음색도 자연스러움. * |

**킴버 KS 3035**

| 제품 | 성향 | 특징 |
| --- | --- | --- |
| Mundorf Silver/Gold 4S | 3.5 | 단정한 저역에 깔끔한 사운드, 고음에 자극도 적은 편. |
| Kimber KS 3035 | 3.6 | 뛰어난 해상력, 균형 잡힌 대역 밸런스, 킴버 특유의 빠른 저음.* |
| Kimber 12TC | 3.7 | 단정한 저역, 빠른 속도의 음. 저음의 양이 다소 아쉬움. |
| Audience Au24 | 3.8 | 속도가 빠르고 단단한 저음, 정확한 음상이 특징. |
| Nordost Valhalla | 4.1 | 단정하고 빠른 저음에 고음 해상력이 좋음. |

* 추천

| 표 4-17 | **주요 파워케이블의 성향과 특징**

| 제품 | 성향 | 특징 |
| --- | --- | --- |
| Soliton Pauli C1 | 2.8 | 결이 곱고 자연스러운 음상. |
| PS Audio AC-12 | 2.9 | 약간 어두운 톤이지만 무대 크기가 큼. 가품 논란으로 가격이 싼 편. |
| Elrod Statement | 3.0 | 무겁고 깊은 저음을 내는 것으로 유명. 해상력과 디테일을 잃지 않는 게 장점. |
| Synergistic Research Reference | 3.1 | 넓은 대역, 탄탄한 음상. 전형적인 음장형 사운드. |
| JPS Labs The Power AC | 3.2 | 저음이 깊어지고 무대가 커지며 정숙해지는 모범적인 파워코드. |
| JPS Labs Digital AC-X | 3.6 | 디지털 사운드의 산만함을 정리정돈하는 능력이 발군. |
| Tunami | 3.7 | 적절한 크기의 무대, 에너지감, 밸런스, 빠른 속도의 음. 약간 밝고 오디오적 쾌감은 있으나 질감과 음악성이 아쉬움. |
| HB Cable Horizen | 3.8 | 무대가 크고 투명하면서도 질감을 갖춘 파워 케이블. * |
| Shunyata Research ZTRon Cobra | 3.9 | 무대를 키우거나 대역을 넓히지 않으면서 음악적으로 색다른 느낌을 줌. |

* 추천

나섬     케이블 외에 다양한 전원 액세서리가 많잖아.

최선생   벽체 콘센트, 멀티 탭, 스피커 받침, RCA 단자 등 많지.

나섬     이런 것도 좀 자세히 구분해줘.

 굿모닝 오디오 하이엔드 편

최선생  주석은 순한데 좀 흐릿하고, 은은 화려하고, 금은 섬세하면서
       차분하지.

나섬   구리가 중립적이겠네. 참, 요즘은 로듐 도금도 많이 하던데?

최선생  로듐 도금은 약간 차가워지니 음상형 쪽으로 봐야지.

나섬   그럼 요즘 뜨는 것은 뭐야?

최선생  DH 랩스와 CMC의 순동 단자지.

나섬   순동으로 만든 거라고?

최선생  전엔 가공을 쉽게 하려고 황동으로 만들고 금도금을 했지.

나섬   황동은 전도율이 너무 안 좋잖아?

최선생  그래도 가공이 쉬워서 여태껏 황동으로 만들었지.

나섬   그럼 왜 구리로 만들지 않았던 거야?

최선생  구리는 물러서 가공이 힘들어. 그래도 소리는 훨씬 자연스럽지.

나섬   그럼 순동 단자는 음장형 쪽으로 봐야 하는 거야?

최선생  저음이 좋고 고음이 순한 편이니 음장형으로 봐야지.

나섬   요즘 단자나 케이블은 극저온 처리를 많이 하더라고.

최선생  극저온 처리는 일종의 열처리라 소리가 변하지.

나섬   무른 쇠를 담금질을 통해 강철 검으로 만드는 것처럼?

최선생  맞아, 열처리를 통해서 금속의 성질을 바꾸는 거지.

나섬   극저온 처리하면 소리가 변한다고 하더라고.

최선생  음색이 단정해지면서 배경이 깨끗해지고 음상이 작아지지.

나섬   그럼 음상형 쪽으로 변하는 거네?


케이블뿐 아니라 각종 단자나 플러그 종류도 음의 성향에 따라 구분
이 가능하다. 전원 플러그를 예로 들면 후루텍Furutech 로듐 도금단자는 성
향이 차갑고 서늘하다. 특히 고음에 왜곡을 주는 듯해서 추천하기 어렵

다. 금도금은 로듐에 비해 왜곡하는 성향이 덜한 편이다. 로듐 도금을 4.0
이라고 한다면, 금도금은 3.5 정도로 표현할 수 있다. 오야이데<sup>Oyaide</sup> 단자
는 단자 자체의 성향을 통해 음이 따뜻하고 예쁜 편이다. 그래서 오야이
데 단자는 로듐 도금이라 해도 3.5 정도에 해당되고, 금도금의 경우는 2.9
정도라고 할 수 있다. 보통 머린코<sup>Marinco</sup> 단자를 가격이 싸서 무시하는 경
우가 많은데 중립적이고 무난한 성향으로 2.8 정도로 표현할 수 있다. 파
워케이블 자체의 성향을 파악하고 해상력을 더 높이고 음색을 차갑게 하
고 싶으면 후루텍 로듐 단자로, 예쁘고 중립적인 소리를 원하면 오야이
데 로듐단자로, 부드러우면서 질감이 좋은 소리 쪽으로 가고 싶으면 오
야이데 금도금 단자로 가는 것이 좋다.

RCA 단자도 단자의 재질과 형태에 따라 소리가 달라진다. 순동 단자
는 자연스러움이, 순은 단자는 고음의 화려함이 장점이다. 반짝이는 금
도금 단자는 실제로 내구성은 좋지만 음질에 문제가 있다. 금은 순수하
게 도금하면 표면이 반짝일 수 없다. 표면이 반짝이는 것은 금도금 전에
표면을 다른 것으로 도금한 후에 금도금을 하기 때문이다. 이를 보통 '대
금도금'이라고 부른다. 이런 정황을 감안하면 순은 단자나 순동 단자가
음의 왜곡이 가장 적은 것으로 추천할 만하다. RCA 단자의 형태에 따라
서도 소리가 달라지는데, -에 연결되는 바깥에 파이프 형태의 원통이 얇
으면 선이 섬세하고 고음 뻗침이 좋다. 반대로 원통이 두꺼우면 소리가
두툼하고 부드러우며 고음이 둔하다. 구체적으로 스위치 크라프트<sup>Switch Craft</sup> 단자는 음색형으로 2.2 정도로 볼 수 있고, 뉴트릭 단자는 2.6 정도,
DH 랩스와 CMC의 순동 단자는 대역 밸런스가 좋고 음이 중립적이어서
3.2 정도로 볼 수 있다. 단자로 유명한 WBT 신형 단자는 대역이 넓고 해
상력이 좋은 대신 약간 차가운 음색이라 3.7 정도라고 할 수 있다.

 굿모닝 오디오 하이엔드 편

나섬　　스피커, 앰프 각각 음장형, 음상형으로 다를 수 있잖아?

최선생　당연히 다를 수 있지.

나섬　　그럼 각각에 매겨진 수치를 어떻게 봐야 하는 거야?

최선생　소스, 앰프, 스피커가 연결되어 나오는 소리로 판단해야지.

나섬　　음색형 스피커로도 음장형이나 음상형 사운드를 만들 수 있는
　　　　거네?

최선생　빈티지 스피커도 앰프와 소스를 현대적인 걸로 물리면 현대적
　　　　인 소리가 나!

나섬　　음상형 스피커로 음색형 사운드를 만들 수도 있겠네?

최선생　물론 가능하지. 그런데 이런 조합은 상당한 내공이 필요해.

나섬　　스피커가 2.0인데 앰프나 소스가 4.0이면 어떨까?

최선생　예쁜 음색에 속도가 빠르고 무대가 큰 소리가 나겠지.

나섬　　오디오는 구사하는 사람의 내공에 따라 천차만별의 소리가 나
　　　　겠네?

최선생　탄노이 모니터 실버로 하이엔드 뺨치는 소리를 내기도 해.

나섬　　가장 중요한 게 뭐야? 소리를 들을 줄 알아야 하는 거야?

최선생　많이 들어보는 게 중요하고, 가끔은 실연도 가고 그래야지.

나섬　　하루아침에 되는 건 아니란 얘기네?

최선생　많은 기기를 들어서 깨칠 수도 있고, 한 기기로 깨칠 수도 있지.

나섬　　많은 기기는 이해가 되는데, 한 기기로도 가능하다고?

최선생　한 스피커 가지고 10년 씨름하면 그 스피커에 통달하겠지.

나섬　　그럼 자연스럽게 다른 스피커 다룰 때도 어려움이 없어진다?

최선생　문리가 트이는 데 다독도 좋지만, 책 한 권을 수백 번 정독해도
　　　　되지.

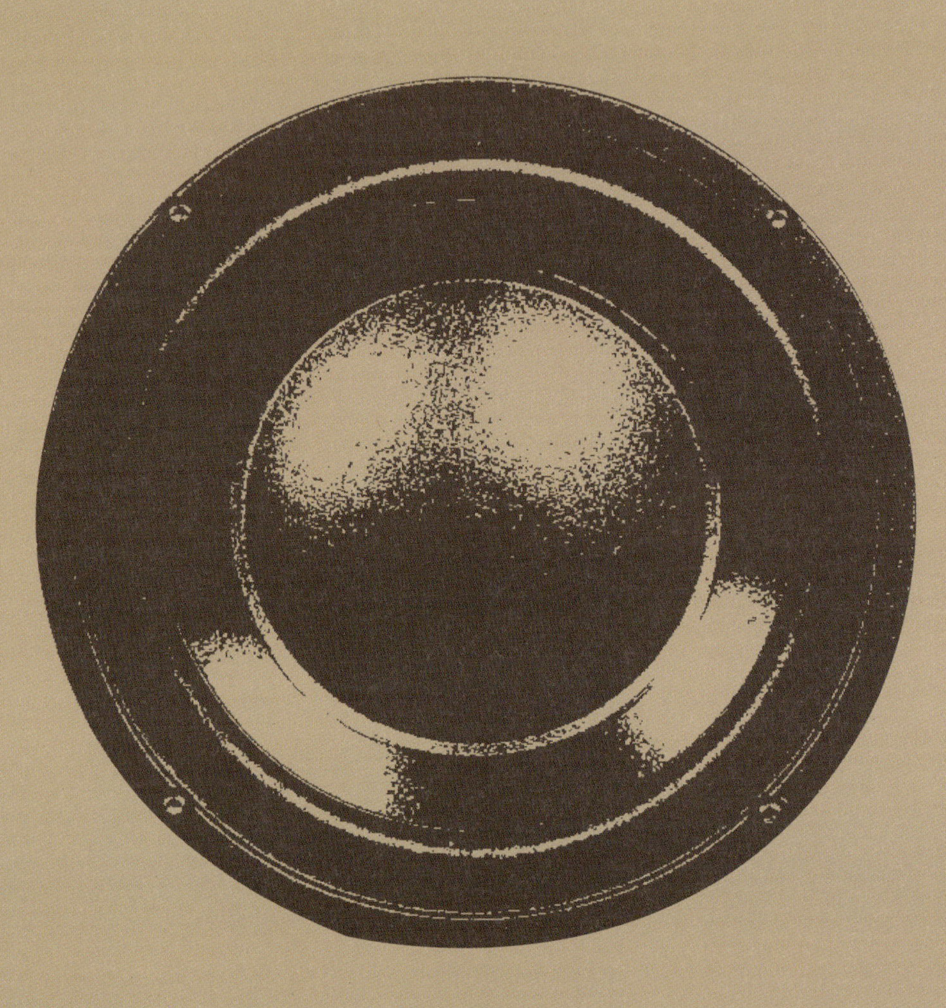

# Chapter 5

# 나는 무엇을
# 좋아하는가?

사람마다 좋아하는 소리는 서로 다르다.
좋아하는 장르, 악기, 연주자 등에 따라 소리의 성향이 달라진다.
내가 어떤 소리를 좋아하는지 제대로 파악했을 때,
나에게 맞는 하이엔드 오디오를 완성할 수 있다.

# 사람마다
# 소리의 맛이
# 다르다

나섬　오디오를 하는 친구 집에서 같이 음악을 들었는데…….

최선생　이제 오디오 친구도 사귀네?

나섬　그게 아니라, 난 소리가 그냥 그런데 친구는 좋아하더라고.

최선생　같은 소리라도 다르게 들을 수 있지.

나섬　좋은 소린 다 좋게 들려야 하는 거 아냐?

최선생　같은 김치찌개를 먹어도 느끼는 바가 다르잖아.

나섬　그야 그렇지, 입맛이 다르니까.

최선생　소리도 비슷해. 일단 사람의 얼굴과 귀의 형태가 사람마다 다르지.

나섬　그게 듣는 거랑 무슨 상관인데?

최선생　1장에서 귀가 하는 중요한 역할을 설명했잖아.

나섬　정면과 후면에서 나는 소리를 귓바퀴의 효과로 구분하잖아?

최선생　정면과 후면은 귓바퀴 앞으로 오느냐 뒤에서 오느냐의 차이만 있지.

나섬    귓바퀴를 통해서 고막으로 들어오면서 변화가 일어난다는 거
        야?

최선생   앞과 뒤에서 오는 소리는 귓바퀴를 다른 경로로 지나지.

나섬    그 차이를 뇌가 알아내서 눈 감고도 앞인지 뒤인지 알아내는
        거로군?

최선생   그래서 귓바퀴를 테이프로 붙이면 앞인지 뒤인지 알아내기 힘
        들어져.

나섬    재미있네! 자세히 좀 설명해줘!


외부에서 발생한 소리가 귀에 도달하려면 머리와 귓바퀴를 가장 먼
저 지난다. 소리는 장애물에 부딪치면 회절과 반사를 한다. 그림 5-1은 귓
바퀴를 통해서 소리가 어떻게 변화되는지를 보여 주는 그래프다. $0°$는
머리 정면, $36°$는 정면에서 $36°$ 바깥쪽으로 벗어난 방향, $90°$는 정면에서
오는 경우다. 그래프의 좌측을 보면 대략 400Hz 이하에서는 음압의 변화
가 거의 없다. 400Hz 이하의 저음은 파장이 충분히 길어서 귓바퀴 정도
의 작은 장애물에 거의 영향을 받지 않고 돌아가기 때문이다. 전체적으
로 보면 $0°$와 $90°$는 거의 같은 패턴으로 움직이는데 주파수 대역이 높아
질수록 $0°$가 $90°$보다 음압이 더 올라가는 것을 볼 수 있다. 귓구멍과 같
은 방향인 측면에서 들리는 소리보다 눈앞의 정면에서 오는 소리를 더
크게 듣는 것이다. 이는 귓바퀴가 정면에서 온 소리를 효과적으로 잘 모
아 귓속으로 보낸다는 것을 의미한다. 이에 반해 $36°$는 약 1kHz 부근에
골이 생기는 것을 알 수 있다.

세 곡선 모두 공통점이 있는데, 2kHz에서 4kHz까지 곡선이 위로 올
라와 있다는 점이다. 이 대역은 사람 목소리에 해당하는 주파수 대역으
로 다양한 소리 중에서 사람의 말소리를 더 선명하게 듣게 해주는 역할

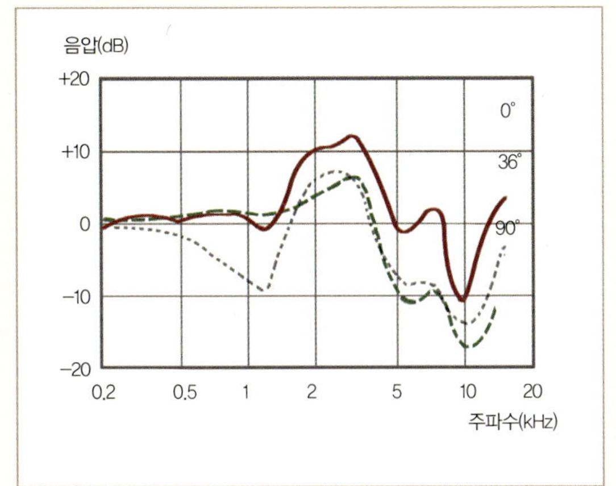


| 그림 5-1 |

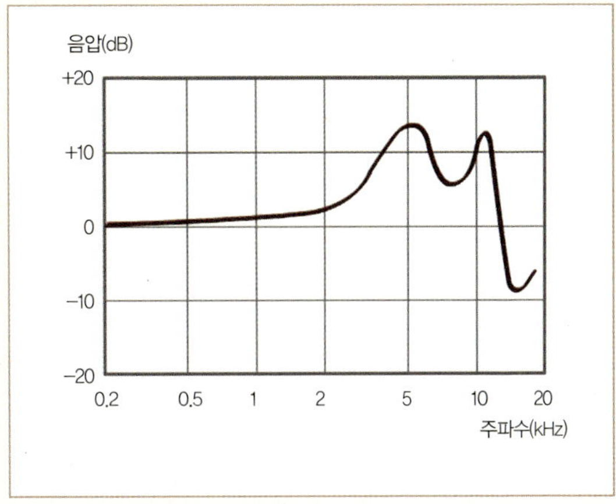


| 그림 5-2 |

을 한다. 특히 36°도 90°가 되었을 때는 정면(0°)보다 덜 올라와 있다는 점에서 정면에서 나오는 사람 목소리를 가장 잘 듣게 되는 특징을 갖는다. 물론 이 그래프는 다양한 귀의 형태를 측정해 평균치를 나타낸 것이다. 또 하나 재미난 점은 세 가지 그래프 모두 5kHz와 10kHz 부분에 골이 생긴다는 점이다. 이러한 골은 귓구멍을 통해서 생기는 주파수의 변동 그래프를 보면 그 이유를 알 수 있다. 그림 5-2는 소리가 귓구멍을 통과하면서 생기는 변화를 보여주는 그래프다. 앞의 그림 5-1의 그래프에서 골을 이루었던 5k와 10k에 해당하는 부분이 위로 솟아 산을 이루고 있다. 두 그래프를 합성하면 5k와 10k 부근이 서로 상쇄되어 상당히 평탄해진다.

나섬　　그러면 개인의 머리나 귓바퀴 모양에 따라 다른 소리를 듣는다는 거네?

최선생　같은 소리를 들어도 약간 다른 주파수 대역으로 듣게 되는 거지.

84 《The New Stereo Sound Book》(2006), Streicher & Everest, Audio Engineering Associates.

나섬  그럼 내가 고개를 숙이고 들을 때와 들고 들을 때도 조금은 다 르겠네?

최선생  미세하지만 차이가 나지.

나섬  안경을 착용했을 때와 그렇지 않을 때도 차이가 나고?

최선생  물론 그렇지.

나섬  머리나 귓바퀴 모양 같은 물리적인 차이 말고 다른 차이도 있 는 거야?

최선생  크게 보면 저음을 좋아하는 사람이 있고, 고음을 좋아하는 사 람이 있잖아.

나섬  오디오 마니아라면 대충 자기가 어느 걸 좋아하는지 알지 않 나?

최선생  물론 각자가 대충은 알고 있지.

나섬  어떤 사람은 음악 들을 때 음색이 중요하다고 하던데?

최선생  음장이나 음상에 중점을 두는 사람도 있지.

나섬  이건 저음, 고음처럼 쉽게 분간이 되지는 않을 것 같은데?

최선생  분명하진 않지만 쉽게 알아볼 수 있는 방법이 있기는 해.

나섬  그게 뭔데?


본인이 음악을 들을 때 음색에 치중해서 듣는지, 음장과 음상에 집중해서 듣는지 간략하게 확인하는 방법이 있다. 평소 오디오를 통해 자주 듣는 음반을 헤드폰으로 들어보는 것이다. 고가의 헤드폰 시스템이 아니라면 당연히 음질에 차이가 날 것이다. 음질 차이를 느껴보라는 얘기가 아니다. 헤드폰이나 이어폰으로 음악을 듣는데 뭔가 불편하고 이상한 느낌이 든다면 음장이나 음상을 중심으로 음악을 듣는 마니아가 맞다. 물론 약간 어색한 느낌이 들다가 이내 아무렇지 않아질 수도 있는데, 그렇

  굿모닝 오디오 하이엔드 편

다면 음장이나 음상에 크게 신경 쓰지 않고 음색을 주로 듣는 경우라 하겠다. 빈티지 마니아는 상당수가 이어폰으로 음악을 감상할 때 그다지 큰 어려움 없이 적응을 한다. 반면 무대가 제대로 만들어지는지에 신경을 쓰고, 특히 악기의 음상에 집중해서 음악을 듣는 마니아라면 이어폰으로 음악을 듣는 것이 상당히 불편하게 느껴진다. 현대적인 하이엔드 사운드를 즐기던 사람 중에는 헤드폰으로 음악을 들을 때 강한 구역감을 느껴서 도저히 더 이상 음악을 들을 수 없을 것 같은 경험을 하는 사람도 있다.

이어폰으로 하는 음악 감상에 상당수의 오디오 마니아들이 거북한 느낌을 갖고, 심지어 멀미를 하는 것 같은 구역감을 느끼는 이유는 무엇일까? 우선 헤드폰이나 이어폰으로 음악을 들으면 머리와 귓바퀴에 따른 주파수 변화가 일어나지 않는다. 왜냐하면 소리가 외부가 아닌 귓구멍 바로 앞 이어폰에서 나기 때문이다. 이렇게 머리나 귓바퀴를 통한 변환이 일어나지 않으면 가상의 3차원 무대를 형성하는 데 어려움을 겪는다. 실제로 이어폰으로 음악을 들으면 가상의 무대가 전면에 형성되지 않고 머릿속에서 만들어진다. 간혹 특이하게 양쪽 머리 측면과 전면에 분산된 조각으로 서로 연결이 안 되는 경우도 있다. 연구에 따르면 머릿속에 가상의 무대가 만들어지는 가장 큰 원인은 귓바퀴를 통하지 않고 이어폰을 통해 귓구멍으로 직접 음악을 듣기 때문이라고 한다. 인위적으로 귓바퀴에 따른 주파수 변화를 줘서 이어폰으로 음악을 들을 경우 무대가 머릿속이 아닌 눈앞 정면에 만들어진다.[85] 눈앞에 펼쳐져야 할 무대가 머릿속에서 그려지는 것은 여간 당혹스러운 일이 아닐 수 없다. 특히 그동안 스피커 시스템을 통해 자주 듣던 곡이라면 이런 불편함은 클 수밖에 없다. 익숙한 음악이라도 전혀 다른 주파수 특성으로 뇌에 전해지면 무대가 전방이 아니라 머릿속에서 형성되기 때문이다.

85 《입체음향》(1997), 강성훈 · 강경옥 저, 기전연구사, 102쪽

나섬　　나도 비슷한 경험을 한 적이 있긴 해.

최선생　자주 듣던 곡이라면 어색함을 넘어 이상하게 느껴질 수 있지.

나섬　　그런데 요즘 학생들 거의 이어폰으로만 음악 듣잖아?

최선생　요즘 학생들은 어려서부터 스피커를 통해서는 별로 음악을 안 듣지.

나섬　　대부분 이어폰으로 음악 생활을 시작하지.

최선생　그러니 스피커를 통한 3차원 무대 감상에 대한 경험도 거의 없다고 봐야지.

나섬　　그래서 이어폰에 쉽게 적응해서 잘 듣는단 얘기야?

최선생　이것도 일종의 멀미 비슷한 거야.

나섬　　멀미 비슷한 거라니?

최선생　예전엔 차멀미하는 사람이 많았지.

나섬　　요즘엔 별로 없잖아? 뱃멀미하는 사람은 많아도.

최선생　차가 많아져서 뇌가 학습한 거지.

나섬　　아! 배는 탈 기회가 많지 않아서 뱃멀미하는 사람은 아직도 많고?

최선생　아마 베네치아 사람들은 뱃멀미 거의 안 할 거야.

나섬　　적응되면 스피커로 듣는 거나 이어폰으로 듣는 거나 같다는 거네?

최선생　아니지, 스피커로만 듣다가 이어폰으로 들으면 거북하고 불편하지?

나섬　　그렇지.

최선생　그럼 이어폰으로만 듣다가 스피커로 들으면 거북하고 불편할까?

나섬　　그건 아닐 것 같은데?

　굿모닝 오디오 하이엔드 편

최선생  맞아, 우린 오랜 진화 기간 동안 떨어진 곳에서 나는 소리를 들었지.

나섬  그래서 스피커로 듣는 것은 더 원초적이라 적응할 필요가 없다는 거야?

최선생  이어폰으로 듣는 건 최근에 일어난 일이잖아. 그러니 적응이 필요하지.

나섬  그런데 이어폰으로 들으면 무대가 안 그려지는 이유가 이거 하나야?

최선생  이것 말고도 다른 요인이 더 있지.

나섬  단순히 귓바퀴에 따른 주파수 대역의 변화만으로 이렇게 될 것 같진 않아.


우리는 스피커로 음악을 들을 때 좌측 스피커에서 나오는 소리를 좌측 귀로도 듣지만 우측 귀로도 듣는다. 물론 반대로 우측 스피커에서 나오는 소리도 좌측과 우측 귀 모두로 듣는다. 이렇게 좌우측 귀로 왼쪽과 오른쪽 스피커에서 나는 소리를 동시에 들으면서 양 스피커 주위로 악기 위치가 전후·좌우·상하의 3차원 입체로 나타나는 것이다. 이런 입체적 음상을 자주 경험하고 그 음상을 체험하고 그런 신기한 체험에 재미를 붙이게 되면, 뇌는 그쪽으로 발달하게 되고 그런 입체적 음상에서 쾌감을 얻는다. 그런데 헤드폰이나 이어폰으로 음악을 들으면, 좌측 채널의 소리는 왼쪽 귀에만 들리고 우측 채널 소리는 오른쪽 귀에만 들린다. 그러면 뇌에서는 3차원 입체 음상을 만들기 위한 메커니즘이 작동되지 않는다. 왼쪽 귀에도 오른쪽 귀에 들리는 소리가 시간차를 두고 들어와야 하는데 그렇지 않기 때문이다.

스피커로 음악을 들으면 그림 5-3의 점선으로 표시된 좌우 반사음이

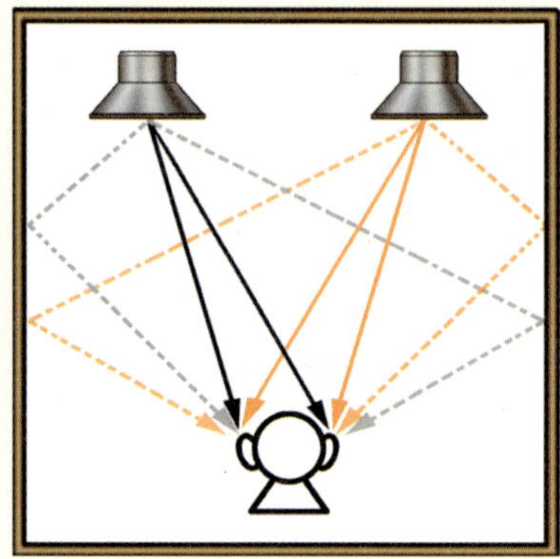



| 그림 5-3 |

자연스럽게 양쪽 귀에 모두 들리게 된다. 그런데 헤드폰으로 음악을 들으면 이런 반사음이 없어 3차원 무대 형성이 어려워진다. 3차원 입체음상을 만드는 메커니즘은 뒤죽박죽이 되고 그 부분을 제외한 음색이나 화음, 리듬 등 전통적으로 음악 감상에 동원되는 부분만 활성화한다. 여기서 나타나는 거북함이나 불편함은 개인차가 있다. 음악을 들을 때 음장이나 음상에 집중해서 듣는 것에 익숙한 사람일수록 그 증상이 더 심하다. 반대로 음색 중심으로 음악을 듣는 빈티지 마니아는 약간의 불편함은 느끼겠지만 거기에 크게 개의치 않고 음악을 즐길 수 있다.

나섬　　나도 자주 듣던 곡을 이어폰으로 들으니 불편해서 못 듣겠더라고.

최선생　오디오 몇 년에 골수 음장파가 탄생했네.

나섬　　이어폰으로도 자연스러운 음장을 즐길 수는 없어?

최선생　바이노럴 녹음을 들으면 되지.

나섬　아, 더미헤드라고 사람 머리모양의 귓속에 마이크 넣은 거?

최선생　맞아, 이어폰과 같은 상태에서 마이크로 녹음했으니 딱 맞지.

나섬　바이노럴 녹음은 별로 없던데. 일반 녹음으로는 불가능해?

최선생　아직 연구 중인데, 방법을 찾긴 한 것 같아.

나섬　스피커처럼 3차원 입체 음장이 이어폰으로도 나온다는 거야?

최선생　앞에서 귓바퀴에 따른 주파수 변화는 이미 밝혔고.

나섬　좌우의 음악신호를 왼쪽과 오른쪽 이어폰에 적절히 배분하면 되겠네?

최선생　맞아, 대강의 이론적 배경은 그런 거야.

나섬　핵심은 왼쪽 신호를 적절한 음량으로 오른쪽에도 보내는 거네?

최선생　적절한 음량도 중요하지만 적절하게 시간 지연도 해야지.

나섬　이런 과정쯤은 첨단 디지털 시대에 충분히 가능할 것 같은데?

최선생　생각처럼 그렇게 간단하진 않아. 사람 머리와 귀 모양이 제각각이라.

나섬　다양한 샘플을 측정해서 자기에게 맞는 걸 고르면 되지 않나?

최선생　이번엔 제대로 짚었네. 실제로 요즘 헤드폰 동호회에선 그게 핫이슈야.

나섬　나도 가서 한번 골라 봐야겠네.

최선생　다행히 맞는 샘플을 고르기도 하지만, 그렇지 못한 경우도 있지.

나섬　만약 자기에게 맞는 적당한 모드를 찾으면 다운받으면 되네?

최선생　그렇지, 복잡하게 다운받지 않아도 되는 입체음향 재생전용 이어폰도 있어.

나섬　정말? 신기한 세상이네.

최선생　개인차를 무시한 건데, 대부분은 머리 앞에서 무대가 만들어지나봐.

　이젠 이어폰으로도 제대로 된 무대를 느낄 수 있는 거네?

　아직은 초창기라 오래 음악 듣기엔 무리야. 조금만 들어도 머리가 아프더라고.

외부에서 발생한 소리가 머리와 귓바퀴를 지나면서 변하는 특성을 HRTF head related transfer functions라고 한다. 우리말로 '머리전달함수'라고 하는데, 풀어서 설명하면 머리와 귓바퀴를 통해 고막에 들어가는 소리에 나타나는 변화 특성이라고 할 수 있다. 이 특성대로 음원을 조작하면 이론적으로 이어폰으로도 자연스러운 3차원 입체음향을 즐길 수 있다. 스마트폰이 대세인 요즘 대부분의 사람들은 이어폰으로 음악을 즐긴다. 이어폰으로 음악을 즐기는 데 가장 큰 걸림돌은 연주회장에 있는 듯한 자연스런 음장감을 느끼지 못한다는 것이다. 어려서부터 이어폰에 익숙해진 청소년들도 이어폰으로는 3차원 입체음장을 느끼지 못하기는 마찬가지다. 단지 어려서부터 이어폰이 익숙해서 거북하거나 불편한 느낌이 들지 않을 뿐이다. 스마트폰 시장에서 시장 쟁탈전을 벌이고 있는 삼성과 애플 모두 이어폰으로 3차원 입체음향을 자연스럽게 구현하는 것이 시급한 당면과제다. 이어폰으로 3차원 입체음향 구현하는 기술은 조만간 구체적인 형태로 시장에 등장할 것으로 예상된다. 실제로 애플의 경우 기존의 2채널 스피커를 전제로 만들어진 음원을 이어폰에서 3차원 입체음향이 되도록 바꿔주는 무료 앱을 선보이고 있다. 물론 개인의 차이까지 고려한 수준은 아니지만 어느 정도 이어폰으로 3차원 입체음향을 시험적으로 느낄 수 있다.[86]

현재 일반 스테레오 스피커용 음원을 헤드폰이나 이어폰을 통해 머릿속이 아닌 머리 전방에 가상의 3차원 무대를 구현하는 방법은 대략 두

86  이와 관련해 인터넷에 'HRTF'나 '3D sound Holophonics'를 검색하면 다양한 정보를 확인할 수 있다.

　굿모닝 오디오 하이엔드 편

가지다. 우선 AKG K-1000은 귓바퀴 바깥에 일정 간격을 두고 유닛을 두
어 소리가 자유롭게 사방으로 퍼져 나가게 한다. 이렇게 하면 유닛에서
나온 소리가 귓바퀴를 자연스럽게 지나기 때문에 스피커로 들을 때와 별
차이 없이 전방에 펼쳐진 무대를 즐길 수 있다. 유닛의 각도 조정으로 무
대를 세밀하게 조정할 수도 있다. 젠하이저<sup>Sennheiser</sup> HD800도 개방형에
소리가 귓바퀴를 돌아 고막에 전달되는 형태로 제한적이지만 전방에 펼
쳐진 무대를 형성한다. 에티모틱 리서치<sup>Etymotic Research</sup> ER-4S 이어폰은
스테레오 스피커용 음원에 귓바퀴에 따른 소리의 변화를 인위적으로 주
어 고막에 소리를 직접 전달하는 방식을 사용한다. (그림 5-1 참조) 그러
나 귓바퀴에 따른 주파수 변화를 전기적으로 조정해 귓속에 보내는 것이
라 개개인의 귓바퀴에 따른 차이는 무시된다.

# 저음을
# 좋아하십니까?

나섬　　머리나 귀의 차이 말고 고음, 저음 좋아하는 사람이 따로 있잖
　　　　아?

최선생　나는 고음보다는 저음을 좋아하는 편이지.

나섬　　사부는 쏘는 고음이나 나대는 고음을 싫어하잖아?

최선생　솔직히 고음은 귀에 거슬리지만 않으면 돼.

나섬　　그럼 저음은 어떤데?

최선생　양이 적당하고 탄력이 있으면서 정확해야지. 지저분하면 안
　　　　되고.

나섬　　아! 까다롭다. 저음 양이 적고 타이트한 밀폐형 스피커 쓰면 되
　　　　겠네?

최선생　그런데 저음 양이 너무 적으면 안 돼.

나섬　　더블 우퍼 스피커가 맞겠네. 빠르고 양도 적당하니까.

최선생　더블 우퍼는 제일 싫어하지. 우퍼 두 개가 따로 노는 게 느껴지
　　　　거든.

나섬 　어렵네 어려워!

최선생 　그런데 얼마 전에 내가 저음을 좋아하는 이유를 알게 됐지.

나섬 　저음은 빠르고 단단하면 좋은 거 아냐?

최선생 　빠르고 단단한 저음을 들었는데, 쾌감이 별로 없었어.

나섬 　그럼 뭐야! 도대체 저음을 좋아하기는 하는 거야?

최선생 　빠르진 않지만 적당한 양감에 리드미컬한 저음을 우연히 들었
　　　　지.

나섬 　뭔가 느낌이 온 거였네.

최선생 　자연스럽게 음악에 빠져드는 나를 보고 스스로 놀랐지!

나섬 　그럼 뭐였던 거야?

최선생 　사실 나는 저음을 좋아한다기보다 리듬에 집중한다는 것을 알
　　　　게 됐지.

나섬 　그럼 리듬 마니아인 거네?

최선생 　음악 들을 때 리듬에 집중해 거기서 쾌감을 느낀다는 거지.

나섬 　그런데 왜 리듬 좋아하는 걸 저음 좋아하는 걸로 알고 있었을
　　　　까?

최선생 　거의 모든 음악에서 리듬은 저음으로 표현되거든.

나섬 　듣고 보니 그렇네! 그런데 오디오를 한 지 얼마 만에 깨달은
　　　　거야?

최선생 　15년 걸렸지.


　사람마다 머리 모양, 귓바퀴 모양이 다르듯이 좋아하는 대역도 제각
각이다. 저음을 좋아하는 줄 알았지만 리듬을 잘 표현해 주는 소리를 좋
아하는 것일 수 있다. 대부분의 마니아들이 자기가 좋아하는 것이 무엇
인지 두루뭉술하게 알고 있다. 필자의 경우도 음악을 들을 때 저음에 집

중해서 듣는 줄 알았는데, 실은 리듬에 집중해서 듣는다는 것을 한참 후에 알았다. 가만히 생각해 보면 리듬에 집중해서 듣는 게 당연하다. 아주 어린 시절, 아니 그보다 더 거슬러 올라가 어머니 뱃속에 있을 때부터 들었던 음악이 리듬으로 이루어진 풍물놀이였다. 풍물은 꽹과리가 앞에서 이끌고 장구와 북이 장단을 맞추는 음악이다. 쉽게 말해 음높이가 없는 타악기가 주가 되어 만들어지는 음악이다. 어릴 적 살던 곳이 어촌이다 보니 수시로 벌어지는 씻김굿과 당산제를 생활 속에서 접했는데, 그 음악이 풍물놀이였던 셈이다. 그런 환경에서 자랐으니 음악을 접하면 화음이나 멜로디보다 원초적인 리듬에 더 집중해서 들었을 것이다.

리듬에서 쾌감을 느꼈던 무수한 경험이 음악을 들을 때 리듬에 집중하고 리듬에서 쾌감을 얻게 만들었을 것이다. 음악에서 리듬은 주로 저음으로 표현되기 때문에 저음에 문제가 있으면 리듬을 인식하기 어려워지고 리듬을 통한 쾌감도 얻을 수 없다. 결국 저음에 집착했던 것은 리듬을 제대로 느끼기 위해서였던 것이다. 재미난 것은 음악을 듣는 것은 주로 청각 중추 근처의 우뇌에서 주로 이루어진다. 좀 더 구체적으로 살펴보면, 음정은 우측뇌가 주로 감지하는 반면, 리듬은 좌측뇌가 주관한다.[87] 여러 검사를 통해서 보면 필자는 전두엽 중심의 좌뇌형 인간이다. 이 둘 사이에 연관 관계를 보면 뇌의 특성이 음악 듣는 것에도 직접적으로 영향을 미치고 있다는 것을 알 수 있다.

고음을 좋아한다고 하지만 실은 밝고 화려한 고음을 통해서 시원한 음악적 쾌감을 좋아하는 것일 수도 있고, 잘 어울리는 음들이 동시에 울리면서 어우러지는 화음의 아름다움을 좋아하는 것일 수도 있다. 중음을 좋아한다고 하지만 두툼하고 풍성한 음색을 즐기는 것이거나, 음끼리 연속해서 이어지는 멜로디에 집중하는 것일 수 있다. 고음을 좋아하는지 저음을 좋아하는지에 대한 차이도 존재하지만, 동시에 고음을 좋아해도

87 《춤추는 뇌》 (2005), 김종성 저, 사이언스북스, 78쪽

각기 그 고음에서 찾고자 하는 바가 다른 경우가 많다. 이처럼 같은 음악을 들어도 서로가 찾고 느끼고자 하는 바가 다르기 때문에 음악을 당연히 다르게 들을 수밖에 없다. 오디오를 통해 꾸준히 음악을 들으면서 본인이 좋아하는 소리를 찾다 보면 자신이 진정 좋아하는 것이 무엇인지 더 구체적으로 알게 된다. 자신이 무엇을 좋아하는지는 과거에 어떤 음악적 환경에서 자랐는지가 영향을 미친다. 또한 음악을 듣다 보면 수년에 걸쳐 좋아하는 장르가 변하기도 한다. 어린 시절엔 리듬에 집중했지만 오랜 시간 음악을 들으면서 화음이나 멜로디에 매료되어 그것에 더 집중해서 음악을 듣기도 한다.

나섬    저음 얘기가 나와서 말인데, 궁금한 게 있어.

최선생    또 무엇으로 날 난처하게 만들려고?

나섬    BBC 3/5A 보면 저음이 거의 안 나오거든?

최선생    70Hz 이하는 없다고 봐야지.

나섬    그런데 3/5A로 팀파니나 오르간 소리 들으면 저음이 나오잖아?

최선생    저음이 나오지.

나섬    팀파니나 오르간같이 낮은 음을 내는 경우는 3/5A에서 저음이 거의 안 나와야 하잖아?

최선생    그런데 귀에는 분명 저음이 들리지?

나섬    어! 맞아!

최선생    당신 머릿속에서 없는 저음을 만들어 내는 거야.

나섬    설마 그럴 리가!

최선생    진짜야!

나섬    아니, 없는 저음을 어떻게 만들어?

 잘 들어봐. 당신 머리로 만드는 게 맞다니까!

많은 오디오 마니아가 작은 북쉘프 스피커로 작은 방에서 대편성 곡을 큰 문제없이 듣는다. 관현악의 더블베이스나 피아노 협주곡에서 피아노의 낮은 음을 듣는 데 아무런 어려움이 없다. 도대체 무슨 일이 머릿속에서 일어나는 것일까? 우선 이 문제를 이해하려면 악기 소리의 특징을 알아야 한다. 악기는 기음의 소리가 나면, 그 기음의 배수로 배음이 생긴다. 예를 들어 100Hz가 기음이면 자연스럽게 2배인 200Hz, 3배인 300Hz, 4배인 400Hz, 5배인 500Hz가 나오는데, 이를 '배음', 혹은 '하모닉스Harmonics'라 한다.

기음의 정수배로 배음이 생기는 이유는 그림 5-4와 같이 현은 진동할 때 정수배의 다양한 진동을 동시에 하기 때문이다. 만약 첼로와 피아노가 동시에 100Hz를 낸다면 200Hz, 300Hz, 400Hz, 500Hz 이런 식으로 같은 주파수의 배음을 낸다. 그런데 우리는 피아노와 첼로의 소리를 쉽게 바로 알아차린다. 2배, 3배, 4배, 5배의 배음 주파수는 같지만 배음 주파

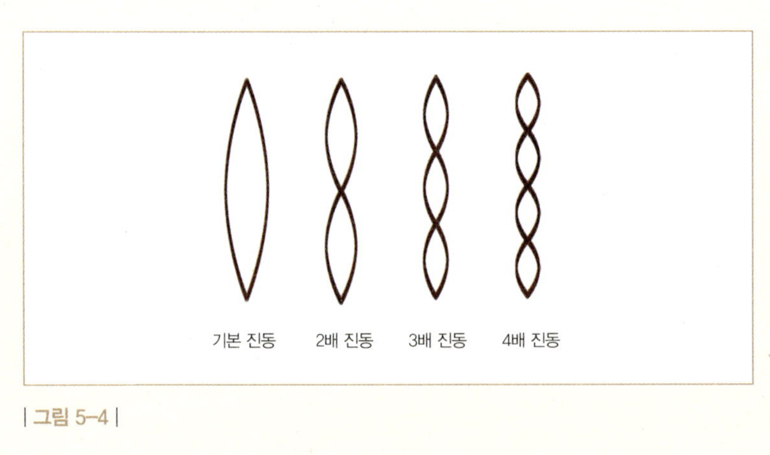


| 그림 5-4 |



굿모닝 오디오 하이엔드 편

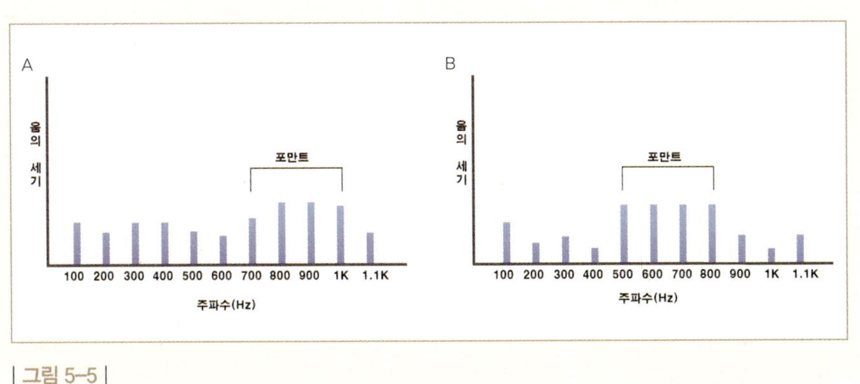



| 그림 5-5 |

수별로 크기가 달라 배음의 패턴이 다르기 때문이다. 그림으로 표현하면 그림 5-5처럼 A와 B는 기음이 100Hz로 같아 배음 주파수는 같지만, 배음 별로 크기가 달라 전혀 다른 패턴을 갖는다.[88] A는 배음 중에서 7, 8, 9, 10 배의 배음이 크고 B는 5, 6, 7, 8배의 배음이 크다. 이 패턴이 바로 악기의 음색을 결정하게 된다. 따라서 우리는 이 패턴, 즉 음색 차이를 인식해 같은 음을 내는 피아노와 첼로를 아무 어려움 없이 구분할 수 있다.

이제 본론으로 들어가 없는 저음을 뇌가 어떻게 만드는지 알아 보자. 피아노가 40Hz의 음을 낸다고 가정하자.[89] 그러면 80Hz(2배), 120Hz(3 배), 160Hz(4배), 200Hz(5배) 이런 식으로 배음이 나올 것이다. 가상으로 표현하면 그림 5-6과 비슷할 것이다. 이런 주파수 대역을 스피커의 재생 한계 때문에 오른쪽 그림과 같이 70Hz 이하는 없다고 가정해 보자. 실제로 3/5A로는 70Hz 이하가 거의 안 나온다. 우리 귀는 그림 5-6의 오른쪽처럼 80Hz, 120Hz, 160Hz, 200Hz의 소리를 듣게 된다. 그러면 우리는 80Hz가 가장 낮은 음이니 이를 기음으로 인식할 것이라고 생각하기 쉽다. 그런데 80Hz를 기음으로 볼 때 한 가지 문제가 생긴다. 80Hz가 기음이면 80의 정수배인 160Hz, 240Hz, 320Hz가 들려야 하는데 실제로는

88 이를 전문 음악 용어로 '포만트(formant)'라고 부른다.

89 실제로 피아노가 내는 40Hz에 가장 가까운 음은 41.2Hz로 E1(미)이다. 편의상 여기서는 40Hz로 표기한다.

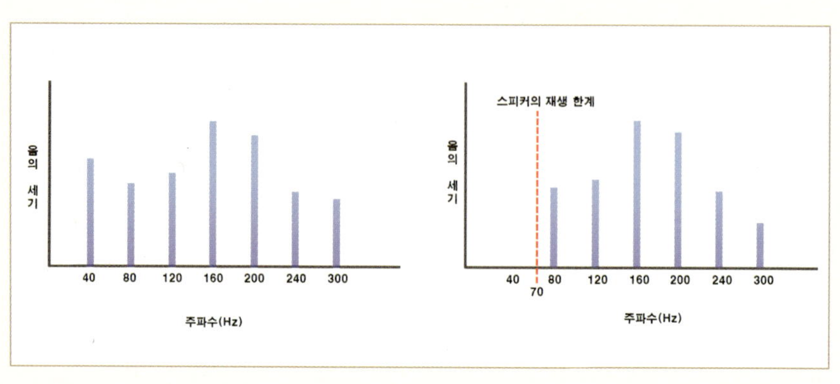


| 그림 5-6 |

120Hz, 200Hz가 들린다. 여기서 놀라운 일이 벌어진다. 귀는 분명 80Hz, 120Hz, 200Hz만 들었지만 뇌에서 이 패턴을 통해 자연스럽게 기본음인 40Hz를 유추해 마치 40Hz의 음이 들리는 것으로 인식한다.[90] 그래서 3/5A로도 피아노의 가장 낮은 건반음을 별 어려움 없이 인지하고 그 음높이를 자연스럽게 알 수 있다. 심지어 200Hz 이하는 아예 나오지 않는 작은 라디오 소리에서도 더블베이스의 선율을 느낄 수 있다.

나섬　　고음과 저음에 대한 기호는 어떻게 생기는 거야?

최선생　소리나 음악을 들은 경험이 영향을 주는 것 같아.

나섬　　그럼 후천적 경험 말고 다른 것도 있다는 얘기야?

최선생　나는 저음을, 와이프는 고음을 좋아하거든.

나섬　　그렇지, 형수님은 고음을 좋아하더라고.

최선생　그런데 얼마 전에 신기한 경험을 했지.

나섬　　무슨 경험인데?

최선생　새벽에 자다가 위층에서 나는 소리에 깬 적이 있어.

| 나섬 | 소리가 꽤 컸나 보네? |
|---|---|
| 최선생 | 안방 앞 베란다 매립형 청소기 모터 소리에 깼지. |
| 나섬 | 형수님도 깨셨어? |
| 최선생 | 내가 깨어 있을 때 이미 깨어 있더라고. |
| 나섬 | 형수님이 더 예민한 거네? |
| 최선생 | 그게 아니고, 와이프는 한참 전부터 난 발자국 소리에 깼대. |
| 나섬 | 하긴 청소하려면 그 전에 일어나서 움직여야 했겠지. |
| 최선생 | 내가 들어봐도 발자국 소리가 크더라고. |
| 나섬 | 그럼 사부는 그동안 발자국 소릴 못 들은 거야? |
| 최선생 | 발자국 소리는 내 귀에도 들렸지만 거슬리지 않았던 거지. |
| 나섬 | 그럼 사부는 청소기 모터 도는 고음 때문에 깬 거네? |
| 최선생 | 그동안 소음에 잠 깬 것을 보니 주로 청소기 모터 소리였더라고. |
| 나섬 | 사부가 고음에 아주 민감한 거네. |
| 최선생 | 내가 8층에 사는데 5층이나 6층의 모터 소리도 거슬려서 깬다니까. |
| 나섬 | 형수는 어떤데? |
| 최선생 | 나보다 예민한데, 주로 위층의 발소리가 문제지. |

필자는 저음을 좋아하는 편이다. 사람의 발자국 소리도 무의식적으로 리듬으로 느끼는지는 모르겠지만 위층의 발자국 소리에 잠을 깬 적은 별로 없다. 저음을 좋아하는 대신 고음은 귀를 조금만 자극해도 피곤함을 느끼고 불편해진다. 휴대폰 통화도 3분이 넘어가면 귀가 아프고 불편하다. 그래서 가급적 통화는 유선전화를 사용하려고 하고, 그게 확실히 귀가 덜 피곤하다. 그래서 고음이 쏘는 시스템은 내가 가장 싫어하는 것

이다. 그러다 보니 상당히 큰 발자국 소리는 잠자는 중에 거의 문제가 되지 않는데, 모터가 도는 고음에는 아주 예민하게 반응한다. 아내의 경우는 반대로 고음을 좋아하고 저음이 많이 나오는 관현악, 그중에서도 베토벤이나 말러 작품 듣는 것을 극도로 싫어한다. 아내는 중학교 시절에 합창단 활동을 꽤 오래했다고 한다. 성부를 나눠서 노래를 했다는 아내의 얘기를 바탕으로 생각해 보면 화음에 대한 훈련이 조금은 되어 있고, 그래서 고음의 선율과 화음을 중심으로 음악을 듣는 것으로 추정할 수 있다. 이런 아내의 기호에 말러나 베토벤의 관현악곡은 불편할 수밖에 없을 것이다.

아내와 결혼한 후 말러나 베토벤은 별로 듣지 못한 것 같다. 아내가 좋아하는 모차르트나 슈베르트의 소편성곡이나 소나타를 주로 들었다. 물론 아내가 없을 때는 목이 타다 드디어 물을 만나는 심정으로 베토벤이나 말러의 관현악곡을 듣는다. 그래서 가끔은 휴일에 아내가 집을 비우는 것이 그렇게 좋을 수가 없다. 아내가 저음을 싫어하는 기호는 평소 의식이 지배하는 동안에도 보이지만 의식이 지배하지 않는 수면 중에도 작동하는 것 같다. 저음이나 고음에 대한 기호가 후천적인 경험에 따라 영향을 받는 것은 분명하지만, 의식이 지배하지 않는 수면 중에도 그대로 유지되는 것을 보면 후천적인 경험에 따른 요인 외에 무의식적으로 작동하는 개인의 선천적인 차이에도 관계가 있는 것으로 보인다.



굿모닝 오디오 하이엔드 편

# 저음에 따라
# 움직이는 고음

나섬 　고음을 좋아하느냐, 저음을 좋아하느냐로 구분이 되네.

최선생 　일단은 그렇다고 볼 수 있지.

나섬 　일단이라고? 고음 저음 선호는 분명한 거 아냐?

최선생 　사실 고음과 저음은 중음을 중심으로 서로 떨어져 있다고 보기 쉬워.

나섬 　서로 별 관계없는 거 아니야?

최선생 　고음과 저음은 실제로 따로 존재한다고 보긴 어려워.

나섬 　고음과 저음이 서로 연관되어 있다고?

최선생 　고음이 많아서 쏘는 경우를 생각해 봐. 어떻게 하겠어?

나섬 　고음이 순한 케이블로 바꾸면 될 거 같은데?

최선생 　스파이크를 뺀다든지, 스피커를 구석으로 좀 더 붙이면 좋아지지.

나섬 　그래 봐야 저음이 더 늘어날 뿐이잖아?

최선생 　저음이 늘어나면 고음이 같아도 약해진 것처럼 느껴져.

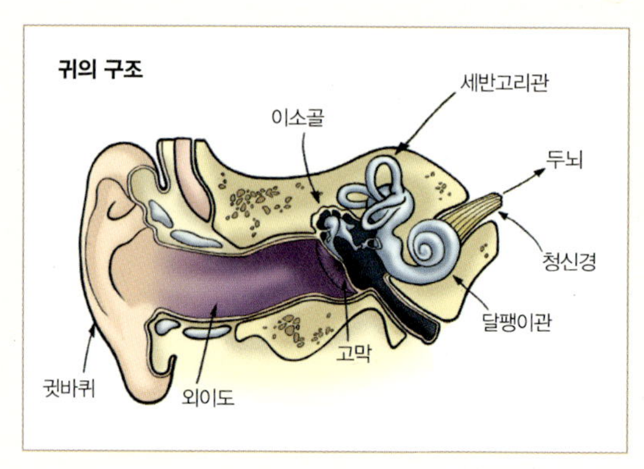

| 그림 5-7 |

고음이 저음에 영향을 받는 문제는 이미 생리학적으로 밝혀진 사항이다. 이것을 이해하려면 우리가 소리를 듣는 과정을 살펴볼 필요가 있다. 그림 5-7에서 보듯이 소리가 귀를 통해 고막을 울리면 그 진동이 이소골을 통해 달팽이관의 난원창을 움직인다. 난원창을 통해 들어온 진동은 달팽이관 내부의 임파액을 출렁이게 만든다. 그림 5-8은 달팽이관을 이해하기 쉽게 곧게 펴놓은 상태를 나타낸 것이다. 이때 난원창을 움직이는 임파액의 진동이 기저막에 있는 유모세포를 자극해 이 자극이 뇌로 전해진다. 그런데 이때 기저막을 자극하는 진동이 공기가 아니라 임파액, 즉 액체다. 수영장처럼 넓은 곳에서 실험을 해보면 알겠지만 천천히 크게 움직이는 긴 파동은 멀리 잘 전달된다. 그러나 짧은 주기로 움직이는 파동은 멀리 가지 못하고 이내 소실되어 버린다. 이런 특성 때문에 고음은 기저막 좌측의 입구(난원창 근처)에서 감지되고, 저음은 멀리 전달되는 특성 때문에 기저막 우측의 끝부분에서 감지된다.[91]

정리하자면 고음의 진동은 기저막 입구의 유모세포를 자극하고 소멸되지만, 저음은 기저막 입구에서 고음을 감지하는 부분을 지나쳐 기저막 끝에 있는 유모세포를 자극한다. 따라서 저음의 양이 많아지면 당연히 기저막 입구의 고음을 감지하는 부분을 저음이 지나가야 하기 때문에 고음을 감지하는 유모세포에 영향을 줄 수밖에 없다. 고음의 크기가 같더

91 《음악음향학》 (2003). 이석원 저, 심설당. 124~126쪽

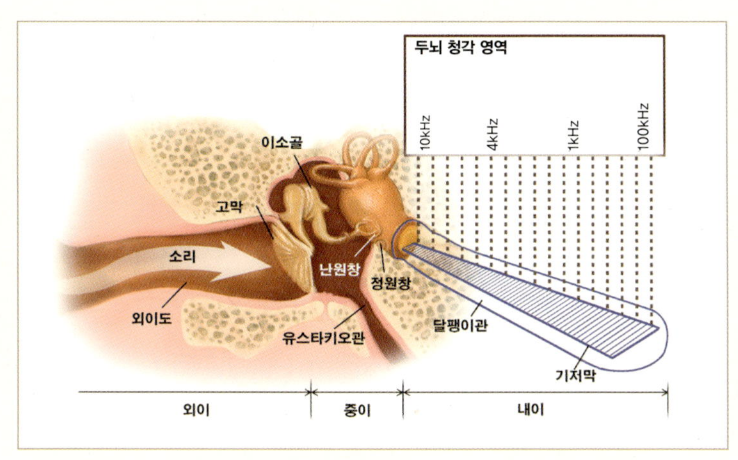



| 그림 5-8 |

라도 저음의 양이 상대적으로 많아지면 고음이 약해진 것으로 느껴진다는 것은 이미 여러 실험을 통해 확인되었다. 부록 CD의 트랙 11번을 들어 보면 직접 확인할 수 있다. 다만 저음의 양은 같고 고음의 양이 많아진 경우, 저음의 양이 상대적으로 줄어든 것처럼 느껴진다는 실험 결과들도 있다. 이는 달팽이관의 구조에 따른 생리적인 것이라기보다 소리를 느끼는 뇌에서 일어나는 작용이 아닌가 추측하고 있다. 부록 CD의 트랙 12번을 통해 고음의 양이 줄면 저음이 늘어난 것 같은 느낌이 드는 것을 확인할 수 있다.

고음이냐 저음이냐를 인지하는 것은 기본적으로 주파수에 따라 결정된다고 알려져 있다. 음높이에 대한 얘기 중 가장 화제에 오르는 것이 절대음감이다. 절대음감을 가진 사람은 음높이를 아주 정확하게 짚어낸다고 한다. 그러나 정밀하게 따져보면 절대음감을 가진 사람들 사이에서도 같은 주파수의 음에 대해 약간의 차이를 보인다고 한다. 보통 음높이의 기본 주파수로 440Hz(A4)를 사용하는데, 이것은 정각에 하는 뉴스에서

92 《음악은 왜 우리를 사로잡는
가》 (2002), 로베르 주르뎅 저,
채현경 · 최재천 역, 궁리, 196쪽

시간을 알리는 시보음으로 사용된다. 이 기준음에 대해서 절대음감을 가진 사람들 사이에서도 음높이에 대해 아주 미세하지만 약간씩 다르게 느낀다고 한다. 더더욱 놀라운 것은 이러한 개인 간의 차이 말고 특정한 사람이 느끼는 음의 높이도 나이가 들어감에 따라 달라진다는 것이다. 절대음감을 가지고 있는 지휘자나 유명한 연주자의 경우 나이가 들어감에 따라 같은 음을 과거보다 더 높게 느낀다는 사실이 밝혀졌다.[92]

나이가 들어감에 따라 같은 음을 더 높은 음으로 느끼는 현상은 거의 모든 사람이 겪는 것이고, 이것은 노인성 난청과 밀접한 관련이 있다. 노인성 난청은 고막과 이소골, 그리고 달팽이관의 노화에 따라 떨림이 예민한 고음에 대한 민감도가 떨어져 생기는 현상이다. 젊었을 때 인간은 20Hz에서 20kHz까지 감지해 뇌로 신호를 보낸다. 그러나 나이가 들어감에 따라 고음 감지 능력이 떨어진다. 예를 들어 30Hz에서 10kHz까지만 감지해 상대적으로 고음이 적은 신호를 뇌로 보내는 것이다. 그런데 뇌의 주파수 감지 영역은 나이가 들어도 별로 줄지 않는다. 결과적으로 10kHz~20kHz 주파수를 감지하는 뇌의 영역은 할 일이 없어지는 셈이다. 뇌는 이러한 불필요한 영역을 어떻게든 활용하려고 하는 속성이 있다. 그래서 그림 5-9의 우측 그림처럼 귀에서 올라온 좁은 주파수 대역의 신호를 마치 예전처럼 넓은 대역에서 들어오는 것처럼 인식해 확대하게 된다. 그러면 자연스럽게 저음은 큰 변화가 없지만 고음은 같은 주파수라 할지라도 뇌의 영역 중에 좀 더 고음을 인지하는 쪽에 배당될 수밖에 없다. 예를 들어 1kHz의 음이 젊었을 때는 뇌의 1kHz 영역에서 감지했는데, 나이가 들어 고음 신호를 귀에서 감지하면 상대적으로 높은 주파수를 감지하던 뇌의 영역에 대응하게 된다. 결과적으로 젊었을 때보다 같은 음을 더 높은 음으로 느끼게 되는 것이다.

동일한 소리를 들어도 개인 간에 차이가 있어서 다르게 들을 수 있다.

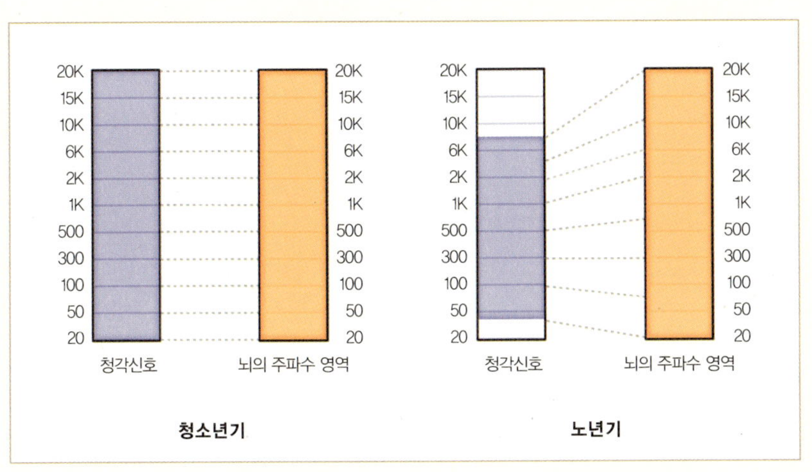


| 그림 5-9 |

개인차는 생물학적으로 얼굴 모양이 달라서 생기기도 하고, 각자 상이한 환경에서 자라면서 뇌에 기억되는 경험이 다르기 때문이기도 하다. 눈에 보이는 시각은 개인차가 별로 없는 반면, 청각은 개인차가 상당히 큰 편이다. 단적으로 색을 제대로 인식하지 못하는 색맹은 전체 인구의 2%에 불과하다. 98%는 색을 구분하는 데 큰 어려움이 없다는 얘기다. 반면에 음높이를 정확하게 인식하는 절대음감을 가진 사람은 전체의 0.1%에 불과하다. 바꾸어 말하면 99.9%의 사람이 정확한 음높이를 알아내지 못한다는 것이다. 0.1%에 해당하는 절대음감을 가진 사람도 나이가 들면서 같은 음을 더 높은 음으로 인식한다. 이런 청각의 모호함이 각자의 기호와 취향을 극단적으로 달라지게 하는 원인이 되는 셈이다.

# 어떤 음악을
# 좋아하십니까?

나섬   오디오 소리가 시대에 따라 달라졌다는 얘기잖아?

최선생   그렇지, 시대별로 좋아하는 소리가 달랐지.

나섬   오디오 기기별로 성향까지 숫자로 알려준 것은 좋은데…….

최선생   그런데?

나섬   기기의 성향을 알아도 내가 뭘 좋아하는지 모르면 소용이 없
잖아?

최선생   그렇지, 내가 어떤 소리를 좋아하느냐가 더 중요하지.

나섬   좋아하는 장르부터 다르잖아. 가요나 팝, 재즈, 클래식 이런 식
으로. 그리고 가요나 팝도 세부적으로는 요즘 가요나 팝인지,
올드 팝인지도 다르고.

최선생   클래식은 더 복잡하지. 바로크, 고전파, 낭만파, 후기 낭만파 등
으로 나뉘지.

나섬   맞아, 바로크라고 해도 성악을 좋아하는지, 기악을 좋아하는
지 다르고.

최선생　그렇게 나누기 시작하면 정말 많아지지.

나섬　대강이라도 구분해서 설명해 주면 좋겠는데.

최선생　아이고, 벌써 머리 아프네.

　소리에 대한 취향도 제각각이지만 음악적 취향에 비하면 사실 그리 복잡하지 않은 편이다. 음악적 취향은 천차만별이라고 할 정도로 정말 다양하다. 우선 취향을 분류하겠다고 하는 순간 그게 어떻게 가능하냐고 반문하는 사람이 나올 것이다. 물론 취향을 정확하게 수치로 계량화할 수는 없다. 하지만 대강의 성향을 구분하는 것은 무리가 없다. 대강의 장르부터 살펴보면 가요, 올드 팝, 재즈, 국악을 포함한 월드뮤직, 뉴에이지, 클래식에 이르기까지 다양하다. 각 장르 안에서도 다시 세분화되는데, 가요를 예로 들면 전통가요라고 부르는 뽕짝부터 디스코, 알앤비, 힙합, 록, 발라드, 포크 등 다양하다. 여기서 다시 파트별로 세분화가 가능하다. 아마 이것을 분류하는 것만으로도 책 한 권이 되고도 남을 것이다. 분류가 목적이 아니니 대강의 분류를 기준으로 이야기를 풀어 보겠다.

　미리 밝혀두지만 여기서 제시하는 것은 일반적인 경우를 전제로 한 것으로 아주 구체적인 분야나 특정한 곡은 여기에서 제시하는 범위를 벗어날 수 있다. 우선 가요와 올드 팝은 음색과 음장 사이에 걸쳐 있다고 보면 된다. 수치로 표현하면 2.0부터 3.2 정도까지 분포한다고 보면 될 것이다. 가요 중에서도 트로트와 발라드, 올드 팝은 2.3에서 2.6 정도까지라고 할 수 있고, 포크는 2.7, 디스코나 댄스, 사이키델릭, 헤비메탈은 3.0 근처라고 할 수 있다. 국악의 경우도 조금 복잡한데, 판소리는 음성형에 가까워 2.0 정도라고 볼 수 있고, 산조나 가야금 병창은 음색형으로 2.0에서 2.7 정도에, 영산회상 같은 정악은 조금 더 음장형에 가까워 2.8 정도에 있다고 보면 무리가 없다. 재즈는 가요보다는 그 폭이 조금 넓어 2.2부터 3.8 정도까지 포진해 있다. 재즈라고 보기엔 약간 어폐가 있지만 블루스는 어두운 색채가 강해 음색형으로 2.5 정도에 해당하고, 빅밴드(스윙)는 편성이 크고 밝은 편이라 음장형으로 2.8에 가깝다. 가요나 올드 팝에 비해 차분하고 청명한 뉴에이지 음악은 3.3부터 4.0 정도까지 걸쳐 있다고 보면 무난하다. 마지막으로 클래식이 문제인데, 클래식은 그레고리안 성가부터 현대음악까지 가장 스펙트럼이 넓다고 할 수 있다. 스펙트럼이 넓은 만큼 따로 분리해서 자세히 살펴보는 것이 좋을 것 같다.

장르에 관계없이 자신이 좋아하고 주로 듣는 악기를 위주로 대략의 성향을 미루어 짐작할 수 있다. 우선 보컬, 특히 혼자 부르는 보컬을 좋아한다면 음성형과 음색형이 어울린다고 볼 수 있다. 보컬 중에서도 합창을 좋아하면 좀 더 음장형으로 치우친다고 봐야 한다. 그 다음으로 바이올린을 좋아하면 음색형에 가깝다고 볼 수 있다. 첼로는 바이올린보다 저음이 조금 더 나오기 때문에 아주 약간 음장형으로 치우치는 경향이 있다. 그 다음으로 기타를 들 수 있는데, 음장형에서 살짝 음상형 쪽으로 치우친 것으로 보는 것이 타당하다. 여기서 우리가 하나 눈여겨봐야 할 것이 있다. 기타와 기타 이전에 언급된 보컬, 바이올린, 첼로와는 결정적인 차이가 있다. 기타는 조율이 되어 있으면 음정이 틀릴 일이 별로 없는 악기다. 반면에 보컬이나 바이올린 첼로는 음정을 고정하는 특별한 장치가 없어서 음높이를 미세하게 자유자재로 움직이게 할 수 있다.

이는 음악 용어로 비브라토Vibrato[93]라고 하는 것으로 음높이뿐 아니라 음량이 미세하게 떨리는 것을 가리킨다. 비브라토에서 음높이와 음량의 떨림은 동시에 자연스럽게 일어난다. 음정에 미세한 변화를 줘서 음색을 풍요롭게 하거나 떨려서 울리는 느낌을 주는 것이다. 기타는 음정을 고정하는 장치인 플랫이 있다. 그래서 비브라토를 주기 위해서는 플랫에 고정된 기타 줄에 인위적으로 손가락을 통해 떨림을 주어야 한다. 클라리넷이나 피아노에 이르면 미세한 음정의 떨림, 즉 비브라토가 사실상 불가능해진다. 기타가 음장형으로 2.9에 해당한다면, 비브라토가 불가능한 클라리넷은 3.2 정도에 해당한다.

피아노의 경우는 조금 복잡한데, 피아노의 원형이라고 할 수 있는 클라비코드<sup>clavichord</sup>부터 알아보자. 클라비코드는 두 개의 현을 건반과 연결된 지렛대를 통해 직접 건드려 소리를 내는 악기다. 건반과 지렛대로 연결이 되어 건반을 미세하게 건드리면 기본음정에서 약간 흔들리는 음을 제한적으로 낼 수 있다. 클라비코드에서 하프시코드<sup>harpsichord</sup>, 즉 쳄발로<sup>cembalo</sup>로 넘어오면 크기와 장력으로 조절된 현을 건반으로 조작하는 픽<sup>pick</sup>이 퉁기는 구조가 된다. 마치 총의 방아쇠처럼 건반을 누르면 픽이 자동으로 현을 퉁기기 때문에 건반으로 현을 퉁기는 픽의 움직임을 미세하게 조절할 수 없다. 결국 정해진 음만 낼 수밖에 없다. 음의 강약 조절도 쉽지 않아서 나중에 피아노라는 보다 진보한 악기로 교체된다. 그래서 현대 피아노를 강약조절이 원활하게 된다고 해서 '피아노 포르테'라고 부르는 것이다.

피아노는 페달이나 건반을 누르는 힘에 따라 음의 강약을 쉽게 조절할 수 있다. 그러나 음정, 즉 음높이를 미세하게 움직일 수 없는 악기다. 음의 세기는 조정 가능하지만 음높이는 조율이 된 상태에서 벗어날 수 없다. 이런 특성을 감안하면 클라비코드는 기타보다 음정 변화가 어려워 3.2 정도로 볼 수 있다. 음정이 변하진 않지만 현을 때리지 않고 기타와 비슷하게 퉁기는 하프시코드는 3.8 정도가 적당하다. 피아노는 하프시코드처럼 음정이 변하진 않지만 현을 해머로 때리는 구조에 대역이 아주 넓어서 3.0에서 4.0까지 넓게 걸쳐져 있다고 보는 것이 맞다. 이런 전체적인 흐름을 정리하면 아래와 같다.

쳄발로

| 악기 | 성향 | 특징 |
|---|---|---|
| 보컬(합창) | 2.0 | 음색형 |
| 바이올린 | ⋮ | ⋮ |
| 첼로 | 2.8 | 음장형 |
| 기타 | ⋮ | ⋮ |
| 클라리넷 | ⋮ | ⋮ |
| 클라비코드 | ⋮ | ⋮ |
| 쳄발로 | 3.8 | 음상형 |

#피아노(음장에서 음상까지)

좋아하는 악기를 중심으로 소리의 성향을 구분했다. 보컬이나 바이올린을 좋아하면 음색형 시스템이 잘맞을 가능성이 크다. 기타나 쳄발로를 좋아한다면 음장형이나 음상형 시스템이 잘 맞을 것이다. 피아노의 경우는 좀 더 광범위하게 펼쳐지기 때문에 선호하는 피아니스트별로 세분화해서 뒤에서 다시 언급하겠다.

# 살아 있는 악기란 무엇인가?

나섬  대표적인 악기별로 설명하니깐 이해가 쉽네.

최선생  어떤 흐름 같은 게 있다는 생각이 들진 않아?

나섬  시간에 따라 음성형, 음색형, 음장형, 음상형으로 가는 것 같아.

최선생  시간의 흐름 말고도 있는데?

나섬  아! 음정이 자유로운 상태에서 조금씩 음정이 고정되는 쪽으로 가는 거!

최선생  음정이 흔들리는 걸 살아 있다고 하고, 고정된 걸 죽어 있다고 해.

나섬  표현이 좀 어색한데? 살고 죽고 그러니깐.

최선생  음정이 살아서 꿈틀대느냐, 아니면 고정된 채로 가만히 있느냐의 차이지.

나섬  바이올린과 피아노로 구별이 되겠는데?

최선생  바이올린이 살아 있는 악기고, 피아노가 죽은 악기지.

나섬  클래식 음악은 어느 쪽을 지향하는 거야?

최선생　당연히 죽은 악기인 피아노를 지향하지.

나섬　어째서?

최선생　피아노를 악기의 제왕이라고 해.

나섬　음의 대역폭이 제일 넓어서 그런 거 아냐?

최선생　그렇기도 하지만 흔들리지 않는 음을 내기 때문이지.

나섬　바이올린이나 첼로가 음이 흔들리긴 하지.

최선생　그래서 바이올린 곡 중에 '악마의 트릴'이 있지.

나섬　그러고 보니 피아노 곡엔 '악마'란 단어가 들어간 곡이 없네.

최선생　그것 말고도 여러 가지가 있어. 잘 들어봐.


　　서구 유럽의 문화적 전통은 가톨릭(기독교)과 형이상학이라는 두 개의 기둥으로 이루어져 있다. 세상을 창조하고 지배하는 유일신을 믿는 기독교적 종교관과 자연현상을 지배하는 형이상학적 이데아$^{idea}$라는 그리스 철학의 전통 속에서 유럽의 과학 문명과 예술이 탄생하고 발전했다. 특히 모든 존재의 근거가 되는 초월적인 실재[94]를 추구하는 철학적 전통은 세상을 창조한 유일한 창조주를 믿는 종교관과 결합하면서 과학문명을 탄생시켰다. 이러한 환경 속에서 발전한 음악이 바로 클래식이다. 클래식 음악은 고정되어 흔들리지 않는 음을 기본으로 추구하는 음악이다. 클래식에 바이올린과 첼로 작품이 많고 비브라토를 즐겨 사용하는 연주가 많다. 그러나 그런 흔들리는 음은 기본적으로 흔들리지 않는 음의 바탕 위에서 이루어져야 한다고 서양인들은 보았다. 그래서 바이올린이나 첼로처럼 언제든지 음이 불안정해질 수 있는 악기는 피아노처럼 흔들리지 않는 악기의 기초 위에서 연주되어야 한다고 여겼다. 결국 피아노 소나타는 그냥 피아노 혼자 연주하지만, 바이올린 소나타는 피아노 반주가 필수적으로 따르게 된다. 이처럼 피아노는 그 스스로 혼자 완전



[94] 실재(Rearity)란 실제로 눈에 보이고 만져지는 것이 아닌, 보이는 사물의 이면에 초월적으로 존재하는 본질 그 자체를 가리킨다. 실재라는 단어는 무신론자에게 기독교의 하나님을 설명하는 것만큼 이해하기 어려운 단어다.

한 악기이기 때문에 다른 악기가 받쳐줄 필요가 없는 반면, 바이올린이
나 첼로는 소나타라 하더라도 기본적으로 흔들리지 않는 음을 내는 피아
노가 받쳐야 한다. 실제로 바이올린 소나타나 첼로 소나타를 연주할 때
바이올린이나 첼로의 음정은 평균율로 조율된 피아노의 음정에 맞춰 연
주한다. 그래서 안정된 음정을 내는 피아노가 받쳐주지 않고 바이올린이
나 첼로가 진정 혼자서만 연주하는 곡에는 '무반주'라는 이름을 앞에 붙
여 불완전함을 알린다.[95]

　무반주라는 이름이 붙는 악기를 살펴보면 흔들리는 음정의 악기를
불안한 것으로 보는 클래식의 성향이 그대로 드러난다. 건반악기가 아닌
악기는 대부분 독주 시에 무반주라는 타이틀이 붙는다. 건반악기가 아니
면서도 독주에 무반주라는 단어가 붙지 않는 악기는 하프와 마림바, 실
로폰 뿐이다. 마림바나 실로폰도 그렇지만 하프도 조율된 상태에서는 어
떤 경우에도 불안정한 음을 태생적으로 낼 수 없는 완전한 악기다.[96] 음
정이 정확한 클라리넷이나 오보에도 완전한 악기라고 생각할 수 있지만,
이런 관악기는 언제나 '삑사리'라고 불리는 돌발 파열음을 낼 수 있다.
건반악기와 하프, 마림바, 실로폰만이 음정이 흔들리지 않는 완전한 음
을 내는 것이다.

　바이올린과 첼로는 정확한 음정을 잡기가 어렵다는 점에서는 서로
같지만 바이올린이 더 높은 음을 내기 때문에 온갖 찬사와 저주 어린 수
식이 따라다닌다. 바이올린 곡 중에 유명한 '악마의 트릴'은 타르티니
Giuseppe Tartini가 꿈속에서 악마에게 영혼을 팔고 그 대가로 작곡했다는 일
화가 있다. 인간이 연주할 수 있는 극한까지 연주한 파가니니를 소재로
삼은 《악마의 바이올린》이라는 소설도 있다. 심지어 아내가 죽은 뒤 아
내의 피를 바이올린에 칠한다는 줄거리의 「레드 바이올린」이라는 영화
도 있다. 이에 반해 피아노에 대한 수식은 기껏해야 리스트Franz Liszt를 표



95 바이올린이나 첼로는 선율악
기라서 리듬 표현이 되지 않기
때문에 리듬이 가능한 피아노 반
주를 한다는 주장이 있다. 그러
나 대부분의 관악기 솔로에 '무
반주'라는 이름이 붙는다는 점에
서 설득력이 떨어진다.

96 기타도 독주에 무반주라는
표현을 쓰지 않는다. 약간은 흔
들리지만 완전한 음에 가깝고,
관습적으로 독주를 주로 하는 악
기이기 때문이다.

파가니니

현한 '피아노의 귀신' 정도가 있을 뿐이다. 피아노에 관련된 얘기는 대부분 피아노의 흔들리지 않는 음에 어울리는 캐릭터를 주로 다룬다.  보이지 않는 그 무언가를 찾아 고뇌하는 괴짜, 혹은 4차원 스타일의 캐릭터가 대부분이다. 맑고 지극히 투명하면서 흔들리지 않는 그 무엇을 나타내는 인물이다. 드라마 「베토벤 바이러스」에서 강마에가 전혀 타협할 줄 모르는 결벽증을 가진 지휘자로 나오는 것도 결코 우연이 아니다. 클래식이 지향하는 순수함의 또 다른 단면을 그대로 보여준 게 바로 강마에 캐릭터인 것이다.

나섬    살아 있는 악기와 죽은 악기의 차이를 피부에 와닿게 설명해 줘!

최선생    음정이 살아 있는 악기를 반주로 춤을 자연스럽게 출 수 있지.

나섬    그럼 음정이 죽어 있는 악기로는 춤을 추기가 부자연스럽다는 얘기야?

최선생    보통 춤은 노래나 바이올린에 맞춰서 추지.

나섬    기타 반주로도 잘 추잖아.

최선생    플라멩코가 그렇지. 기타는 음정 떨림이 가능해서 음정이 약간은 살아 있지.

나섬    아! 그러고 보니 그러네.

최선생    피아노 반주로 춤을 춘다고 생각해 봐.

나섬    좀 어색하지. 아! 전위예술이나 행위예술이 되네.

최선생    그 어색한 느낌의 차이가 핵심이라고 보면 돼.

나섬    그럼 춤은 자유분방함을 상징하는 거네?

최선생    그런 셈이지.

나섬    취향이 개인마다 다른데 나라나 민족에 따라 다를 수 있나?

**최선생**　당연히 다르지, 민족마다 문화가 다르고 음악적 환경이 다르
니까.

**나섬**　흔히 '영국 사운드', '독일 사운드', '미국 사운드'라고 하는 것
처럼?

**최선생**　각기 문화와 역사적 환경이 다르니 좋아하는 소리도 다르지.

**나섬**　그럼 우리는 어떤 소리를 좋아하는 거야?

# 나라마다 좋아하는 음악이 다르다

나라와 민족마다 선호하는 음악적 취향이 각기 다르다는 것은 각 나라에서 히트하는 노래나 전통음악을 들어 보면 쉽게 알 수 있다. 꼭 집어 음색이 어떻고 선율이나 멜로디가 어떻다고 할 수는 없어도 듣는 순간 다르다는 것을 안다. 나라마다 민족마다 각기 좋아하는 장르가 있고 좋아하는 음악적 성향이 분명히 존재한다. 물론 이태리 사람이라고 해서 다 칸초네만 듣는 것은 아니지만, 다른 나라 사람들보다는 칸초네를 더 자주 즐기고 좋아하는 것은 분명하다. 이러한 음악적 성향은 시간을 두고도 서서히 변한다. 언어, 즉 말이 시대에 따라 변하듯이 나라나 민족의 음악적 취향도 긴 시간을 두고 보면 서서히 변한다. 스스로 발전하기도 하지만 외부에서 유입된 음악에 영향을 받으면서 변하기도 한다. 단적인 예로 미국의 팝송이 전 세계로 퍼져 나가면서 각 나라의 음악적 전통에 적지 않은 영향을 주었다.

더 구체적으로 동양권, 특히 우리나라를 살펴보면 재미있는 사실을 알 수 있다. 전통적으로 한국은 앞서 언급한 악기 중 음정이 살아 움직이



굿모닝 오디오 하이엔드 편

는 악기가 주축을 이루고 있다. 거문고, 가야
금, 해금, 아쟁 등 선율을 다루는 악기가 주
종을 이룬다. 물론 국악에도 편경, 편종, 양

가야금

금처럼 음정이 고정된 악기가 있다. 그러나 편경과 편종은 음의 기준을
정하는 역할이 크고 실제 연주에는 많이 사용되지 않는다. 정악, 즉 종묘
제례악 같은 국가의 공식적인 행사에 사용되는 등 쓰임새가 극히 제한적
이었다. 실제로 편종은 연주에는 전혀 사용되지 않고 음악의 시작과 끝
을 표시하는 용도로만 사용되었다.[97] 양금은 민간에서 연주되는 속악에
도 사용되는데, 원래 서양의 덜시머dulcimer[98]가 중국을 통해 조선 후기 영
조 때 들어온 것이다. 그래서 국악기 중에서 역사가 가장 짧은 악기다. 국
악은 역시 가야금, 거문고, 아쟁, 해금같이 선율을 다루는 악기가 주류라
고 할 수 있다.

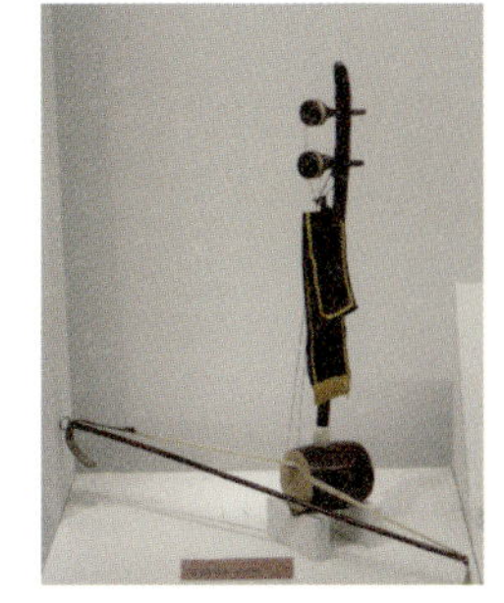

해금

　재미있는 사실은 언급한 국악 현악기 모두 일정한 음을 내는 것이 아
니라 음을 내는 중에 현을 떨리게 해서 음정을 미세하게 흔들리게 한다
는 점이다. 보통 이런 주법을 '농현弄絃'이라고 하는데, 오른손으로 현을
뜯고 현을 누르는 왼손가락을 흔들어 음정을 흔들리게 한다. 서양의 비
브라토와 비슷하지만 국악에서는 훨씬 다양하고 광범위하게 사용된다.
일례로 비브라토는 한두 음 정도를 넘나들지만 농현은 음역(옥타브)을
왔다 갔다 하기도 한다. 농현의 기법도 클래식의 비브라토보다 훨씬 다
양하고 복잡하다. 중국에서 얼마나 섬세하게 음이 흔들리는 것을 즐겼는
지를 짐작케 하는 농현 기법이 있다. 줄을 눌러서 흔들거나 문지르는 수
준이 아니라 지그시 눌러서 손가락 끝의 맥동이 줄에 전해져 음이 흔들
리는 수준까지 이르고 있다.[99] 국악과 관련이 깊은 중국 전통음악의 문헌
을 살펴보면 지금은 많이 축소되었지만 전통적인 중국의 농현 방법이 33
가지나 된다.[100] 이런 사실로 미루어 중국과 한국의 전통음악에서 음이

97 《그림으로 보는 중국의 과
학과 문명》(2009). 로버트 템플
저. 과학세대 역. 까치. 222쪽

98 침벌롬(cimbalom)이라고도
한다.

99 《그림으로 보는 중국의 과
학과 문명》(2009). 로버트 템플
저. 과학세대 역. 까치. 231쪽

100 《태초에 음악이 있었다》
(2001). 황봉구 저. 학민사. 95쪽

흔들리는 것이 얼마나 중요한 위치를 차지하고 있는지 알 수 있다.

얼마 전 중국에서 전통음악 재현을 위해 궁중음악의 전통이 보존된 한국의 종묘제례악을 복원 모델로 삼았다는 기사가 있었다. 실제로 농현의 기법에 있어서도 국악에 그 기법이 가장 많이 남아 있다. 이렇듯 여러 가지 면에서 한국은 전통적인 동아시아 음악의 원형을 가장 본래의 모습에 가깝게 보존하고 있다.[101] 중국은 공산화와 문화혁명으로 전통음악이 상당 부분 훼손되거나 변질되었고, 일본은 본래 문화적으로 동아시아의 보편적인 특징과는 거리가 있는 독자적인 색채를 띠고 있다. 사실상 그 뿌리가 같은 한국의 해금과 중국의 얼후는 연주 방법이나 농현 방법이 상당히 유사한 반면, 일본으로 건너가 변형된 고큐는 주도적인 악기로 자리 잡지 못한 것은 물론 농현도 상당히 절제되어 있다.

해금과 아쟁은 현을 활대로 긁어서 소리를 내는 찰현악기로 한국과 중국에서는 민간 음악의 주류를 구성하는 반면, 일본에서는 흐느끼는 듯 하면서 음정의 변화가 극적으로 나타나는 이런 찰현악기가 주류를 이루지 못했다. 일본 전통음악의 중심적인 악기인 샤미센은 중국의 삼현이 일본에 전해져 변형된 것으로 손가락으로 뜯는 악기다. 찰현악기처럼 진한 음색도 나오지 않고, 농현도 거의 없다고 할 정도로 담백하게 연주된다. 가야금이나 거문고도 일본에 전해져서 고토라는 악기가 되는데, 농현이 절제된 담백한 느낌으로 연주된다. 공통적으로 농현이 억제된 스타일로 연주된다. 일본은 가까운 나라지만 음악적으로 한국이나 중국과는 다르게 살아 있는 찰현악기를 즐기지 않고 상대적으로 음정이 고정된 죽은 악기를 선호하는 특징을 보인다고 할 수 있다. 일본의 이러한 음악적 기호는 오디오에는 그대로 나타나 다듬어지고 정제된 고음을 선호하는 경향을 보인다. 일본을 대표하는 하이엔드 메이커인 아큐페이즈<sup>Accuphase</sup>의 사운드를 생각하면 쉽게 이해가 될 것이다.

나섬   우리의 음악 취향이 국악과는 별 관계가 없지 않나? 듣는 사람
도 별로 없는데.

최선생   그렇게 생각할 수 있지. 국악 듣는 사람이 많지 않으니.

나섬   그런데도 우리의 음악적 취향과 국악의 전통이 관계가 있다는
거야?

최선생   민족의 음악적 취향이란 게 하루아침에 변하는 게 아니거든.

나섬   하긴 나도 풍악을 들으면 가볍게 몸이 들썩이긴 하더라고.

최선생   우리가 현재 듣는 가요도 국악에서 뿌리가 내려온 거야.

나섬   정말?

최선생   민요나 판소리 들어 보면 음정을 흔들잖아.

나섬   그리고 보니 트로트도 성대를 떨거나 꺾어서 음정을 흔드네?

최선생   해금이나 가야금에서 농현으로 음정을 떨리게 하는 것과 통하
지.

나섬   트로트도 민요나 판소리 같은 전통음악에서 나온 거야?

최선생   서양음악, 일본 엔카의 영향도 있지만 우리 전통 위에서 탄생
한 거지.[102]

나섬   트로트는 일본에서 들어왔다는 얘기가 많던데?

최선생   일본에서 수입되었다는 얘기가 많은데, 사실은 그렇지 않아.

나섬   들어 봐도 일본의 엔카와 트로트가 비슷하던데?

최선생   서양음악의 영향 아래서 각기 서로 영향을 주면서 탄생한 거
라고 보는 것이 맞아.

나섬   엔카나 트로트 모두 음정을 떨기도 하고 꺾기도 하잖아?

최선생   엔카는 좀 특수한 경우라고 봐야지.

나섬   사부가 일본은 음정 떠는 걸 좋아하지 않는다고 했잖아?

최선생   엔카의 기원이 메이지 유신 때부터야.

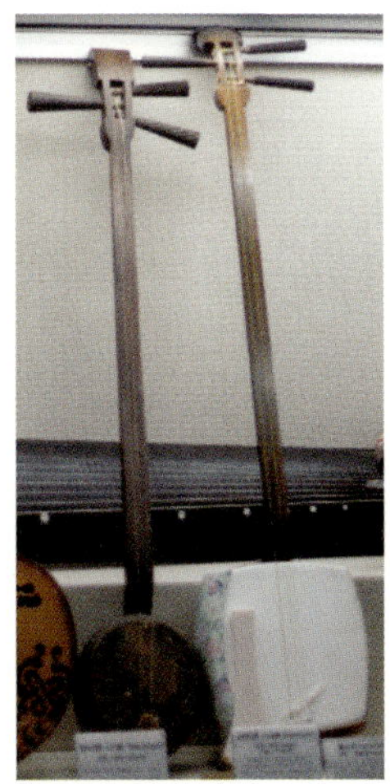

삼현(좌)과 샤미센

102 《트로트의 정치학》(2009).
손민정 저, 음악세계, 28~31쪽

나섬    엔카가 그리 오랜 역사가 있는 게 아니었네?

최선생   일본이 군국주의를 시작하면서 통제를 시작했지.

나섬    일종의 저항가요 비슷한 거구나?

최선생   그렇지, 사상과 언론에 대한 통제에 대항하는 저항가요였지.

나섬    최근의 흐름으로 일본의 오랜 음악적 전통과는 거리가 있다는
       거야?

최선생   그렇다고 봐야지.


　　한국은 전통적으로 일본과 달리 해금이나 아쟁처럼 현을 문질러서
내는 진한 음과 거문고나 가야금처럼 농현을 통해 음정이 미세하게 떨리
는 음을 선호한다. 이런 성향은 기악뿐 아니라 사람 목소리에서도 확연
히 차이를 드러낸다. 서양의 클래식은 맑고 깨끗한 소리, 즉 두성을 이용
한 꾀꼬리 같은 소리를 주로 선호한다. 이에 반해 국악은 판소리에서 보
는 것처럼 성대를 혹사해서 내는 탁성을 선호한다. 이런 소리에 대한 성
향은 마시고 즐기는 술에서 그대로 나타난다. 클래식은 주로 맑고 투명
한 위스키나 보드카라고 할 수 있고, 국악의 판소리는 텁텁한 막걸리라
고 생각하면 된다. 물론 서양의 레드 와인이 있긴 하지만 한국의 막걸리
의 진하고 탁함에는 상대가 될 수 없다. 재미난 것은 서양과 한국의 중간
인 일본은 술을 가라앉혀 위에 맑은 부분만 걸러낸 청주를 주로 즐긴다
는 점이다.

　　한국 사람들은 클래식을 좋아한다고 하지만 서양의 악기 중에서도
현을 활대로 마찰해 소리를 내는 바이올린이나 첼로를 가장 선호한다.
물론 피아노를 좋아하는 애호가도 있지만 숫자에서 피아노는 현악기 애
호가를 이길 수 없다. 한국인의 이런 현악기 사랑은 음반시장에서도 그
대로 나타난다. LP의 가격을 보면 압도적으로 피아노 연주곡보다는 바이

올린이나 첼로 연주곡을 더 선호해서 가격이 비싸다. 바이올리니스트 중에서도 대표적으로 지네트 느뵈Ginette Neveu와 미샤 엘만Mischa Elman, 요제프 시게티Joseph Szigeti 등이 현의 떨림이 많은 연주자로 많은 애호가의 사랑을 받는다. 한국 사람은 현을 문질러서 내는 진한 음색을 좋아한다는 얘기다. 클래식 음악을 좋아해서 듣는다고 해도 대부분의 애호가들은 현악기의 음색을 좋아하고 그것에 집중해서 듣는다. 클래식을 듣고 있지만 사실은 판소리나 해금을 주로 들었던 오랜 역사의 음악적 경험에 따라 바이올린이나 첼로가 표현하는 진한 음색이나 음정의 떨림을 듣고 있는 셈이다. 그래서 대부분의 클래식 입문자나 오디오 입문자는 음상형이 아닌 음색형이나 음장형의 오디오 소리를 좋아한다고 보는 것이 맞다.

현악기를 좋아하는 사람이라도 클래식 음악을 오래 듣다보면 개인의 음악적 경험이 점차 누적되고 변화되면서 좋아하는 음악적 취향이 변할 수 있다. 클래식 음악을 오래 듣다 보면 클래식 음악이 궁극적으로 추구

지네트 느뵈

미샤 엘만

요제프 시게티

하는 비브라토처럼 흔들리는 음이 아닌 정확하고 일정한 음과 음악의 구조에 대한 인식이 생기기 시작한다. 대략 이즈음부터 피아노 음악에 대한 기호가 생긴다고 볼 수 있다. 어릴 적에 피아노를 배웠다면 자연스럽게 음색보다는 피아노의 흔들리지 않는 음에 대한 기호가 일찍부터 나타날 수 있다. 피아노를 배우지 않았더라도 어린 시절부터 클래식 음악에 심취해 오랫동안 음악을 집중해서 들은 마니아라면 현의 떨림이나 흐느끼는 듯한 음색은 충분히 경험했기에 클래식 음악의 이론적 구조와 패턴에 관심을 가지게 된다. 그래서 이런 마니아는 음색형보다는 음상형 오디오 소리를 더 좋아할 가능성이 크다. 실제로 클래식 입문자와 오랫동안 클래식 음악을 들었거나 어린 시절 상당한 수준까지 피아노를 배운 애호가 사이의 음악적 취향은 매우 다르다. 음악적 취향은 어떤 음악교육을 받았느냐, 음악을 얼마나 오래 들었는가에 따라 달라질 수밖에 없다.

일본의 경우를 예로 들면 이해가 더 쉽다. 일본은 본래부터 찰현악기가 거의 자리를 잡지 못하고, 손으로 뜯는 발현악기가 주류를 이뤘다. 발현악기도 농현을 억제하는 담백한 연주를 추구한다. 실제로 일본 전통음악을 들어 보면 농현을 억제해서 담백한 느낌의 연주를 한다. 한편 일본에 서양음악이 수용된 것은 1890년대로 중국이나 한국보다 20~30년 정도 앞선다.[103] 이런 음악적 전통에서 보면 일본의 클래식 음반시장은 한국과는 다를 수밖에 없음을 쉽게 짐작할 수 있다. 일본도 동아시아 문명권이라 현악기가 가장 큰 사랑을 받지만, 한국과 다른 점은 피아노를 좋아하는 애호가가 상대적으로 더 많고, 저변이 더 넓다는 점이다. 본래부터 음정의 떨림이 적고 담백한 음을 즐기는 전통을 가진데다가 클래식을 먼저 수용했다. 따라서 피아노에 대한 선호도가 한국보다 클 수밖에 없다. 이와 함께 좋아하는 오디오 소리도 한국보다는 음장형이나 음상형으

103 「한국·중국·일본의 서양음악 수용」(2005). 신대철. 《한국음악연구 38집》. 한국국악학회.

로 무게중심이 이동해 있다고 할 수 있다. 한마디로 일본은 한국이나 중국보다 담백하고 정돈된 소리를 좋아한다.

우리는 흐느끼는 듯 떨리는 음색을 좋아하는 취향이 있지만, 이에 못지않게 저음을 좋아한다. 이런 저음을 선호하는 우리의 성향도 우리의 음악적 전통과 밀접한 관계를 가지고 있다. 시골에서 자란 사람이라면 풍물이나 농악을 듣지 않고 자랄 수가 없었을 것이다. 대도시에서 자랐다고 해도 간간히 풍물을 접할 기회는 있었을 것이다. 풍물놀이는 꽹과리를 필두로 대부분 타악기로 이루어져 있다. 타악기는 음높이는 없고 치는 타이밍에 따른 리듬, 즉 장단으로 음악을 만들어낸다. 풍물놀이는 오랫동안 장단을 위주로 발전했기에 장단이 아주 다양하다. 또한 다양한 장단이 물 흐르듯이 자연스럽게, 그러면서도 빠르고 역동적으로 변화되면서 표현된다. 다양한 리듬으로 이루어진 풍물놀이는 사물놀이로 발전하고, 이는 '난타'라는 타악기 퍼포먼스로 발전했다. 리듬이 잘 표현되기 위해서는 저음이 잘 나와야 한다. 한국인이 저음을 좋아하는 이유 중 하나는 바로 타악기로 연주되는 풍물의 리듬을 오랫동안 듣고 자랐기 때문일 것이다.

# 평균율
# 이야기

국악, 특히 민속악은 다양한 리듬을 중심으로 발달한 반면, 서양의 클래식 음악은 음높이를 체계적으로 쌓아 올린 음계에 중심을 두고 발달한 음악이다. 서양의 클래식 음악이 음계 시스템에 집중한 이유는 클래식 음악의 근간인 화음과 조성이 원활하게 구사되도록 하기 위함이다. 음계의 기본은 옥타브로, 이는 거의 모든 문화권에서 일치한다. 인간을 비롯한 대부분의 동물은 서로 다른 음도 주파수의 비가 두 배가 되면 동일한 음으로 느낀다. 옥타브는 경험으로 배우는 것이 아니라 선천적으로 이미 정해져 있는 것이다. 한 옥타브를 몇 개의 음으로 나누느냐가 관건인데, 12음계, 7음계, 5음계 등 문화권마다 다르다.

클래식에서 음계 시스템의 출발은 수학자인 피타고라스를 통해 이루어졌다. 피타고라스 음계는 두 음이 주파수의 비율이 2:3(완전 5도)일 때 서로 가장 잘 어울리는 협화음이 된다는 사실에 착안해 기하학적 비율로 한 옥타브를 12개의 반음으로 나눈다. 순정률은 여기서 더 나아가 2:3(완전 5도)과 4:5(장3도)를 이용해 한 옥타브를 12개의 반음으로 나눈다. 이

   굿모닝 오디오 하이엔드 편

방법은 약간의 문제가 있는데, 순수한 장3도 셋을 쌓으면 한 옥타브보다 약간 작고, 단3도 넷을 쌓으면 한 옥타브를 약간 넘는다. 이 오차를 '피타 고라스 콤마'라고 한다. 옥타브 크기는 절대적인 것이라 손댈 수 없으니 자연히 12개의 반음 중에 어딘가에 이 오차를 구겨 넣어야 했다. 이런 방 법으로 악기를 조율하면 선율이 하나인 음악은 문제가 없지만 서로 화음 을 이루는 여러 개의 음이 동시에 울리거나 조를 바꿀 때 음이 약간씩 어 긋나는 문제가 생긴다. 우리가 아는 유명한 작곡가들은 이런 문제를 충 분히 인지하고 이를 적절히 회피하면서 아름다운 화음과 멜로디를 내도 록 곡을 만들었으니 대단한 일을 한 것은 분명하다.

여기서 잠깐 화음을 이루는 3도, 4도, 5도, 8도에 대해 알아보자. 피아 노 건반으로 설명하면 이해가 쉽다. 그림 5-10의 피아노 건반을 살펴보자. 3도는 '도'와 '미' 사이의 화음이다. 4도는 '도'와 '파' 사이의 화음이다. 화음에서 가장 중요한 5도는 '도'와 '솔' 사이의 화음이다. 화음 앞에 붙 는 숫자는 어떻게 정해지는지 궁금할 것이다. 피아노 건반을 유심히 살

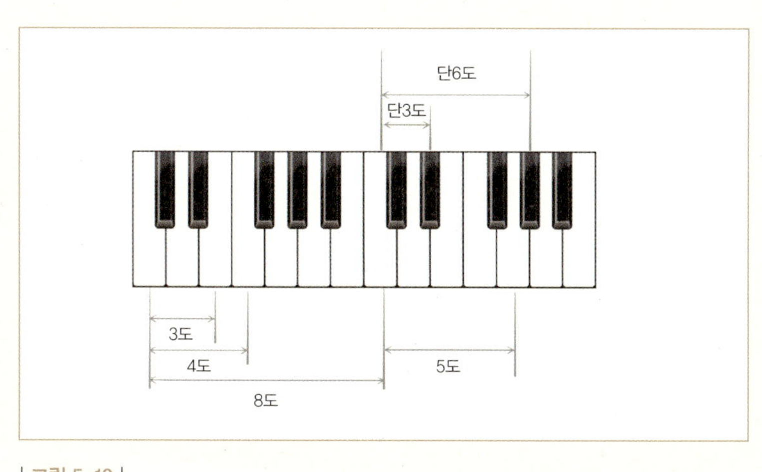



| 그림 5-10 |

펴본 사람이라면 어렴풋이 답을 짐작할 수 있을 것이다. 화음을 이루는 건반의 총 개수가 바로 몇 도인지 표시하는 숫자가 된다. 예를 들어 3도 화음인 '도'와 '미'의 경우 총 세 개의 건반 간격으로 이루어져 있기에 3도라고 붙이는 것이다. 5도는 역시 같은 이유로 '도', '레', '미', '파', '솔' 다섯 개의 건반으로 이루어지는 화음이라서 5도라고 붙이는 것이다. 편의상 '도'에서 시작했지만 화음을 시작하는 음이 '도'가 아닌 다른 어떤 음에서 시작해도 건반 개수를 따져서 그 개수를 숫자로 붙여 몇 도인지 표현한다. 3도에도 장3도가 있고 단3도가 있다. 단3도는 장3도에 비해 반음 낮은 화음이다. 반음 낮다는 것을 표현하기 위해 3도 앞에 '단'자를 붙여준다.

나섬　　협화음을 이루는 주파수가 정수비라는 게 신기하네.

최선생　　그걸 발견한 피타고라스가 수학자인 것도 의미가 있지. 협화음 말고 정수비로 떨어지는 소리현상이 하나 더 있어.

나섬　　그게 뭔데?

최선생　　잘 생각해봐. 앞에서 나왔던 내용이야.

나섬　　혹시 기음에 2배, 3배, 4배, 이런 식으로 나오는 배음?

최선생　　그래, 배음도 정수로 나오고 화음도 주파수 비율이 정수비지.

나섬　　그러고 보니 그렇네?

최선생　　배음을 처음 알아낸 과학자들은 무릎을 탁 쳤지.

나섬　　협화음과 배음이 모두 정수비로 이루어진다는 사실에?

최선생　　그렇지, 음악이 수학적인 체계로 이루어졌다고 봤지.

나섬　　그렇게 볼 만도 하네.

최선생　　행성들의 공전주기가 화음처럼 정수비를 이룬다고 봤지.[104]

나섬　　당시엔 음악과 수학이 아주 친했나 보네?

104 《음악과 과학의 만남》 (2013), 구자현 저, 경성대학교출판. 65쪽

최선생    아주 친하다가 최근에 약간 소원해졌지.

나섬      '모차르트 이펙트'도 그런 맥락에서 나온 주장이야?

최선생    그렇다고 봐야지.

나섬      그런데 수학 잘하는 사람과 음악 잘하는 친구는 왜 잘 안 어울릴까?

최선생    글쎄, 그건 나도 아이러니라고 생각해!


피타고라스 음계와 순정률의 문제를 해결하기 위해 나온 다양한 방법 중에 대표적인 게 가온 정률, 좋은 정률Well temperament, 평균율이다. 가온 정률은 순수한 장3도를 그대로 두고 나머지 5도를 약간씩 낮춰서 12도를 맞추는 것이고, 좋은 정률은 건반의 중앙을 약간 좁게, 양쪽 끝을 넓게 맞추는 것으로 키마다 약간씩 다르게 조율하는 것이다. 흔히 평균율 작품으로 알고 있는 바흐의 '평균율 클라비어 곡집Das wohltemperierte Klavier' 은 평균율 작품이 아니다. 평균율의 전단계라고 할 수 있는 좋은 정률의 가능성을 확인하기 위해 작곡된 작품이다. 가온 정률이나 좋은 정률은 화음을 이루는 다선율음악이나 피타고라스 음계나 순정율보다는 조를 바꿀 때 생기는 문제가 적다. 그러나 오차를 편법으로 해결한 것이라서 문제가 줄어든 것이지 완전히 해결된 것은 아니다. 이 문제는 두고두고 작곡가들과 과학자들을 괴롭혔다.

다성 음악을 오르간으로 연주하거나 곡의 중간에 조바꿈을 원활하게 하려면 12개의 반음 간격을 수학적으로 균등하게 통일해야 한다. 보통 갈릴레오 갈릴레이Galileo Galilei의 아버지인 빈센초 갈릴레이Vincenzo Galilei가 처음으로 계산한 것으로 알고 있지만, 사실은 이보다 1년 앞선 1580년 중국 명나라 주재육朱載堉이 정확히 계산해 냈다.[105] 주재육이 한 옥타브의 음을 12개의 반음으로 균일하게 나누는 주파수를 알아낸 것이 유럽에 전

105 《과학으로 풀어보는 음악의 비밀》 (2012), 존 파월 저, 장호연 역, 뮤진트리, 186쪽

106 《그림으로 보는 중국의 과학과 문명》 (2009), 로버트 템플 저, 과학세대 역, 까치, 234쪽

107 최근 퓨전 국악에서는 악기가 현대화되면서 연주 중에 조를 바꿔 연주하는 게 가능해졌지만 전통음악에서는 연주 중에 조가 바뀌는 곡은 거의 없다.

108 《음악과 과학의 만남》 (2013), 구자현 저, 경성대학교출판부, 113쪽

해져 유럽에서 평균율이 정착되었다고 보는 학설도 있다.[106] 사실 중국에서는 오래전부터 평균율에 대한 발상을 했고 이를 구체화하기 위한 노력이 일찍부터 있었다. 중국을 최초로 통일한 진시황은 도량형의 통일과 함께 음율의 표준화도 꾀했다. 돌을 갈아서 만드는 편경과 쇳물을 부어 만든 편종을 제작함에 있어서 일정한 음 간격을 갖도록 해 평균율을 구체화하려는 노력을 했다. 결국 중국은 유럽보다 먼저 정확한 평균율 주파수를 계산했다. 그러나 여러 성부가 어우러지는 화성음악에 관심이 거의 없었고, 연주 중간에 조가 바뀌는 경우가 없어서 평균율에 관심을 두지 않았다. 그래서 실제 평균율에 따른 조율과 연주가 거의 실행되지 않았다.[107] 중국은 가장 이상적인 화음을 이루는 2:3이나 3:4 같은 순정률을 바탕으로 연주를 했다. 순정률에 기반을 두고 선율의 표현과 음정을 흔들어(비브라토) 흐느끼는 듯한 음색을 중심으로 음악이 발달했다.

유럽에서는 17세기 말부터 평균율을 본격적으로 적용하는 것에 대해 논의하기 시작했다. 12개의 반음 간격을 수학적으로 일정하게 계산해 맞추는 게 뭐가 어려운 문제냐고 반문할 수 있다. 그러나 이것이 말처럼 그렇게 간단히 이루어질 수 있는 문제가 아니다. 평균율을 적용하는 것은 피타고라스부터 출발한 주파수 비율이 정수로 딱 맞아 떨어져 완벽한 화음을 이루는 3도, 4도, 5도를 미세하지만 전부 포기해야 하는 것이기 때문이다.[108] 우선 악기 연주자들, 특히 바이올린 같은 현악기를 다루는 사람들은 완전한 화음을 기반으로 하는 순정률이나 가온 정률을 고집했다. 그래서 평균율이 실제 연주에 적용되기까지는 생각보다 긴 시간이 걸렸다. 20세기로 접어들면서 평균율이 확실하게 대세를 이루었지만 지금도 부분적으로 순정률을 고집하는 연주자들이 존재한다.

나섬　　음계가 생각보다 복잡하네.

최선생　사실상 당시에는 고등 수학이었지.

나섬　　클래식은 왜 그렇게 음계 체계에 관심을 기울인 거야?

최선생　화음을 기반으로 한 다성 음악이 주류이기 때문이지.

나섬　　그럼 왜 클래식은 화음을 위주로 한 다성 음악이 중심이 된 거
　　　　야?

최선생　음악이 연주된 공간 때문이지. 클래식의 뿌리는 그레고리안
　　　　성가야.

나섬　　응, 그 정돈 알지. 쉽게 말해서 당시 찬송가 아냐!

최선생　찬송가는 주로 어디서 전문적으로 불릴까?

나섬　　유일신에게 예배 드리는 성당에서 불렀겠지.

최선생　중세의 성당 규모는 우리 상상을 초월하지.

나섬　　사진으로 보면 크기도 크지만 엄청 높더라고.

최선생　넓은 공간을 찬송으로 채워야 하는데 그게 쉽지 않았지.

나섭　당시엔 앰프도 없었을 텐데, 무슨 묘책이 있었던 거야?

최선생　사람 수나 악기 수를 늘려 봤지만 효과가 미미했지.

나섭　아! 소리 크기는 로그로 느낀다고 했지?

최선생　두 배 큰 소리가 되려면 대략 10명이 노래해야 하지.

나섭　그것 참 난감한 일이었겠네.

최선생　그런데 두 사람이 저음과 고음으로 나눠서 부르면 어떻게 될까?

나섭　그냥 두 사람이서?

최선생　응, 그러면 소리가 훨씬 크게 느껴져. 효과가 아주 극적이었지.[109]

나섭　성부를 여럿으로 나눠 부르면 성당을 소리로 채우기 쉬워져?

최선생　미사곡이나 합창을 들어보면 내 말을 쉽게 실감하게 될 거야!

나섭　그래서 클래식에선 화성이 아주 발달한 거구만?

최선생　원인이 이것 하나는 아니지만, 이것이 중요한 이유지.

　　서양음악의 기초는 음계 체계를 정교하게 만들고자 하는 부단한 노력 위에서 이루어졌다. 음계 체계를 정교하게 만들고자 노력하는 것은 다양한 계측을 통해 자연을 수치로 표현하고자 하는 서양의 학문적 전통과 일맥상통하는 것이다. 음계는 피타고라스에서 시작해서 순정률, 가온 정률, 좋은 정률을 거쳐 평균율로 정착되는 과정을 통해 정교하게 다듬어진다. 이처럼 음계를 정확하게 만들고자 하는 노력은 화성과 조성이 원활하게 이루어지게 하기 위함이다. 그런데 음계는 정교화되는데 정작 그 음계 체계 안에서 이루어지는 화음과 조성은 현대로 올수록 흐트러지고 무너지는 과정을 겪는다. 바로크 시대에 협화음만으로 이루어지던 음

[109] 고전주의 이전인 바로크나 이전 시기에 화성은 여러 성부가 동일한 지위를 가졌다. 그러던 것이 연주 공간이 교회보다 작은 왕궁이나 귀족의 저택처럼 사람이 사는 공간으로 바뀌고 왕이나 귀족들이 듣기에 화음이 너무 복잡하다는 지적이 일어난다. 그래서 주선율을 다루는 가장 높은 성부와 저음으로 받치는 가장 낮은 성부를 중심으로 화성이 이루어지는데, 이것이 기능화성이다. 고전주의와 이전 시대를 구분하는 가장 큰 특징은 이러한 기능화성의 등장과 완벽한 조성 체계의 확립이다. 고전주의 이전에는 조성 체계가 완전치 않아서 음악의 시작과 끝이 분명하게 느껴지지 않는다. 쉽게 말해 맺고 끊는 느낌이 고전주의 시대 작품에 비해 덜하다.

악이 고전시대를 거치며 불협화음을 수용하면서 곡에 생기를 얻는다. 곡에 생기를 불어넣는 불협화음 사용이 빈번해지면서 더 자극적인 불협화음 사용이 나타난다. 그래서 낭만파를 지나 후기 낭만파의 바그너 시대에 이르면 듣기 거북한 불협화음의 향연이 이루어진다.

# 화음과 조성,
그리고 배음

역사적으로 보면 화음의 발견이 가장 빠르다. 두 개 이상의 음이 동시에 울릴 때 잘 어울리는 음이 있다는 사실은 고대부터 알려진 사실이다. 조성은 으뜸을 정하고 그 으뜸음과 화음을 이루는 음(특히 완전 5도 화음)들을 연속해 사용함으로써 특정한 느낌을 갖게 하는 것이다. 조성은 바로크 시대에 기초가 다져지기 시작해 고전주의 시대가 되면서 완전한 틀을 갖춘다. 이처럼 화음과 조성은 서로 밀접한 연관을 가지고 있다. 이러다가 18세기 이후 음향학의 발달에 힘입어 악기 소리를 분리하면서 배음의 정체를 깨닫게 된다. 그런데 자세히 살펴보면 배음의 구조와 화음과 조성은 서로 밀접하게 연관되어 있는 것을 알 수 있다. 100Hz를 기음이라고 하면 200Hz(2배), 300Hz(3배), 400Hz(4배), 500Hz(5배)의 배음들이 나온다. 이때 첫 번째 배음인 200Hz와 두 번째 배음인 300Hz는 주파수 비가 2:3으로 가장 기본적인 완전 5도 협화음을 이룬다. 물론 두 번째 배음인 300Hz와 세 번째 배음인 400Hz도 3:4의 정수비로 완전 4도의 완전 협화음을 이룬다. 이를 통해 화음과 조성, 그리고 배음은 각기 다른

  굿모닝 오디오 하이엔드 편

모습을 하고 있지만 그 이면의 뿌리는 같아 서로 밀접하게 연관되어 있음을 알 수 있다.

조성은 으뜸음을 정하고 그 음에 어울리는 음(특히 5도)들을 중심으로 사용함으로써 음악에 어떤 특별한 느낌을 갖게 하는 것이다. 널리 알려진 대로 장조는 밝고 유쾌하며 단조는 우울하고 슬픈 느낌을 주는 것이 조성이 가지는 대표적인 특징이다. 물론 단조 중에 밝고 유쾌한 느낌을 주는 곡이 있지만, 전체적으로 장조와 단조가 가지는 이런 분위기에 특징이 있다는 것은 무시할 수 없는 사실이다. 바로크 시대의 조성은 하나의 악장이 대개 하나의 조성으로 통일되어 있는 경우가 대부분이었다. 성당이나 귀족들의 요구로 이루어지는 작곡과 연주가 많은 탓에 하나의 악장 안에서 조가 바뀌며 분위기가 변하는 음악은 많이 작곡될 수 없었다. 고전주의 시대에 작곡가의 입지가 강화되면서 작곡가의 의도에 따라 악장 안에서도 조가 바뀌는 곡들이 빈번하게 작곡되기 시작한다. 이러한 추세는 낭만파나 후기 낭만파에 이르러 더욱 심해진다. 결국 이것은 조를 완전히 없애자는 쇤베르그Arnold Schonberg와 베베른Anton Webern으로 대표되는 빈 학파의 무조주의에까지 이르게 된다.


나섬　　화음은 알겠는데 조성은 이해가 잘 안 돼!

최선생　으뜸음을 정하고 그 음에 어울리는 음들로 작곡을 하는 거야.

나섬　　그런데 중간에 조가 바뀌기도 한다며?

최선생　그렇지, 고전주의부터는 악장 중간에 조가 바뀌는 일이 흔하지.

나섬　　조성이나 조바꿈을 좀 더 쉽게 설명해줘.

최선생　나도 작곡 전공이 아니라 조바꿈을 설명하긴 쉽지 않아.

나섬　　그래도 사부가 아는 데까지 설명을 좀 해줘!

최선생　조는 축구로 얘기하면 전술과 비슷하다고 보면 돼.

나섬    아! 4·4·2나 4·3·3 혹은 4·2·4 같은 전술 말하는 거야?

최선생    축구 얘기 나오니 눈에 생기가 도네.

나섬    전술마다 경기를 운영하겠다는 감독의 생각이 있지.

최선생    조성도 그래, 장조와 단조의 느낌이 다르듯이.

나섬    전술에는 키플레이어가 필요한데?

최선생    그게 바로 조의 으뜸음이야.

나섬    감독이 전술 정하고 키플레이어 있으면 작전을 짤 수 있지.

최선생    조성에선 으뜸음을 중심으로 멜로디 라인을 구성하지.

나섬    키플레이어와 잘 맞는 공격수와 수비수를 매치시키듯이?

최선생    조성에서 으뜸음과 어울리는 음들을 사용하는 것과 같아.

나섬    축구에서 키플레어어를 중심으로 경기를 풀어가는 것처럼?

최선생    축구로 얘기하니 귀에 쏙쏙 들어오는 모양이네.

나섬    그럼 조바꿈은 뭐야?

최선생    경기 중에 전술을 바꾸는 거지.

나섬    후반전 시작하면서 전술을 바꾸기도 하지만 경기 중간에도 바꾸지.

최선생    보통 감독이 전술을 바꿀 때는 선수를 교체하지.

나섬    꼭 그렇진 않지만 바꾸는 경우가 많지.

최선생    음악도 그래. 조가 바뀌면 그것에 맞게 사용되는 음들이 바뀌지.

나섬    전술이 바뀌면서 선수가 교체되거나 역할이 변하는 것과 비슷하네?

최선생    설명 없이 경기 시작하자마자 전술을 파악할 수 있어?

나섬    아니지, 한참 봐야 눈에 들어오지.

최선생　조성도 같아. 어느 정도 음악이 진행돼야 조를 파악할 수 있어.

나섭　축구랑 아주 비슷하네?

최선생　조 바뀌는 걸 들어서는 알지 못해도 음악 감상에는 지장이 없지.

나섭　맞아! 포메이션 변화를 모른다고 축구를 즐기지 못하는 건 아니지.

최선생　조 바뀌는 걸 몰라도 음악의 분위기가 바뀌는 건 다 느끼거든.

나섭　축구도 전술 바뀌면 공격 패턴이 달라진 느낌이 들어.

최선생　유명 클럽 축구 보면 한편의 예술 같던데.

나섭　초보자가 봐도 한 편의 그림을 만들어가면서 슈팅으로 연결하지.

최선생　음악도 지식 없이 들어도 명곡은 아주 감동적이지.


무조주의를 축구로 비유하면 어떤 축구 스타일이 나올지 생각해 보자. 선수 선발도 선수 개인의 패싱력, 주력, 순발력 같은 수치를 토대로 이루어질 텐데, 이 경우엔 특정한 포지션 없이 선수들이 그때그때 알아서 하는 동네 축구 같은 스타일이 될 것이다. 한마디로 어떤 특정한 전술이 없으니 특별한 색깔이 없고 정신없는 축구가 되어 버리고 말 것이다. 실제로 무조주의 음악을 들어보면 이게 음악이 맞나 싶을 정도로 정신없고 산만한 느낌이 든다.

이처럼 클래식의 역사는 화성과 조성을 원활히 구사하기 위해 음계를 정밀하게 구축하고(평균율), 그 체계 안에서 화성과 조성이 발전했다가 다시 해체되어 가는 과정이라고 할 수 있다. 클래식 음악의 가장 중요한 골간은 화성과 조성이다. 클래식 음악은 화성과 조성을 중심으로 발전해서 리듬의 다양한 변화는 별로 중요하지 않았다. 실제로 클래식 음

**'봄의 제전' 음반 표지**

악에서 리듬이 전면에 등장해 현란하게 표현되기 시작한 것은 화음 체계가 흐트러지고 해체되는 20세기 초반이다. 대표적인 작품으로는 스트라빈스키<sup>Igor Stravinsky</sup>의 '봄의 제전<sup>The Rite of Spring</sup>'(1913년)과 칼 오르프<sup>Carl Orff</sup>의 '카르미나 부라나<sup>Carmina Burana</sup>'(1936년)다. 특히 '봄의 제전'은 극한의 불협화음이 사용되고 연주 중에 조가 바뀌는 것에서 더 나아가 두 개의 조성이 동시에 등장해 조성이 해체되어 가는 것을 보여준다. 독특하고 이교도적이고 원시적인 리듬을 이중적으로 사용해서 박자가 통일성 있게 분할되지 않는 폴리리듬도 등장한다. '봄의 제전'은 이런저런 이유로 초연 당시 폭동이 일어날 정도로 극렬한 반발을 불러 일으켰던 문제작이다. 이처럼 리듬의 관점에서 보면 클래식은 여타 문화권의 음악에 비해 상당히 늦게 성숙한 것을 알 수 있다.



굿모닝 오디오 하이엔드 편

# 취향
# 구분하기

선호하는 악기 외에 좋아하는 장르로도 대략의 기호를 나눌 수 있다. 사람이 부르는 가곡은 음성시대와 음색시대 사이, 바이올린이나 첼로 소나타는 음색시대에, 실내악은 음색대와 음장시대에 걸쳐 있다고 보면 된다. 실내악 다음으로는 독주와 오케스트라가 공존하는 협주곡이, 협주곡 다음으로는 오페라나 합창이 위치하고, 그 다음으로 관현악을 중심으로 한 교향곡이 음장시대를 대표한다고 보면 적당하다. 같은 교향곡이라도 하이든이나 모차르트의 교향곡은 편성이 크지 않아 음색형과 음장형 사이에 해당하고, 베토벤이나 브람스의 교향곡은 편성이 커서 큰 음량을 요구하기 때문에 음장형으로 보는 것이 맞다. 쳄발로 소나타는 고정된 음을 내지만 음역이 좁아서 초기 협주곡 이전으로 배치된다. 그러나 말러나 브루크너 Josef Anton Bruckner 의 교향곡은 음장형에서 음상형 쪽으로 좀 더 앞으로 나간 것으로 보는 것이 맞다. 왜냐하면 고전파에 비해 편성이 극단적으로 커져 악기의 음상이 충분히 작아져야 무대가 제대로 그려지기 때문이다. 장르로 봤을 때 교향곡에서 앞으로 약간 더 나가면 낭만파와 후기 낭만파의 미사곡이 있는데, 이것이 말러나 브루크너의 교향곡과 비슷한 위치를 차지한다고 보면 된다. 가장 끝단인 음상형에는 현대음악이 위치해 있다. 이 모두를 정리하면 대략 다음과 같은 순서가 될 것이다.

| 표 5-2 | **장르별 소리 성향**

| 장르 | 성향 |
|---|---|
| 가곡 | 1.7 |
| 바이올린 · 첼로 소나타 | ⋮ |
| 실내악 | ⋮ |
| 협주곡(바하, 비발디) | ⋮ |
| 쳄발로 소나타 | ⋮ |
| 교향곡(모차르트, 하이든) | 2.4 |
| 오페라 · 합창(모차르트) | ⋮ |
| 바이올린 협주곡(브람스, 베토벤, 차이코프스키) | ⋮ |
| 오페라(로시니, 도니제티, 벨리니) | ⋮ |
| 교향곡(베토벤, 브람스, 슈만) | 3.0 |
| 피아노 협주곡(베토벤, 라흐마니노프) | ⋮ |
| 오페라(바그너) | ⋮ |
| 피아노 소나타 | ⋮ |
| 교향곡(말러, 브루크너) | ⋮ |
| 미사곡(낭만파 이후) | ⋮ |
| 교향곡(스트라빈스키, 쇼스타코비치) | ⋮ |
| 현대음악 | 4.5 |

　　더 구체적으로 연주자별로도 구별해 볼 수 있다. 우선 바이올린을 살펴보자.

| 표 5-3 | **주요 바이올린 연주자별 소리 성향**

| 연주자 | 성향 |
|---|---|
| 미샤 엘만(Mischa Elman) | 1.5 |
| 프리츠 크라이슬러(Fritz KreisLer) | 1.7 |

| 연주자 | 성향 |
|---|---|
| 요제프 시게티(Joseph Szigeti) | 1.7 |
| 다비드 오이스트라흐 (David Oistrakh) | ⋮ |
| 야샤 하이페츠(Jascha Heifetz) (SP, Mono LP) | 2.3 |
| 이작 펄만(Itzhak Perlman) | ⋮ |
| 나탄 밀스타인(Nathan Milstein)(Capitol)* | ⋮ |
| 아르튀르 그뤼미오(Arthur Grumiaux) | ⋮ |
| 레오니드 코간(Leonid Kogan) | ⋮ |
| 헨릭 쉐링(Henryk Szeryng) | 3.0 |
| 야샤 하이페츠(Jascha Heifetz) (Stereo LP) | 3.1 |
| 볼프강 슈나이더한(Wolfgang Schneiderhan) (DG) | ⋮ |
| 나탄 밀스타인(Nathan Milstein) (DG)* | ⋮ |
| 정경화 | ⋮ |
| 안네 소피 무터(Anne Sophie Mutter) | ⋮ |
| 살루아토레 아카르도(Saluatore Accardo) | ⋮ |
| 기돈 크래머(Gidon Kremer) | 3.9 |

*나탄 밀스타인의 경우 SP부터 최초의 LP, 그리고 스테레오 LP, CD 까지 거의 전 매체로 녹음한 거의 유일한 바이올리니스트다.

나탄 밀스타인

레오니드 코간

전체적으로 비브라토가 많고 음색이 풍부한 미샤 엘만은 음색형에 가깝다. 다비드 오이스트라흐는 두터운 바이올린 톤에 윤기가 흐르는 음색이어서 역시 음색형에 포함시켰다. 화려한 테크닉과 현란한 음색을 자랑하는 야샤 하이페츠 같은 연주자는 주로 음장형에 위치하지만 하이페츠의 모노 LP는 화려함과 현란함이 다소 적고 음색에 온기가 많아 스테레오 음반과 구분해서 음색형에 가깝다. 음색이 단정하고 깔끔하기로 유명한 나탄 밀스타인(DG)은 음상형에 가깝다. 밀스타인의 연주도 캐피톨에서 나온 음반은 상당히 음색이 두텁고 진해서 음장형에 별도로 배치했다. 레오니드 코간은 상당히 다양한 스타일의 연주를 보여주긴 하지만 전체적으로 강하고 호방한 스타일의 연주를 한다고 봐서 음장형에 포진시켰다. 차갑고 썰렁한 스타일의 기돈 크래머 같은 연주자는 음상형 쪽

디누 리파티

잉그리드 헤블러

클라우디오 아라우

아르투로 미켈란젤리

스비아토슬라브 리흐테르

으로 배치했다.

피아노는 기본적으로 바이올린보다 음색에 어필하는 면이 적은 악기
다. 그래서 피아노는 전체적으로 바이올린보다 음장과 음상 쪽에 치우쳐
있다.

| 표 5-4 | **주요 피아노 연주자별 소리 성향**

| 연주자 | 성향 |
| --- | --- |
| 알프레드 코르토(Alfred Cortot) | 2.5 |
| 릴리 크라우스(Lili Kraus) | : |
| 디누 리파티(Dinu Lipatti) | : |
| 잉그리드 헤블러(Ingrid Haebler) | : |
| 빌헬름 켐프(Wilhelm Kempff) | : |
| 아르투르 슈나벨(Arthur Schnabel) | : |
| 클라라 하스킬(Clara Haskil) | 2.7 |
| 마르타 아르헤리치(Martha Argerich) | : |
| 클라우디오 아라우(Claudio Arrau) | : |
| 빌헬름 박하우스(Wilhelm Backhaus) | : |
| 알프레드 브렌델(Alfred Brendel) | : |
| 블라디미르 호로비츠(Vladimir Horowitz) | : |
| 아르투로 미켈란젤리(Aruturo Michelangeli) | 3.0 |
| 스비아토슬라브 리흐테르(Sviatoslav Richter) | : |
| 에밀 길레스(Emil Gilels) | : |
| 블라디미르 아쉬케나지(Vladimir Ashkenazy) | : |
| 기외르기 찌프라(Gyorgy Cziffra) | : |
| 마우리치오 폴리니(Maurizio Pollini) | : |
| 안드레이 가브릴로프(Andrei Gavrilov) | 4.5 |

#프라드리히 굴다는 연주마다 다양한 스타일을 표현해 특정 영역에 포함시키는 데 어려움이 있어서 여기선 제외했다.

알프레드 코르토나 릴리 크라우스 같은 연주자는 아주 서정적이고
낭만적인 연주를 남겨 음색형에 가깝다고 할 수 있다. 비교적 질 좋은 녹
음을 남긴 연주자 중에는 잉그리드 헤블러가 낭만적인 연주로 유명하고,



굿모닝 오디오 하이엔드 편

어두운 음색에 모차르트의 슬픔을 잘 표현한 클라라 하스킬이 음장형에 더 가깝다고 볼 수 있다. 낭만적인 느낌을 간직하면서도 묵직한 저음부터 피어나는 고음까지 넓은 대역을 자유자재로 표현한 아르투로 미켈란젤리가 음장형의 대표적인 연주자라고 할 수 있다. 다소 딱딱한 연주에 블라디미르 아쉬케나지가 있고, 필자가 아는 한 가장 강력하면서 건조한 연주는 안드레이 가브릴로프를 꼽을 수 있다.

나섬 　연주가별로 정리해 주니 훨씬 피부에 와닿네.

최선생 　음악 애호가 중에는 비난하는 사람도 있을 거야.

나섬 　나 같은 사람에게 도움이 되면 좋은 거지. 순서가 절대적인 거야?

최선생 　대략의 경향을 나타낸 거니 참고만 해야지.

나섬 　오이스트라흐는 두툼하면서 따뜻하더라고.

최선생 　하이페츠는 화려하고, 기돈 크래머는 썰렁하지.

나섬 　그런데 바이올린과 피아노에서 좋아하는 성향이 다를 수도 있잖아?

최선생 　바이올린은 크래머를 좋아하고 피아노는 헤블러를 좋아하고?

나섬 　어, 그렇게 서로 안 맞을 수도 있잖아?

최선생 　인간은 그렇게 단순하지 않아. 부조리[110]한 존재지!

나섬 　부조리한 존재라니?

최선생 　인간에게 합리성과 비합리성이 공존한다는 뜻이야.

나섬 　버스 환승 할인 받으려고 애쓰면서 비싼 술집에도 가는 거?

최선생 　매달 불로소득으로 천만 원을 벌지만 진보를 지지하기도 하지.

나섬 　소외계층이면서 경쟁을 주장하는 보수를 지지하고?

최선생 　JBL 좋아하면서 전혀 다른 소리인 독일 유러딘을 좋아하기도 해.

110 알베르 카뮈(Albert Camus)가 제기한 문제로 자연의 비합리와 합리를 추구하는 인간 사이의 괴리를 지칭한다.

나섬　　그럼 이런 분류가 무의미해지잖아?

최선생　그래도 이렇게 분류해 보니 다면적이라는 것도 알게 되지.

나섬　　그런데 밀스타인은 동일인인데 다르게 나눠서 표시한거야?

최선생　실연은 어떤지 몰라도 레이블에 따라 소리가 너무 다르거든.

나섬　　난 DG 녹음만 들어봤는데 소리가 날카롭고 섬세하던데?

최선생　같은 곡을 연주한 캐피톨 음반을 들어보면 느낌이 전혀 달라.

나섬　　그럼 이참에 아예 레이블별로도 한번 정리해줘!


　　음반사 레이블별로 추구하는 사운드가 다르다는 것은 실제로 음반을 들어보면 어렵지 않게 알 수 있다. 같은 레이블이라도 시기별, 엔지니어별로 약간의 차이가 있지만, 레이블마다 추구하는 일정한 사운드의 방향이 있는 것은 사실이다.

| 표 5-5 | **주요 레이블별 소리 성향**

| 레이블 | 성향 |
| --- | --- |
| 오릭스(Orix) | 2.0 |
| 슈프라폰(Supraphon) | ⋮ |
| 데카(Decca/FFRR) | 2.2 |
| 콜롬비아(Columbia/모노) | ⋮ |
| 필립스(Phillips/모노) | ⋮ |
| 콜롬비아(Columbia/스테레오) | ⋮ |
| EMI(영국/스테레오) | ⋮ |
| HMV(스테레오) | ⋮ |
| 데카(Decca/FFSS) | 2.7 |
| RCA(스테레오) | ⋮ |
| 캐피톨(Capitol/스테레오) | ⋮ |
| 웨스턴민스터(Western Minster/스테레오) | 3.0 |
| EMI(Germany/스테레오) | ⋮ |
| 필립스(스테레오) | ⋮ |

　굿모닝 오디오 하이엔드 편

| 레이블 | 성향 |
| --- | --- |
| DG(아날로그) | 3.3 |
| 님버스(Nimbus) | ⋮ |
| 히페리온(Hyperion) | ⋮ |
| 챌폰트(Chalfont) | ⋮ |
| 델로스(Delos) | 4.0 |
| 텔락(Telarc) | ⋮ |
| 에테르나(Eterna) | ⋮ |
| DG(디지털) | 4.4 |
| 셰필드 랩(Sheffield Lab) | 4.5 |

멜로디야<sup>Melodiya</sup>의 경우는 메이저 레이블임에도 음질 편차가 심하고 음반마다 추구하는 사운드가 너무 다른 특이한 경우다. 군소 레이블은 텔락이나 델로스같이 음질 위주의 레이블을 제외하면 대부분 음질 편차가 크고 사운드도 일정하지 않은 경우가 대부분이다. 다양한 음반사로부터 음원을 받아 재발매하는 것이기에 일관된 음을 추구할 수 없고, 메이저 음반사보다 음반 가격을 낮게 책정해야 해서 원가에 대한 압박이 심했기 때문이다. 결국 재료나 프레싱 과정에 정성을 쏟기 힘든 속사정 때문에 음질이 열악할 수밖에 없다. 메이저 음반사의 경우는 음반에 따라 약간의 편차는 있지만 일정한 범위 안에서 그 특색을 가지고 있는 경우가 대부분이다. 실제로 DG는 어느 음반을 들어봐도 DG만의 독특한 느낌이 있다. 실제로 레이블이 달라도 자회사인 경우 음질은 대동소이하다. 대표적으로 아르고<sup>Argo</sup>는 데카 사운드와 크게 다르지 않고, 아르히브<sup>Archiv</sup>는 모회사인 DG의 사운드와 비슷하다.

사실 디지털 녹음 LP나 에테르나 LP는 아날로그가 부활하기 전까지는 전혀 주목을 받지 못했다. 기존의 아날로그 마니아들은 음상보다는 음색과 질감에 더 치중했기 때문에 선이 가늘고 차가운 디지털 LP는 쳐다보지도 않았다. 아날로그 LP가 생산량이 줄고 CD에 그 자리를 내줄 무렵에 나온 디지털 녹음 LP는 LP 중에서도 '똥판' 취급을 받았다. 실제로 당시에 디지털 마크가 있는 LP는 5천원에도 팔리지 않아 음반점 한쪽 구석에서 먼지를 뒤집어쓰고 있는 악성재고였다. 그러던 것이 CD가 더 이상 고음질이 아니라는 사실이 널리 알려지면서 아날로그가 화려하게 부활하게 된다. 디지털 소스로 음악을 즐기던 하이엔드 마니아들이 아날로그, 즉 LP를 다시 시작하게 된 것이다. CD 같은 디지털 소스가 보여주는 음상의 매력을 맛본 하이엔드 마니아들이 LP를 시작하면서 LP도 음상을 정확하게 재현하는 쪽에 관심을 가지는 것은 당연했다. 이런 마니아들의 요구에 부합하는 LP가 바로 디지털 녹음 LP이고, 대표 레이블로는 에테르나가 있다.

이런 흐름 속에서 5천원에도 팔리지 않던 디지털 LP가 만원을 넘어서 몇 만원에 거래되더니, 몇몇 디지털 LP는 한 장에 수십만 원을 호가하게 된다. 아날로그 전성시대의 초반 LP들 중에는 희귀한 고가반이 많지만 디지털 LP가 이렇게 고가에 거래되는 것은 이전에는 볼 수 없었던 현상이다. 음상을 중시하는 하이엔드 마니아들이 LP를 다시 시작하면서 생긴 일이다. 디지털 녹음 LP는 음상 정위가 아주 뚜렷하고 잡음도 적은 편이지만, 음색은 CD에서 느껴지는 부자연스러움이 느껴지는 경우가 태반이다. 그러나 에테르나는 디지털 녹음 장비를 전혀 사용하지 않고 제작했음에도 안정감 있는 무대와 그 무대 안에 악기의 음상이 정확하게 자리잡는 놀라운 음질을 보여준다. 국영 레이블이라 녹음을 포함한 음반 제작 과정이 깐깐하게 관리되었기 때문에 음반이나 레퍼토리에 따른 음질 편차가 거의 없는 것도 특징이다. 간혹 에테르나 LP에 디지털 마크가 있는 것도 있는데, 이것도 정확하게 따지고 보면 디지털이 아닌 아날로그 장비로 녹음한 경우다. 당시 디지털이라는 마크가 유행처럼 번지던 시절이라 디지털 마크만 달았던 것이다. 하이엔드 음상 마니아들이 에테르나

레이블에 집착하는 것은 다 이유가 있는 셈이다. 최근 에테르나라는 이름으로 리이슈 LP가 발매되고 있는데, 이는 녹음된 음원만 에테르나 것이고 LP 제작을 위한 커팅과 프레싱은 에테르나 제작이 아니다. 에테르나는 독일 통일과 함께 망했고, 음원은 헐값에 다른 음반사에 팔렸다.

최근 아날로그의 부활과 함께 구할 수 없거나 가격이 아주 비싼 고가반을 다시 수퍼 아날로그 180g 중량반으로 출시하는 일이 많아졌다. 리이슈 음반은 가격 때문에 구하지 못했던 음반을 상대적으로 저렴한 값에 잡음이 없는 상태로 들려준다. 그러나 음질은 실망스러운 경우가 태반이다. 실제로 중량반이라고 파는 리이슈 LP의 음질이 초반은 말할 것도 없고 재반이나 마이너 레이블의 삼반보다도 음질이 못한 경우가 80% 정도다.[111] 이유는 대부분의 리이슈 LP 제작 과정을 살펴보면 이해가 된다. 원래는 릴덱으로 마스터 테이프를 돌려 원음을 재생하고, 그것을 아날로그 방식으로 리마스터링한 후 아날로그 진공관 장비나 질 좋은 트랜지스터 장비로 증폭한다. 이런 과정을 거친 음원을 커팅머신을 통해서 커팅한다. 그러나 대부분의 리이슈 LP들은 이런 과정을 거치지 않고 마스터 테이프에서 바로 디지털화한 후 디지털 상태로 모든 과정을 거쳐 커팅을 한다. 심한 경우는 CD를 음원 삼아 커팅을 하기도 한다. 이 경우 CD의 음원을 단순히 LP라는 매체로 찍어낸 매체의 변형에 불과하다. LP 전성기 시대의 시스템과 장비를 가지고 제대로 리이슈 LP를 찍어내는 회사가 많진 않지만 그래도 소수 존재한다. 체스키, 셰필드 랩과 모바일 피델리티 Mobile Fidelity Sound Labs, 아날로그 프로덕션Analog Production 등이 제대로 된 시스템으로 정상적인 과정을 통해 LP를 재발매하고 있다.[112] 당연히 음질도 오리지널에 비해 손색이 없는 편이다.

111  재즈의 경우는 상대적으로 리이슈 음반의 음질에 대한 평이 클래식보다는 좋은 편이다.

112  좀 더 구체적으로 살펴보면 리노(Rhino Records)를 포함한 여타 레이블 음반 중에서는 RTI나 퀄리티 레코드 프레싱(Quality Record Pressing)에서 찍은 음반들이 믿을 만하다.

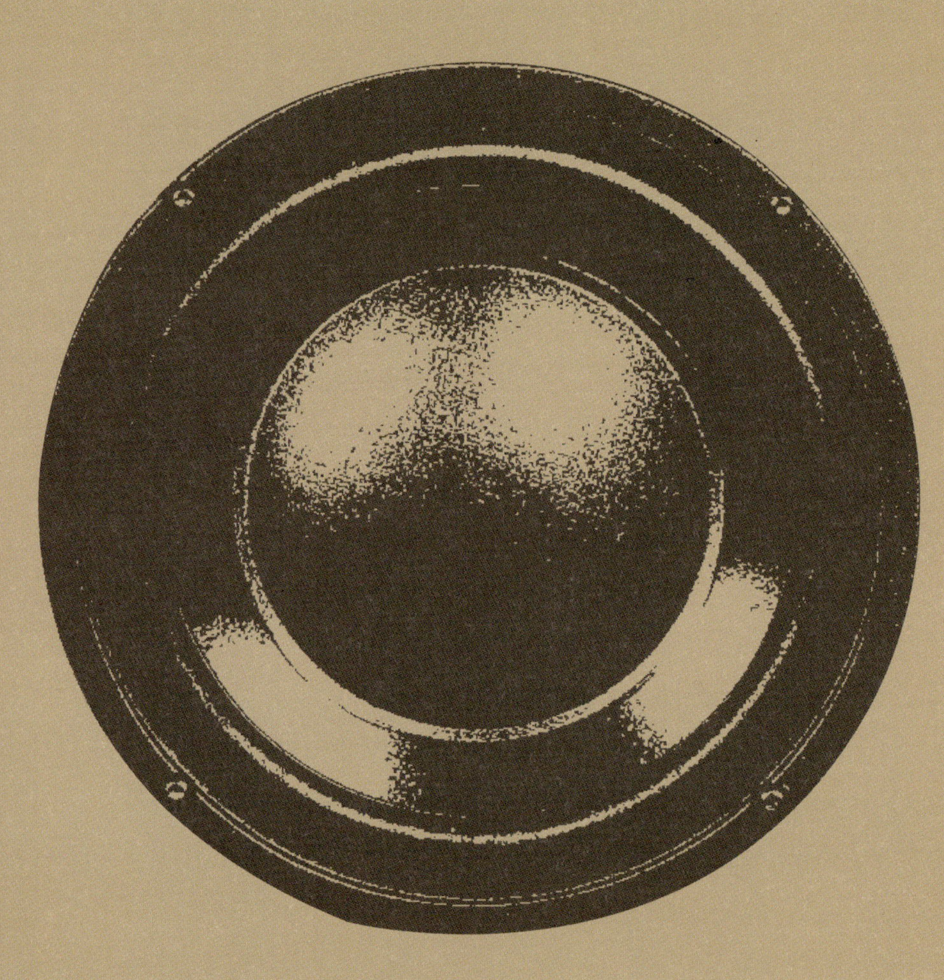

# Chapter 6

# 오디오,
# 어떻게 할 것인가?

기기만 비싸다고 좋은 소리를 내는 건 아니다.
클래식 음악을 듣는다고 최고의 취향이라 할 수는 없다.
오디오 고수는 하루 아침에 완성되는 게 아니다.
음악과 소리를 향한 지대한 관심과 노력이 반드시 필요하다.

# 보편적인 소리는
# 존재하는가?

**나섬**   이해하기 힘든 게 있어. 인터넷에 보면 카페에서 공동구매를 해.

**최선생**   '오디오인 드림'이 대표적인데, 망하면서 피해자들이 생겼지.

**나섬**   유명한 제품 카피하면서 오리지널보다 좋다고 하거든.

**최선생**   드물지만 오리지널보다 좋을 수는 있지.

나섬　　취향을 무시하고 무조건 좋으니 빨리 신청하라는 분위기던데?

최선생　누구에게나 다 좋은 것은 없어. 취향을 무시한다면 문제지.

나섬　　좋다고 바람 넣는 분위기에 휩쓸려 수십 명씩 참여하더라고.

최선생　바람잡이보다는 공구를 통해서 이윤을 챙기는 사람이 문제지.

나섬　　절대지존으로 추앙받던데, 실력이 있긴 한 거야?

최선생　하이텔 시절부터 활동하던 사람도 있어. 내공이 있지.

나섬　　그래? 사부도 하이텔 시절부터 오디오를 했잖아?

최선생　나야 얕게 두루두루 넓게 하는 편이지.

나섬　　빈티지부터 하이엔드, 앰프 자작도 하잖아? 디지털 빼곤 다 하네.

최선생　좋아하는 소리 찾을 때 빈티지, 하이엔드 구별은 무의미해.

나섬　　대부분은 둘 중에 하나만 하던데.

최선생　빈티지도 그렇지만 음반의 세계는 정말 무궁무진하지.

나섬　　그런데 '레퍼런스'라고 하는 소리를 들어 본 적이 있어?

최선생　들은 적이 있지. 꼭 뷔페 음식 같더라고.

나섬　　누구나 거부감 없이 먹을 수 있지만 대다수가 흡족해 하지 않는 음식?

오디오를 하다 보면 무언가 하나씩 깨치게 된다. 특히 소리에 집중해서 오디오를 하다 보면 소리가 변하는 패턴을 하나둘씩 알게 된다. 그래서 소리를 어느 정도 만질 줄 알고 거기에 그럴듯하게 인터넷에 글 올리는 재주가 있으면 사람들에게 인정받기 시작한다. 따르는 사람들이 생기고, 자연스럽게 집단이 만들어진다. 그러면 마치 자신의 취향이 마치 누구나 다 좋아하는 보편적인 소리라는 생각을 무의식 중에 하게 된다. 실제로 자신의 의도대로 사람들이 움직이는 것을 보면서 자만심이 들기 시

　　굿모닝 오디오 하이엔드 편

작한다. 이쯤 되면 스스로 자신이 대단한 사람이 된 듯한 착각에 빠지면서 자아가 비정상적으로 커지게 된다. 대부분의 사람은 자신의 의도대로 사람들이 움직이는 것을 보면 자연스럽게 이런 유혹에 빠진다. 처음에는 싸고 성능 좋은 제품을 소개하는 순수한 동호인의 모습으로 출발했다가 점차 내가 직접 하면 돈벌이가 될 수 있겠다는 생각을 한다. 튜닝에 참여해서 직접 마진을 챙기기 시작하면 돈이라는 달콤한 유혹해서 벗어나기 힘들다.

인터넷을 통한 공동구매가 본격화한 것은, 지금은 없어진 '오디오인 드림'을 통해서라고 할 수 있다. 오디오인 드림은 고가 기기를 국내 제작자를 통해 카피해 본래의 기기보다 훨씬 저렴한 값에 비슷한 음질을 즐길 수 있다는 것을 모토로 삼았다. 다양한 기기들이 제작되었고, 적지 않은 인원이 공동구매에 참여했다. 공동구매 참여자들을 보면 경제적으로 여유가 별로 없어서 고가 기기를 사기에 부담을 느끼는 사람들이 많았지만 그렇지 않은 경우도 있었다. 경제적으로 여유가 충분해도, 기존 오디오 메이커에서 만든 제품의 가격에 거품이 많다는 생각에서 참여한 사람도 있었다. 이들은 저렴한 공구를 통해 충분히 좋은 소리를 만들 수 있다고 봤고, 기본적으로 기존 오디오 메이커의 제작 노하우에 대한 가치를 인정하지 않았다. 여기엔 싼 가격의 공구제품으로 비싼 오리지널 제품과 충분히 겨룰 수 있다는 자신감도 작용을 했다. 물론 공구를 통해 이익을 얻고자 하는 주최자의 달콤한 감언이설도 있었다. 오디오인 드림은 결국 방만한 운영으로 부도가 났고, 많은 피해자들이 금전적 손해를 봤다. 무사히 마친 수많은 공동구매 기기 중에 성능을 인정받은 것은 얼마 안 되는 것이 현실이다.

오디오인 드림이 없어진 후, 좀 더 발전된 형태의 공동구매가 서서히 이루어졌다. 오디오 튜닝을 통해 실력을 인정받은 사람들이 모임을 구성하고 공동구매를 하기 시작했다. 소리에 대한 확신이 부족한 사람들에게 '이렇게 하면 이렇게 좋아진다'는 식으로 소리가 변하는 것을 직접 보여주면서 사람들을 끌어 모았다. 간단한 액세서리를 시장가격보다 조금 싸게 파는 것에서 시작해 앰프나 스피커까지 제작하는 대규모 공동구매까지 이루어졌다. 한동안 공동구매가 열풍처럼 번지더니 기존 오디오 업체까지도 이런 공동구매에 직간접으로 참여하기에 이르렀다. 이윤을 찾아 공동구매를 지속적으로 하는 사람들도 처음엔 순수한 마음으로 참여를 했을 것이다. 오디오 기기 튜닝의 노하우를 여러 사람들에게 알려주기도 하고, 필요한 액세서리를 저렴한 값에 구입할 수 있게 해주기도 했다. 물론 이런 일은 지속적으로 공동구매가 이루어지고 있는 지금까지 이어지고 있다.

공동구매나 공동제작 자체가 문제 있는 것은 아니다. 오디오를 하면서 특정한 분야에 오래 관심을 가지다 보면 이런 제품이 있었으면 좋겠다 싶기 마련이다. 그런 경우 이를 필요로 하고 공감하는 사람들이 모여 공동제작을 함으로써 비용을 줄이고 보다 나은 디자인의 제품을 만드는 것은 좋은 일이다. 특히 입문 제품의 경우 공동제작으로 단가를 낮춰 저렴하게 구입할 수 있는 장점이 있다. 그러나 하이엔드 제품은 그렇게 간단히 카피해서는 비슷한 소리가 나지 않는 경우가 대부분이다. 왜냐하면 하이엔드 제품은 수십 년에 걸친 노하우나 전문적인 기술을 바탕으로 제작되는 경우가 많기 때문이다. 이런 사정을 감안하면 특정인이 지속적으로 영리를 목적으로 공동제작을 계속하는 것은 바람직하지 않다. 오디오 품목이 한정되어 있는데 모든 품목을 한 번씩 공동제작하고 나면 그 다음은 어떤 제품을 내놔도 품목이 겹치게 된다. 물론 업그레이드 제품이라고 하겠지만 최고라고 했던 예전의 찬사는 궁색해질 수밖에 없다. 현재 두세 곳이 지속적으로 공동구매를 추진하고 있는데, 마치 이번 공동

   굿모닝 오디오 하이엔드 편

구매에 참여하지 못하면 다시는 이런 기회가 오지 않을 것 같은 분위기로 참여를 유도하는 경우가 많다. 마치 홈쇼핑에서 쇼핑호스트가 판매를 부추기는 광고 방송을 하는 것 같다. 지금 참여하지 않으면 다시는 기회가 없을 것 같은 물건이 얼마 지나지 않아 중고 장터에 나온다. 이런 분위기에 휩쓸린 오디오 구매는 경제적인 압박과 집 안에 오디오만 쌓이게 되는 결과를 낳는다.

이런 기형적인 공동구매나 공동제작이 횡행한 데는 오디오 마니아들의 책임도 있다. 오디오는 기본적으로 혼자 하는 취미다. 자신이 좋아하는 소리가 무엇인지 찾아가는 지극히 개인적인 취미다. 물론 동호인들과 교류하면서 간접 체험을 통해 시행착오를 줄이는 것도 좋지만, 이것이 주가 되어서는 곤란하다. 특히 '이것은 이게 답이다'라는 식의 간단명료한 주장에 휩쓸려서는 안 된다. 그 사람이 그렇게 느낀 것이지, 본인에게 그것이 그대로 맞는다는 보장은 어디에도 없다. 남의 말은 듣되 어디까지나 참고만 하는 자세가 필요하다. 사람마다 태생적으로 몸이 다르고 귀가 다르다. 살아온 환경과 주로 들은 음악도 각기 달라서 뇌에서 받아들이는 반응 또한 서로 다르다. 누구나 만족하는 소리를 내는 명기는 없다. 물론 상당수의 사람들이 인정하는 괜찮은 기기는 분명 존재한다. 그러나 명기라고 해서 나에게 딱 맞는 것은 결코 아니다. 오디오라는 것이 변수가 많고 개인차가 심해서 어떤 사람에게는 약이 되지만, 또 어떤 사람에게는 독이 되는 경우가 비일비재하다. 음반의 경우도 비슷해서 남들이 추천하는 명반이 참고사항은 될 수 있지만, 결국 진정한 명반은 자신이 좋아하는 음반이 명반인 것이다. 무엇보다 중요한 것은 다수가 좋아하는 소리가 아니라 나 자신이 좋아하는 소리가 무엇이냐는 것이다.

나섬    그럼 동호회 모임엔 아예 나가지 말란 말이야?

최선생    아니지, 모임에 나가서 의견도 교류하고 가서 들어 보기도 하고 그래야지.

나섬    어울리다 보면 아무래도 영향을 안 받을 수가 없잖아?

최선생    '화이부동和而不同'이라고 들어봤지?

나섬    어울리되 자신의 중심은 지키라는 거야?

최선생    자신이 좋아하는 소리에 대한 주관을 가져야 한다는 거지.

나섬    사부처럼 오래했다면 모를까, 나 같은 팔랑귀는 이리저리 휩쓸리지.

최선생    누가 나섬 시스템 소리 뭐라 하는지 신경 쓰이지?

나섬    그럼, 되게 신경 쓰이지. 사부는 안 그래?

최선생    난 언젠가부터 신경이 안 쓰이더라고.

나섬    혹시 사부도 천상천하 유아독존이 된 거 아냐?

최선생    스스로 만족하며 즐기는 거지. 물론 한계도 분명히 알고 있지.

나섬    그럼 스스로 사파에 빠지지 않고 내공을 쌓는 방법이 있단 얘기야?

최선생    있지, 우선 한 달에 한 번 정도는 연주회장에 가!


연주회장에 가야하는 이유는 연주회장 소리를 기준으로 소리를 만들어야 하기 때문이 아니다. 내가 어떤 것을 좋아하고 어디로 가야하는지 파악하는 데 하나의 기준으로 연주회장의 소리를 참고하라는 얘기다. 현장음을 듣지 않고 오디오에만  몰입하다 보면 관심을 가지고 듣는 취향이 편협해지기 쉽다. 예를 들어 단단한 저음에 관심이 많은데 오디오로 저음을 단단하게 만들려고 계속 저음만 신경 써서 튜닝하다 보면 단단하기는 하지만 이상한 저음에 고음은 빽빽대는 밸런스가 안 맞는 소리를

 굿모닝 오디오 하이엔드 편

들을 수 있다. 가끔씩 현장음을 통해 전체적인 소리의 감을 느끼게 되면 어떤 방향으로 튜닝을 해야 하는지 방향감각을 찾게 된다. 현장음을 자주 접하면 유명한 명기라는 기기들이 현장음과 어떻게 다른지, 어떤 장점이 있는지 그대로 느끼게 된다. 즉, 현장음을 자주 접하면 명기라는 허울이 아닌 그 기기의 진정한 실력을 느낄 수 있다.

오디오를 시작하는 사람들이 하는 질문 중에 기기 추천이 가장 많고, 그 다음은 어떻게 하면 빨리 오디오를 잘할 수 있는가에 대한 것이다. 그래서 '이렇게 하면 소리가 이렇게 된다'는 식으로 간단하게 뭔가를 보여주면 오디오 입문자들이 쉽게 현혹된다. 당장은 뭔가 바뀌니깐 '이게 맞는 것인가 보다' 생각이 들지만 시간이 지나고 보면 오디오라는 게 그렇게 간단히 되는 것이 아니라는 것을 어렴풋이 느끼게 된다. 같은 기기라도 어떤 기기와 조합하느냐에 따라 다른 소리가 나고, 각자 좋아하는 소리의 취향과 음악 장르가 서로 다르기 때문이다. 최근 다양한 취미들이 개발되면서 오디오를 하는 인구가 예전처럼 많진 않다. 자연히 오디오 판매 대수가 줄고 오디오 가격이 올랐다. 오디오 가격이 오르면서 상대적으로 저렴한 복제기기가 원제품과 비슷한 소리를 낼 수 있다는 유혹이 더 힘을 얻었다.

저렴한 값에 비슷한 소리를 낸다는 공제품에 휘둘리기보다는 기본기가 잘된 제품을 골라 꾸준히 음악을 들으면서 작은 액세서리를 통한 튜닝이나 세팅에 신경을 써서 소리가 변하는 것을 차근차근 알아가는 것이 중요하다. 기기를 자주 바꾸다 보면 소리에 대한 기준이 흐릿해지면서 갈피를 잡지 못하고 헤매기 쉽다. 특히 스피커를 자주 바꾸면 소리의 기본 틀이 자주 바뀌어 이런 증상이 더 심해진다. 가능한 한 스피커는 자주 바꾸지 말고 마음에 드는 것으로 고정하고, 그 스피커에 다양한 앰프와 소스기기를 물려 봄으로써 스피커에서 어떻게 소리가 바뀌는지를 충분

히 느끼는 것이 중요하다. 음식도 재료가 중요하긴 하지만 손맛이 더 중
요하듯이, 오디오도 기기 자체의 성능도 중요하지만 기기를 다루고 소리
를 만들어 낼 줄 아는 능력이 더 중요하다. 곁눈질하지 말고 직접 들어보
면서 자신이 느끼고 아는 대로 조금씩 앞으로 나아가는 것이 중요하다.
자신의 소리는 자신 외에는 누구도 대신 찾아 줄 수 없다.

# 오디오,
# 돈이면 된다?

| | |
|---|---|
| 나섬 | 고가 하이엔드 쓰는 사람들은 소리에 대한 주관이 확실한 것 같던데? |
| 최선생 | 비싼 기기 쓰면 마치 자기 내공도 높아진 걸로 착각하기 쉽지. |
| 나섬 | 자신의 기기에 자부심을 느낀다는 사람도 있던데? |
| 최선생 | 세상은 넓고 오디오는 많다는 것을 모르니까 그렇지. |
| 나섬 | 자신의 기기에 자부심을 갖는 게 잘못된 거야? |
| 최선생 | 기기가 아니라 자신이 빚어낸 소리에 자신감을 가져야지. |
| 나섬 | 뭔가 다른 것 같긴 한데, 정확히 차이를 알려줘. |
| 최선생 | 요리를 만든 재료에 자부심을 느끼는 사람은 진정한 요리사가 아니지. |
| 나섬 | 하긴, 다소 부족한 재료로 좋은 요리를 만들어 낸 요리사가 진짜지. |
| 최선생 | 비싼 기기 쓴다고 내공이 확 느는 게 아니야! |
| 나섬 | 그래도 고가 기기 쓰면 소리가 좋아지잖아? |

 기기 자주 바꾸지 말고 묵묵히 내공을 쌓는 게 중요해.

비싼 하이엔드 기기를 쓰는 사람 중에는 기기의 가격에 비례해서 소리가 좋아지고 그런 소리를 듣는 자신도 대단하다는 생각을 하는 경우가 있다. 자본주의 사회에서 돈을 많이 버는 사람은 능력을 인정받고 대접받는다. 사회적으로 성공한 사람은 자신의 생각과 행동에 대한 자부심이 대단하다. 왜냐하면 그런 생각과 행동으로 성공했다고 믿기 때문이다. 이런 사람들은 자신의 자아도 비정상적으로 커져서 다른 사람의 얘기에 귀 기울이지 않기 십상이다. 마치 비싼 기기로 듣는 지금의 소리가 최고이고 소리에 대한 자신의 판단이 틀리지 않는다는 확신에 빠지게 된다. 간혹 대단한 직책에 있거나 엄청난 부자가 어처구니없는 행동을 하거나 상식적으로 이해하기 힘든 스캔들을 일으키는 경우도 이런 맥락에서 보면 쉽게 이해가 된다. 비정상적으로 자아가 커진 사람은 주위에서 이런 저런 얘기를 해도 자만심 때문에 전혀 들으려 하지 않는다. 주위 사람의 한마디에 흔들리는 팔랑귀도 문제지만, 주위 사람의 말을 전혀 듣지 않는 자만심 가득한 경우도 문제다. 사회적으로 성공한 사람일수록 기기의 소리를 판단함에 있어서 가격이나 명성에 대한 선입견이 강하고, 그런 선입견에 대한 자기 확신이 고집으로 나타나는 경우가 많다. 자신이 좋아하는 소리를 찾아가는 취미인 오디오에서 돈이 많다거나 사회적으로 성공했다거나 하는 것은 오디오 구입하기 쉽다는 면을 제외하고는 거의 의미가 없다. 오히려 강한 선입견 때문에 오디오 생활이 더 어려워지기 쉽다.

마음 한구석에 '이것들은 비싸니까 당연히 좋은 소리를 내겠지?' 하는 선입견이 자리하고 있으면 소리나 음악 자체에 집중할 수가 없다. 당연히 그 기기의 진면목을 제대로 알아볼 수 없다. 특히 자신의 경제력에

 굿모닝 오디오 하이엔드 편

비춰 저렴한 기기를 접할 때는 자만심에 깔보는 마음까지 생겨 기기의 특징과 장점을 찾지 못하게 된다. 오디오는 비싸다고 무조건 좋은 소리를 내는 것이 아니다. 금액이라는 허울에서 벗어나 진정으로 기기의 진면목을 알아보는 열린 마음이 중요하다. 가격이 아니라 기기를 통해서 음악적 감동을 얻느냐 마느냐가 중요하다. 고가 기기 중에는 해상력이나 SN비는 나무랄 데 없이 좋지만 음악적 감동을 주지 못하는 경우가 많다. 요리는 얼마나 비싸고 좋은 재료를 사용했는가가 중요한 게 아니고 얼마나 만족스럽게 먹고 즐길 수 있는가가 중요하다. 오디오도 기기 자체가 아니라, 기기를 통해 만들어지는 소리가 중요하다. 즉, 자신이 만족하는 소리를 만들 수 있느냐가 중요한 것이다.

오디오 애호가들을 보면 대략 두 부류로 나뉜다. 우선은 어린 시절부터 음악을 많이 듣고 자랐고 커서도 음악에 시간과 열정을 쏟은 음악 마니아다. 이 부류는 음악에 열정을 쏟은 탓에 경제적으로 성공한 경우가 많지 않다. 이렇게 음악에 대한 내공이 깊은 사람들은 음색보다는 음악의 구조나 연주자의 음악적 해석에 관심이 많다. 따라서 초고가의 하이엔드 시스템이 내는 소리가 취향에 맞을 가능성이 크다. 그러나 이런 애호가들은 대부분 경제적으로 풍족하지 못해 고가의 하이엔드 시스템을 살 수 없는 경우가 대부분이다. 다른 한 부류는 젊은 시절 성공을 위해 시간과 열정을 투자해 경제적인 성공을 이루고 중년이 되어 음악을 듣고자 하는 사람들이다. 이 부류는 대부분 음악에 쏟아 부은 시간과 열정이 많지 않아서 음악적 내공이 깊지 않은 편이다. 이런 애호가들의 음악적 원형은 어린 시절에 기분 좋게 들었던 예쁘고 화사한 음색의 가요이거나 듣기 편한 클래식 소품이다. 중년에 음악 듣기를 시작해서 나름의 내공이 쌓이면서 오페라 쪽에 관심을 보이기도 한다. 오페라는 음악 자체의 구조를 따지기보다는 스토리와 그에 걸맞는 목소리와 표정연기에 집중할 수 있기 때문이다. 이런 사람에게 음상 위주의 썰렁한 소리를 내는 하이엔드 시스템은 취향에 맞지 않을 것이 불 보듯 뻔하다. 화사한 음색 위주의 시스템이나 오페라를 좋아한다면 무대를 잘 보여주는 음장형 시스템이 잘 어울린다. 그럼에도 경제적인 여유가 있고 비싼 것이 좋을 것이라는 생각에 하이엔드 시스템을 구입해서 시행착오를 겪는 경우가 많다.

나섬　　최신 하이엔드를 써야 할 음악 마니아는 돈이 없고…….

최선생　돈 있는 사람은 정작 고가 하이엔드 소리가 취향에 안 맞고…….

나섬　　귀가 좋은 젊었을 땐 돈이 없고, 나이가 들어 돈이 있으면 귀가 나빠지고…….

최선생　귀가 밝으면 돈이 없거나 진득한 끈기가 부족하지.

나섬　　끈기가 부족한 게 무슨 상관이야?

최선생　오디오가 1~2년으로 되는 게 아니거든. 끈기가 필요하지.

나섬　　돈이 있는 경우는 어떤데?

최선생　돈이 있으면 귀가 밝지 못하거나 쓸데없는 고집이 센 경우가 많지.

나섬　　고집으로 헛다리를 짚어도 계속 돈으로 덤비면 나아지지 않나?

최선생　그렇게도 내공이 쌓이긴 해. 다만 너무 돌아가는 거지.

나섬　　오디오를 하다 보면 정말 좋을 때가 잠깐씩 있긴 해.

최선생　좋을 때는 잠깐이고, 소리 만드느라 고생하는 시간이 대부분이지.

나섬　　그 과정을 즐기는 게 오디오라는 취미인 거야?

최선생　그렇지, 과정을 즐기는 게 오디오라는 취미지.

나섬    돈 많으면 룸과 시스템 일체를 전문가에게 일임하면 한번에
           되지 않나?

최선생    그러면 일정 수준의 소리를 쉽게 얻을 수 있지.

나섬    그럼 오디오는 돈으로 쉽게 되는 거네?

최선생    그 소리가 본인의 음악적 취향에 맞는지는 알 수 없지.

나섬    그렇긴 하네, 자기 소린 누가 찾아줄 수 없긴 하지.


자기가 원하는 좋은 소리를 얻기 위해 돈만 부으면 된다고 생각하는 것도 문제지만, 비싼 제품은 다 거품이라고 단정하는 것도 문제다. 심지어 고가 기기 쓰는 사람을 시기하고 질투하는 사람들도 있다. 물론 고가 기기 쓰는 사람 중에는 돈 들이면 소리는 된다는 단순한 생각으로 비싼 기기를 들여놓은 사람들도 있다. 음악도 잘 몰라서 음반은 몇 장 없고 오디오 기기만 고가로 들여놓았을 수도 있다. 음악보다는 소리가 주는 쾌감에 빠져서 고가 기기를 섭렵하는 경우도 있다. 설사 그렇더라도 그들을 비난하거나 매도할 필요는 없다. 그런 사람들을 비난할 시간과 열정이 있다면 자신의 오디오를 한 번이라도 더 만지고, 좋아하는 음악을 한 곡이라도 더 듣는 것이 좋다. 오디오란 음악이나 소리를 듣기 위한 도구다. 우리가 오디오를 하는 이유는 그것을 통해 감동과 만족을 얻기 위해서다. 본인의 경제력 범위에서 크게 무리가 되지 않는 수준으로 가족도 배려하면서 자신이 만족할 만한 소리로 음악을 듣기 위해 꾸준히 노력하는 것이 중요하다. 자신이 가질 수 없는 고가 기기를 보유한 사람을 시기하거나 저렴한 값에 고가 기기와 같은 소리를 낸다는 감언이설에 휩쓸리지 않아야 한다. 기본적으로 일정 수준 이상의 소리를 얻으려면 부품의 질이 어느 정도 받쳐 줘야 한다. 부품만 좋다고 수준 있는 소리가 나는 것이 아니라 부품의 배치와 조합에 대한 노하우가 있어야 한다. 이런 노하

우에 대한 비용까지 인정한다면 일정 금액 이상의 제품을 구입해야 일정 수준의 음질과 해상력을 얻을 수 있다. 쉽게 설명하면 요리와 비슷하다. 최고급 재료를 고집할 필요는 없지만 아주 저급한 재료로는 요리사가 능력이 있어도 일정 수준 이상의 음식을 만들 수 없다.

오디오라는 게 그렇게 간단하지가 않아서 돈만으로 좋은 소리가 나오지 않는다. 반대로 너무 저렴한 기기로는 운용하는 실력이 있다고 해도 일정 수준 이상의 좋은 소리를 만들 수 없다. 간단히 돈만 투입하면 된다거나, 돈도 거의 안 들이고 약간의 능력으로 노력만 하면 좋은 소리가 나온다면 이렇게 많은 사람이 짧게는 몇 년에서 보통 20년 이상 지속적으로 온갖 고생을 마다하지 않고 오디오에 매달리지 않을 것이다. 오디오도 그렇지만 음악은 더더욱 광범위해서 평생 한 번씩 듣는다고 해도 그 많은 곡의 다양한 연주를 모두 듣지 못한다. 이것은 돈과 시간과 열정이 모두 갖춰져야 어느 정도 가능하다.

사회적으로 성공하려면 대부분 엄청난 열정을 일에 쏟아부어야 한다. 그래서 사회적으로 성공하려면 오디오와 음악의 세계를 탐닉하는 데 시간과 열정을 쏟기가 현실적으로 어렵다. 오디오나 음악 감상은 지극히 개인적인 취미다. 오디오를 한다는 것은 사회적 성공에 전혀 도움이 되지 않는다. 골프도 비슷하게 개인적인 취미지만 여러 가지 면에서 사회적 성공에 도움을 얻을 수 있는 반면, 오디오는 전혀 그렇지 못하다. 오히려 오디오나 음악에 몰두하는 것이 사회적 성공이나 부의 축적을 방해한다고 보는 것이 맞다. 절대 돈만으로 되는 취미가 아니다.


나섬　　기기 업그레이드하면 소리 좋아지는 것에 환희를 느끼잖아?

최선생　그래서 대부분 업그레이드에 경제력을 다 쏟아붓지.

나섬　　경제적으로 여유가 있으면 오디오를 좀 쉽게 할 수 있잖아?

최선생    나도 가끔은 돈이 많았으면 하는 생각을 하긴 해!

나섬    사부도 기기 마음대로 사고 싶을 때가 있는 거지?

최선생    조금 더 달리나 덜 달리나 어차피 한계가 있으니까.

나섬    그래도 더 비싼 기기 써볼 수 있잖아?

최선생    업그레이드 멈추고 나니 음악을 즐기게 되더라고.

나섬    하긴 업그레이드하면 달라진 소리 찾느라 귀를 쫑긋 세우지.

최선생    위만 보고 달리다 멈추고 나니 옆을 보는 여유가 생기는 거지.

나섬    오디오와 거리를 두니깐 오히려 음악이 들렸다고?

최선생    그렇지, 오디오에 너무 매달리면 음악이 멀어져.

나섬    난 아직 제대로 달려 보지도 못했어.

최선생    하긴 겪어 봐야 느끼는 거지.

나섬    처음엔 안 그랬는데, 와이프가 싫어하는 눈치야.

최선생    여자로선 싫지. 그래도 수진 씨는 음악 좋아해서 이해해 주는 편이잖아?

나섬    사는 거 싫어하는 건 이해가 되는데 파는 것도 싫어해요.

최선생    여자는 본능적으로 소유한 것을 내놓는 걸 싫어해.

나섬    왜 그런 거야?

남자는 원시시대부터 사냥을 하던 습성으로 살아왔다. 사냥이란 결과가 불확실하고 성공 여부를 알 수 없는 것이다. 그래서 남자는 불확실하지만 성공할 것이라고 생각하고 승부를 거는 것을 두려워하지 않는다. 반면에 여자는 사냥해 온 수확물을 효과적으로 분배하고 향유하는 습성으로 살아왔다. 그래서 남자는 성공 여부를 알 수 없는 업그레이드를 과감하게 시도하는 반면, 여자는 조금 부족해도 안정되고 확실한 현재를 더 좋아하는 것이다. 여자가 남자보다 귀가 더 밝고 음악을 더 많이 즐긴

다. 하지만 여자는 이런 습성 때문에 기기를 바꿔대는 오디오라는 취미
보다는 음악을 듣는 음악 마니아가 되기 쉽다.

　　자신의 경제력을 넘어서는 고가 기기를 접하면 선입견에 빠지기 쉽
다. 평소 경험할 수 없는 고가 기기인데다 자신의 시스템에선 안 들리던
소리가 들리는 뛰어난 해상력에 압도당하기 쉽다. 약간은 놀란 상태로
음악을 들으면 음악적 감동보다는 해상력이 주는 소리의 쾌감에 매료되
어 감동을 얻은 것으로 착각하기도 한다. 이런 경험은 신기한 체험일뿐
음악적 감동과는 거리가 있다. 가끔은 이런 선입견 없이도 듣는 순간 깜
짝 놀라게 만드는 소리를 경험하기도 한다. 웨스턴 사운드가 그러한데,
소리 자체의 호소력이 아주 뛰어나서 듣는 순간 매료된다. 오디오를 오
래했다는 사람도 순간적으로 현혹될 정도로 귀를 매혹에 빠져들게 한다.
순간적으로 사람을 미혹시키면 그것이 음악적인 감동을 주는 소리라고
쉽게 단정하는데, 사실 웨스턴 사운드는 음악적인 감동을 주는 소리와는
거리가 있다.

　　음악적 감동을 주는 소리는 순간적으로 사람을 잡아끄는 소리가 아
니라 시간을 두고 들으면서 은은하게 음악에 몰입하게 하는 소리다. 순
간적으로 사람을 잡아끄는 소리도 물론 좋은 소리임에는 틀림없다. 하
지만 그것이 궁극의 음악적 사운드라고 할 수는 없다. 가끔 먹는 비싸
고 맛있는 별미가 매 끼니 식사가 될 수는 없다. 별미도 좋지만 매일 먹
어도 질리지 않는 백반이 중요하듯이, 차분히 편한 마음으로 오래 들어
도 싫증 나지 않고 잔잔하게 감동을 주는 소리가 진정 음악적인 감동을
주는 소리인 것이다. 간혹 처음에 들었을 땐 그저 그런 느낌만 들었지만
시간을 두고 들어보니 그 진가를 알게 되는 경우도 있다. 이렇게 처음에
는 별로였다가 천천히 그 깊은 맛을 느끼게 해주는 기기는 대개 음악적
감동을 자주 낳는 좋은 오디오다.

# 수입 명품이
# 최고다?

오디오 마니아들의 오랜 선입견 중에 하나가 외국에서 수입된 명품만이 좋은 소리를 낸다는 것이다. 국산이라고 하면 아예 쳐다보지도 않고 들어 보려고 하지도 않는다. 실제로 국산 오디오가 좋은 소리를 내도 연결한 케이블이 좋아서라거나 음반이 좋아서라고 국산을 폄하하기까지 한다. 오디오를 할 때 이런 편견도 깨트려야 할 것 중 하나다. 해외 명품의 경우 생산국은 물론 여러 나라에 수출되어 어느 정도 검증된 제품이라 엉망으로 소리가 나는 경우가 많지 않다. 그렇다고 유명 브랜드의 수입 제품이라고 다 좋은 소리가 나는 것은 결코 아니다. 더구나 자신의 취향에 맞는다는 보장은 없다. 국산 오디오는 국산을 멸시하는 척박한 환경에서 이를 극복하고 살아남은 제품으로 나름의 장점을 가지고 있는 제품이 많다. 특히 한국 사람의 일반적인 취향이 자연스럽게 제품의 소리에 녹아들어 있는 경우가 많아 편견 없이 시간을 두고 들어 보고 판단하는 지혜가 필요하다.

오디오 경력이 길지 않은 애호가 중에 리디머[113] 같이 전혀 경험하지

113 구세주라는 의미의 리디머 스피커는 중국계 일본인인 왕영창 씨가 만든 스피커로 음장 형성에 장점이 있다. 최고라는 극찬과 사기라는 평가가 공존하는 스피커다.

못했던 새로운 소리를 듣고는 모두가 추구해야 할 궁극의 사운드인 양 여기저기 떠들고 다니는 경우가 있다. 주로 테스트 음반을 선호하는 이런 사람은 자기주장이 강해서 자기가 경험한 것이 전부인 것처럼 인터넷에 글을 올리기도 한다. 개인 블로그는 사적인 공간이니 상관없지만, 오디오 카페에 비슷한 내용을 반복적으로 올리는 것을 보면 답답하고 불편하다. 같은 음악이나 소리를 들어도 사람마다 느끼는 면이 다르다는 것은 기본적인 사실이다. 물론 자신의 일천한 경험에서 볼 때 대단한 소리이고 추구해야 할 궁극의 소리일 수 있다. 그러나 오디오 내공이 깊은 사람에게는 전혀 대단하지 않은 독특하고 신기한 소리에 불과할 수 있다. 자기가 신기한 소리를 듣는 것이야 뭐라 할 수 없지만, 대부분의 사람은 오디오를 하는 보편적인 목적이 신기함이 아니라 음악을 통해 감동을 얻고자 함이다.

가끔은 오디오를 오래한 사람 중에도 FM 어쿠스틱스나 골드문트 같은 원 브랜드 시스템을 듣고 극찬을 마다하지 않는 경우가 있다. 오디오를 오래한 탓에 오디오 카페에 극찬에 가까운 글을 올리는 경우는 드물지만, 사석에서 듣기 거북할 정도로 특정 브랜드 토탈 시스템을 궁극의 사운드라고 주장하는 것을 보면 안쓰럽다. 음악적 감동이라는 것은 남에게 떠벌리고 강하게 주장할 수 있는 것과는 거리가 멀다. 본인이 감동하는 것이야 자유지만 한두 푼 하는 기기가 아닌 고가 제품을 마치 절대 지존의 기기인 것처럼 주장하는 것을 듣는 건 분명 불편한 일이다. 물론 골드문트나 FM 어쿠스틱스가 나름 좋은 소리를 내는 시스템인 것은 맞지만 누구에게나 궁극의 소리가 되는 것은 아니다. 자신에게 맞는 소리가 남에게도 맞으라는 법은 어디에도 없다. 잊지 말자! 최고의 소리라고 여겨지던 이 순간도 지나가 버린다는 사실을.

무릎까지 푹푹 빠지게 온 폭설도 다져지고 나면 몇 cm에 불과하다.

 굿모닝 오디오 하이엔드 편

지금 체험하는 것이 대단한 것 같지만 시간이 지나고 보면 그렇게 대단한 것도 아니다. 오디오 내공이란 이런 체험들이 눈처럼 쌓이고 다져지고를 수없이 반복하면서 두터워지는 것이다. 이런 과정 속에서 가끔씩 고생 끝에 정상에 오른 듯한 느낌이 올 때가 있다. 이제 되었다 싶은 생각에 그간의 고생도 잊게 되고 앞으로 음악만 열심히 들으면 되겠다는 생각이 든다. 그러나 정상 정복의 희열도 잠시일 뿐이다. 한 봉우리에 오르고 나면 그전에는 있는지 생각조차 못했던 또 다른 봉우리가 눈에 보이기 시작한다. 시간의 흐름이란 실로 대단한 것이다. 이 이상의 소리는 없다는 생각이 들던 소리도 시간이 지나고 보면 그저 괜찮았던 한 순간의 느낌 정도의 추억이 되어 버린다. 심지어는 그 좋았던 소리가 지루하고 그저 그런 소리처럼 들리기도 한다. 어느새 봉우리에 오른 희열도 잠깐으로 스쳐가고, 눈앞에 보이는 새로운 봉우리에 시선을 빼앗긴다. 이렇듯 인간의 마음이란 시간 앞에서 한없이 경박하다.

잡지에 오디오 리뷰라는 걸 오래 실으면서 직접 사서는 들어 볼 수 없을 만큼의 많은 오디오 기기를 접하는 행운을 누렸다. 접했던 기기 중에는 엄청난 고가 기기도 있었음은 물론이다. 기기 가격이 오를수록 전체적으로 단점이 적어지는 것도 확인했다. 그러나 일정 수준을 넘어가면 수준의 차이라기보다는 디자인이나 소리 경향의 차이만 존재할 뿐이다. 엄청난 고가 기기라도 그 금액에 해당하는 대단한 소리가 나오는 것은 분명 아니다. 간혹 현기증이 날 정도로 매력적인 소리를 듣고는 며칠 동안 나의 오디오에 불을 넣기 싫어진 적도 있었다. 그러나 이런 느낌도 시간이 지나면서 자연스럽게 기억의 한 조각이 되어 버린다. 오디오도 그렇지만 음반도 처음에 듣고 너무 좋다는 생각이 드는 음반이 오래도록 사랑받는 경우가 흔치 않다. 처음엔 좋다가도 자주 듣다 보면 어느새 처음의 좋았던 느낌이 서서히 사라지는 경우가 많다. 반대로 처음엔 그저

# 하이엔드 이모저모 – 골드문트와 FM 어쿠스틱스

하이엔드를 넘어 '초하이엔드'라는 말로 소개되는 시스템의 대표가 FM 어쿠스틱스와 골드문트다. 먼저 골드문트는 최근 소리의 시간축에서의 문제에 대해 관심을 기울이고 있다. 풀 레인지가 아닌 일반적인 스피커는 패시브 네트워크를 필수적으로 갖추고 있다. 패시브 네트워크는 우퍼와 트위터로 가는 주파수를 나누는 역할을 한다. 보통 콘덴서와 코일을 가지고 주파수 대역을 분할하는데, 네트워크 부품을 통과해 우퍼와 트위터에 전달되는 신호는 숙명적으로 시간차와 위상차가 발생한다. 이 문제를 해결하기 위해 골드문트는 방법을 찾다가 디지털 신호 상태에서 우퍼와 트위터에 전달될 신호의 주파수를 나누어 보내면 패시브 네트워크가 필요 없게 된다는 사실을 깨달았다. 이렇게 하면 디지털 상에서 주파수가 분할된 상태에서 파워앰프에 신호가 전달되고 파워앰프가 우퍼와 트위터에 직접 신호를 전달하게 된다. 이렇게 해서 골드문트는 우퍼와 트위터의 위상차와 시간차를 완전하게 일치시킬 수 있다고 본 것이다. 최근에는 프로테우스 시스템을 통해 자사 제품이 아닌 타사의 스피커도 위상과 시간차를 해소하는 것은 물론 시청 공간에서 생길 수 있는 여러 가지 문제를 디지털 DSP를 통해 해결하고 있다.

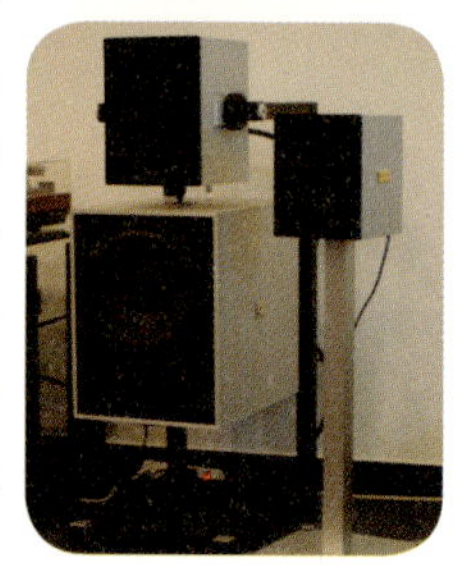

골드문트 로고스

실제 골드문트 풀 시스템의 소리는 저음의 속도가 아주 빠르고 타이트하다. 골드문트 미메시스(Mimesis) 프로세서와 디지털 입력을 받는 액티브 스피커인 로고스(Logos) 1N+2N으로 저음의 속도를 조정해서 들어 본 소리는 오케스트라 뒤쪽에 있어야 할 팀파니가 제1바이올린 바로 뒤에 있는 듯한 어색한 느낌이 들 정도로 저음의 속도가 아주 빨랐다. 오디오적인 쾌감을 주기에 손색이 없는 좋은 소리다. 물론 이런 소리를 좋아하는 사람에 한한 얘기다. 다만 시간축의 문제를 해결했다고 해도 개인의 취향 문제는 역시 남는다. 전형적인 음상형 소리로서 수치로 표현하면 4.5 정도로 매길 수 있다. 최고의 완벽한 소리라고 하기는 어폐가 있고 최첨단을 달리는 소리인 것은 맞다.

반면 FM 어쿠스틱스는 골드문트와 가는 길이 전혀 다르다. 골드문트가 최첨단 기술을 바탕으로 디지털 쪽으로 심혈을 기울여 속도에 집중하는 반면, FM 어쿠스틱스는 LP를 중심으로 한 전통적인 아날로그 시스템을 중심으로 속도보다는 자연스러움을 지향한다. 특히 FM 223 포노마스터는 LP의 고질적인 문제인 정전기로 인한 팝 노이즈와 스크래치로 인한 클릭 노이즈를 해결했다는 점에서 가치가 크다. 단품 구입도 가능하지만 FM 어쿠스틱스는 풀 시스템을 지향한다. FM 어쿠스틱스의 풀 시스템 소리는 듣는 이를 음악에 빠져들게 하는 매력이 있다. 그러나 다인오디오 우퍼를 채용한 스피커의 한계 때문에 저음의 속도가 생각보다 빠르지 않다. 따라서 속도가 빠르고 단단한 저음을 추구하는 음상형 마니아에게는 다소 둔한 느낌의 소리로 받아들여질 수 있다. 지상 최고의 소리라고 주장하는 마니아들이 많은데 그 말에는 개인적으로도 공감하기 어렵다. FM 어쿠스틱스 사운드 역시 개개인의 취향이라는 문제를 비켜가지는 못한다. 저음의 양이 풍부하고 속도가 빠르지 않아 잘 다듬어진 음장형 소리라고 할 수 있다. 수치로는 3.2 정도로 표현되는 게 적당하다.

FM 어쿠스틱스

그런 느낌의 음반인데 들을수록 좋아지는 음반이 있다. 이런 음반이 진정 자신이 좋아하는 명반이 될 가능성이 크다.

오디오가 내는 소리 자체에서 느끼는 쾌감은 고가 기기에서 많이 받는 게 사실이다. 그러나 소리에서 느끼는 쾌감과 소름이 돋는다거나 환상의 세계에 와 있는 듯한 황홀한 음악적 감동은 서로 비슷한 것 같지만 실상은 많이 다르다. 황홀한 음악적 체험은 엄청난 고가 기기를 통해서가 아니라 집에서 평소에 듣던 소박한 시스템에서 느끼는 경우가 더 많다. 조용히 홀로 음악을 듣다 보면 나의 심리 상태와 맞물리는 특정한 곡이 상승작용을 하면서 음악에 빠져 들게 된다. 이런 상황에서 감동이 밀려오면 기기나 주파수 대역 잔향 등의 물리적 조건은 자연스럽게 머릿속에서 사라지고 황홀함이 충만하게 된다. 소리 자체가 주는 쾌감과는 전혀 다른 차원의 감동인 것이다. 음악적 감동은 소리에 잡음이 적거나 대역이 넓고 선명해서 그런 것보다 자신의 음악적 취향과 마음 상태, 그리고 오디오가 내는 소리의 상호 작용을 통해 일어난다. 기기의 수준보다는 음반에 담긴 연주와 그 연주를 표현하는 오디오 시스템의 성향이 음악을 듣는 사람의 특성과 얼마나 잘 융화하느냐가 음악적 감동에 결정적 요인인 셈이다.

나섬    오디오적 쾌감과 음악적 감동이 서로 비슷한 거 아냐?

최선생    비슷하다고 생각할 수 있는데, 난 다르다고 봐.

나섬    어떻게 다른데?

최선생    오디오적 쾌감은 신기하고 재밌는 체험이야.

나섬    음악적 감동은?

최선생    생각이 사라지고 황홀한 느낌의 무아지경이라고 할 수 있지.

나섬    돈으로 오디오가 된다고 생각하는 사람은 음악적 감동을 받기 힘들다는 거야?

**최선생** 오디오적 쾌감은 돈만 있으면 쉽게 느낄 수 있지.

**나섬** 부자는 음악적 감동을 느끼기 어렵다는 거네?

**최선생** 성경에 '부자가 천국 가기가 낙타가 바늘귀 통과하기만큼 어렵다'[114] 했지.

**나섬** 돈이 있으면 돈을 더 벌고자 하는 욕심이 생기겠지.

**최선생** 돈은 더 모으고자 온 신경을 기울여야 유지되지.

**나섬** 재벌 회장들은 좀 다르지 않을까?

**최선생** 질주하는 거대자본에 불안하게 올라타 있기는 매한가지야.

**나섬** 하긴 대기업 회장님도 실적의 압박에 시달린다고 하더군.

**최선생** 음악적 감동은 존재에 대한 회의, 번민, 자아에 대한 성찰과 친하지.

**나섬** '슬픔은 음악을 진정으로 이해하는 열쇠'라는 얘기를 들은 적 있어.

**최선생** 음악치료에서는 슬플 때 슬픈 음악을 들으라고 하지.

**나섬** 슬픈데 더 슬퍼하란 얘기야?

**최선생** 슬플 때 즐거운 음악으로 슬픔을 덮으려고 하지 말란 얘기지.

**나섬** 아! 슬플 때 슬픈 음악으로 슬픔의 바닥까지 가보라는 거네?

# 인간은 소리를
# 2초만 기억한다?

모 평론가가 오디오 잡지에 인간의 소리에 대한 기억 시간은 2초에 불과하다고 했다. 그래서 비교시청은 스위치 같은 것을 설치해서 순간적으로 바꿔가면서 해야만 제대로 비교할 수 있다고 했다. 처음에는 평론가의 말이니 맞겠지 생각했지만 뭔가 찜찜한 구석이 남았다. 우연히 음악에 대한 책을 읽다가 평론가가 참고한 것으로 추정되는 근거를 발견할 수 있었다. 우리는 음악을 들을 때 방금 전에 들었던 음과 현재 들리는 음을 들으면서 자연스럽게 앞으로 나올 음을 예상한다. 그 예상은 대부분 들어맞고, 그래서 기대에 대한 만족을 얻는다. 그런데 계속 예상한 대로만 나오면 뇌는 금세 흥미를 잃고 그 음악에 집중하지 않게 된다. 그래서 작곡가는 반복되는 기대와 충족으로 흥미가 사라질 즈음, 기대에 어긋나는 음을 사용하는 파격으로 뇌가 새로운 흥미를 느끼게 만든다.

우리는 음의 연속인 음악에서 지나간 음들과 현재 음 사이의 직접적인 연관을 통해 멜로디, 화음, 리듬 같은 것을 느끼고 즐긴다. 그러면 지나간 모든 음과 현재 음을 연결시키는 것은 아닐까 하는 생각을 할 수도 있다. 그러나 이렇게 하면 음악이 처음 시작할 때는 문제가 없지만 시간이 지날수록 기억하고 대조해야 하는 음이 지속적으로 많아진다. 이런 방식은 엄청난 양의 음들을 동시에 기억해야 하기 때문에 효과적이지 않다. 물론 현실적으로 무한히 많은 음을 동시에 기억한다는 것도 불가능하다. 그래서 자연스럽게 2초 이내의 시간 동안 지났던 음들을 현재의 음과 연관지어 생각하게 된 것이다. 그래서 2초란 음악을 듣는 우리에게 현재의 순간이라고 느끼는 시간인 것이다. 재미있는 사실은 우리가 보통 보는 악보의 한 마디에 해당하는 시간이 대략 2초 정도라는 것이다. 물론 빠른 노래는 한 마디의 시간이 2초가 안 될 수도 있고 느린 노래는 2초보다 조금 더 길 수도 있다.

| | |
|---|---|
| 나섬 | 2초라는 게 음악이 진행되면서 계속 앞으로 옮겨간다는 거야? |
| 최선생 | 노래방 화면에 노래가 진행되면 노랫말 색이 움직이는 것처럼! |
| 나섬 | 아, 무슨 말인지 알겠어. 근데 2초로 고정된 거야? |
| 최선생 | 아니야, 평균이 2초란 얘기지. |
| 나섬 | 빠른 곡은 2초보다 짧고, 긴 곡은 2초보다 길겠네? |
| 최선생 | 빠른 곡이면 2초라 해도 기억해야 하는 음들이 많지. |
| 나섬 | 느린 곡은 기억해야 하는 음이 적으니 2초보다 길어지겠네? |
| 최선생 | 전통 가곡같이 극단적으로 느린 곡은 8초까지도 가능하지.[115] |
| 나섬 | 그런데 정말 사람이 2초밖에 음악을 기억 못하는 거야? |
| 최선생 | 이거야말로 오해의 극치지! |
| 나섬 | 오해의 극치라니? |
| 최선생 | 음악을 듣는 이 순간이라고 생각하는 시간이 2초란 얘기야. |
| 나섬 | 좀 더 자세히 설명해줘! |
| 최선생 | 잘 들어봐, 산책으로 설명할 테니. |

115 《음악의 지각과 인지 1》
(2005). 한국음악지각인지학회
저, 음악세계, 187쪽

시간을 내서 산책을 한다고 가정해 보자. 집 현관문과 아파트 입구를 지나면 산책이 시작된다. 문구점을 지나 골목을 돌면 작은 공원이 나온다. 공원 안의 벤치를 지나고 나무 그늘을 거쳐 정자에 이른다. 정자를 지나 다시 골목에 들어서서 한참을 걸으면 초등학교 정문이 나온다. 정문을 지나 나무 아래 벤치에 앉아 잠시 쉰다. 그러고는 집으로 돌아왔다고 치자. 산책을 하면서 주위를 살펴보게 되는데 이때, 직전에 보았고 지금 보고 있는 순간, 그러한 순간들이 이어져 산책이 된다. 예를 들어 공원 안의 벤치 다음에 나무 그늘이 있는 것을 보는 그 순간이 바로 2초인 것이다. 우리는 산책을 끝내고 산책하면서 본 것을 이야기하라면 자연스럽게 순서대로 얘기할 수 있다. 이처럼 우리는 음악을 다 듣고 나서 그 음악을 들은 대략적인 순서와 느낌에 대해 이야기할 수 있다. 2초밖에 기억하지 못한다고 하는 것은 음악을 듣는 순간, 즉 현재라고 느끼는 그 순간에 연주되는 음과 직접적으로 연관을 짓는 지나간 시간의 한계를 표현한 것이다.

우리는 현재라고 생각하는 순간의 음들 사이의 연관을 연산하고 해석해서 그 해석된 결과를 장기기억으로 저장한다. 따라서 2초라는 얘기는 음을 해석하고 연산하는 현재라고 느껴지는 그 순간의 시간을 나타낸 것뿐이다. 만약 둘이서 같이 산책을 했다면 둘러본 순서는 같아도 사람마다 서로 약간씩 다른 것에 관심을 가지고 있어서 본 것이 서로 조금씩 다를 것이다. 어떤 사람은 정자를 유심히 보았을 수 있고, 어떤 사람은 나무를 유심히 보았을 수 있다. 이처럼 음악도 같은 음악을 듣지만 서로 음악의 다른 면을 듣고 느끼는 것이다.

코스타리카의 긴꼬리 마나킨새는 노래 소리와 춤 동작으로 구애를 한다. 수컷의 노래가 레퍼토리가 충분하고 오랫동안 지속되어야 암컷의 관심을 끌 수 있다. 신출내기 수컷은 레퍼토리가 다양하지 못하고, 어느 정도 연륜이 있어야 레퍼토리가 다양해진다. 노래를 장시간 지속하려면 체력도 뒷받침되어야 한다. 결국 암컷은 경력이 있어서 레퍼토리가 다양하고 지속적으로 노래를 불러서 체력도 검증된 수컷을 선택한다. 인간에 비해 현저하게 두뇌용량이 작은 새도 레퍼토리의 다양성을 이해하고 선택을 하는데, 인간이 음악이나 소리를 2초만 기억한다는 주장은 음향심리학 책을 심하게 오해한 것이다. 2초란 음악을 들으면서 현재라고 느껴지는 순간의 시간일 뿐이다. 음악을 들으면 무수히 많은 2초를 연속적으로 지나게 되고 그 2초의 시간 동안 연산이 이루어진 결과는 차곡차곡 장기기억으로 이동해 저장된다. 그리고 2초라는 말에 현혹되어 기기를 바꾸거나 업그레이드했을 때 첫 소리에 가장 예민하게 반응하곤 하는데, 사실 첫 소리를 듣고 내린 평가는 순간적인 설렘이나 다양한 선입견에 따라 왜곡될 소지가 크다. 시간을 두고 찬찬히 들어서 장기기억으로 쌓아 두고 판단하는 것이 음질을 더 정확하게 평가할 수 있는 방법이다.

# 클래식 음악이
# 최고다?

오디오를 하는 이유는 음악을 듣기 위해서다. 음악은 장르가 참 다양하다. 하드록, 헤비메탈부터 뉴에이지, 국악, 클래식에 이르기까지 다양한 장르의 음악이 존재한다. 각자 듣는 음악이 달라 보통은 상대방이 즐기는 음악에 대해 우호적이고 호기심이 생길 때 그 장르에 대해 물어보곤 한다. 그런데 유독 클래식 마니아 중에는 다른 장르의 음악에 배타적인 태도를 가진 사람이 많은 편이다. 클래식이 최고의 음악이고 클래식이 아닌 다른 음악은 저급한 음악이라는 생각에 사로잡힌 이들이다. 물론 혼자 그렇게 생각해 클래식 음악만 듣고 즐긴다면 아무 문제가 없다. 그러나 이런 편향이 심해지다 보면 클래식 음악이 우월한 음악이라는 주장을 남에게 하기 마련이다. 클래식을 듣지 않는 애호가에게 클래식이 우월하다는 주장을 하는가 하면 함께 클래식을 즐기는 사람에게도 자신의 의견과 관점을 강요한다. 그래서 그런지 클래식 음악 애호가 사이트는 수시로 벌어지는 싸움판에 바람 잘 날이 별로 없다.

사실 클래식은 기독교라는 종교적 배경에서 탄생한 음악이다. 그레

116 국악의 정간보같이 악보곡의 기본적인 요소를 기록한 예가 있지만 클래식에 비하면 제한적이다.

고리안 성가에서 출발하는 클래식 음악은 교회가 뿌리 역할을 했다. 사랑과 평화를 내세우는 기독교지만 실상은 비슷한 유일신을 믿는 이슬람을 정복하기 위한 십자군 전쟁을 200년에 걸쳐 감행해 결국 100만 명이 목숨을 잃게 만들었다. 더구나 같은 기독교 내부의 가톨릭과 개신교 간에 피비린내 나는 종교전쟁을 100년 동안 했다. 이러한 사실에서 기독교가 가지고 있는 배타적 성향을 충분히 알 수 있다. 기독교의 토양에서 자라난 클래식 음악이 기독교의 영향을 받는 것은 당연하다. 실제로 클래식 음악 자체에 배타적이고 독선적인 면이 존재한다. 전 세계에 존재하는 전통음악 대부분이 연주자의 기억으로 전승되는 반면,[116] 클래식은 유일하게 악보 형태로 전승된다. 더욱 놀라운 것은 악기를 연주할 줄 몰라도 작곡이 가능한 유일한 음악이라는 사실이다. 우리가 잘 아는 바그너나 베를리오즈는 피아노도 잘 치지 못했다고 한다. 겨우 다룰 줄 아는 악기가 기타 정도였다. 이처럼 악기를 다룰 줄 모르면서도 위대한 작곡가로 이름을 남길 수 있는 것은 클래식 음악이 가지는 독특한 특징 때문이다. 연주를 할 줄 몰라도 클래식 음악의 구조와 화성, 조성 같은 작곡이론에 통달하면 명곡을 작곡할 수 있다. 특히 바그너나 베를리오즈 같은 경우는 악기를 다룰 줄 몰랐기 때문에 머릿속에서 그려지는 영감을 자유분방하게 악보에 표현했다. 그래서 독특하고 현란한 음악을 만들 수 있었다. 이처럼 클래식 음악은 음악적 소리로서 갖는 아름다움 이면에 아름답게 들리는 원인을 이론적으로 탐구해 발전해 온 음악이다.

클래식 음악은 다른 음악에 비해 상당히 구조적이고 이론적인 측면이 부각되는 음악이다. 클래식 음악을 오래 듣다 보면 단순히 음악의 아름다움을 즐기는 것에서 멈추지 않고 음악의 구조와 이론이 귀에 들어오기 시작한다. 이럴 때쯤 클래식 음악이 다른 음악보다 우월한 음악이라는 생각에 빠지기 쉽다. 그러다 보면 팝이나 가요를 듣는 사람을 우습게 보고, 자연스럽게 클래식 음악을 듣는 자신을 우월하게 느낀다. 그런데 클래식 마니아가 바이올린 독주에서 비브라토를 들으면서 느끼는 쾌감이나, 가요 마니아가 트로트의 음정을 꺾는 부분에서 느끼는 희열이나, 국악의 가야금 산조 농현에서 느끼는 즐거움은 기본적으로 같은 맥락의 쾌감이다. 단지 장르와 표현 방법이 다를 뿐이다. 그래서 자신이 듣는 음악은 우월하고 타인이 듣는 음악을 열등하다고 할 수는 없다. 누구나 즐거움을 얻기 위해 음악을 듣는 것이고, 그 즐거움을 얻는 음악의 장르가 꼭 클래식이어야 하는 필요는 없다. 재미난 사실은 클래식 음악을 20년 정도 열심히 들은, 내공이 깊은 애호가 중에는 이런 편협한 생각을 가진 사람이 별로 없다는 사실이다. 클래식에 심취해서 오래 들은 사람일수록 클래식은 충분히 들어 봤기 때문에 다른 음악 장르를 개방적인 자세로 받아들이려고 한다. 분명한 것은 지금 클래식 음악이 최고라는 생각이 든다면 아직도 더 들어야 할 클래식 음악이 많다는 얘기다. 지금 클래식 음악이 최고라고 생각할 수 있지만 시간이 지나고 내공이 깊어지면 생각이 달라질 수 있다. 시간의 흐름만큼 사람의 생각을 극적으로 바뀌게 하는 것은 없다. 클래식 음악이 최고의 음악이라고 주장하는 사람이 있다면 '나 이 정도 내공밖에 안 된다'고 광고하는 셈이다.

나섬  오디오를 하는 이유가 클래식 제대로 듣기 위한 거 아냐?

최선생  그게 바로 편견이야.

나섬  클래식 음악이 음폭도 넓고 악기도 다양하잖아?

최선생  그래서 클래식을 들으려면 오디오가 일정 수준이 되면 좋지.

나섬  그래, 바로 내 말이 그 말이야!

최선생  그렇다고 클래식 듣는 사람이 좋은 오디오 써야 하는 건 아니야!

나섬    하긴 대단한 클래식 마니아 중엔 허접한 시스템 쓰는 사람 많더라고.

최선생    싸구려 시스템도 클래식 음악의 구조를 느끼는 데는 문제가 없거든.

나섬    연주자의 해석이나 소나타 형식 같은 구조 파악에는 문제가 없겠지.

최선생    오히려 음색이나 멜로디에 집중하는 사람에게 좋은 오디오가 필요하지.

나섬    오디오의 역설이네.

최선생    기본적으로 음악을 통해 감동을 얻고 즐기면 되는 거야.

나섬    썰렁한 고가 하이엔드 시스템으로 뽕짝을 들으니 이상하더라고.

최선생  장르와 안 맞는 시스템이 문제지 듣는 음악이 문제는 아니야.

나섬  듣고 보니 그러네. 그럼 뽕짝에 잘 맞는 시스템은 뭐야?

최선생  음색형과 음장형 사이에서 골라야지.

나섬  편견도 문제고 편견에 따른 콤플렉스도 있잖아?

최선생  그렇지, 전혀 주눅들 필요가 없는데 손님 오면 클래식을 틀어
주지.

나섬  클래식을 틀어야 뭔가 있어 보이기 때문 아닐까?

최선생  다시 말하지만 오디오와 음악은 혼자 즐기는 취미야!

나섬  오디오를 하는 처음의 목적, 즉 초심으로 돌아가라는 거지?


최신 하이엔드 음상 중심의 시스템에 트로트나 올드 팝을 틀어보면
정말 가관인 소리가 나는 게 현실이다. 접대용이 아닌 본인 스스로가 자
주 듣는 게 가요와 올드 팝, 그리고 트로트라면 과감하게 음상 중심의 하
이엔드 시스템과 결별하는 것이 좋다. 실제로 어린 시절부터 노래 듣기
를 좋아했던 추억을 생각해 오디오를 시작하는 경우가 많다. 경제적으로
여유가 있어 상대적으로 고가인 하이엔드 시스템을 구입하게 되는데, 그
시스템에 젊은 시절 주로 듣던 가요나 트로트를 틀어 보면 이건 아니다
싶은 소리가 난다. 가끔 클래식 음악을 배워 보려고 듣지만 귀에 쉽게 들
어오지 않는 게 현실이다. 그러다가 하이엔드 뮤직 같은 사이트에서 얘
기하는 시스템 소리를 듣게 되면 귀가 확 쏠리게 된다. 클래식 음악이 고
급음악이라는 허울 속에 스스로 무시해 왔던 자신의 음악적 취향을 진솔
하게 깨닫는 계기가 되는 것이다. 하이엔드 뮤직은 클래식 음악을 들어
야 왠지 고급스러워 보인다는 허세 의식과 실제로는 가요를 좋아하는 마
니아의 현실적 취향 사이의 빈틈을 공략한다. 하이엔드 뮤직에서 주장하
는 중음이 두툼하고 저음을 과장하는 사운드가 결코 보편적이라고 할 수

는 없다. 그러나 이런 틈새를 공략하는 하이엔드 뮤직이 오랫동안 존립하고 있는 것은 우리에게 시사하는 바가 크다.

남에게 보이는 것에 신경 쓰느라 트로트나 올드 팝을 좋아하면서도 전혀 어울리지 않는 음상 중심의 하이엔드 시스템을 사용하면 음악적 만족을 얻을 수 없다. 남들이 전혀 알아주지 않는 테슬라 같은 스피커로 올드 팝을 맛깔스럽게 듣는 애호가가 자기 자신에게 더 솔직한 것이다. 자신이 좋아하는 음악 장르를 솔직하게 파악하고 그에 맞는 음색형이나 음장형 시스템을 구입하는 것이 좋다. 클래식 좀 안다고 클래식이 우월한 음악이라고 내세우는 애호가를 보면 안타깝다. 반대로 트로트나 올드 팝 좋아하면서 왠지 클래식 음악 듣는 것에 대해 움츠러드는 애호가를 보면 안쓰럽다. 좀 더 당당하게 자신의 음악적 취향을 밝히고, 그것을 즐기고, 거기서 만족을 얻는 것에 자긍심을 가졌으면 좋겠다. 다시 얘기하지만 음악과 오디오는 남에게 보여주려고 하는 것이 아니라 스스로 즐기고 만족하기 위해서 하는 것이라는 점을 잊지 말자.

# 오디오 고수는 타고난다?

오디오 동호인들을 만나 얘기하다 보면 가장 빈번하게 등장하는 말이 '막귀'라는 단어다. 초보 시절에는 겸손의 표현으로 쓰기도 하는데, 보통은 특정인을 빗대 자신의 취향이나 생각이 다를 때 반어법으로 자신은 막귀라고 한다. 막귀란 소리의 차이를 잘 파악하지 못하는 사람으로 실제로 적지 않은 사람이 막귀인 것은 사실이다. 그러나 실제 다양한 오디오 애호가를 만나보면 막귀는 찾기 힘들다. 이유는 우선 청각 능력이 기본 이하인 사람은 음악에는 관심이 있으나 오디오에는 큰 관심이 없다. 왜냐하면 싸구려 컴포넌트 소리나 좋은 오디오가 내는 소리가 별 차이가 없다고 느끼기 때문이다. 이런 사람은 음악에 관심은 갖지만 오디오라는 취미에 몰입하기는 어렵다. 그래서 오디오를 하는 사람은 기본 이상의 청각적 예민함을 가지고 있다. 그런데 간혹 취향 차이라고 이해하려 해도 납득이 안 되는 선택을 하거나, 분명한 소리의 차이를 감지하지 못하고 비슷하다고 얘기하는 애호가를 만나는 경우가 있다. 청각 능력이 떨어져서는 아닐 터인데, 이런 일이 왜 일어날까?

첫 번째는 앞서 얘기했듯이 소리나 음악 자체에 몰입하지 않고 불필요한 선입견에 빠져 있기 때문이다. 기기의 가격이나 명성처럼 소리와 직접적으로 관련이 없는 선입견에 빠져 소리 자체를 집중해서 듣지 못하는 경우다. 이런 선입견은 시간을 두고 천천히 이런저런 음악을 듣다 보면 자연스럽게 해소된다. 그래서 기기를 듣고 평가하는 데 너무 서두르지 말고 충분한 시간을 두고 들어 볼 필요가 있다.

두 번째는 소리의 차이가 느껴지기는 하지만 그 차이를 충분히 인지하고 설명할 만큼 훈련이 되어 있지 않은 경우다. 소리를 듣는 귀와 달팽이관을 비롯한 감각기관도 중요하지만 감각기관에서 보낸 청각 신호를 해석하고 처리하는 두뇌가 더 중요하다. 순수하게 소리를 듣기만 하는 능력은 신체적 성숙이 완성된 청소년 시기가 제일 뛰어나다. 그러나 음악 신호를 처리하고 해석하는 두뇌가 충분히 발달하려면 상당 기간 동안 음악적 경험이 축적되어야 한다. 단순한 청각기관의 성능은 나이가 들어감에 따라 서서히 쇠퇴하지만, 청각 신호를 처리하는 두뇌는 음악적 경험이 쌓여가면서 장년기, 심지어 노년기까지 지속적으로 발달한다. 결국 청각기관의 능력과 두뇌의 음악을 해석하고 느끼는 능력은 나이를 먹어감에 따라 희비가 엇갈리는 셈이다.

청각 능력은 시각에 비해 개인차가 크다. 실제로 남보다 뛰어난 청각 능력을 가진 사람들이 존재한다. 태어날 때부터 청각기관이 좋거나 음악을 처리하는 두뇌가 우월하게 태어났다 하더라도 적절한 음악적 경험과 훈련이 없으면 소리의 차이를 충분히 인식하고 설명하는 데 어려움을 겪는다. 보통 전문가가 되려면 1만 시간의 학습이 필요하다고 한다. 음악이나 오디오 역시 마찬가지다. 탁월한 청각기관과 두뇌를 타고났어도 충분한 시간 동안 경험하고 노력하지 않으면 일정한 경지에 이를 수 없다. 누구도 부인하지 않는 천재 작곡가인 모차르트는 예외라고 생각할 수도 있다. 모차르트는 아주 어린 시절부터 악기를 배웠는데, 네 살 때부터 쳄발로를 다루었다고 한다. 8살 때 교향곡 1번을 작곡하긴 했지만, 본격적인 작품은 십대 중반 이탈리아 연주여행 시기로 보는 것이 맞다. 천재적인 재능을 타고난 모차르트도 10년이라는 시간이 필요했던 셈이다. 물론 아무나 10년 노력한다고 모차르트처럼 되는 것은 아니지만 최소한 10년의 시간이 필요하다는 것은 확실하다.

나섬　실연을 자주 들으면서 열심히 하면 되긴 하는 거야?

최선생　가능하지. 대표적으로 내가 증인이지.

나섬　사부가 왜?

최선생　나는 심한 음치에 음악 젬병이었지. 음악 시간이 제일 괴로웠어.

나섬　20대 초반까지 클래식 나오면 채널 돌리던 사람이었단 건 알고 있지.

최선생　중고교 때 동창들은 지금 내가 오디오 하는 거 안 믿지.

나섬　음악이랑 좀 심하게 안 친했나 보네?

최선생　관심 가지고 꾸준히 하면 일정 수준에 오를 수 있어.

나섬　그럼 나에게도 희망이 있단 얘기네?

최선생　나섬은 나보다 귀가 예민한 편이야. 수진 씨는 더 밝고.

나섬　사부 언제 노래방 한번 같이 가자고.

최선생　내 노래 들을 생각은 안 하는 게 좋을 거야.

나섬　솔직히 사부 노래는 궁금해! 근데 또 무엇을 조심해야 돼?

최선생　무엇보다 너무 보이는 것에 현혹되지 않는 것이 중요해.

나섬　보이는 것보단 소리와 음악에 집중하라는 거지?

최선생　BMK와 이하이 둘 중에 누가 폭발적인 가창력일 것 같아?

나섬    당연히 큰 체격으로 열창하는 BMK지!

최선생    나도 CD로 BMK 노래 듣고 보이는 이미지와 딴판이라 상당히
        놀랐지.

나섬    이하이는 어떤데?

최선생    이하이 음반을 듣고는 BMK와는 반대로 놀랐지.


오래된 오디오 잡지를 보다 보면 잡지의 광고사진에도 어떤 흐름이 있다는 느낌이 든다. 예전 오디오 잡지 기사에는 부품에 대한 언급이 거의 빠지지 않고 있었고, 광고 사진에 내부 사진을 자랑스럽게 보여주는 제품을 흔하게 볼 수 있었다. 그런데 2000년대 후반에 접어들면서 광고 사진에 기기의 내부를 보여주는 사진이 없어지기 시작했다. 요즘 나오는 잡지에선 내부 부품이 보이는 광고 사진을 찾기가 어렵다. 언제부터라고 꼭 짚어 얘기할 순 없지만 튼실한 내부를 보여주기보다는 외관과 디자인에만 중심을 두고 광고를 하는 것 같다. 물론 부품이 좋다고 꼭 좋은 소리가 나는 것은 아니지만 좋은 소리가 나오려면 최소한 일정 수준 이상의 부품이 사용되어야 한다. 최근의 추세는 외관과 디자인에만 너무 신경 쓰는 것이 아닌가 하는 생각이 든다. 내부가 엉망이어도 좋은 소리가 나는 CAT 같은 경우도 있지만, 대부분은 내부가 좋으면 소리도 일정 수준 이상이 되는 경우가 일반적이다. 너무 외관과 디자인에만 매달리지 말고 소리를 충분히 들어 보고 내부도 한번 살펴서 구매를 결정하는 것이 현명하다.

평균 정도의 청각능력이 있고 10년 정도 열정을 가지고 오디오를 하면 일정 수준에 이를 수 있다. 소리를 느끼는 감각기관이 좋아지는 것이 아니라 꾸준한 음악 듣기를 통해 소리를 해석하고 그 차이를 인식하는 뇌의 영역이 세분화하고 발달한다. 열정을 가지고 오디오를 하는 것은



굿모닝 오디오 하이엔드 편

좋은데 너무 골방에 들어가서 혼자만의 세계에 빠지는 것도 위험하다. 작은 소리의 차이에 대한 감각은 발달하는데 음악이라는 전체 숲을 못 보기 쉽다. 가끔씩은 연주회장도 찾고 동호인의 시스템 소리도 들어볼 필요가 있다. 그렇다고 연주회장의 소리를 그대로 만들려고 하거나 마음에 드는 동호인 시스템 소리를 따라하라는 얘기는 아니다. 연주회장과 동호인 시스템의 소리를 들으면서 내가 어떤 소리를 좋아하고 현재 어느 정도에 와 있는지, 어느 방향으로 나아가야 하는지를 가늠하는 지표로 삼으라는 것이다. 타고난 막귀는 없다. 편견과 선입견을 극복하기 위해 노력하고 시간을 두고 음악을 찬찬히 들으면, 사람에 따라 개인차는 있지만 소리의 차이가 인식되기 시작한다. 시스템으로 음악을 들으면서 황홀했던 순간의 감동을 되짚어 보면 자기가 어떤 소리를 좋아하는지 서서히 알게 된다. 한번에 성급하게 가려하지 말고 느끼는 만큼 이해한 수준에서 돌다리도 두드리는 심정으로 자신이 원하는 음을 향해 천천히 나아가면 된다.

막귀의 반대로 보통 타고난 청각적 능력이 뛰어난 사람을 '황금귀'라고 부른다. 오디오에 있어서 황금귀는 타고나기보다 집중해서 음악을 들으면서 만들어지는 면이 크다. 귀가 특별하게 예민한 사람이 있긴 하지만 충분한 훈련과 노력 없이는 소리의 차이를 감별하고 어느 시스템이 음악적인 소리를 들려주는지 판별하기 어렵다. 오디오 실력을 인정할 만한 사람들을 살펴보면 예외 없이 10년 이상의 공력을 가지고 있다. 간혹 몇 년 만에 엄청난 '바꿈질'을 통해 일정 수준에 이르는 경우가 있긴 하지만, 음악적 이해가 부족한 것은 어쩔 수가 없다. 음악에 대한 이해까지 갖추려면 일정 시간 이상이 필요하다. 물론 오래한다고 다 일정 수준에 이르는 것은 아니다. 열정을 가지고 10년 넘게 오디오를 해도 여전히 중심을 잡지 못하고 이해할 수 없는 바꿈질을 해대는 사람이 있다. 여기서 '이해할 수 없는 바꿈질'이란 소리의 성향이 완전히 다른 기기로 바꾸거나, 본인이 추구하는 방향 없이 중구난방으로 기기를 바꾸는 것을 말한다. 물론 내공이 깊어지면서 취향이나 기호가 서서히 변하긴 한다. 하지만 이런 맥락과 관계없이 기기를 마구 바꿔서 옆에서 보기에도 도대체 어떤 소리를 좋아하는지 갈피가 안 잡히는 경우가 있다. 이런 경우는 대개 앞서 언급한 선입견들에 휘둘리는 스타일로, 기기 바꾼 것을 오디오 사이트 여기저기에 자랑삼아 올리곤 한다. 물론 주로 활동하는 모임에 알리는 것은 이해하지만 사이트를 가리지 않고 여기저기 올리는 사람은 대부분 중심을 못 잡고 오디오를 하는 경우다.

나섬　열심히 한다고 일정 수준에 오르는 게 아니라고?

최선생　열심히 하는 것은 기본이고 어떻게 하느냐가 중요하지.

나섬　도대체 어떻게 해야 한다는 거야?

최선생　실연을 가끔씩은 들어야 해. 남의 시스템도 가끔 들어 보고.

나섬　실연은 자주 들을수록 좋은 거 아냐?

최선생　그렇지, 그런데 그게 생각보다 쉽지 않아.

나섬　남의 시스템도 자주 들으면 좋은 거 아닌가?

최선생　너무 자주 이런저런 시스템을 듣는 것은 독이 되기도 하지.

나섬　그건 또 무슨 얘기야?

최선생　너무 자주 여러 가지 시스템을 들으면 소화불량에 걸리지.

나섬　남의 시스템 소리를 듣고 이해하는 데 시간과 여유가 필요하다는 거지?

최선생　언제나 기준은 자기 소리가 돼야지.

나섬　남의 소리를 배척하라는 거야?

최선생　남의 소리를 이해하고 받아들이되 주관이 있어야지.

나섬    이해해서 참고만 하라는 얘기네?

최선생   알려고 노력하되 억지로 따라가려 할 필요는 없지.

나섬    오디오를 하려면 기술적인 지식도 있어야 하겠더라고.

최선생   배우는 것은 좋지. 그런데 그 지식에 빠져서도 안 되지.

나섬    배우되 빠지지 말라고?

최선생   물론 전기 지식은 오디오 작동원리를 이해하는 데 도움을 주
        지.

나섬    지식은 참고고 소리와 음악으로 판단하라는 거지?


　전기·전자를 전공한 엔지니어가 앰프와 스피커의 작동원리를 알기 때문에 오디오를 좀 더 쉽게 할 수 있을 것으로 생각하기 쉽다. 그러나 이런 전기·전자 지식을 갖춘 사람들 상당수는 이론에 밝은 나머지 이론을 기준으로 오디오에서 나오는 소리나 음악을 판단하려는 경향이 있다. 예를 들어 디지털은 0과 1로 소리 차이가 날 수 없다든지, 케이블은 전기가 통하는 데 문제만 없으면 되기 때문에 소리 차이가 날 수 없다든지 하는 것이다. 지금 생각해 보면 말도 안 되는 주장이지만, 불과 십여 년 전에는 이런 주장을 하는 엔지니어가 많았다. 디지털도 소리 차이가 나고 케이블에 따라서 소리가 달라진다고 하면 '미친 놈' 취급하는 엔지니어가 한둘이 아니었다. 그렇다고 전기나 전자에 대해 배우는 것을 등한시하라는 얘기는 아니다. 배우되 어설픈 지식으로 섣불리 판단하지 말라는 것이다. 귀는 열어서 소리 차이를 알아야 하고, 기술로는 그 차이의 원인을 찾으려고 노력해야 한다. 오디오는 인간에게 음악을 들려주기 위해서 만들어진 것이지, 계측기로 측정하기 위해 만들어진 것이 아니다.

# 오디오,
# 어떻게 해야 하나?

오디오 마니아들끼리 만나면 수인사가 어떤 기기를 쓰는지 서로 호구조사를 하는 것이다. 기기의 면면을 보고 어떤 시스템으로 음악을 듣는지 가늠하기 위해서다. 물론 이것은 상대에 대한 호의가 담긴 호기심의 발로다. 그런데 곰곰이 생각해보면 정작 우리가 관심을 가져야 하는 것은 기기들의 면면이 아니라 기기를 소유한 사람의 취향과 내공이다. 입문 수준에서는 기기의 면면과 그 사람의 음악적 취향과 내공이 거의 일치한다. 그러나 오디오를 오래한 사람일수록 기기의 면면으로 그 사람의 음악적 취향과 내공을 가늠하기 힘들어진다. 중급기를 소유하고 있지만 막상 방문해서 들어 보면 밸런스가 아주 잘 잡힌 수준 높은 소리가 나는 경우가 많다. 물론 반대로 고가의 유명한 기기들을 소유하고 있지만 소리는 그저 그런 평범한 경우는 더 많다. 이처럼 내공이 깊은 마니아일수록 기기 자체가 내주는 소리보다 기기에서 자신이 원하는 소리를 다양한 방법으로 끌어내 자신이 원하는 소리로 만들 수 있는 능력이 있다.

우리는 고가 기기를 소유하고 있으면 쉽게 고수라고 생각한다. 그러나 고수는 고가 기기를 소유한 마니아가 아니라 기기에서 자신이 원하는 소리가 나오도록 만들 줄 아는 사람이다. 우리는 보통 오디오 기기를 내가 소유하고 있다고 생각한다. 내가 소유하고 있다고 생각하는 오디오도 따지고 보면 사회경제적 합의에 따라 잠시 나의 관리 하에 있는 것뿐이다. 오디오를 사용하거나 팔 수도 있지만 오디오 자체를 완전히 나의 것으로 내 몸에 내재화할 수는 없다. 우리가 진정 자신 안으로 소유할 수 있는 것은 오디오가 아니라 오디오를 통해 들었던 음악과 소리에 대한 기억뿐이다. 오디오 기기는 우리의 의식 밖에 존재하면서 우리에게 음악을 들려주는 하나의 도구에 불과하다. 중요한 것은 기기 자체가 아니라 기기를 구사하고 최종적으로 소리를 만들어내는 사람의 능력이다. 오디오를 잘하고 싶으면 기기 업그레이드도 좋지만 기기를 다루고 소리를 만들 줄 아는 자신의 능력을 키우는 것이 더 중요하다.

자전거를 잘 타고 싶으면 충분한 운동과 연습을 통해 근력과 순발력을 키우는 것이 중요하다. 물론 고가의 가볍고 성능 좋은 자전거를 사면 같은 근력과 순발력으로 좀 더 나은 라이딩을 즐길 수 있다. 그러나 자전거를 업그레이드해서 좋아질 수 있는 부분은 제한적일 수밖에 없다. 일정 수준까지는 자전거를 업그레이드하면 라이딩이 좋아진다. 그러나 어느 시점에 이르면 자전거를 계속 업그레이드해도 자전거를 타는 사람의 능력이 올라가기 전까진 라이딩은 더 이상 늘지 않는다. 자전거보다 더 중요한 것은 자전거를 타는 나의 근력, 지구력, 순발력이다. 골프는 자전거보다 더 심해 스코어를 높이려면 꾸준한 공부와 연습이 필요하다. 골프채만 바꿔대면 실력은 늘지 않는다. 특히 자신의 실력에 맞는 골프채를 사용해야지 아이언이나 드라이버를 전문가용으로 업그레이드하면 상황은 더 나빠진다. 입문자용 드라이버와 아이언은 페이스 중심에서 조금 벗어난 지점에 맞아도 방향이나 거리가 크게 벗어나지 않는다. 전문가용 드라이버와 아이언은 페이스의 정확한 지점에 맞으면 골프공의 방향과 거리가 정확히 통제된다. 그러나 그렇지 않으면 골프공은 전혀 예상치 못한 곳으로 날아간다. 자신의 능력에 맞게 열심히 연습하는 것이 실력이 느는 지름길이다.

시스템의 소리가 어느 정도 안정되면 현재의 소리에 안주하지 않고 좀 더 나은 소리를 얻고자 기기 업그레이드를 꿈꾸게 된다. 있는 돈 없는 돈 짜내서 어렵게 상급 기기로 바꾼다. 어렵게 업그레이드했는데 밸런스가 안 맞으면 업그레이드하지 않은 다른 기기에 의심의 눈초리를 주게 된다. 운이 좋아 나름 성공적인 업그레이드를 하면 잠깐은 만족스러운 느낌이 들 수도 있다. 그러나 그 만족감도 얼마 가지 못하고 그 위 단계로 가는 업그레이드를 꿈꾸기 마련이다. 자꾸 기기를 업그레이드해서 문제를 해결하려고 하기보다는 기기를 이해하고 기기의 특성을 파악하는 것이 먼저다. 기기의 특성을 파악했으면 이런저런 튜닝과 세팅을 통해 문제를 해결해 나가면서 오디오 다루는 능력을 키우는 데 노력을 기울여야 한다. 자신이 좋아하는 소리를 들으려면 일정 수준 이상의 기기가 필요하다. 그러나 기기보다 더 중요한 것은 자신의 취향을 알고 그 취향을 만족시켜 줄 수 있는 소리를 만들 줄 아는 오디오 구사능력이다.

오디오를 하다 보면 내가 원하던 소리가 저기쯤에 무지개처럼 보일 때가 있다. 그 무지개를 보고 기기를 한 단계 업그레이드해서 이리저리 세팅을 하면 또 저만치 멀어진 곳에 무지개가 보인다. 역시 그 무지개를 손에 잡을 수 있을 거라는 생각에 무리를 해서 또 업그레이드를 해본다. 그러나 업그레이드를 하고 나도 무지개는 손에 잡히지 않고 또 저만치 떨어져 있다. 정작 무지개가 있는 그곳에 간다 해도 눈에는 무지개가 아니라 흐릿한 안개만 있을 뿐이다. 명곡 '오버 더 레인보우_Over the Rainbow' 에서는 무지개 너머 파랑새가 날아다니는 이상향이 있을 거라고 말한다.


굿모닝 오디오 하이엔드 편

파랑새를 보고자 무지개를 넘어가도 파랑새는 순간적으로 나타나고 저 멀리 사라지듯이, 오디오를 업그레이드해서 좋아진 소리에 대한 희열의 순간도 곧 사라져 버린다.

몇 개의 고개를 넘어본 경험에 따르면 무지개 너머에 늘 황홀한 소리를 들려주는 낙원이 있다는 말로 하이엔드 입문자를 유혹해서는 안 된다고 생각한다. 오디오라는 취미를 통해 느끼는 희열은 장마 중간에 잠깐 비추다 사라지는 햇살 같은 것이다. 잠깐의 희열을 위해 시간과 돈, 열정을 쏟아 붓는 고행의 연속이 오디오라는 취미다. 오디오를 하면서 느끼는 행복은 순간의 희열이다. 영어 'happiness(행복)'의 어원은 'happen'으로 어떤 순간을 의미한다. 행복은 순간인 것이다. 행복은 지속될 수 없고, 만약 지속된다면 권태롭게 느껴지게 된다. 행복은 해프닝처럼 잠시 왔다 사라지는 것이다.

오디오적 쾌감이 음악적 감동과 함께하는 경우는 별로 없는 것 같다. 음악과 음반에 대한 관심과 오디오에 대한 관심이 동시에 이루어지지는 않는 것 같다. 한동안 음악과 음반에 관심이 가서 열심히 듣고 음반에 대한 정보도 구할 때는 오디오는 그저 소리만 나면 되는 것처럼 대한다. 그러다 우연히 케이블이나 진공관을 바꾸고 소리가 변하는 것에 신경이 쓰이면 듣던 음반을 반복해서 들으며 여기저기 만지고 튜닝을 하기 시작한다. 이럴 땐 음반은 자주 듣는 것 두어 장으로 몇 날 며칠을 보내게 된다. 음악과 소리에 동시에 관심이 가야 하는데, 이게 생각처럼 되지 않고 번갈아서 주기적으로 왔다 갔다를 반복하는 것 같다. 이것은 내가 아는 지인들을 살펴봐도 대부분 그렇다. 한동안 음반과 음악에 집중하다가 불쑥 오디오에 대한 열정이 튀어나와 다시 오디오를 만지고 기기를 어떻게 바꿀까 궁리를 한다. 이것은 비평적인 자세로 소리에 집중해 듣는 자세가 음악적으로 감동을 느끼는 것을 방해한다는 얘기와 일맥상통한다. 가끔 연주회에서 연주가 아닌 음향에만 신경 쓰는 오디오 마니아들을 보게 된다. 연주회에선 연주가 어떤지에 신경을 써야지 음향에 신경 써서는 음악을 제대로 즐길 수 없다. 이것은 오디오적 쾌감만 추구하는 마니아들이 빠지기 쉬운 함정이다. 내공이 쌓이면 비평 모드와 즐기는 모드의 전환이 자연스럽게 이루어진다. 소리에만 신경 쓰는 비평적인 자세로 음악을 들으면 행복해지기 어렵다. 때로는 비평 모드를 접고 즐김 모드로 음악이나 연주에 몰입할 줄도 알아야 한다.

소리를 통해서 오디오적 쾌감을 느끼는 것도 좋다. 입문 기기에서는 백만 원 정도만 들여서 업그레이드를 하면 소리가 좋아지는 것을 확 느낄 수 있다. 그러나 기기의 수준이 올라간 상태에서 더 좋아진 느낌을 얻으려면 지불해야 하는 금액이 기하급수적으로 늘어난다. 천만 원 들여 업그레이드해도 입문기기에 백만 원 들여 좋아진 만큼의 만족감을 얻지 못할 때가 있다. 이걸 어려운 말로 '한계효용체감의 법칙'이라고 한다. 오디오적 쾌감만 추구하다 보면 엄청난 지출에 따른 경제적 부담이 남는다. 엄청난 지출을 통해 하이엔드 오디오 세계를 맛보다 보면 종국에는 소리가 좋아지기보다는 개성이 다른 무수한 소리만이 존재한다는 사실을 깨닫게 된다. 하이엔드의 끝은 환상적인 소리가 아니다. 음악의 아름다움이 표현되기보다는 음악의 구조를 훤히 잘 들여다 볼 수 있게 하는 소리다. 특히 일부 하이엔드 시스템 소리는 심하게 표현하면 자연스러운 음이 아니라 음을 완전히 발가벗겨 보이는 공허함 가득한 소리다.

음반은 초반 모으기에 집착하지 않는다면 경제적으로 오디오만큼 부담을 주지 않는다. 오디오 마니아는 기기를 바꾸거나 튜닝을 통해 소리를 만들지만, 음반 마니아는 음반을 통해 소리를 만들려고 한다. 중급 시스템에서 질 좋은 초반은 확실히 더 선명하고 호소력 있는 소리를 낸다. 그래서 허접한 시스템을 가지고 있으면서도 질 좋은 초반에 집착하게 되고, 그러다 보면 한 장에 수십만 원하는 초반을 사 모으기도 한다. 오디오는 전혀 신경 안 쓰고 음반에만 투자하는 것도 바람직하지 않다. 가끔 고가의 초반이 눈으로 보기에는 깨끗해 보이는데, 실제로 카트리지에 걸어 들어 보면 잡음이 끊이지 않는 경우가 있다. 기본도 안 되는 카트리지로 마르고 닳도록 들은 경우다. 더구나 카트리지도 소리가 심하게 찌그러지지 않으면 교체하지도 않고 사용을 했을 테니 음반의 소릿골은 엉망이 된다. 음반 모으기를 좋아하는 음반 마니아라도 최소한의 입문용 시스템으로 기본적인 세팅은 된 상태로 음악을 들어야 음반에 주는 손상을 최소화할 수 있다.

오디오가 비싸면 무조건 좋은 것인 줄 아는 명기 집착파가 있는 것처럼, 음반도 초반이면 무조건 좋은 줄 아는 초반 집착파들이 있다. 같은 조건이라면 초반이 재반이나 삼반보다 음질이 좋은 것이 일반적이긴 하다. 그러나 커팅 기술의 발달로 재반이 초반보다 음질이 더 좋은 경우가 꽤 있다. 특히 데카의 1960년대 스테레오 초반 중에는 1970년대 중반에 재발매된 음반에 비해 대역 밸런스와 차분한 톤 등이 떨어지는 경우가 왕왕 있다. 오리지널 음원이 다른 음반사로 팔려서 음원을 구입한 음반사에서 재발매한 음반이 초반보다 음질이 좋은 경우도 있다. 대표적으로 체스키와 모바일 피델리티Mobile Fidelity에서 재발매한 음반이 그런 경우다. 음반의 음질 자체는 초반이 재반이나 삼반보다 우수한 경우가 많지만, 음반 상태는 초반이 재반이나 삼반보다 안 좋은 경우가 훨씬 더 많다. 초반은 초기의 무거운 카트리지 바늘로 더 자주 들었기 때문이다. 특히 인기가 있는 명반일수록 더욱 그렇다. 한편 재반이나 삼반은 상대적으로 발매량이 많아서 별로 듣지 않은 '민트급' 음반을 구하기가 수월하다. 음반 마니아도 나중에 되팔 때 가격을 주로 고려해서 초반에만 집착할 게 아니라 자신이 어떤 성향의 연주와 소리를 좋아하는지 파악하고 냉정하게 초반과 재반을 비교하면서 신중한 선택을 할 필요가 있다. 고가의 초반이 재반보다 잡음도 많고 소리도 더 안 좋은 경우가 흔하기 때문이다. 물론 부를 증식하는 재테크 수단으로 음반을 모으는 경우라면 초반에 투자하는 것이 맞지만, 최소한 음악을 즐기고자 하는 음반 마니아라면 초반에 병적으로 집착할 필요는 없다.

음반으로 즐기는 음악의 세계는 워낙 깊고 넓어서 오디오처럼 몇 년 만에 공허함을 느낄 수준에 이르기가 극히 어렵다. 새로운 음악을 탐구하거나 기존에 듣던 음악도 새로운 해석의 연주가 계속 나오기 때문이다. 베토벤 현악 사중주만 해도 엄청나게 많은 연주가 존재한다. 그중에서도 아마데우스 콰르텟Amadeus Quartet의 세련되고 아름다운 연주를 좋아하거나, 수스케 콰르텟Suske Quartet의 유려하면서도 지적이고 정확한 연주를 좋아하는 사람이 있을 것이다. 한편 부다페스트 콰르텟Budapest Quartet의 정교하고 치열함을 좋아할 수도 있지만 부쉬 콰르텟Busch Quartet의 영혼을 울리는 깊은 맛을 좋아할 수도 있다. 이외에도 하겐Hagen, 바릴리Barylli, 파인 아츠Fine Arts, 라살LaSalle을 위시해 널리 알려진 콰르텟의 연주만 따져도 20종이 넘는다. 이렇듯 사실상 음악의 세계는 거의 무한의 세계라고 할 수 있다.

음악의 세계를 즐기는 음반 마니아라 하더라도 음반을 재생하는 장치인 오디오에 최소한의 관심은 가질 필요가 있다. 음반 마니아도 오디오에 최소한의 신경을 쓰고 기본적인 세팅에 관심을 가지고 음반을 즐겨야 음악을 제대로 즐길 수 있다. 소리가 마음에 안 든다고 자꾸 다른 연주나 비싼 초반을 구하려고 매달릴 일만은 아니다. 소리가 마음에 안 드는 이유가 음반 때문이 아니라, 오디오 시스템이나 기본적인 세팅의 잘못인 경우가 비일비재하기 때문이다. 입문 기기 수준에서는 약간의 업그레이드와 튜닝만으로도 상당한 음질 향상이 이루어진다. 음반에 전혀 신경

부쉬 콰르텟

안 쓰고 오로지 소리에만 집착하는 것도 문제지만, 음반에만 신경 쓰고 오디오에 전혀 관심을 두지 않는 것도 바람직하지 않다. 음반과 오디오에 균등하게 관심을 배분하는 것이 이상적이다. 하지만 현실에선 음반과 오디오에 동일한 비중을 가지고 열정을 쏟기가 쉽지 않다. 그렇다 하더라도 음반과 오디오는 서로 떼려야 뗄 수 없는 관계이기에 너무 한 곳에만 몰두하는 것은 바람직하지 않다. 오디오를 통해 재생되는 음악은 오디오와 음반이 상호 보완적으로, 새의 양 날개처럼 유기적으로 잘 어우러져야 제대로 들릴 수 있다.

오디오란 내가 어떤 소리나 음악을 좋아하는지 알아가는 과정이다. 오디오로 음악을 들으면서 기기의 특성을 하나씩 알아가고, 음악에 대해 알아가게 된다. 오디오라는 취미는 내가 어떤 소리로 음악을 들었을 때 가장 황홀한 음악적 감동을 얻는지 알아가는 여정이다. 쉽게 말하면 나를 알아가는 과정이라고 할 수 있다. 미친 듯이 앞만 보고 올라가서 정상을 빨리 정복하고 싶은 마음을 이해하지 못하는 것은 아니다. 그러나 그 산의 정상을 정복했다고 해서 그 산을 아주 잘 아는 것은 아니다. 그 산을 잘 아는 사람은 정상에 오르지 않고 산 중턱에서 쉬면서 산에 핀 들꽃과 나무, 바위를 유유자적하게 즐긴 사람이다. 산허리에서 언저리 산행을 오래 즐긴 사람에 비하면 앞만 보고 달려서 정상에 오른 사람은 그 산에 대해 잘 모른다고 할 수 있다. 물론 본인 스스로 정상에 올랐다고 느끼는 성취감은 있겠지만 말이다.


나섬       자기만족을 위해 오디오를 하는 건가?

최선생     나섬은 누가 시켜서 오디오를 해?

나섬       그래도 남들이 알아주는 기기를 가졌다는 자부심도 만족감을
          주잖아?

최선생 남들이 알아주는 것도 만족감을 주지. 그런데 그건 금세 사라지지.

나섬 잠깐은 남들이 알아주는 것 같아서 좋더라고.

최선생 그 잠깐이 지나면 남들이 알아주는 또 다른 기기를 들여야 하지.

나섬 자기 과시적 업그레이드를 하는 셈이네?

최선생 그런 경우가 드물지 않게 있어!

나섬 남의 눈이 아닌 스스로가 만족해야 오래간다는 거네?

최선생 자주 듣는 음악을 어느 정도 만족스럽게 들려주는 걸 찾아야 하는 거지.

나섬 브랜드나 가격 여부는 너무 따지지 말라는 거지?

최선생 너무 비싸면 살 수 없지만, 가격이 싸다고 무시하진 말아야지.

나섬 가끔 보면 전혀 생소한 제품만으로 시스템을 구성하는 사람이 있더라고.

최선생 일명 '변방의 오디오'만 하는 사람들이 있지.

나섬 브랜드에 얽매이지 않으니 좋은 거 아냐?

최선생 되팔 거 생각해서 유명 브랜드만 고집하는 것도 얍삽해 보이지!

나섬 중고가격이 보장되는 것만 하는 사람들 보면 좀 알미워.

최선생 손해 보기 싫어하는 심리야 이해하지만 너무 심하면 좀 그렇긴 하지.

나섬 희한한 변방의 기기만 하는 사람들은 어떤 면에서 선구자 아닌가?

최선생 손해를 감수하는 선구자적인 면이 있지.

나섬 그럼 대단한 거 아냐?

최선생 변방 기기만 고집하는 것도 바람직하지만은 않아.


시스템 면면을 보면 생전 처음 보는 제품, 혹은 이름은 들어 봤지만 실물은 한 번도 구경해 보지 못한 특이한 기기를 주로 쓰는 애호가들이 있다. 나름 오디오의 저변을 넓힌다는 면에서는 긍정적이기도 하지만, 지속적으로 이름 없는 제품만 고집하는 것은 바람직하다고 할 수 없다. 이런 애호가들은 알려지지 않은 기기에만 관심을 가지고 살펴보다가 기기를 구입하는 경우가 많다. 처음엔 유명 브랜드 기기의 높은 가격에 대한 불만과 불신에서 출발한다. 거기에 다소 반항적인 성격이 더해져 저렴한 가격에 유명 브랜드 못지않은 좋은 소리를 내는 기기를 찾기 시작한다. 그러다가 '브랜드 제품은 거품이 많다'라는 확신으로 발전하고, 결국에는 '난 이런 특이한 기기 쓴다'는 고집으로 나아가는 경우가 많다. 유명하고 비싼 기기만 고집하는 것도 문제지만 매번 알려지지 않은 기기만 고집하는 것도 문제다. 유명한 명기나 변방의 특이한 기기냐에 신경 쓰지 않고 편안한 상태에서 음악을 듣고 본인이 만족할 수 있는지를 중심으로 기기를 선택해야 한다.

오디오를 하면서 가끔 느끼는 정상 정복의 성취감은 대단한 것이다. 그러나 그런 성취감도 시간이 지나면 연기처럼 사라져 버리고 만다. 성취감이 사라지고 난 뒤엔 허탈함이 오고 눈앞에 보이는 또 다른 산에 오르고 싶은 욕망으로 채워진다. 앞에 보이는 또 다른 산에 오르고자 하는 욕망으로 허전함을 채워보지만 그 산에 오르고 나면 다시 허전함이 밀려오는 것을 막을 수 없다. 공허함을 욕망으로 계속 채우는 것은 결국 한계에 이를 수밖에 없다. 취미는 자신에게 솔직하게 몰입할 수 있을 때 의미가 있다. 자기만족을 위해서 오디오라는 취미를 하는 것이니 말이다. 남보다 먼저 성취를 해야 하고, 남들이 제시하는 기준에 맞춰 다른 사람보다 앞서가기 위해 경쟁해야 하는 것은 취미로서의 존재 의미가 퇴색한 것이다. 사회 전체가 효율과 경쟁을 부추기는 신자유주의 물결에 휩쓸려 취미마저도 경쟁으로 물드는 것은 아닌가 싶은 느낌이 들 때가 많다. 남이 알아주는 시스템을 가져야 하고, 고수가 만들어 준 인정된 소리를 들어야 심적으로 위안을 받는 그런 세상이 되어가는 것이 아닌가 싶다. 남에게 인정받기보다 자기 스스로 만족할 수 있는 그런 소리를 만들어야 한다.

이 책은 오디오 마니아를 위한 책이지만 오디오에만 매달리라고 말하고 싶지는 않다. 오디오는 음악을 듣기 위한 도구라는 사실을 잊지 말자. 오디오를 좋아하는 사람이라도 음악과 오디오의 조화와 균형이 중요하다. 오디오만 보다 보면 그 재미를 오랫동안 지속하기가 어렵다. 오디오를 하면서도 연주와 음반에 대한 관심을 가지고 오디오와 함께 갈 수 있는 길을 찾아야 한다. 오디오는 음악과 함께 어우러져야 그 빛을 충분히 발하며 오래갈 수 있는 취미다. 소리만 보다 보면 그 끝에는 허탈감과 공허함만이 기다리고 있을 뿐이다. 음악과 소리, 연주와 오디오가 조화롭게 어울려야 한다. 물론 세상에 완성이 어디 있겠는가? 오늘도 감동을 받기를 기대하면서 파워앰프의 전원을 켜 보자.

## CD 트랙 설명

부록 CD는 우리가 소리를 어떻게 인식하는지를 이론적인 설명에서 그치지 않고, 실제 소리를 들어봄으로써 귀와 머리로 느낄 수 있게 하기 위해서 제작했다. 다양한 신호음을 통해서 우리가 소리를 인식하는 과정을 직접 체험할 수 있다. 오디오를 하는 이유가 음악을 듣기 위한 것인 만큼, 음질과 음악성을 갖춘 음원도 엄선해서 6곡을 수록했다.

**트랙1번** 좌측 채널에만 1kHz의 신호가 들어가 있는 트랙이다. 왼쪽 스피커에서 소리가 나는 것으로 느껴지면 된다.

**트랙2번** 좌우 채널 모두에 1kHz의 신호가 들어가 있는 트랙이다. 좌우 스피커 정중앙에서 소리가 나는 것처럼 느껴지면 된다.

**트랙3번** 좌우 채널 모두에 1kHz의 신호가 들어가 있는데, 다만 우측 신호가 3dB 높게 되어 있다. 그래서 좌우 스피커 정중앙에서 약간 우측으로 치우친 곳에서 소리가 나는 것처럼 느껴지면 된다.

**트랙4번** 좌우 채널 모두에 1kHz의 신호가 들어가 있는데, 다만 우측 신호가 20dB 높게 되어 있다. 그래서 좌우 스피커 정중앙이 아닌 우측 스피커에서만 소리가 나는 것처럼 느껴지면 된다.

**트랙5번** 좌우 채널 모두에 100Hz의 저음 신호가 들어가 있는데, 다만 좌측 신호보다 우측신호가 0.5ms 늦게 나오도록 했다. 그래서 좌우 스피커 정중앙에서 약간 좌측으로 치우친 곳에서 소리가 나는 것처럼 느껴지면 된다.

**트랙6번** 좌우 채널 모두에 100Hz의 저음 신호가 들어가 있는데, 다만 좌측 신호보다 우측신호가 2ms 늦게 나오도록 했다. 그래서 좌우 스피커 정중앙이 아닌, 좌측 스피커 근처에서 소리가 나는 것처럼 느껴지면 된다.

**트랙7번** 좌우 채널 모두에 100Hz의 저음 신호가 들어가 있는데, 다만 좌측 신호보다 우측신호가 4ms 늦게 출력되도록 했다. 그래서 좌측 스피커에서 먼저 소리가 나고, 별개의 소리가 우측 스피커에서 난다고 느껴지면 된다.

**트랙8번** 인 페이스는 좌우 채널의 위상이 같은 것으로 사람의 위치가 스피커 정중앙에서 들린다. 아웃 오브 페이스는 양 채널의 위상이 정반대인 신호이다. 고음은 소리의 위상이 아닌 소리의 크기로 음상을 만들어 내기 때문에 사람 목소리에서 고음은 위상이 정반대여도 스피커 정중앙에서 음상이 맺힌다. 그러나 저음은 위상차를 이용해서 음상을 만들어내기 때문에 양 스피커 중간에서 음상이 만들어지지 못하고 스피커 바깥 어딘가에 음상이 있는 듯하게 들리게 된다.

**트랙9번** 10초간 악기 연주 소리가 들린다. 잠시 후 같은 연주지만 간접음(에코)을 인위적으로 올려서 높인 연주 소리가 들린다. 같은 악기 소리라도 마이크에서 악기가 멀리 있을수록 직접음에 비해 에코 같은 반사음이 더 많이 녹음된다. 따라서 나중에 나온 음악에서의 악기 위치가 조금 더 먼 곳에 있는 것처럼 느껴지게 된다.

**트랙10번** 100Hz의 저음이 먼저 나오고, 잠시 후 다시 소리 크기를 4dB 올린 100Hz의 저음이 나온다. 같은 100Hz의 저음이지만 소리 크기가 더 큰 나중 소리가 조금 더 낮은 음인 것처럼 느껴지게 된다.

**트랙11번** 처음에 음악 소리가 나오고, 잠시 후 이 음악의 100Hz 이하 부분을 4dB 올린 음악이 나온다. 같은 음악 소리지만 저음이 많아지면 상대적으로 고음이 약해진 것처럼 느껴지기 때문에 두 번째 음악이 고음이 더 순하게 들리는지 확인하면 된다.

**트랙12번** 처음에 음악 소리가 나오고, 잠시 후 이 음악의 5~8kHz 고음 대역을 4dB 올린 음악이 나온다. 같은 음악 소리지만 고음이 많아지면 상대적으로 저음이 약해진 것처럼 느껴지기 때문에 두 번째 음악이 저음이 더 약하게 들리는지 확인하면 된다.

**트랙13번 Halie Loren − The White Shade Of Pale** 아름답고 편안하면서도 미색을 드러내는 헤일리 로렌의 스탠더드 대표곡. 프로콜 하럼의 원곡의 분위기를 살리는 독특한 편곡이 돋보인다.

**트랙14번 Hilary Kole − Moments Like This** 브로드웨이 출신의 미모의 여성 싱어 힐러리 콜. 존 피자렐리의 탁월한 프로듀싱이 돋보이는 앨범 Moments Like This의 타이틀곡으로 멋진 보이스를 들을 수 있다.

**트랙15번 Karen Souza − Creep** 아르헨티나 출신의 카렌 수자가 들려주는 라디오 헤드의 Creep, 다양한 팝음악을 커버한 Essentials의 수록곡.

**트랙16번 최광식 콰르텟 − 그리다** 원 포인트 마이크로 녹음된 음원으로 악기의 음상이나 음향이 일반 녹음과 어떻게 다른지 생각하면서 들으면 좋다.

**트랙17번 조정아 − 가야금 산조 (김죽파류)** 김죽파류 가야금 산조의 섬세한 농현의 표현을 느낄 수 있는 음악이다.

**트랙18번 인디안 수니 − 내 가슴에 달이 있다** 인디안 수니의 1집 수록곡. 기교와 힘을 빼고 부르는 자연스러운 발성이 매력적이다.